普通高等教育“十一五”国家级规划教材

新编21世纪政治学系列教材

国际政治经济学概论

第三版

Introduction to International Political Economy

宋新宁　田　野　著

中国人民大学出版社
·北京·

作者简介

宋新宁 中国人民大学国际关系学院教授，欧洲联盟委员会授予的让·莫内终身教授。曾任联合国大学比较区域一体化研究所高级研究员、布鲁塞尔中国与欧洲研究院中方院长、比利时荷语布鲁塞尔自由大学孔子学院中方院长，曾任*Review of International Studies*、*Pacific Review*、*Journal of European Integration*、*International Spectator*等多个国际期刊的编辑委员会或顾问委员会委员。主要学术研究领域为国际政治经济学、欧洲政治与外交。出版《国际政治经济与中国对外关系》、《后危机时代的中国与欧洲》、*China and the European Union: Future Directions*、《中国与欧盟：互利共赢·战略伙伴·全面合作》、《中国欧盟40年：新型战略伙伴关系的建构》等多部著作；已在*Review of International Studies*、*Journal of Contemporary China*、*International Politics*等国内外专业期刊上发表论文百余篇。

田 野 中国人民大学国际关系学院教授，比较国际政治经济研究所所长。主要研究领域为国际政治经济学、国际制度与国际合作。已出版《国际关系中的制度选择：一种交易成本的视角》、《国家的选择：国际制度、国内政治与国家自主性》和《国际贸易与政体变迁：威权与民主的贸易起源》等著作，在《经济研究》、《世界经济与政治》、*International Political Science Review*等期刊上发表学术论文数十篇。曾获全国优秀博士论文提名奖、第十八届安子介国际贸易研究奖和北京市第十四届哲学社会科学优秀成果奖一等奖，并入选北京中青年社科理论人才“百人工程”和教育部新世纪优秀人才支持计划。

内容简介

作为政治经济学在国际关系领域的发展成果，国际政治经济学集中探讨了国际关系中政治与经济之间的相互作用。国际政治经济学的早期开拓者回归了政治经济学的主要思想传统，但进入21世纪以后，思想范式之间的辩论已经不再是驱动学科发展的主要动力。本书在回溯国际政治经济学形成和发展的基础上，系统介绍和评价了各种国际体系的政治经济学理论和国际-国内互动的政治经济学理论。在这些理论提供的框架下，本书具体分析了国际贸易、国际货币金融和对外直接投资等国际经济关系中的主要议题，以及对外援助与制裁、区域经济一体化、经济全球化与全球经济治理等国际经济关系中的主要层次。作为中国第一部国际政治经济学教材，本书第一版出版于1999年。经过两次修订，本书第三版更充分地反映了国际政治经济学理论的演化轨迹和前沿动态，对近年来国际经济关系的重大变化也进行了深度的政治学分析。本书不仅有助于大学高年级学生系统了解国际政治经济学理论，还可以培养读者从政治学视角分析国际经济中现实问题的能力。

第三版序言

《国际政治经济学概论》（第二版）出版后，为进一步发挥教材在学科建设、人才培养、师资队伍建设等方面的重要作用，我们所任教的中国人民大学制定了《关于加强和改进本科课程教材建设工作的若干意见》。《国际政治经济学概论》由此获得了中国人民大学“十三五”规划教材立项。尽管距本教材第二版出版时间不长，同时教材结构也无须进行大幅度的调整，但我们还是觉得有必要启动教材修订工作。一个原因是 2016 年以来国际政治经济发生了显著的变化。以英国脱欧、特朗普当选和民粹主义政党在欧洲多国选举获胜为标志，逆全球化思潮在西方迅速蔓延。2018 年，中美贸易战的爆发进一步表明全球经济秩序已面临重大挑战。另一个原因是国际政治经济学理论和经验研究取得了新进展。由于学术研究相对于现实的滞后性和教材相对于学术研究的滞后性，近年来才得到确认或凸显出其重要价值的一些前沿学术成果可以纳入教材向学生介绍了。基于上述考虑，我们决定借学校教材建设的“东风”进一步修订本教材，编写《国际政治经济学概论》的第三版。

相对于第二版，第三版在结构上进行了如下调整：

第一，第四章第一节新增第四目“2008 年国际金融危机后国际贸易的新变化”，第二节新增第五目“区域贸易协定与当前国际贸易体系”。

第二，在第五章“国际货币金融的政治经济”和第六章“对外直接投资的政治经济”中各新增一节，分别是第五章第三节“国内政治与汇率政策”和第六章第三节“国内政治与外商直接投资政策”，并将原第六章第三节“跨国公司与民族国家之间的互动”移至第六章第一节第四目。

第三，将第七章由“发展与转型的政治经济”改为“援助与制裁的政治经济”，删除原第七章中的第一节“发展的政治经济”和第三节“转型的政治经济”，扩写该章保留下来的“对外援助的政治经济”一节，新增“国际制裁的政治经济”一节。

第四，在第八章“区域一体化的政治经济”中新增两节，分别为第二节“北美一体化的政治经济”和第五节“非洲一体化的政治经济”，并且在第一节“欧洲一体化的政治经济”中新增第四目“欧债危机对欧洲一体化的影响”。

第五，将第九章第一节“全球化与全球政治经济”改为“全球化、反全球化与逆全球化”，新增第四目“反全球化与逆全球化”。

除了上述结构性调整外，我们也在相关章节补写了内容。第一章第三节第三目补写了2008年以来开放经济政治学面临的挑战与出路；第二章第三节第四目补写了国际制度竞争的理论；第三章第二节第五目补写了社会联盟理论在国际投资和移民问题上的应用；第四章第二节第四目补写了世界贸易组织面临的挑战，第三节第一目补写了日美贸易战、中美贸易战；第五章第一节补写了“美元与国际货币体系”，第四节第一目补写了2008年国际金融危机后全球金融治理机制的变革；第九章第三节第二目补写了“区域经济协调发展新机制不断深化”和“全球经济治理规则日益让位于各类区域和双边协定”的内容。此外，全书还进行了数据和事件的更新。

需要说明的是，中国人民大学国际政治经济学专业博士生陈兆源、常玉迪、李存娜、卢玫、范尧天、张倩雨和硕士生刘小雨、黄艺璇、何泉霖参与了本版教材的修订工作。在个体层面上，本教材的修订反映了“教学相长”中师生的相互促进；在公共层面上，本教材的修订也部分反映了中国人民大学国际关系学院在国际政治经济学专业建设上的进展。在此感谢他们提供的协助！

作者谨识

2019年12月

第二版序言

作为中国第一部国际政治经济学教科书，《国际政治经济学概论》一书自 1999 年出版以来已逾 15 年。这 15 年来，国际政治经济学的理论与经验研究不仅在西方学术界取得了重要的进步，而且在中国学术界也获得了快速的发展。这些进步和发展使我们感到很有必要对《国际政治经济学概论》进行大幅度的修订。

国际政治经济学是 20 世纪 70 年代在西方首先兴起的一门学科。为了将国际关系的政治方面和经济方面重新结合起来，国际政治经济学的早期开拓者们回归到了政治经济学的思想传统，即重商主义、自由主义和马克思主义，由此形成了新重商主义国际政治经济学、自由主义国际政治经济学和马克思主义国际政治经济学三大宏观范式。作为当时国际关系理论发展的一种主要趋势，国际关系理论家也致力于构建国际体系层次上的理论范式，这也不可避免地使国际政治经济学的早期开拓者集中探索国际体系层次上的政治经济互动。但是到了 20 世纪 90 年代以后，国际政治经济学的研究者对学科的基本范畴与研究路径已经取得了相当程度的共识，思想范式之间的辩论已经不再是驱动学科发展的重要动力。经过多年的学科专业化发展，国际政治经济学的研究者更多的是在不同的问题驱动下采用更为定型的社会科学研究方法来展开更为具体的中层理论构建和经验实证研究。此外，随着国际关系与比较政治两个学科的日益融合，也随着这一时期全球化的迅猛发展和国家经济对外开放程度的显著提高，国际政治经济学的研究者日益将其分析层次回落到国内体系中，积极探索国内政治与国际政治经济之间的互动。作为一部主要在 90 年代中期撰写的教科书，《国际政治经济学概论》显然不可能将这些学科发展的新趋势包容进来。

自《国际政治经济学概论》出版以来，国际政治经济学在中国的发展也走上了专业化和制度化的轨道。北京大学和中国人民大学相继设置了国际政治经济学的本科专业（方向）、硕士点和博士点，形成了比较完整的国际政治经济学人才培养体系。进入 21 世纪以来，国内学术界已经出版了多部以“国际政治经济学”为名的教材，包括樊勇明，2001；彭澎，2001；王正毅和张岩贵，2003；朱文莉，2004；李滨，2005；邝梅，2008；王正毅，2010；门洪华，2011；等等。这些教材在体系结构和编写风格上各具特色，对中国国际政治经济学的学科建设和学术研究起到了重要的推动作用。此外，中国学者在国际贸易与投资的政治经济学、国际货币金融的政治经济学、能源与环境的政治经济学以及全球治理与区域一体化的政治经济学等具体的研究领域中都有论文发表或专著出版，其中不乏具有创新性的研究成果。以 2010 年第一届国际政治经济学论坛的召开为标志，国际政治经济学学术共同体蔚然成形。面对这些新发展，我们也应该与时俱进地对《国际政治经济学概论》进行修订以满足专业建设的需要。

基于国际政治经济学的新发展与专业建设的需要，本次大幅度的修订主要体现在以下几个方面：

第一，在全书的体系结构上，将国际政治经济学理论发展的部分由原来的一章增加到三章，新写了“国际体系的政治经济学理论”与“国际-国内互动的政治经济学理论”两章，将“地缘政治经济与国际一体化”的部分重写为“区域一体化的政治经济”，将跨国公司的内容经过改写后转移到“跨国公司与对外直接投资的政治经济”部分，增加了“发展与转型的政治经济”与全球经济治理的部分。

第二，在叙述和分析的视角上，强化了对国际经济关系的政治学分析，删除了第一版中属于纯国际经济学的介绍与讨论。这方面的修改尤其体现在国际贸易、国际货币金融与对外直接投资的政治经济三章中。经过调整后，这三章的基本论说逻辑大致相似，第一节从历史发展的进程来说明国际贸易、货币金融与投资中的政治权力因素，第二节强调了国际制度在国际贸易、货币金融与投资中的作用，第三节则突出了国内政治对国际贸易、货币金融与投资的影响。

第三，在内容上，尽力反映最新的理论发展和近期的重大现实问题。比如在理论部分的三章中，新自由制度主义中的国际制度形式与设计理论、开放经济政治学中关于社会联盟偏好和国内政治制度的分析等都是国际政治经济学理论发展的前沿。又如在后面经验研究部分的几章中，自由贸易协定和双边投资协定的扩散、欧元和人民币在国际货币体系多极化中的作用、全球金融危机和欧洲债务危机、东亚区域一体化的曲折以及中国崛起与国际经济制度的改革等都是近年来国际经济关系中的重大问题。

实际上，本书的修订自 2007 年起就开始着手进行。但由于我们先后出国访学以及所承担的项目课题亟待结项等原因，修订工作拖至现在才完成。在此，感谢中国人民大学国际关系学院的陈岳教授。陈岳教授由于集中负责修订《国际政治学概论》而没有参加本书的修订工作，但作为第一版的合著者仍为本书的修订提供了重要的学术基础。感谢西北政法大学政治与公共管理学院的丁韶彬教授。作为对外援助问题的专家，他为本书撰写了“对外援助的政治经济”一节。感谢中国人民大学出版社的郭晓明先生和孟庆晓编辑。正是他们的宽容与耐心使我们得以按照自己的时间安排来修订这部教材。

最后但并非不重要的是，感谢中国人民大学国际政治经济学专业研究生曹倩、张丽君、熊谦、陈兆源、柴逸扉、李东云，他们为教材的修订查找了大量资料并参与了本书部分章节初稿的撰写。这些年来，除了课题研究与论著发表外，我们的主要精力都放在了本专业的课程建设和人才培养上。这些学生大都是我们从本科阶段就开始培养的。尽管他们为部分章节提供的初稿都经过了我们的改写甚至重写，但他们在参与本书修订中所体现的求知精神和学术能力仍令我们感到骄傲。

作者谨识

2014 年 10 月

目 录

第一章

国际政治经济学的历史演进

国际政治经济学是20世纪70年代以来在世界范围内发展起来的一门新兴学科。在西方，对该学科领域的不同称谓包括：国际政治经济学（international political economy）、全球政治经济学（global political economy）、国际关系的政治经济学（political economy of international relations）、国际经济关系的政治学（politics of international economic relations），等等。经过半个世纪的发展，国际政治经济学已经成为国际关系学科下一个主要的分支学科，为在国际关系领域中打破政治学和经济学的学科界限提供了比较系统的理论与方法。

第一节　国际政治经济学的学科定位

顾名思义，国际政治经济学就是运用政治经济学方法研究国际关系问题，因而它的形成、发展及内容都与政治经济学和国际关系学有着极其密切的联系。作为政治经济学方法在国际关系学领域的发展成果，国际政治经济学集中探讨国际关系中政治与经济之间的相互作用。

一、政治经济学与国际政治经济学

“政治经济学”一词源自希腊文“oikonomia”，意指家庭或同住在一家的人，英文为“household”。根据英国学者苏珊·斯特兰奇的解释，它指的不是小的核心家庭，而是一种由一个大家庭及其奴隶组成的家长制村落，以在其周围的土地上种植谷物和豢养牲畜为生。对这种村落的管理，不仅包括有关种植和饲养方面的选择，而且包括对防御袭击和抢劫的安全措施、男女老少间惯常关系、对儿童的教育以及对有争议的事务进行公正赏罚的管理抉择①。因此，这个概念本身从一开始就不是一个单纯的经济学概念，而是包含着重要的政治内容。

---

① Susan Strange, *States and Markets: An Introduction to International Political Economy*, London: Pinter Publishers, 1988, p. 19.

从政治经济学的发展来看，最早明确提出"政治经济学"这个概念的是法国的重商主义者孟克列钦。他在《献给国王和王后的政治经济学》中第一次使用了这个术语，用以表明他的理论不是一般意义的经济学，而是涉及广泛的社会政治问题。重商主义者第一次较为系统地阐述了政治与经济之间的相互关系，尽管是很不完整的。在重商主义者看来，政治与经济的结合是以政治的支配地位为前提的。

政治的最高目标是国家的安全和对外自主，国家的中心任务就是确立国家的权力。而经济是从属于政治的，是国家追求政治权力的重要手段。由于财富、权力和对贵金属的占有是密不可分的，国家的权力必须通过追求财富和金银来实现。政府为了积聚贵金属而组织对外贸易，安排对外贸易结构，而这些都是为实现国家安全和自给自足的政治目的服务的。重商主义的主要缺陷在于过分强调对经济现象的表面描述和只关注流通领域的问题，这与它过分强调政治对经济的决定作用是联系在一起的。

18 世纪后期，古典政治经济学的兴起对重商主义提出了严峻挑战。亚当·斯密认为，重商主义过分夸大了一个国家相对于其他国家的权力的重要性，而忽视了从总体上讲能够有益于所有国家的基本经济条件和经济制度。在斯密看来，国家的财富并不仅仅包括金银，其最重要的因素是国家的总体生产能力。在经济生活中，起决定作用的不是国家的政治权力，而是市场这只"看不见的手"。国家不必对经济进行过多的干预，其作用不过是一个"守夜人"，即为市场最大限度地自由运作提供条件。尽管如此，亚当·斯密仍旧把政治经济学看成是一个对政治和经济进行综合性研究的领域，并且承认安全要比富足重要得多。但他毕竟为两者的分野开辟了道路。大卫·李嘉图进一步发展了从亚当·斯密开始的古典政治经济学的理论抽象方法。他认为，政治经济学所要研究的是如何确定调整地租、利润、工资的分配的基本准则，即调整土地占有者、资本占有者和劳动者之间的关系，因为三者之间的利益是相互冲突的。在这里，他所分析的已经不仅仅是经济关系，而是一种社会关系，政治与经济是联系在一起的。但是，李嘉图的分析在理论抽象上走得太远了，因为在他的分析中，生产关系的社会和政治结构基本上被忽略了。他对阶级之间利益冲突的分析，主要是在交换层面上进行的。这实际上是使古典政治经济学理论中政治与经济的分野进一步扩大了。

马克思主义政治经济学是在古典政治经济学基础上发展起来的，然而却与其有着本质的区别。19 世纪 40 年代，马克思创立了辩证唯物主义和历史唯物主义，从而确立了其政治经济学的方法论基础。他在《哲学的贫困》一书中明确地提出，政治经济学的任务，就是要从"经济发展"上去理解由此引起的一系列经济和社会现象的本质及其规律。在马克思看来，政治经济学分析"对**财产关系**的总和，不是从它们的**法律**表现上即作为**意志关系**来把握，而是从它们的现实形态上即作为**生产关系**来把握"①，政治经济学"从最广的意义上说，是研究人类社会中支配物质生活资料的生产和交换的规律的科学"②。也就是说，政治经济学研究的并不是物质资料生产和交换本身，而是研究隐藏在其背后的社会政治经济关系。

---

① 马克思，恩格斯．马克思恩格斯选集：第 3 卷．3 版．北京：人民出版社，2012：14.

② 同①525.

19 世纪末 20 世纪初，随着资本主义国家政治经济的发展变化，一些新的经济学说不断涌现出来。例如德国的新历史学派，美国的制度学派、边际学派、数理经济学派，最后到所谓的“新古典经济学”。这一时期政治经济学发展的一个基本趋向就是政治与经济的完全分离。例如，奥地利学派就把政治经济学的研究对象确定为人与自然的关系；门格尔则认为政治经济学是研究快乐和痛苦之间关系的科学；维塞尔甚至提出，政治经济学是一种实用心理学。数理经济学的发展，使政治经济学中的社会政治经济关系被淹没在一系列机械的、没有社会内容的关系之中。瓦尔拉在 1874 年出版的《纯粹政治经济学要义》中把政治经济学分为三个部分：纯粹经济学、实用经济学和社会经济学。纯粹经济学的研究对象是价值和交换，实用经济学的研究对象是财富的生产和再生产，社会经济学的内容是财产的占有和分配。其中，纯粹经济学是后两者的基础，是政治经济学的核心。

阿尔弗雷德·马歇尔在 1890 年出版的《经济学原理》集新古典经济学之大成，也是古典政治经济学的彻底终结。因为自此以后，资产阶级的“政治经济学”已不复存在，只剩下了“经济学”，只有马克思主义政治经济学依旧保持着它的活力，并在列宁及其他马克思主义者对帝国主义的分析中得到了丰富和发展。

从 19 世纪末到 20 世纪上半叶，西方经济学有了很大的发展。继马歇尔之后又在 20 世纪 30 年代出现了凯恩斯主义。但是，“政治经济学”的概念几乎被人遗忘了。从 1953 年至 1957 年，在北美和西欧只出版了 3 本以“政治经济学”为书名的新书，其中以保罗·巴兰于 1957 年出版的《增长的政治经济学》影响最大，并且被誉为西方政治经济学重新复兴的开端①。此后，每年都有一批有关政治经济学的著作出版。到了 20 世纪 70 年代以后，政治经济学在西方成为一个非常时髦的研究课题。仅在 1983 年，就有 50 多本冠以“……的政治经济学”的新书出版②。这些书的作者不仅有经济学家和政治学家，而且包括社会学家、历史学家、人类学家等。根据这些社会科学家的定义，政治经济学是“经济学在政策问题上的应用”，或“政治学、经济学和国际关系学的综合”，或“国家与市场”“权力与财富”之间的相互关系。后一种看法在 70 年代以后占据了统治地位，并且成为国际政治经济学的一个重要理论基础。

查尔斯·E. 林德布洛姆在其于 1977 年出版的《政治与市场》一书中提出，政治经济学的最一般要素是“交换（即市场）、权力（即政府）和说服（即信仰）”，而其核心就是政府与市场的关系③。罗伯特·吉尔平则认为，政治经济学的本质就是国家与市场的相互关系。只研究市场，这是经济学的领域；只研究国家，则是政治学家的事情。政治经济学所涉及的是国家及其政治功能如何影响生产和财富的分配，尤其是政治决策和政治利益如何影响经济活动的分布，以及经济活动的成本和利润的分配。同时，它还涉及市场和经济力量如何影响国家和其他政治行为体之间的权力和福利的分配，尤其是经济力量如何改变政治和军事力量的国际分布。但是，政治经济学又不是研究国家和市场本身，而是研究两

---

① Paul Baran, *The Political Economy of Growth*, New York: Monthly Review Press, 1957.

② David Whynes, ed., *What is Political Economy?: Eight Perspectives*, Oxford: Blackwell, 1984, p. 1.

③ Charles E. Lindblom, *Politics and Markets: The World's Political-Economic Systems*, New York: Basic Books, 1977, Preface.

者之间的相互关系和相互作用，以及这种相互作用周而复始的发展变化[①]。苏珊·斯特兰奇认为：经济学主要是研究如何以不足的资源对付无限增长的需求，即市场的运作；政治学主要是研究如何提供公共秩序和公众利益，即维持秩序；而政治经济学则是从结构上分析国家和各种政治权力机构对市场的影响，以及市场力量对国家的影响。政治经济学就是一种对权力机构与市场之间的相互关系进行综合分析的方法，并且应当着重分析安全、财富、自由和正义这四个基本的价值观念[②]。而斯蒂芬·吉尔和戴维·劳则认为："我们把政治经济学看成是一个包含政治学、经济学和国际关系学的综合研究领域。从一般意义上讲，政治经济学不仅要求分析政治制约经济的方式，而且要求分析经济对政治的影响。从更为基本的意义上讲，政治经济学还要求分析那些构成政治的和经济的观念在历史上是如何形成的。"[③]

国际政治经济学就是在政治经济学的不断发展演变过程中逐步形成和发展起来的，也可以说是现代政治经济学发展的产物。

二、国际关系学与国际政治经济学

国际关系学（也有人将其与国际政治学相并列）是揭示国际体系中各种行为体之间的相互关系及其发展变化的一般规律的一门社会科学学科。从狭义的角度讲，它研究的主要是国际行为体之间的政治关系，在这个意义上，它与国际政治学是一回事。从广义上讲，它研究的是国际行为体之间的各种关系，包括政治关系、经济关系、军事关系、文化关系等。

国际关系学从其发源来看，主要是从狭义国际关系学，即国际政治学起步的。早期，包括 20 世纪 60 年代以前的国际关系学，主要研究的是国际政治关系，国际政治与国际经济两者之间是泾渭分明的。根据西方传统的国际关系学定义，"国际关系学是关于影响组成世界的基本单位的对外政策和权力的因素和活动的学问"[④]。从传统的国际关系学的研究内容上讲，它主要研究的是以国家为主的国际行为体的对外政治行为及相互之间的政治关系，其核心内容是国际政治权力的控制、国家安全、战争与和平等问题。例如，大多数学者都把研究的重心放在对"权力"问题的分析上，而在传统的国际关系学研究中，权力这一概念指的主要是政治权力，或者用著名国际关系学者汉斯·摩根索的话来说，国际关系现实主义的一个重要特点就是强调政治领域的独立性，强调权力政治的作用[⑤]。虽然早期的国际关系学也涉及国家间的经济关系，但是这被视为"低层政治"，对它的研究基本上也是从其对政治关系的影响角度去进行分析和论述的。

---

① Robert Gilpin, *The Political Economy of International Relations*, Princeton: Princeton University Press, 1987, p. 18.

② Susan Strange, *States and Markets: An Introduction to International Political Economy*, London: Pinter Publishers, 1988, p. 22.

③ Stephen Gill and David Law, *The Global Political Economy: Perspectives, Problems and Policies*, London: Harvester, 1988, Preface.

④ 斯坦利·霍夫曼．当代国际关系理论．北京：中国社会科学出版社，1990：8.

⑤ Hans Morgenthau, *Politics among Nations: The Struggle for Power and Peace*, New York: Alfred Knopf, 1985, p. 17.

在早期的国际关系学者中，也有一些人把国际关系学视为一个更加广泛的研究领域，美国学者昆西·赖特在20世纪50年代就认为，国际关系学作为一个研究领域，包括了国际政治、国际经济、国际法、国际组织、国际教育、国际关系心理、国际伦理、社会学等八大研究内容和政治、经济、殖民、外交等16个分支学科①。70年代以后，随着国际形势的发展变化和国际关系学本身的发展完善，新自由主义国际关系理论开始兴起。新自由主义与传统现实主义的最基本区别，就是注重对国际经济问题和国际政治与经济之间相互作用的研究。

最早系统研究国际政治经济学的主要都是一些政治学家和国际关系学家。大多数学者认为，国际政治经济学是国际关系学的一个分支学科，它主要是国际关系学家研究的一个领域。从西方最早的几部国际政治经济学著作的题目上也可以看到这种倾向，如罗伯特·基欧汉和约瑟夫·奈的《权力与相互依赖》（1977年），戴维·布莱克和罗伯特·沃尔特斯的《全球经济关系的政治学》（1977年），琼·斯佩罗的《国际经济关系的政治学》（1977年），丹尼斯·皮雷奇斯的《国际关系学的新内容：全球经济政治学》（1978年），罗伯特·吉尔平的《美国的权力与多国公司：对外直接投资的政治经济学》（1975年）、《世界政治中的战争与变革》（1981年）、《国际关系政治经济学》（1987年），苏珊·斯特兰奇的《国家与市场》（1988年）等。在各国高等教育的学科分类中，它主要设置在政治学系、国际政治系或国际关系学系，这也是与国际政治学家和国际关系学家最先开始系统地研究国际政治经济问题联系在一起的。

总之，国际政治经济学与国际关系学是密不可分的，是在国际关系学的基础上发展起来的，也可以说是国际关系学发展到20世纪70年代以后的结果。

三、国际政治经济学的研究对象和范围

作为一门20世纪70年代以后才逐步确立其学术地位的新兴学科，国际政治经济学对于其定义、对象和研究范围等问题一开始并没有一个统一的规范解释。

按照苏珊·斯特兰奇的定义，国际政治经济学是一门“研究影响全球生产、交换和分配体系，以及这些体系所反映出来的价值观念之组合的社会、政治和经济布局（结构）”②的学科。罗伯特·吉尔平的定义既含混又具体，他认为国际政治经济学是一种“对国际政治学和国际经济学进行综合研究”的方法；同时又把“政治经济学的性质”具体地解释为“研究全球经济及技术之相互依赖的发展同由主权国家所构成的国际政治体系的持续分化之间的矛盾与冲突”③。罗伯特·基欧汉认为：“我们可以把国际政治经济学看作两个独立存在的研究领域之间的一个交叉学科。前者是经济学，研究的是作为满足需要的市场手段的生产和交换；后者是政治学，研究的是权力的运行过程。”④ 杰弗里·弗里登和戴维·

---

① Quincy Wright, *The Study of International Relations*, New York: Appleton-Century-Crofts, 1955.

② Susan Strange, *States and Markets: An Introduction to International Political Economy*, London: Pinter Publishers, 1988, p. 18.

③ Robert Gilpin, *The Political Economy of International Relations*, Princeton: Princeton University Press, 1987, p. 20.

④ Robert Keohane, *After Hegemony: The Cooperation and Discord in World Political Economy*, Princeton: Princeton University Press, 1984, p. 21.

莱克的定义简明扼要:“国际政治经济学是对政治与经济在世界范围内的相互作用的研究。”① 斯蒂芬·吉尔则提出了一个“全球政治经济学”的概念。他认为:由于世界经济国际化和国际政治全球化的发展,不仅国际政治与国际经济之间的界限越来越淡化了,而且国内政治经济与国际政治经济的分野也越来越模糊了。一种政治经济的分析,不应该狭隘地局限于民族国家及其政府之间的相互关系,应当与国际性的和全球性的关系相适应。因此,“我们宁可使用‘全球政治经济学’的概念,而不是普遍流行的‘国际政治经济学’的概念”②。

关于研究对象和范围的问题,西方学者的看法也千差万别。但是他们在一点上看法是一致的,即认为国际政治经济学主要研究的是国际范围内权力与市场或权力与财富和金钱的关系。琼·斯佩罗的《国际经济关系的政治学》与戴维·布莱克和罗伯特·沃尔特斯的《全球经济关系的政治学》是两本早期在美国流行的国际政治经济学教科书,它们主要都是从政治学的角度,对国际经济关系进行政治分析③。理查德·库珀的《相互依赖的经济学》、查尔斯·金德尔伯格的《权力与金钱:国际政治的经济学和国际经济的政治学》、罗伯特·考克斯的《生产、权力与世界秩序:创造历史的社会力量》等著作,则比较注重对国际政治关系的经济分析④。而吉尔平的《国际关系政治经济学》和斯特兰奇的《国家与市场》是把两者较好地结合在一起的范例。斯特兰奇把“结构性权力”作为她进行国际政治经济分析的着眼点。她认为,在国际政治经济中存在着两种不同的权力,即“联系性权力”和“结构性权力”。前者是一种迫使对方去做其不愿意做的事情的权力;后者则是一种形成和决定全球性政治经济结构的权力,或构造各种政治经济关系的权力。结构性权力存在于四种不同的但相互联系在一起的结构中,即生产结构、安全结构、金融结构、知识结构(或信仰结构)之中。国际政治经济学的主要研究课题就是这种结构性权力⑤。吉尔平则认为,国际政治经济学的研究主题主要是“全球经济及技术之相互依赖同由主权国家所构成的国际政治体系的持续分化之间的矛盾与冲突”,而国家与市场之间的对立和矛盾的性质及后果是国际政治经济学所要探讨的主要问题,其中包括:(1)市场经济增长的政治经济根源及作用;(2)经济变化与政治变化的相互关系;(3)国际市场经济对国内市场经济的作用和影响⑥。

---

① Jeffery Frieden and David Lake, *International Political Economy: Perspectives on Global Power and Wealth*, New York: St. Martin's Press, 1995, p. 1.

② Stephen Gill and David Law, *The Global Political Economy: Perspectives, Problems and Policies*, London: Harvester, 1988, Preface.

③ Joan Spero, *The Politics of International Economic Relations*, New York: St. Martin's Press, 1985; David H. Blake and Robert S. Walters, *The Politics of Global Economic Relations*, Englewood Cliffs: Prentice-Hall International, 1992.

④ Richard Cooper, *The Economics of Interdependence*, New York: Columbia University Press, 1968; Charles Kindleberger, *Power and Money: The Politics of International Economics and the Economics of International Politics*, New York: Basic Boats, 1970; Robert Cox, *Production, Power and World Order: Social Forces in the Making of History*, New York: Columbia University Press, 1987.

⑤ Susan Strange, *States and Markets: An Introduction to International Political Economy*, London: Pinter Publishers, 1988, pp. 24 - 28.

⑥ Robert Gilpin, *The Political Economy of International Relations*, Princeton: Princeton University Press, 1987, p. 22.

总之，这些学者的具体说法尽管并不完全一致，但是有一点是共同的，即都认为国际政治经济学是政治学和经济学在国际关系领域中的综合，是在国际政治学和国际经济学之间的一门交叉性学科。

在我们看来，国际政治经济学可以定义为：研究国际关系中政治和经济相互作用的一般形式和普遍规律的一门学科。这一定义有以下几层含义：

首先，国际行为体之间的相互作用和影响。所谓国际行为体，是指能够独立地参与国际关系的政治、经济实体，既包括主权国家，也包括各种非国家实体，如国际组织、跨国公司、跨国银行、跨国政党等①。正是这些国际行为体的对外政治经济行为，构成了国际关系的基本内容；彼此间的相互作用及其结构状态，构成了世界体系或秩序。国际政治经济学要研究国际行为体的对外行为，但是这种研究的着眼点并不是对外行为本身，而是国际行为体对外行为对其他行为体的作用和影响，或各个行为体之间相互行为的彼此作用和影响。

其次，国际行为体与整个国际政治经济体系、结构和秩序的相互作用、相互影响。行为体的对外行为绝不是孤立地存在的，也不是仅仅以单个行为体的意志为转移的，而是在国际体系这个大舞台上进行的，既受制于国际体系的结构与秩序，又对后者的发展演变具有重要的影响作用。因此，国际政治经济学不仅要从单个行为体之间的关系，而且要从全球的角度，从整体和部分的相互关系上去研究国际体系对国际行为体的影响。

再次，国际政治与国际经济的相互作用和相互影响。作为一种“政治经济学”的研究，它所研究的绝不仅仅是国际政治或国际经济问题，也不仅仅是简单地将两者结合起来进行研究，而是要研究国际政治和国际经济之间的相互关系，研究政治、经济两者在国际范围内的相互作用和相互影响。

最后，国内政治经济与国际政治经济的相互作用和相互影响。正如一些学者所指出的那样，随着国际政治经济的发展，整个世界越来越融为一个整体，国内政治经济与国际政治经济的界限已经越来越模糊。任何国家的对内、对外政策的制定和实施都离不开外部的国际环境，对内政策与对外政策之间的联系越来越密切。国际政治经济学在着重于研究行为体对外行为的作用和影响的同时，也要研究国内政治经济对行为体的对外行为的制约和影响，以及国际政治经济条件对行为体对内政策的制约和影响。

第二节　国际政治经济学的思想传统

虽然国际政治经济学是20世纪70年代以后才逐步确立其学科地位的，但是其思想渊源可追溯到16世纪、17世纪。国际学术界的普遍观点认为，国际政治经济学的主要思想渊源包括重商主义、古典政治经济学和马克思主义政治经济学。这些思想渊源开辟了国际政治经济学的三大思想传统，即重商主义、自由主义和马克思主义。

一、重商主义思想传统

重商主义是最早运用政治经济学方法研究国际问题的思想学派，当代国际政治经济学

① 关于国际行为体的定义和特点等问题，参见：冯特君，宋新宁．国际政治概论．北京：中国人民大学出版社，1992：112-120.

学者对重商主义的表述略有差别，如罗伯特·吉尔平称之为民族主义和经济民族主义；巴里·琼斯称之为经济现实主义和新激进结构主义；斯蒂芬·吉尔和戴维·劳表述为现实主义的重商主义①。尽管在这一思想学派兴起的历史时期，现代意义上的国际关系并没有完全形成，但是作为资本主义萌芽时期最初的商业资产阶级利益的代表，重商主义的政治经济思想既带有现代民族国家刚刚形成的时代特征，又打着早期殖民主义对外扩张的印记。在政治哲学上，重商主义者信奉的是修昔底德、马基雅弗利、霍布斯等人的"自然状态"学说和霸权理论，即认为国际社会处于一种彼此争夺权力与财富的无政府状态，国家间的相互关系是一种"一方之所失必为另一方之所得"的零和博弈（zero-sum game）。在一个资源有限的世界里，一个国家要想改变或改善自己的权力地位，"就只有掠夺别国的财富"②。正是在这个意义上，一些学者把重商主义称为"经济民族主义""经济现实主义""现实主义-重商主义"③。

重商主义政治经济学的基本理论，用雅各布·瓦伊纳的话来说就是"一种为了国家的经济利益而进行经济活动的广泛的政府规则的学说"④。重商主义形成时期，正是欧洲各个新兴国家加紧扩张财富、人口和领土的时代，这就决定了重商主义的基本特征是要"将一切经济活动都从属于国家对权力的追求"⑤。瓦伊纳曾经把重商主义的基本观点概括为以下四点："（1）财富是权力的绝对基本因素，无论是为了防御还是为了侵略；（2）实力是获取并保持财富的必要且有价值的手段；（3）财富和权力是国家政策的两个极端；（4）这两个极端从长远的观点来看是协调一致的，尽管在某些特定场合下，为了军事防卫的需要，也就是为了长远经济繁荣的利益，有必要做出某种经济上的牺牲。"⑥ 正是从上述基本理论观点出发，重商主义者提出了其基本的对外经济政策主张，即鼓励出口和限制进口的管制贸易政策，用一位著名的奥地利重商主义者的话来说，"在必要时，应日日夜夜地寻找机会把国家的剩余货物以制成品形式推销给这些外国人，以换取黄金和白银；为了这个目的，不妨说必须到地球上的天涯海角去追求消费，而且以一切可能的方式予以发展"⑦。

托马斯·孟的国际贸易学说是那个时代最为系统的重商主义思想。托马斯·孟将贸易

---

① Robert Gilpin, *The Political Economy of International Relations*, Princeton: Princeton University Press, 1987; Susan Strange, *States and Markets: An Introduction to International Political Economy*, London: Pinter Publishers, 1988; Stephen Gill and David Law, *The Global Political Economy: Perspectives, Problems and Policies*, London: Harvester, 1988; Jeffery Frieden and David Lake, *International Political Economy: Perspectives on Global Power and Wealth*, New York: St. Martin's Press, 1995.

② 埃尔斯沃思，克拉克·利思．国际经济学．北京：商务印书馆，1992：16-17.

③ 同②第一章；Robert Gilpin, *The Political Economy of International Relations*, Princeton: Princeton University Press, 1987, Chapter 2; R. J. Barry Jones, ed., *The Worlds of Political Economy*, London: Pinter Publishers, 1988, chapter 8; Stephen Gill and David Law, *The Global Political Economy: Perspectives, Problems and Policies*, London: Harvester, 1988, Chapter 3.

④ Jacob Viner, "Power versus Plenty as Objectives of Foreign Policy in the Seventeenth and Eighteenth Centuries", *World Politics*, Vol. 1, No. 1, 1948, pp. 1-29.

⑤ Eli Hecksher, *Mercantilism*, London: Macmillan Company, 1955, p. 15.

⑥ Jacob Viner, *The Long View and the Short: Studies in Economic Theory and Policy*, New York: Free Press, 1958.

⑦ 同②21.

利益区分为国家的利益、国王的利益和商人的利益，认为谋求贸易利益是一个国家积累财富的唯一途径。通过国际贸易，一个国家可以打击竞争对手，防止货币外流；可以降低国内商品价格，扩大国内就业，增强国家实力。托马斯·孟又将财富分为自然财富和人为财富，后者必须通过对外贸易来获得。认为国际贸易产生的原因主要是国内产品过剩，一个国家要不断地增加其财富，就必须保持贸易顺差，即在价值上，每年卖给外国的货物必须比本国消费的外国货物多。要不断扩大国家对外贸易的顺差，就必须扩大商品生产，提高商品质量，降低商品价格，占领销售市场；提倡节俭，减少对外国货物的消费需求；对进口商品实行适度限制，对于那些用以再出口的货物的输入，不仅不应限制，而且应当在关税上予以照顾；扩大航运业，以提高出口商品的价值。

重商主义对以后国际政治经济学发展的主要意义在于，它第一次从政治和经济的结合上对国家的权力与财富之间的相互关系进行了理论分析，特别是对国家对外经济政策对国家自身的政治经济发展的作用和影响进行了分析，尽管这种分析所得出的结论在以后被证明是不正确的，但是它毕竟为政治经济学的发展，特别是为传统现实主义国际政治经济学的发展奠定了基础。

新重商主义与重商主义有着密切的联系，但摒弃了重商主义中明显谬误的成分。其基本理论出发点仍旧是政治-国家中心主义，即把对国际政治权力的分析放在首位；强调国家安全利益的重要性；认为经济与政治的密切联系就在于其不过是源于国家政治权力的重要手段，任何对内对外经济政策都应服从于国家的政治和安全战略；对国际政治经济的研究主要侧重于政治因素对各种经济关系的影响。

较为系统的新重商主义学说可以追溯到亚历山大·汉密尔顿和弗里德里希·李斯特。汉密尔顿在1791年提交给美国国会的一份报告中提出了“制造业优先”和“进口替代”的战略，指出：“不仅国家的财富，而且是国家的独立和安全，都与其制造业的繁荣息息相关。为了实现这些伟大的目标（独立和安全），每个国家必须致力于拥有这些本国能够提供的所有必需品，它们包括口粮、住宅、衣服和防务。”① 在他看来，制造业优先对于一个国家，特别是美国这样一个刚刚摆脱殖民统治的国家的意义不仅在于为国民经济的发展奠定基础，更重要的是维护国家的政治、经济独立。而保护和发展制造业的关键是加强国家干预，实行贸易保护。

与汉密尔顿不同的是，李斯特第一次从更深的理论层面对重商主义国际政治经济学进行了较为系统的论述。在他看来，国家是进行政治经济学分析的核心单位，政治经济学研究必须以对国际关系内在冲突本质的认知为出发点，每一个国家都必须探寻其经济发展的特定国家手段。在《政治经济学的国民体系》一书中，他主张确立一种真正的“政治经济学”(political economy)，即“国家经济学”(national economy)，而不是亚当·斯密自由主义“世界主义经济学”(cosmopolitical economy)②。他在对自由主义政治经济学进行批

① Alexander Hamilton, “Report on Manufactures”, in George Crane and Abla Amawi, eds., *The Theoretical Evolution of International Political Economy: A Reader*, Oxford University Press, 1991, p. 44.

② Friedrich List, “Political and Cosmopolitical Economy”, in George Crane and Abla Amawi, eds., *The Theoretical Evolution of International Political Economy: A Reader*, Oxford University Press, 1991, pp. 48 - 54. 中译本可参见：弗里德里希·李斯特. 政治经济学的国民体系. 北京：商务印书馆，1961.

判时指出，自由主义理论的最大缺陷就在于忽视了民族经济发展的特点和经济发展水平的差异。他不同意自由主义将国家仅仅视为“被动的警察”的观点，认为国家的存在比个人的存在更重要，国家的存在是个人乃至全人类的安全、福利、进步及文化的首要条件。他以生产力理论作为其重商主义理论的基础，认为“财富的源泉与财富本身完全不是一回事。一个人可以拥有财富，即交换价值，但是如果他不拥有创造那些比其消费的东西更有价值的物品的力量，他就会更加贫穷。一个人可能是贫穷的，但是如果他拥有了能够创造更多有价值物品的力量，他就是富有的。因此，创造财富的力量（the power of producing wealth）要比财富本身重要得多，它不仅能够保障已经获得的和增长了的财富，而且可以补偿失去了的财富”①。在他看来，一个国家生产力的发展主要依靠的是国家，国家的政治统一、文化发展和国家对经济发展的积极扶植、干预以及行之有效的政策。“国家必须牺牲和放弃一定的物质资产以获取文化、技术和统一的生产力量。它必须牺牲某些现实的利益，以保障获取未来的利益。”② 正是基于这些观点，李斯特提出了他的国家干预、保护“幼稚工业”和贸易保护主义的主张。

19 世纪后期和 20 世纪前半期，政治经济学在西方实际上名存实亡。凯恩斯主义的出现是对西方经济学的一场“革命”，对古典自由主义和重商主义都提出了挑战，同时也对后世的国际政治经济学具有重大影响。国内外学者对于凯恩斯究竟应属于自由主义者还是新重商主义者存在较大分歧，有的认为他是新重商主义者的代表人物，有的则将其列入自由主义国际政治经济学的谱系。但是无论如何，凯恩斯对自由主义的批判，主张政府对经济，特别是国际经济的干预和他所提出的“超贸易保护主义”理论，无疑对重商主义国际政治经济学的发展具有重大意义。

凯恩斯充分肯定了重商主义的贸易顺差论，认为保持贸易顺差是实行国内充分就业、避免经济衰退的重要条件。但是，他并不像古典重商主义者那样，认为国家应该一味地追求贸易顺差和贸易顺差越大越好。在他看来，贸易顺差应该有一定限度，“若贸易为顺差，又不太大，则颇有鼓舞作用，若为逆差，则可能很快产生顽固的经济衰退”③。凯恩斯对传统自由主义理论的主要批评之一是针对其“自由放任”（laissez-faire）学说展开的。早在 1924 年 11 月，凯恩斯就曾在牛津大学发表了题为《自由放任的终结》的讲演。在他看来，自由放任就是一种经济上的无政府状态，无法保证充分就业或收入与财富的社会平等，只有通过扩大政府职能和政府对投资与储蓄的更大范围的控制，才能促进社会正义和社会稳定。

二、自由主义思想传统

古典政治经济学的形成是政治经济学发展的一个重要里程碑，也为国际政治经济学的发展提供了更加完备的理论依据，并且被后人认为是自由主义国际政治经济学的先驱。古典政治经济学家与重商主义者的主要区别在于：首先，在政治哲学上，他们信奉的是约

---

①② Friedrich List, “The Theory of the Powers of Production and the Theory of Values”, in David Balaam and Michael Veseth, eds., *Readings in International Political Economy*, Prentice Hall, 1996, pp. 17, 27.

③ 约翰·梅纳德·凯恩斯．就业、利息和货币通论．北京：商务印书馆，1963：286.

翰·洛克的政治自由主义学说，即在由其自身规律支配的自然状态下，人人都是平等的；为了保障社会秩序和个人的天赋权利，人们根据某种契约而设立了政府，并赋予其制定法律的权力。但是，政府的作用仅限于保障人们的生活、自由和财产权利。其次，他们所进行的政治经济学研究的主体，不是国家，而是个人，代表的是工业资产阶级的利益。再次，他们进行政治经济学研究的基本出发点或理论基础是“自由放任”，即在政治与经济的关系上，强调经济因素，特别是市场对国家政治行为的决定性作用，国家的政治职能是为个人的经济利益服务的。最后，国家间的关系并不一定都是一种零和博弈，而可能是一种非零和博弈（non-zero-sum game），即所有有关国家都可能从相互交往中获得益处。

亚当·斯密对重商主义学说进行了批判，认为一个国家相对于其他国家的权力是十分重要的，但是国家乃至国际的经济条件和经济制度，特别是市场则更为重要。在他看来，国家的总体生产能力才是国家财富中最重要的因素，在经济生活中，起决定作用的不是国家的政治权力，而是市场这只“看不见的手”。因此，他主张国家应该奉行一种不管的政策，即自由放任的政策。在对外经济政策问题上，斯密依据其国家财富的增长来源于劳动的国际分工的原理（绝对利益理论），极力倡导自由贸易政策。根据他的观点，“互通有无”“互相交易”的倾向是人类固有的本性，国际分工和自由贸易不仅能使国家比在闭关自守的条件下获得更多的廉价商品，而且可以促进国家的劳动和资本得到最合理、最有效的运用。

在斯密看来，国际贸易的产生在于各国家间因生产条件的不同而形成的生产成本的差异。一个国家之所以要进口某些外国产品，是因为本国在这些产品的生产条件方面处于劣势，产品的生产成本太高，不如购买其他国家的产品便宜；一个国家之所以要出口某些产品，是因为本国在生产这些产品的生产条件方面处于绝对优势。国际贸易的基础就是各国的绝对成本优势。参加国际贸易的国家要想获得贸易利益，就必须要求各国产品的生产成本存在绝对差异。实际上，每个国家都在某种商品的生产上拥有自己的绝对优势，即所耗费的劳动绝对地低于其他的国家。这种绝对优势来源于自然优势，即超乎人力的自然条件和其他相对固定状态的优势。由于这种优势与特定的地域结合在一起，因而贸易的模式基本上是以地域分工为基础的。只要各个国家都生产自己具有绝对优势的产品用于交换，那么就可以使彼此都获得贸易利益，也就是所谓的绝对利益。斯密的绝对成本理论存在一个致命的弱点，即无法解释那些不具备绝对成本优势的国家如何在国际贸易中获益。

大卫·李嘉图一方面进一步发展了自亚当·斯密开始的政治经济学理论的抽象方法，即从政治与经济的结合上去分析经济现象；另一方面，他以“比较成本理论”论证了国际贸易的普遍性，说明了在产品生产上处于绝对劣势地位的国家也可以参与国际贸易，获得贸易利益，从而解决了斯密理论的不足。在他看来，国际经济与国内经济是完全不同的，一国国内经济要受制于有限的资源和彼此冲突的利益，而国际经济则可以为国内经济的增长和扩张提供广泛的发展余地。根据李嘉图的观点，国际贸易的基础并不限于各个国家间绝对成本的差异，只要各国产品生产成本的比率不同，就可以进行国际贸易，并从中获得利益。每个国家并不需要生产它所需要的一切产品，而只需生产那些利益相对较大或不利相对较少的产品，然后进行国际交换。这样，即使在资本、劳动等生产要素不变的条件下，一个国家的生产总量即社会财富也会增加。即使不同国家在用于交换的产品上均存在成本的绝对优势或绝对劣势，也不影响其进行国际交换，只要它们集中力量生产那些生产成本相对较低的产品即可。

古典政治经济学对国际政治经济学的发展的主要意义在于，它作为自由主义的先导，为自由派国际政治经济学奠定了理论基础。正如琼·斯佩罗指出的那样，“对当代政治与经济研究影响最大的理论遗产就是自由主义”①。在古典政治经济学看来，人类的利己主义本性引起交换，国家之间由于地域差异和不同产品生产成本差异而形成国际分工，进行国际贸易，获取贸易利益，进而提高生产力，增加国家的财富。斯密和李嘉图从以市场为核心的自由主义政治经济学的基本原理出发，认为国家不仅在国内经济发展问题上应当自由放任，而且对国家间的经济交往也不能干预，即对外应实行自由贸易。自由贸易不仅能够增加一个国家的财富，而且能够扩大国家间的互利互惠，巩固彼此间合作关系的发展，有利于世界的和平与发展②。因为在古典政治经济学家们看来，战争的原因就在于“处于自然状态下的人们无视政治经济学的法则”，如果各个国家都鼓励自由贸易，彼此间的政治冲突和战争就可以消弭，因而政治经济学实际上就是“最卓越的和平科学”③。

在经历了政治经济学到“纯粹”经济学的转变之后，古典自由主义国际政治经济学发生了诸多变化，除了国际贸易理论在约翰·斯图亚特·穆勒、赫克歇尔和俄林等人那里有所发展之外，几乎没有什么理论建树。直到 20 世纪 30 年代，凯恩斯对其进行了修正。凯恩斯在其学术和政治生涯的初期是一个坚定的自由主义政治经济学信奉者，尽管他对“自由放任”学说提出过批评。1919 年，他在《和约的经济后果》（*The Economic Consequences of the Peace*）一书中，从人口、组织、社会心理和旧世界与新世界之间的关系四个方面，分析了第一次世界大战后和平对各国经济和世界经济发展所产生的影响④。20 年代以后，凯恩斯对自由主义主流学派的理论产生了质疑，在《自由放任的终结》和《通论》中提出了加强政府对市场的干预和保护贸易的政策主张。尽管如此，凯恩斯并未从根本上抛弃自由主义的基本理论框架。首先，凯恩斯对新古典经济学的挑战只限于宏观经济学，而不是整个自由主义的经济理论，他对新古典派的微观经济学仍是笃信不疑的。其次，凯恩斯宏观经济理论的重要内容之一是政府对市场的干预，或更确切地说是对市场的“管理”（management）。而这种管理的前提是“将那些从技术上讲是社会的服务与那些从技术上讲是私人的服务区分开来”，以便进行“合理”的管理。同时，他特别强调了“国家内部半自治群体”，例如大学、英格兰银行、伦敦港务局、铁路公司以及某些工业组织等在宏观经济调节中的作用。最后，尽管他提出了国家干预和“超贸易保护主义”的政策

① Joan Spero，*The Politics of International Economic Relations*，New York：St. Martin's Press，1985，p. 1.

② 亚当·斯密．国民财富的性质和原因的研究．北京：商务印书馆，1974；大卫·李嘉图．政治经济学及赋税原理．北京：商务印书馆，1976；Robert Gilpin，*The Political Economy of International Relations*，Princeton：Princeton University Press，1987，Chapter 2.

③ Edmund Silberner，*The Problem of War in Nineteenth Century Economic Thought*，Princeton：Princeton University Press，1946，pp. 280 - 282.

④ 约翰·梅纳德·凯恩斯．和约的经济后果．北京：华夏出版社，2008.

主张，但是他并未像传统重商主义者那样否认世界范围内市场力量的作用①。从上述观点出发，可以说凯恩斯主义基本上仍旧是自由主义政治经济学，或“新古典综合派”政治经济学体系。与其说他背离或放弃了自由主义政治经济学，毋宁说他修正甚至拯救了自由主义政治经济学。凯恩斯主义对西方政治经济学发展的重要贡献之一就是力图恢复被新古典经济学割裂了的政治与经济之间的密切联系，因而他也被一些西方学者称为政治经济学复兴的先驱②。

三、马克思主义思想传统

马克思主义政治经济学可以说是马克思主义政治学、哲学和经济学结合的产物。重商主义学说强调政治决定经济，古典政治经济学强调经济决定政治，而马克思主义政治经济学则将两者有机地结合在一起，并在此基础上将其贯彻于对国际政治经济相互作用的分析中，为现代国际政治经济学的发展做出了不可磨灭的贡献。

马克思和恩格斯从其辩证唯物主义和历史唯物主义的基本方法出发，既把政治经济学作为一门对社会关系进行抽象的理论学科，又把它作为“一种历史的科学”③。他们从资本主义时代最一般的经济范畴——商品入手，以劳动价值论为基础，以剩余价值论为核心，揭示了资本主义经济现象背后所隐含的各种政治、经济及社会关系。正如马克思所指出的那样：“经济范畴只不过是生产的社会关系的理论表现，即其抽象。”“人们按照自己的物质生产率建立相应的社会关系，正是这些人又按照自己的社会关系创造了相应的原理、观念和范畴。”④ 政治经济学的任务就是“研究人类各种社会进行生产和交换并相应地进行产品分配的条件和形式”⑤。

在国际政治经济学方面，由于历史的原因，马克思和恩格斯未能给我们留下系统的论著，特别是马克思原来计划写作的《政治经济学批判》第2～6册未能完成，其中就包括国家（人口、殖民地、向外国移民等）、生产的国际关系（如国际分工、国际交换、输出和输入、汇率等）、世界市场和危机等内容⑥。尽管如此，他们仍在这一领域为后人留下了许多宝贵的理论财富。其中主要有：

首先，资本主义作为一个完整的世界体系。这是马克思之前的政治经济学家从没有论及的一个问题。早在19世纪40年代至50年代，马克思和恩格斯就指出，资本主义的发展已经把整个世界联结成为一个有机的整体，使各个国家不仅在经济上，而且在政治、文化等各个领域相互联系、相互作用、相互依存。“事情已经发展到这样的地步：今天英国发明的新机器，一年之内就会夺去中国千百万工人的饭碗。这样，大工业便把世界各国人民互相联系起来，把所有地方性的小市场联合成为一个世界市场，到处为文明和进步做好

① George Crane and Abla Amawi, eds., *The Theoretical Evolution of International Political Economy: A Reader*, Oxford University Press, 1991.

② David Whynes, *What is Political Economy?* Oxford: Blackwell Publishing Ltd., 1984, p.20.

③ 马克思，恩格斯．马克思恩格斯选集：第3卷．3版．北京：人民出版社，2012：874.

④ 马克思，恩格斯．马克思恩格斯选集：第1卷．3版．北京：人民出版社，2009：222.

⑤ 同③528.

⑥ 马克思，恩格斯．马克思恩格斯全集：第46卷上．北京：人民出版社，1979：46.

了准备，使各文明国家里发生的一切必然影响到其余各国。”① “单是大工业建立了世界市场这一点，就把全球各国人民，尤其是各文明国家的人民，彼此紧紧地联系起来，以致每一国家的人民都受到另一国家发生的事情的影响。”② “过去那种地方的和民族的自给自足和闭关自守状态，被各民族的各方面的互相往来和各方面的互相依赖所代替了。物质的生产是如此，精神的生产也是如此。各民族的精神产品成了公共的财产。民族的片面性和局限性日益成为不可能，于是由许多种民族的和地方的文学形成了一种世界的文学。”③

其次，资本主义政治经济之间的相互作用和相互影响。生产力决定生产关系、经济基础决定上层建筑是马克思主义分析社会政治经济现象的基本出发点。由此出发，马克思和恩格斯的结论是，资本主义经济发展的变化必然带来其政治结构的变化。“资产阶级日甚一日地消灭生产资料、财产和人口的分散状态。它使人口密集起来，使生产资料集中起来，使财产聚集在少数人的手里。由此必然产生的结果就是政治的集中。各自独立的、几乎只有同盟关系的、各有不同利益、不同法律、不同政府、不同关税的各个地区，现在已经结合为一个拥有**统一的**政府、**统一的**法律、**统一的**民族阶级利益和**统一的**关税的**统一的**民族。”④ 也就是说，资本主义政治制度的确立，是以资本主义经济的发展为基础的。与此同时，资本主义国家对外经济政策的制定，也是由其国内政治经济结构所决定的。例如马克思在分析保护关税制度和自由贸易政策时就曾指出：“在当今社会条件下，到底什么是自由贸易呢？这就是资本的自由。排除一些仍然阻碍着资本自由发展的民族障碍，只不过是让资本能充分地自由活动罢了。”⑤ “保护关税制度不过是在某个国家建立大工业的手段，也就是使这个国家依赖于世界市场，然而，一旦它对世界市场有了依赖性，对自由贸易也就有了或多或少的依赖性。此外，保护关税制度也促进了国内自由竞争的发展。因此，我们看到，在资产阶级开始以一个阶级自居的那些国家（例如在德国），资产阶级便竭力争取保护关税。保护关税成了它反对封建主义和专制政权的武器，是它聚集自己的力量和实现国内自由贸易的手段。”⑥

最后，世界资本主义的发展对落后国家政治经济发展的作用和影响。马克思和恩格斯所处的时代，正是西方资本主义国家大举进行殖民扩张的时期。因而，关于殖民主义对殖民地国家政治经济的影响，是马克思主义国际政治经济理论的重要内容。根据马克思主义的基本观点，殖民主义在落后国家的作用是双重的：一方面，它给殖民地、半殖民地国家带来了深重的灾难，不仅严重地破坏了殖民地的生产力，而且在一定程度上损害了生产关系的正常发展，从而阻碍了殖民地经济的发展。另一方面，它破坏了殖民地原有的经济基础，从而为新的生产方式的建立开辟了道路；它以武力实现了一些国家的政治统一，并以经济纽带形式将其巩固下来；它促进了西方先进思想的传播，为这些国家民族资产阶级的发展提供了理论武器。“资产阶级历史时期负有为新世界创造物质基础的使命：一方面要

---

① 马克思，恩格斯．马克思恩格斯选集：第1卷．3版．北京：人民出版社，2012：299.
② 同①306.
③ 同①404.
④ 同①405.
⑤ 同①373.
⑥ 同①375.

造成以全人类互相依赖为基础的普遍交往，以及进行这种交往的工具；另一方面要发展人的生产力，把物质生产变成对自然力的科学支配。资产阶级的工业和商业正为新世界创造这些物质条件，正像地质变革创造了地球表层一样。只有在伟大的社会革命支配了资产阶级时代的成果，支配了世界市场和现代生产力，并且使这一切都服从于最先进的民族的共同监督的时候，人类的进步才会不再像可怕的异教神怪那样，只有用被杀害者的头颅做酒杯才能喝下甜美的酒浆。”① 由此可见，殖民主义者出于其卑鄙的私利，却在殖民地造成了一场伟大的社会革命，“充当了历史的不自觉的工具”②。

19世纪末以后，西方资产阶级的政治经济学走向了没落，政治与经济被割裂为两个完全不同的研究领域，只有马克思主义政治经济学保持着它的生命力，并且在国际政治经济方面获得了重要的发展。卢森堡对“资本的世界竞争阶段”、以“国际借款”为形式的资本输出和外债问题，以及军国主义的经济根源等问题的研究，在当时都有其独创性意义。布哈林和列宁关于世界经济和帝国主义的理论可以说是代表了当时最高水平的马克思主义国际政治经济学理论。

尼古拉·伊瓦诺维奇·布哈林的《世界经济和帝国主义》一书可谓20世纪初期马克思主义国际政治经济学理论的杰作。在该书中，布哈林研究了世界经济和资本的国际化过程、世界经济和资本的民族化过程、帝国主义及其和世界经济的未来等重大理论问题，同时具体分析了世界经济的含义、世界经济的发展、世界经济的组织形式、国民经济的内部结构和关税政策、世界销售市场和原料市场、资本的世界流动和国际经济联系、国家资本主义、竞争、军国主义、战争等问题。

他是最早给“世界经济”下定义的马克思主义理论家，根据他的定义，“世界经济是全世界范围的生产关系和与之相适应的交换关系的体系”③。他从国际分工出发，揭示了建立在国际分工基础上的国际交换关系背后所隐藏的生产关系和阶级关系，“大体上说，现代世界经济生活的全部过程归结为剩余价值的生产及其在资产阶级各大小集团之间的分配，这种生产和分配是在两个阶级（一方面为全世界无产阶级，另一方面为全世界资产阶级）之间阶级关系不断扩大再生产的基础上进行的”④。

布哈林在考察研究了垄断和金融资本的基础上，对金融资本的国际竞争进行了详尽的分析，指出：“每个‘民族’资本主义总是表现了扩张的趋势，即扩大它的势力范围，越出国家疆界的趋势。这是资本主义社会结构的必然结果。”⑤ “现代资本主义国家施行征服政策的三个基本动力：争夺销售市场、争夺原料市场和争夺投资范围的竞争激烈化。这是现代资本主义的发展、资本主义转变成金融资本主义所引起的结果。然而，金融资本主义政策的三个根源，实质上不过是同一现象——生产力的增长与生产组织的‘民族的’局限性之间的冲突——的三个方面。”⑥ 布哈林在其关于发达资本主义国家资本输出的论述中

---

① 马克思，恩格斯．马克思恩格斯选集：第1卷．3版．北京：人民出版社，2012：862-863.
② 同①10.
③ 尼·布哈林．世界经济和帝国主义．北京：中国社会科学出版社，1983：8.
④ 同③9.
⑤ 同③58.
⑥ 同③78.

提出，资本输出是以一个国家的资本积累过剩为前提的，“在资本主义发展的几乎全部历史中，我们都可以看到资本输出，这是很容易理解的。然而，只是在近几十年中，资本输出才具有空前的特殊重大意义。这种国际经济联系所特有的重要性已如此增大，以致在一定程度上我们甚至可以说，它是国际经济关系的一种新的形式”①。

布哈林比较早地研究了国际垄断组织问题，他指出：“以生产力为基础的世界经济的发展，不仅使各国的生产关系进一步紧密结合起来，不仅扩大并加深着整个资本主义的相互关系，而且产生新的经济组织——资本主义发展中从未有过的新的经济组织。”②“现代世界经济的结构，整个说来，虽然是无政府状态的，但其组织形式却有很大发展，主要表现在国际辛迪加、卡特尔和托拉斯的发展。”③ 同时，国际垄断组织又总是与大银行和金融资本联系在一起的。“国际经济关系通过无数丝缕不断地扩展着，这种关系穿过千万个交叉点，盘根错节，缠结成许许多多集团，最后汇集为世界上最大银行间的各种协定。这些大银行把它们的触角伸到全世界。金融资本主义和银行在国际上有组织地进行统治，是经济现实中不容否认的一个事实。”④

布哈林颇具独创性的理论见解是其对“经济生活国际化”和“资本家利益的国际化”的分析，并认为这是“世界经济发展的主要趋势”。这种“国际化”的意义是使垄断资本可以通过“参与制”和“金融支持”来强化其对整个世界的统治。从另一个方面来讲，通过商品、劳动和资本流动的国际化，使地理上隔离的经济发展的各个地区彼此进一步接近，使资本关系均等化，使财产所有权集中在全世界资本家阶级手中，以及形成全世界资本家阶级和全世界无产阶级的差别日益扩大，对立日益尖锐⑤。经济生活的国际化的一种表现形态是资本家利益的国际化，即各国资本家集团之间在一定范围内存在着休戚相关的利益。“但是，与这个过程并行发生的，是经济发展进程造成一种相反的趋向，即资本家利益民族化的趋向……这个过程最明显地表现出在世界经济领域里资本主义竞争的无政府状态。它造成最剧烈的震荡和最深重的灾难，造成人类精力的极大浪费，因而也最有力地提出了建立社会生活新形式问题。”⑥

布哈林的国际政治经济理论是很不完善的，列宁曾对他的理论局限性进行过批评，但是他毕竟对马克思主义国际政治经济理论的丰富和发展做出了重要贡献。列宁在为布哈林《世界经济和帝国主义》一书所写的序言中也对布哈林的研究给予了高度评价：“布哈林这本著作所谈的问题，其重要性和迫切性是毋庸赘述的。……了解一下作者在最新材料的基础上精选出来的大量有关事实，对于一个不但关心经济而且关心当代社会生活任何一个方面的人，都是绝对必要的。”⑦

列宁的帝国主义理论可以说是当时国际政治经济理论中最为系统、全面的马克思主义

① 尼·布哈林．世界经济和帝国主义．北京：中国社会科学出版社，1983：71.
② 同①32.
③ 同①34.
④ 同①39.
⑤ 同①40.
⑥ 同①41.
⑦ 列宁．列宁全集：第27卷．2版．北京：人民出版社，1990：140.

理论著述。列宁的帝国主义理论并不仅仅是对垄断资本主义经济本质本身的研究，反而是要说明“全世界资本主义经济在其国际相互关系上的**总的情况**”[①]。从资本主义由自由竞争发展到垄断后的基本特征出发，列宁论述了与国际政治经济相关的四个基本问题。

第一，“生产和资本的集中发展到这样高的程度，以致造成了在经济生活中起决定作用的垄断组织”[②]。这种垄断组织不仅是在某个民族国家（如德国和美国）范围内的，而且已经发展到了世界范围。“集中已经达到了这样的程度，可以对本国的，甚至……对许多国家以至全世界所有的原料来源（例如蕴藏铁矿的土地）作出大致的估计。现在不但进行这样的估计，而且这些来源完全操纵在一些大垄断同盟的手里。这些同盟对市场的容量也进行大致的估计，并且根据协议‘瓜分’这些市场。”[③] 垄断的形成和垄断组织的建立与发展并不能消除国际竞争，反而使竞争更加激烈、更有组织，因而也更加残酷。

第二，伴随生产的集中和垄断，银行的作用发生了变化，出现了银行的集中和垄断以及在此基础上出现的金融资本和金融寡头的统治。“金融资本对其他一切形式的资本的优势，意味着食利者和金融寡头占统治地位，意味着少数拥有金融‘实力’的国家处于和其余一切国家不同的特殊地位。”[④] 早在1910年，英、美、法、德4个国家就拥有了全世界80%的金融资本，“世界上其他各国，差不多都是这样或那样地成为这4个国家、这4个国际银行家、这4个世界金融资本的‘台柱’的债务人和进贡者了”[⑤]。正是从这个意义上说，“资本主义已成为极少数‘先进’国对世界上绝大多数居民实行殖民压迫和金融扼杀的世界体系”[⑥]。

第三，“资本输出在形成金融资本的依附和联系的国际网方面所起的作用”[⑦]。自由资本主义的特征是商品输出，英国正是凭借其“世界工厂”的优越地位，以自由贸易支撑其在国际经济中的领导地位的。但是，随着生产的集中和垄断的形成，所有资本主义发达的国家都有了垄断同盟，少数积累了巨额资本的最富有国家已处于垄断地位。“在先进的国家里出现了大量的‘过剩资本’。”[⑧] 于是，资本输出成了垄断资本主义的主要特征。“其所以有输出资本的可能，是因为许多落后的国家已经卷入世界资本主义的流转，……其所以有输出资本的必要，是因为在少数国家中资本主义‘已经过度成熟’，‘有利可图的’投资场所已经不够了（在农业不发达和群众贫困的条件下）。”[⑨] 根据列宁的计算，资本输出的主要对象是殖民地和落后国家，这并不仅仅是一个对外投资在各国间如何分配和究竟投在什么地方的问题，而是反映了“现代帝国主义的某些一般的相互关系和联系”[⑩]，即垄断资本主义国家与其殖民地之间的关系，以及不同的垄断资本主义国家间的相互关系特

---

① 列宁．列宁选集：第2卷．3版．北京：人民出版社，1995：577.
② 同①651.
③ 同①592－593.
④ 同①624.
⑤ 同①626.
⑥ 同①578－579.
⑦⑧ 同①626.
⑨ 同①627.
⑩ 同①628.

点。资本输出的后果是多重的："资本输出在那些输入资本的国家中对资本主义的发展发生影响，大大加速这种发展。……扩大和加深资本主义在全世界的进一步发展"①。资本输出国会获得相当的利益，"资本输出成了鼓励商品输出的手段"②，而且对所提供的贷款附加条件已经成为一种最普通的现象。资本输出的最本质意义就在于它"是帝国主义压迫和剥削世界上大多数民族和国家的坚实基础，……是极少数最富国家的资本主义寄生性的坚实基础"③。通过输出资本，"金融资本的密网可以说确实是布满了全世界。……输出资本的国家已经把世界瓜分了"④。可以说，列宁对资本输出的论述在当时是最为系统和完整的。

第四，金融资本对世界的直接分割。布哈林对国际垄断组织的分析颇有其独到之处，列宁则比他更进了一步。列宁的分析包括两个方面：

第一个方面是资本家同盟分割世界，即各主要资本主义国家最大的垄断组织之间通过协议瓜分世界市场、制定垄断价格、控制生产规模、垄断原料来源和分配投资场所。资本家国际垄断同盟的基础是国内垄断和对国内市场的分割，"在资本主义制度下，国内市场必然是同国外市场相联系的。资本主义早已造成了世界市场。所以随着资本输出的增加，随着最大垄断同盟的国外联系、殖民地联系和'势力范围'的极力扩大，这些垄断同盟就'自然地'走向达成世界性的协议，形成国际卡特尔"⑤。"资本家同盟之间**在**从经济上瓜分世界的**基础上**形成了一定的关系"⑥，这种关系一方面是共同瓜分世界市场，对殖民地和落后国家进行剥削和掠夺；另一方面则是各垄断同盟间殊死的相互斗争。国际卡特尔作为资本国际化的表现之一，并不能给人们带来在资本主义制度下各民族间可以实现和平的希望。

第二个方面的分析是关于列强分割世界，即帝国主义殖民体系问题。"资本主义向垄断资本主义阶段的过渡，即向金融资本的过渡，**是**同瓜分世界的斗争的尖锐化**联系着的**。"⑦ 列强分割世界的形式多种多样，但是最基本的形式就是抢占殖民地。在自由竞争占统治地位的时期，当权的资产阶级政治家是反对殖民政策的，而到了19世纪80年代以后，掀起了抢占殖民地和分割世界领土的高潮，其动机就在于"争夺原料产地、争夺资本输出、争夺'势力范围'（即进行有利的交易、取得租让、取得垄断利润等等的范围）直到争夺一般经济领土"⑧，此外，还包括追求统治的趋向和转移国内矛盾。殖民主义以前就已存在了，但却因社会经济形态的差异而具有不同特点，"就是资本主义**过去**各阶段的资本主义殖民政策，同金融资本的殖民政策也是有重大差别的"⑨。这种差别就是最大的资本家垄断同盟的统治。"只有占领殖民地，才能充分保证垄断组织自如地应付同竞争者的斗争中的各种意外事件，包括对方打算用国家垄断法来实行自卫这样的意外事件。资本

---

① 列宁．列宁选集：第2卷．3版．北京：人民出版社，1995：629.

② 同①629-630.

③ 同①628.

④ 同①630-631.

⑤ 同①631.

⑥ 同①639.

⑦ 同①641.

⑧ 同①684.

⑨ 同①645.

主义愈发达，原料愈感缺乏，竞争和追逐全世界原料产地的斗争愈尖锐，抢占殖民地的斗争也就愈激烈。”① 列强对世界的分割和抢占殖民地的手段也不是单一的，暴力（战争）、兼并以及“纯粹”经济的方法都有，因此“各个政治同盟、各个国家之间在从领土上瓜分世界、争夺殖民地、‘争夺经济领土’的基础上也形成了一定的关系”②，这就使得“这个时代的典型的国家形式不仅有两大类国家，即殖民地占有国和殖民地，而且有各种形式的附属国，它们在政治上、形式上是独立的，实际上却被金融和外交方面的依附关系的罗网缠绕着”③。例如，半殖民地国家、财政上依赖于大国的商业殖民地、政治上独立而财政和外交上不独立的小国。“金融资本是一种存在于一切经济关系和一切国际关系中的巨大力量，可以说是起决定作用的力量，它甚至能够支配而且实际上已经支配着一些政治上完全独立的国家”④。

列宁的帝国主义理论对后人的理论研究产生了重大影响，其作用不仅表现在对以后的马克思主义政治经济学和科学社会主义理论的影响上，而且表现在对西方及第三世界国家激进的国际政治经济学理论和“西方马克思主义”的政治经济理论的发展上。

第三节　国际政治经济学的形成与发展

作为现代社会科学中一门相对独立的学科，国际政治经济学产生于20世纪70年代。经过半个世纪的发展，国际政治经济学早已和国际关系理论、国际安全一起并列成为国际关系学知识体系中的三大组成部分，是国际关系学下相对独立的一个次级学科。

一、国际政治经济学形成的历史条件

国际政治经济学作为一门相对独立的学科形成于20世纪70年代。从其形成的历史条件来看，一方面是当时国际政治经济形势发展在国际关系研究中的理论反映；另一方面它也是政治经济学、国际关系学等相关学科发展的结果。

1. 国际形势发展的客观历史条件

国际政治经济学的一些基本理论观点和主张早在19世纪以前就已经存在了，但是在19世纪末20世纪初却出现了政治与经济、国内政治经济与国际政治经济从理论上的分离，因而使国际政治经济学理论的发展中断了半个多世纪，直到20世纪70年代之后才复兴起来。这种状况的出现，是与国际形势发展的客观历史条件紧密联系在一起的。

20世纪之前，世界政治经济的发展已初见雏形。世界市场已经基本形成，但是全球范围的政治经济相互依赖并未完全确立，其基本表现形态就在于：资本主义已经确立了它在世界政治经济中的支配地位，但是其触角还没有伸展到全球政治经济的所有领域；资本主义国家之间、殖民地宗主国与殖民地国家之间的相互依赖已初见端倪，但是还没有渗透

---

① 列宁．列宁选集：第2卷．3版．北京：人民出版社，1995：645.

② 同①639.

③ 同①648.

④ 同①644.

到国家全部的政治经济生活中去，各国本身的特殊利益，各国之间政治经济的相互冲突，仍然是国际社会中最显而易见的现象。正如一位美国学者所指出的，这个时期的国际关系仍然是以“国家中心论模式”为其基本特征的①。主要资本主义国家统治阶级的注意力主要集中于巩固自身在国内的统治地位，对外则是竭力扩展殖民地，并主要以政治和军事力量来扩大自己的势力范围。

进入20世纪以后，资本主义从自由竞争发展到垄断，“资本主义已成为极少数‘先进’国对世界上绝大多数居民实行殖民压迫和金融扼杀的世界体系”②，“某些大国和小国之间的……关系成了普遍的制度，成了‘瓜分世界’的全部关系中的一部分，成了世界金融资本活动中的环节”③。垄断资本主义国家为了重新瓜分世界，在全球范围内展开了争夺世界霸权的激烈角逐，其结果就是第一次世界大战的爆发。

第一次世界大战的结局，一方面使除美国以外的所有资本主义大国都受到了极大削弱，另一方面也使在战前就已出现的，将战争与和平、国家的政治权力与国家安全等所谓“高层政治”(high politics）问题置于国家对外战略的首要地位的趋势，进一步得到强化。20世纪20年代至30年代是资本主义世界激烈动荡的时期，一方面是资本主义世界出现了前所未有的经济大危机，摆脱国内的经济困境成为各个国家面临的主要问题；另一方面是帝国主义列强之间尖锐的政治冲突，德国要谋求其新的生存空间，日本加紧在远东进行军事扩张，法西斯主义成为人类面临的主要敌人。第二次世界大战正是资本主义内在矛盾在国际舞台上的集中反映。

第二次世界大战以后，国际形势发生了翻天覆地的巨大变化。社会主义和资本主义两大阵营对峙的形成，使东西方关系成为国际事务的主轴；亚非拉民族解放运动的兴起和殖民体系的逐渐崩溃，使原有的殖民地与宗主国关系发生了根本变化。但是，世界经济的发展以及以美国为主导的全球经济体制的确立，与全球范围内的政治冲突和意识形态对抗形成鲜明的对照，两者的共存使各国政府与政治家面临十分困难的抉择。在西方主要资本主义国家占据世界经济主导地位，并唯美国马首是瞻的情况下，将政治和安全利益放在国际关系和对外战略的首位，就是既不可避免又可以想象的。

20世纪70年代以后，国际形势再次出现了深刻的政治经济变化。这种变化最明显地表现在以下三个方面：

首先，第三世界的崛起，使西方垄断资本主义国家在国际事务中的支配地位面临严重的挑战。特别是1973年发展中国家的石油斗争，对西方国家造成的巨大冲击是史无前例的。此外，第三世界国家自70年代开始进行的争取建立国际经济新秩序的斗争，也对垄断资本主义国家在世界经济和国际政治中的支配地位提出了挑战。正如琼·斯佩罗指出的：“新独立的第三世界国家，带着它们的新的经济问题和经济要求登上了国际舞台，它们所关心的主要政治问题都是经济上的：发展、援助、贸易、外国直接投资以及最终的独立……第三世界作为一个整体，正在要求建立一种新的国际经济秩序，要求重新确立富国

---

① Richard W. Mansbch, *The Web of World Politics*: *Nonstate Actors in the Global System*, Prentice-Hall, 1976, Chapter 2.

② 列宁．列宁选集：第2卷．3版．北京：人民出版社，1995：578－579.

③ 同②648－649.

与穷国之间的国际关系……经济问题与安全问题重合在一起，成为国际关系的焦点。”①

其次，资本主义世界内部的政治经济危机，造成了政治经济力量对比的深刻变化。70年代以后，随着西欧和日本的复兴，美国在资本主义世界地位的相对衰落，发达资本主义国家之间的矛盾日趋公开化，特别是布雷顿森林体系的瓦解和美元国际垄断地位的丧失，表明了美国在西方的领导地位面临重大挑战。这种挑战主要不是来自军事和政治，而是来自经济，或者说是根源于发达资本主义国家之间经济实力对比的变化。同时，随着垄断的发展，国家对经济事务，特别是国际经济事务的介入越来越深，越来越明显。这一切都使得国际经济问题，特别是国际经济与国际政治之间的相互作用和相互影响问题越来越成为各国政府和学术界所关注的重点。

最后，国际政治经济相互依赖的不断加深。70年代以后，无论是南北之间、东西之间，抑或发达国家、发展中国家和社会主义国家内部，政治经济相互渗透、相互影响和相互依存的程度越来越高，越来越明显。过去那种殖民地与宗主国之间的“极端不对称”的相互依赖和不同社会制度国家间的政治经济隔绝的局面已经出现了重大变化。由于国家间彼此相互依赖的程度不断加深，国际组织的作用也显得越来越重要，各种全球性的政治经济问题日益成为各个国家所共同关心的问题，跨国政治经济关系也开始被提上议事日程。

所有这些变化，都要求国际政治学家和国际经济学家对此进行理论上的说明，从而使国际政治经济学的发展具有了其内在的理论要求和外在的客观条件。

2. 相关学科的发展

如第一节所述，国际政治经济学是在政治经济学的不断发展演变中逐步形成和发展起来的，是现代政治经济学发展的产物；同时也是与国际关系学的发展密不可分的，是现代国际关系学发展的结果。

在西方，20世纪60年代以后出现了政治经济学的复兴，其主要动因在于力图从理论上说明战后资本主义国家所面临的新问题，解决因凯恩斯主义失灵后发达资本主义国家内部政府与市场的关系问题，或政府与市场的对立问题。传统的经济学和政治学往往从各自的角度，将政治与经济的联系割裂开来，分别孤立地对政治、经济现象进行理论探讨。这样的研究是必要的，“因为要研究社会和发展理论，就必须先把社会现实分成便于处理的小块，这同自然科学的研究方法是完全一样的”。但这又是很不够的，因为政治与经济总是彼此紧密地联系在一起，“新政治经济学”的特点就是将两者结合起来，“把这些小块集中起来放到一个更大、更完整的政治经济学的理论框架中去进行研究，从而获得对政治和经济的全貌的理解”②。而这一研究方法在国际问题上的应用，也就形成了现代的国际政治经济学。

---

① Joan Spero, *The Politics of International Economic Relations*, New York: St. Martin's Press, 1985, pp. 3–4.

② Robert Gilpin, *The Political Economy of International Relations*, Princeton: Princeton University Press, 1987, Chapter 1; Susan Strange, *States and Markets: An Introduction to International Political Economy*, London: Pinter Publishers, 1988, Chapter 1; Charles Lindblom, *Politics and Markets: The World's Political-Economic Systems*, New York: Basic Books, 1977, Preface; David Whynes, ed., *What is Political Economy?: Eight Perspectives*, Oxford: Blackwell, 1984, Chapter 1.

除了现代政治经济学理论的发展以外，现代国际关系理论的发展对国际政治经济学的形成与发展也具有极其重要的影响。

一般而言，传统现实主义国际关系理论不太注重对政治和经济相互作用的分析。其理论的着眼点是国家的政治权力，即一个国家在国际事务中控制其他国家的能力。汉斯·摩根索在其政治现实主义理论名著《国家间政治：争取权力与和平的斗争》一书中曾明确提出，政治现实主义与其他学科的主要区别就在于强调政治领域的独立性，强调权力政治的重要性①。但是，传统现实主义的国际关系理论并没有完全否定经济因素在国际关系中的重要作用。国际关系学现实主义理论的思想大师爱德华·卡尔在其现实主义的经典著作《二十年的危机（1919—1939 年）：国际关系研究导论》一书中就曾论述了在英国统治下的和平时期，英国的强权在推动自由贸易以及传播经济自由主义中所起的作用②。汉斯·摩根索的《国家间政治：争取权力与和平的斗争》一书，也没有仅仅研究政治权力问题。他对帝国主义的分析，对国家权力构成的分析等，都涉及国际经济问题③。

20 世纪 60 年代后期以后，随着国家间关系的发展，国家间的相互交往越来越密切，国际政治与国际经济之间的相互渗透和相互作用，比历史上任何时期都更加明显，并且深入国际社会生活的各个方面。“1970 年以后的形势削弱了将经济问题与国际政治研究割裂开来的基础。”④ 因为作为传统现实主义国际关系学的核心概念的“国家权力”“国家安全”“国家利益”都变得更加模糊不清了，甚至连汉斯·摩根索也承认，70 年代以后，政治、军事和经济力量之间存在的功能关系已经发生了前所未有的断裂，一些军事弱国“垄断或半垄断地控制了对经济发达国家的运行至关重要的原料”⑤。用以修正原有的传统现实主义理论的新的理论和方法就是国际政治经济学。

二、国际政治经济学的形成与早期发展

作为国际政治经济学最早的开拓者之一，苏珊·斯特兰奇在 1970 年发表的一篇文章中指出，战后国际政治经济形势已经发生了巨大变化，然而西方的国际关系教学和研究却未能跟上飞速发展的形势，没有致力于发展一门当代的国际政治经济学，反而继续容忍国际政治学与国际经济学之间的鸿沟不断扩大。长此下去，“势必使整个国际关系研究走入死胡同”，因此，国际关系研究学界所面临的一个重要任务就是确立一种综合的理论，将国际政治与国际经济结合起来⑥。1971 年，美国《国际组织》杂志刊发了《跨国关系与世界政治》专辑，这在国际政治经济学的发展史中具有里程碑式的意义。作为这期专辑的主

---

① Hans Morgenthau, *Politics among Nations: The Struggle for Power and Peace*, New York: Alfred Knopf, 1985, p. 17.

② E. H. Carr, *The Twenty Year Crisis, 1919—1933: An Introduction to International Studies*, London: Palgrave Macmillan, 2001.

③ 同①Chapter 5, 9.

④ Joan Spero, *The Politics of International Economic Relations*, New York: St. Martin's Press, 1985, p. 2.

⑤ 罗伯特·基欧汉，约瑟夫·奈．权力与相互依赖．北京：中国人民公安大学出版社，1992：6，12.

⑥ Susan Strange, "International Economics and International Relations: A Case of Mutual Neglect", *International Affairs*, Vol. 42, No. 2, 1970, pp. 304 - 315.

编，约瑟夫·奈和罗伯特·基欧汉提出跨国公司等行为体在国际关系中的重要性日益增强，国际政治开始让位于世界政治①。而罗伯特·吉尔平在这一专辑的文章中仍强调民族国家没有过时，以国家为中心的范式依然可以解释跨国关系的发展②。无论双方在国家和市场的关系上持有何种观点，他们都将政治与经济结合在一起加以考察。

为了将国际关系的政治方面和经济方面重新结合起来，国际政治经济学的早期开拓者们试图回归到政治经济学的思想传统。那些源远流长的思想传统对当代国际政治经济学理论的形成具有显著的影响。在20世纪70—80年代，对当代国际政治经济学理论流派的划分基本上都是根据其各自的历史继承性进行的，即按照重商主义、自由主义和马克思主义的脉络进行的。

由于以爱德华·卡尔和汉斯·摩根索为代表的现实主义权力政治理论战后以来一直是国际政治研究的主流学说，以及凯恩斯主义在宏观经济学和国际经济学中占据主导地位，因此最初对国际关系中政治与经济的相互影响和相互作用进行研究的学者和学说大都属于新重商主义。

当代西方新重商主义国际政治经济学的理论观点十分庞杂，其共同的观点包括：(1) 当代世界的基本特征就是各国国民经济持续不断，且不均衡地扩张。尽管战后出现了一系列对国际关系进行宏观管理的国际机制，例如联合国、布雷顿森林体系，但是国际社会无论在经济上还是在政治上依旧基本是无政府的“自然状态”，各个国家所要追求的首先是本国的利益，而各国的国家利益之间从根本上说是相互冲突的。(2) 国际经济关系的结构和秩序主要由国际社会中各个主权国家的国家利益所驱动。国家利益的内容主要包括政治权力、国民总收入、经济增长和社会稳定。其中权力仍旧是核心，而政治权力仍旧是首要目标。(3) 在国际政治与国际经济的相互关系上，政治决定经济是其主要特征，无论在东西方之间还是西方发达国家之间的关系中都是如此。(4) 国际政治和经济秩序的变革或变化不过是一种主权国家间权力分配的转换，无论在历史上还是在当代都是如此。在这个充满竞争的世界，获取相对利益要比获取绝对利益更为重要，因此各个国家都试图运用自己的权力来改变国际经济关系法则或规则，以便获得比其他国家更多的利益。

当代西方新重商主义国际政治经济学的代表人物为罗伯特·吉尔平和斯蒂芬·克拉斯纳。吉尔平在其1975年出版的《美国的权力与多国公司：对外直接投资的政治经济学》一书中系统阐述了经济关系的冲突性本质、民族国家作为经济关系的主要角色、最大限度追求国家利益作为经济活动的首要目标、政治决定经济、以权力分配转换作为基本功能的变革等新重商主义观点。在1981年出版的《世界政治中的战争与变革》一书中，他又进一步阐释了“霸权稳定”和“秩序变革”理论。他在1987年出版的《国际关系政治经济学》一书中对自己的观点做了修正，对经济民族主义进行了反思，但仍未改变其新重商主义的基本理论框架③。克拉斯纳的理论主要反映在他对国际贸易结构与权力关系和国际机

---

① Joseph Nye and Robert Keohane, “Transnational Relations and World Politics: A Conclusion”, *International Organization*, Vol. 25, No. 3, 1971.

② Robert Gilpin, “The Politics of Transnational Relations”, *International Organization*, Vol. 25, No. 3, 1971.

③ Robert Gilpin, *US Power and the Multinational Corporation: The Political Economy of Foreign Direct Investment*, New York: Basic Books, 1975. Robert Gilpin, *War and Change in World Politics*, Cambridge: Cambridge University Press, 1983.

制的论述中。克拉斯纳对比了三种国际体系(即诸多高度发达的小国组成的体系、几个发展不平衡的大国组成的体系和霸权体系)下国际贸易结构的可能状况,得出的结论是:“当一个霸权国处于绝对优势地位期间,最容易产生开放体制。”① 此外,克拉斯纳为“国际机制”(international regimes)提供了权威定义,即“一系列隐含的或明确的原则、规范、规则和决策程序,行为体对某个特定国际关系领域的预期围绕着它们而聚合在一起。原则是对事实、因果关系和正确判断的信奉;规范是由权利和义务所界定的行为标准;规则是关于行动的特定规定或禁令;决策程序是做出和实施集体选择的普遍实践”②。作为新重商主义国际政治经济学的主要代表,克拉斯纳认为国际机制的确立所依据的是国际政治权力结构,是由大国或霸权国家制定的。

当代国际政治经济学理论中的自由主义学派比新重商主义更为庞杂,其理论学说五花八门,而且更为复杂的是,人们对究竟什么是“自由主义”产生了分歧,出现了多种多样的关于“自由主义”的定义。早在 1927 年,冯·米塞斯就指出:“当今世界已经不再希望了解‘自由主义’。除英格兰以外,有关‘自由主义’的描述都会受到蔑视。”③ 罗伯特·考克斯也把自由主义仅仅看成是一种“问题解决理论”(problem-solving theory)④。

一般而言,自由主义国际政治经济学学派主要由两部分人组成:一部分是从事国际经济研究的新古典学派或新制度学派的经济学家;一部分是进行国际关系研究的新自由主义国际政治学家。虽然这两部分人各自的研究重点并不相同,但有一些基本理论观点是一致的:(1)强调市场相对独立于政治-权力结构的主导作用。在他们看来,现代世界经济体系是通过市场的全球发展和一些新地区不断被纳入国际经济而逐步自发演变而来的,而不是欧洲列强凭借武力建立起来的。世界经济现代化的过程在短期内可能受到社会和政治事件的影响,但从长远来看,是其内部诸因素作用的结果,它基本上不会受这些外部因素的影响。(2)市场的发展有其自身的法则,即需求法则,但政治与国家也具有其相应的功能,即调节功能。在国际范围内,经济-政治的关系一方面体现在自由经济的有效性取决于国家间和平的维持,另一方面则是经济与贸易的发展为世界和平提供了源泉。(3)相互依赖的发展是战后国际政治经济中的一个突出现象,它的出现正是自发运行的市场发展的结果。它的出现及其发展对主权国家构成的挑战更进一步证明了国家作用的有限性。(4)在国际政治经济合作机制问题上,自由主义者更加强调国家对国际机制的需求,而不是霸权国或大国对国际机制的供给,即无论是否存在霸权国,国家都需要通过国家间协议和规则来有效地推进国际经济合作的发展。

---

① Stephen Krasner, “State Power and the Structure of International Trade”, *World Politics*, Vol. 28, No. 3, 1976, pp. 317 – 347.

② Stephen Krasner, “Structural Causes and Regime Consequences: Regimes as Intervening Variables”, in Stephen Krasner, ed., *International Regimes*, Ithaca and London: Cornell University Press, 1983, p. 2.

③ Quoted in Walther Rudolf, “Economic Liberalism”, *Economy and Society*, Vol. 13, No. 2, 1984, pp. 178 – 207.

④ Robert Cox, “Social Forces, States and World Orders: Beyond I. R. Theory”, in Robert Keohane, ed., *Neorealism and its Critics*, New York: Columbia University Press, 1986, p. 208.

当代自由主义国际政治经济学派的最主要代表人物是理查德·库珀、罗伯特·基欧汉和约瑟夫·奈。库珀是第一个系统论述相互依赖理论的学者。他在《相互依赖的经济学》一书中提出，随着交通运输、通信和技术转让的发展，不仅世界经济本身，而且世界经济体制和制度都已经发生了变化。相互依赖的出现使各国间比较利益的差别已经不再像亚当·斯密和大卫·李嘉图时期那样明显了，从而要求各国根据新的形势来调整经济政策和进一步加强彼此间的政策协调。在一个相互依赖的世界，国家-政府是无法对整个世界经济的进程施加多大影响的，合理的或理性的国内、国际经济政策调整就在于顺应世界经济的相互依赖发展的现实①。

罗伯特·基欧汉和约瑟夫·奈的自由主义国际政治经济学理论反映在他们的四个学说中：(1) 跨国关系学说。在他们看来，以主权国家为中心的传统现实主义理论已经过时，因为大量非国家实体，特别是国际经济实体（国际经济组织和跨国公司）的出现，使国际关系体系发生了重大变化。战后国际政治经济的一个重要特征，就是非国家因素在协调国家间关系中的重要作用越来越强，而且这种调节更多的是通过非政治的手段，特别是经济或市场的手段来进行的。跨国关系的出现也使传统意义上的国家利益的内涵发生了变化，即各个国家的政府、利益集团和民众都开始在越来越广泛、密切的相互交往中重新界定自身的利益②。(2)“复合相互依赖”（complex interdependence）学说。与库珀一样，他们将相互依赖归因于货币、商品、人员和信息的跨国流通。所不同的是，他们认为这种相互依赖是多领域、多渠道、多层次的。在复合相互依赖的条件下，权力仍有其重要的作用，但不是决定性的。复合相互依赖的不同特征决定着不同的政治过程，决定了国家所追求的目标的多样性。在复合相互依赖的条件下，起决定作用的已经不再是国家所拥有的武力，而是国家间经济、科技乃至文化的相互影响和依赖③。(3) 霸权衰落和“霸权后合作”的学说。基欧汉和奈并不反对霸权稳定理论。他们所关注的问题之一是“为什么霸权体系和相应的经济制度会崩溃”。他们不同意新重商主义者关于“国际经济体系是国际政治、军事格局的直接反映”的说法，认为应该从更为复杂的总体权力结构方面进行分析，特别是从非霸权国家的“相对经济实力”变化和各种超国家或跨国经济实体的作用中寻找原因。他们所关注的另一个问题是“霸权后合作”。在他们看来，随着战后国际政治经济的发展，以美国为中心的“霸权合作机制”正在衰落④，世界进入了一个“霸权后合作”的新时代。这个新时代的特征就是国家间在经济领域，特别是贸易、货币、金融领域的合作和对抗交织在一起，而合作将是其最主要的趋势。国家间经济上的合作将影响乃至重新塑造世界政治经济的结构，使之比过去更具有非零和博弈的特性⑤。(4) 国际机制学说。与克拉斯纳的新重商主义国际合

---

① Richard Cooper, *The Economics of Interdependence: Economic Policy in the Atlantic Community*, New York: McGraw Hill, 1968.

② Robert Keohane and Joseph Nye, eds., *Transnational Relations and World Politics*, Cambridge: Harvard University Press, 1972.

③ Robert O. Keohane and Joseph Nye, *Power and Interdependence*, Boston: Little Brown, 1977.

④ 约瑟夫·奈的观点略有不同，特别是20世纪80年代末以后他又开始重新强调美国在世界事务中的领导作用。参见：Joseph Nye, *Bound to Lead: The Changing Nature of American Power*, New York: Basic Books, 1990.

⑤ Robert Keohane, *After Hegemony: The Cooperation and Discord in World Political Economy*, Princeton: Princeton University Press, 1984.

作机制理论不同，基欧汉从新古典经济学“政治市场失效”（political market failure）理论出发，提出了一种功能主义的国际机制理论。他将国际机制定义为“对相互依赖产生影响的一系列指导性安排”，这些安排可能是由某个霸权国家确定的，但所代表的并不仅仅是某个国家的利益，其一经确立就具有了一定的自主性。新重商主义者对国际机制的研究重点在于如何确定这些安排，以基欧汉为代表的自由主义者则关注的是这种机制如何运行及其运行后的结果。他们承认，国家的政治利益在确立机制的过程中是至关重要的，但是同时又认为，合作机制一旦确立，相互依赖所造成的经济上的迫切需求就会最终抑制政治利益的扩张①。这一国际机制的功能主义理论构成了新自由制度主义的理论基石。

现代西方的马克思主义国际政治经济学主要是指欧美特别是西欧的新马克思主义学派的国际政治经济学理论，其中主要包括保罗·巴兰的“依附发展理论”、安德烈·弗兰克的“依附理论”、伊曼纽尔·沃勒斯坦的“世界体系理论”、费尔南多·卡多佐的“历史-结构主义理论”和斯蒂芬·海默、罗宾·默里等人的“当代资本主义理论”。此外，无论第三世界激进派国际政治经济学和批判理论是否承认自己属于马克思主义，其理论都深受马克思主义的影响。

保罗·巴兰是最早论及发展中国家发展问题的西方学者之一。他在 1957 年出版的《增长的政治经济学》一书中提出，发达国家的工人阶级将从帝国主义政策，即从对不发达地区的剥削中获益；资本的扩张并不必然导致不发达地区的工业化，相反，其更可能的结果是阻碍发展中国家资本主义生产方式的建立，从而导致亚非拉地区的“不发达”②。当代最有名的马克思主义依附理论家当属安德烈·弗兰克。他在 1966 年发表的《欠发达的发展》一文中以宗主与卫星的提法来区分中心和外围。第一，欠发达并非原有的或传统的。现代的发达国家可能曾经是未发展的，但从来不是欠发达的。当代的欠发达是现在的发达宗主国与欠发达工业国之间关系的后果，是世界范围资本主义制度发展的反映。第二，二元社会的观点是虚假的。因为落后地区的欠发达是形成进步地区发展的同一资本主义发展历史过程的产物。第三，宗主-卫星关系既可见之于国际领域，也可见之于殖民地与新殖民国家的政治、经济与社会生活。一条宗主与卫星的链子把欧洲或美国等宗主中心与落后国家的穷乡僻壤的世界体系各个部分都连接了起来。第四，战争和萧条的时期使卫星国家得到某些自主的资本主义发展。但在当前的资本主义体系内，这种发展注定要成为欠发达。第五，最欠发达的地区是那些过去同宗主国联系最紧密的地区。它们是最大的初级产品出口国和资本的主要来源，但是一旦生意不佳，它们就被抛弃了。在《拉丁美洲的资本主义与欠发达》一书中，弗兰克以巴西和智利作为实例来支持他的理论。弗兰克认为处于“中心-外围”结构中的外围国家因国际贸易体系中的“不平等交换”而始终处于不利地位，外围国家要改变这种状况，出路不在于发展自己的民族资本主义，而是要打破中心与外围的“剥削的链条”③。卡多佐的“历史-结构主义理论”则注重从国家和阶级结构

---

① Robert Keohane, *After Hegemony: The Cooperation and Discord in World Political Economy*, Princeton: Princeton University Press, 1984.

② Paul Baran, *The Political Economy of Growth*, New York: Monthly Review Press, 1957.

③ Andre Frank, *Capitalism and Underdevelopment in Latin America*, Penguin Press, 1971; Andre Frank, *Critique and Anti-Critique: Essays of Dependence and Reformism*, London: Macmillan, 1984.

的角度来分析发展中国家的发展问题①。

沃勒斯坦的“世界体系理论”是当代最具影响的西方马克思主义国际政治经济学说。沃勒斯坦将“现代世界体系”理解为一种在16世纪就形成了其现代雏形的、渐进的、相互联结的世界资本主义经济。自16世纪起，世界资本主义体系就开始组成中心、外围和半外围三个部分，彼此在国际分工中处于不同的地位。中心国家之间关系集中表现为争夺霸权的斗争，外围和半外围国家始终处于依附性发展的状态。在他看来，世界资本主义的发展是以国际商业的急剧扩张为基础的。通过这种扩张，包括苏联、中国和所有社会主义国家在内的现代世界体系是以与世界市场进行贸易作为资本主义的特征的②。

海默和默里等人的论著主要是围绕“资本主义世界市场经济”，特别是布雷顿森林体系瓦解、石油危机、战后经济繁荣的结束和经济衰退的再现等问题展开其论证的。在他们看来，大公司的日益增长和经济政治发展不平衡是战后资本主义的两大基本规律，前者导致了一种垄断寡头均衡的状态，后者使国际分工成为技术、科技、财富和权力在发达国家和发展中国家间的等级式配置。在危机不断发展的条件下，大公司日益要求发达国家政府间在国际经济政策上的更密切协调和更多的干预，其结果是南北之间矛盾的进一步加剧③。

第三世界激进派国际政治经济学的主要代表人物包括阿根廷学者劳尔·普雷维什和埃及学者萨米尔·阿明，也有人将他们列入马克思主义学派④。普雷维什也是“中心-外围”理论的最早倡导者之一，他认为，中心-外围结构的本质是支配与被支配关系，外围国家能够以何种方式加入和在多大程度上受惠于中心资本主义，取决于它们能够在多大程度上满足中心国家的利益需要。作为一种模仿型资本主义，外围国家永远不可能赶上中心国家，出路只能是通过建立国际政治经济新秩序来打破这种不合理的世界结构。阿明也是围绕中心-外围结构来展开其论述的。他认为，资本积累向世界范围的扩张导致中心-外围结构的形成，外围资本主义社会构成的特点在于前资本主义和现代资本主义结构并存，导致其对中心资本主义的依附。要改变这种状态，必须建立自己的一体化工业体系，必须加强外围国家间的合作（即南南合作），实现集体自力更生，必须努力打破现存的国际政治经济旧秩序，并最终消灭资本主义“世界规模的积累”和资本主义世界

---

① Fernando Cardoso, "Associated-Dependent Development Theoretical and Political Implications", in Alfred Stepan, ed., *Authoritarian Brazil*, New Haven: Yale University Press, 1973. Fernando Cardoso, *Dependency and Development in Latin America*, Berkeley: University of California Press, 1979.

② Immanuel Wallerstein, *The Modern World System I: Capitalist Agriculture and the Origins of the European World-Economy in the Sixteenth Century*, London: Academic Press, 1974; *The Modern World System II: Mercantilism and the Consolidation of the European World-Economy 1600—1750*, London: Academic Press, 1980; Immanuel Wallerstein, *The Capitalist World Economy*, Cambridge: Cambridge University Press, 1979; Immanuel Wallerstein, *The Rise and Future Demise of The World Capitalist System: Concepts For Comparative Analysis*, Cambridge: Cambridge University Press, 1984.

③ Stephen Hymer, "The Multinational Corporation and the Law of Uneven Development", in J. Bhagwati, ed., *Economics and World Order from the 1970s to the 1990s*, New York: The Macmillan Company; 1972; Robin Murray, "The Internationalisation of Capital and the Nation State", *New Left Review*, 1971 (67), pp. 84 - 109.

④ Chris Brown, "Marxist Approaches to International Political Economy", in Barry Jones, ed., *The Worlds of Political Economy*, London: Pinter Publishers, 1988, pp. 122 - 141.

体系①。

国际政治经济学“批判理论”产生于20世纪80年代，有些人认为其是马克思主义学派的组成部分。该学派的最主要代表人物是罗伯特·考克斯，此外还有霍华德·阿克尔、托马斯·比尔斯泰克尔、理查德·阿什利、约翰·麦克莱恩等。他们对在国际关系理论中占主导地位的现实主义和新现实主义提出了明确的挑战和尖锐批评，重申阶级和经济力量在塑造国际秩序中的重要地位。他们在其著述中大量引证马克思主义的观点，特别是对维科和葛兰西的理论大加赞赏，但是他们都明确否认他们属于马克思主义学派②。

三、国际政治经济学的新发展

20世纪70—80年代，由于国际政治经济学的主要奠基人在探索国家与市场的互动时大都回归了古典政治经济学的思想传统，国际政治经济学理论的发展也主要表现为“范式间的争鸣”③。作为不同思想传统在当代国际政治经济学研究中的继承者，吉尔平和克拉斯纳、基欧汉和奈、沃勒斯坦和考克斯分别基于新重商主义、自由主义和马克思主义的范式为整合国际关系的政治方面和经济方面提供了各有特点甚至针锋相对的理论。但是，他们的理论也具有一个共同的特点，就是这些理论在解释国际政治与国际经济之间的相互作用上取得了显著的知识进步，但是在揭示国内政治与国际经济之间的相互作用上却乏善可陈。国际经济关系不仅受到国际政治的塑造，也受到国内政治的制约。自20世纪80年代末起，随着国际形势的变化与相关学科的发展，国际政治经济学不再专注于国际体系层次上的理论构建与范式辩论，而是以系统的方式将国内政治纳入对国际经济关系的分析中来。

随着冷战的结束和全球化的加速，国家经济的开放性显著提高了。苏联解体和东欧剧变使这些国家重新成为资本主义世界体系中的成员，而中国和越南等坚持社会主义道路的国家也采取了对外开放的政策。从1985年起，发达国家从20世纪70年代的冲突与混乱

---

① Raul Prebisch, *Towards a New Trade Policy for Development*, New York: United Nations, 1964; Raul Prebisch, *Latin America: A Problem in Development*, University of Texas Press, 1971; Samir Amin, *Neo-Colonialism in West Africa*, Monthly Review Press, 1973; Samir Amin, *Accumulation on a World Scale*, Monthly Review Press, 1974; Samir Amin, *Imperialism and Unequal Development*, Monthly Review Press, 1977; Samir Amin, *Dynamics of Global Crisis*, London: The Macmillan Company, 1982.

② Robert Cox, “Social Forces, States and World Orders: Beyond I. R. Theory”, in Robert Keohane, ed., *Neorealism and its Critics*, New York: Columbia University Press, 1986; Robert Cox, *Production, Power and World Order: Social Forces in Making History*, New York: Columbia University Press, 1987; Howard Alker and Thomas Biersteker, “The Dialectics of World Order”, *International Studies Quarterly*, 1984 (24), pp. 121 - 142; Thomas Biersteker, “Evolving Perspectives on International Political Economy: Twentieth-Century Contexts and Discontinuities”, *International Political Science Review*, 1993 (1); Richard Ashley, *The Political Economy of War and Peace*, London: Pinter Publishers, 1980; John MacLean, “Interdependence and Ideological Intervention in International Relations”, in Barry Jones and P. Willetts, eds., *Interdependence on Trial*, London: Pinter Publishers, 1984; Chris Brown, “Marxist Approaches to International Political Economy”, in R. J. Barry Jones, ed., *The Worlds of Political Economy*, London: Pinter Publishers, 1988.

③ Lisa L. Martin, “International Political Economy: From Paradigmatic Debates to Productive Disagreement”, in Michael Brecher and Frank P. Harvey, eds., *Millennial Reflections on International Studies*, Ann Arbor: The University of Michigan Press, 2002.

重新转向正统的金融观念与经济一体化，而发展中国家也开始放弃已经实行了50年的进口替代，积极地转向出口、开放市场、私有化和放松管制。以至于杰弗里·弗里登这样说："那些赞成本国市场和全球市场融合起来的人，以及更加全面地支持市场的人已经取得了胜利。"[①] 随着经济的对外开放，国际经济政策对国内不同集团之间的收益分配产生了越来越重要的影响，在国内收益分配基础上形成的国内政治纷争反过来也会在更大程度上决定国际经济关系的发展演变。因此，国际形势的变化要求国际政治经济学深入探索国内政治与国际经济之间的互动。

当然，对国内政治与国际经济相关性的探索并非自20世纪90年代以后才开始起步。70年代后期，一些对国际事务比较敏感的比较政治学家已经提出了如何将国内政治与国际经济相互联系的问题。彼得·卡赞斯坦在1978年主编的《权力与财富之间》一书中以国内结构来解释六个发达工业国家在对外经济政策上的差异[②]。也就是说，卡赞斯坦试图建立一个从国内政治到国际经济的研究议程。而另一位比较政治学家彼得·古勒维奇在1978年发表的《颠倒的第二意象：国内政治的国际根源》中，则为国际因素如何影响国内政治勾勒了基本的思考路线图[③]。在古勒维奇所强调的各种国际因素中，经济活动和财富的分配，或者说是国际经济对国内政治的特征产生了重要的影响。也就是说，古勒维奇确立了一个从国际经济到国内政治的研究议程。这样，国内政治与国际经济之间的互动就呈现为两个方向上的因果链：一为从国内政治到国际经济，二为从国际经济到国内政治。

此外，20世纪70年代以后经济学和政治学在更大程度上的融合使新政治经济学日趋成熟。随着理性选择理论在政治学中的扩散，政治学和经济学更有可能在统一的方法论基础上来探索政治与经济、国家与市场、权力与财富之间的互动。根据《牛津政治经济学手册》："政治经济学是经济学方法论用于政治行为和制度的分析。因为不再忽视制度，而是将其作为调查的对象，这一路径融合了很多政治社会学家关心的问题。因为政治行为和制度本身构成了研究的对象，政治也成为政治经济学的组成部分。所有这些分析都与一套方法论相联系，主要是经济学方法论，但现在包括了政治学自己的部分。"[④] 在理性选择范式的主导下，政治学家和经济学家在理解选民、候选人和压力集团的政治行为、立法机构、行政机构和司法机构等政治制度以及公共财政政策、货币政策等宏观经济政策的政治效应上都取得了显著的进步。比如政治学家肯尼思·谢普斯勒的"结构-诱致均衡"（structure-induced equilibrium）模型表明，在多元偏好条件下，稳定的均衡几乎无法找到，只有在博弈中加入制度变量，稳定均衡才能维持[⑤]。经济学家格罗斯曼和赫尔普曼的

---

① 杰弗里·弗里登.20世纪全球资本主义的兴衰.上海：上海人民出版社，2009：349.

② Peter Katzenstein, ed., *Between Power and Plenty: Foreign Economic Policies of Advanced Industrial States*, Madision: University of Wisconsin Press, 1978.

③ Peter Gourevitch, "The Second Image Reversed: The International Sources of Domestic Politics", *International Organization*, Vol. 32, No. 4, 1978.

④ Barry Weingast and Donald Wittman, eds., *The Oxford Handbook of Political Economy*, Oxford: Oxford University Press, 2006, p. 3.

⑤ Kenneth Shepsle, "Institutional Arrangements and Equilibria in Multidimensional Voting Models", *American Journal of Political Science*, Vol. 23, No. 1, 1979, pp. 27-59.

“保护待售”(protection for sale)模型则包含了政府、利益集团和消费者三个要素，使得该模型比之前的内生贸易政策模型更加全面①。这些新政治经济学关于国内政治制度与政治行为的成果为国际政治经济学有关国内政治的分析打下了必要的基础。

在上述现实需求与智识积累的基础上，“开放经济政治学”(open economy politics, OEP)作为新兴的学术领域出现了，并且在20世纪90年代以后成为国际政治经济学的主流②。“开放经济政治学”一词最早出现在罗伯特·贝茨的一本书的书名中③，后来被戴维·莱克借用来描述这一探索国内政治与国际经济互动的新领域。莱克对这一新领域做出如下界定：“开放经济政治学将公司、部门或生产要素作为分析单位，从每个单位在国际经济中的位置来推导它们的经济政策偏好，并将制度看作利益聚合的机制和竞争性社会利益集团议价的条件，最后探讨具有不同社会利益的国家之间在国际层次上必要的议价。”④因此，经济利益、国内制度与国际议价构成了开放经济政治学的三个必要组成部分。

第一，经济利益。在开放经济政治学中，利益是研究的起点或第一步，即个体或集团具有何种政策偏好。基于其经济学方法论，开放经济政治学中的各种理论从根本上说都是以个体为分析单位的，但为了分析的方便，当个体具有共享的利益时，理论家就将这些同质的个体归为某个集团。因此，在开放经济政治学中，分析单位主要是公司、部门或生产要素所有者这些集团行为体。在界定了相应的分析单位后，开放经济政治学进一步根据不同经济政策的分配效应以及一个集团与其他集团相比在国际经济中的位置来推导出这一集团的利益，即对不同政策的偏好⑤。作为“颠倒的第二意象”的提出者，古勒维奇在《艰难时世下的政治——五国应对世界经济危机的政策比较》一书中主要分析了不同行业部门在三个国际经济危机时期所具有的政策偏好⑥。与古勒维奇以部门为分析单位的论述不同，罗纳德·罗戈夫斯基在《商业与联盟：贸易如何影响国内政治联盟》中强调了国际贸易对生产要素所有者利益的影响⑦。杰弗里·弗里登则将分析从贸易领域延伸到货币金融领域，提出了一个关于国际资本流动对国内政治的影响框架，揭示了不同行业部门在资本跨国流动条件下的汇率政策偏好⑧。这些学者在推导行为体的偏好时主要依赖新古典经济学的模型，比如李嘉图-维纳模型、赫克歇尔-俄林模型、蒙代尔-弗莱明模型等，从而为分析开放条件下的国内政治分化提供了

---

① Gene M. Grossman and Elhanan Helpma, “Protection for Sale”, *American Economic Review*, Vol. 84, 1994.

② David Lake, “International Political Economy: An Emerging Interdiscipline”, in Barry Weingast and Donald Wittman, eds., *The Oxford Handbook of Political Economy*, Oxford: Oxford University Press, 2006, pp. 757-777.

③ Robert Bates, *Open Economy Politics: The Political Economy of the World Coffee Trade*, Princeton: Princeton University Press, 1997.

④ David Lake, “International Political Economy: An Emerging Interdiscipline”, in Barry Weingast and Donald Wittman, eds., *The Oxford Handbook of Political Economy*, Oxford: Oxford University Press, 2006, p. 763.

⑤ Ibid., p. 764.

⑥ Peter Gourevitch, *Politics in Hard Times: Comparative Responses to International Economic Crises*, Ithaca: Cornell University Press, 1986.

⑦ Ronald Rogowski, *Commerce and Coalitions: How Trade Affects Domestic Political Alignments*, Princeton: Princeton University Press, 1989.

⑧ Jeffery Frieden, “Invested Interests: The Politics of National Economic Policies in a World of Global Finance”, *International Organization*, Vol. 45, No. 4, 1991, pp. 425-451.

比较确定的微观基础。

第二，国内制度。制度以不同程度上的偏向来集聚相互冲突的社会利益，并为相互对抗的集团规定了议价的条件。政治学家以及越来越多的经济学家已经深入研究了制度是如何集聚利益的。开放经济政治学在很大程度上借鉴了比较政治制度研究的相关文献，并与其保持了一致，但这些文献并不直接涉及经济政策①。因此，国际政治经济学家需要在这些文献的基础上发展自己关于国际经济政策的观点。比如罗戈夫斯基发现，大选区制下政府更容易采取提高总体福利的政策，如货物、服务和生产要素的自由流动，而小选区制下政府采取的政策会更有利于贸易保护主义的集团②。海伦·米尔纳基于"分治政府"的文献提出，如果行政机构必须与立法机构分享政策制定权，而且两者的偏好不同，那么国际合作的可能性就比单一国家的纯国际博弈要低③。与米尔纳的这一悲观看法不同，莉萨·马丁更多地分析了立法机构在国际合作中的积极作用，即立法机构对国际合作的制度化参与导致更高的国际承诺可信性，进而导致了更高程度的国际合作④。尽管在具体政治制度的作用上学者们还没有达成共识，但开放经济政治学坚持认为仅对利益进行研究是不够的，政治制度对于政策选择常常有着一种独立的影响，利益也只有通过政治制度的折射才能实现。

第三，国际议价。当国内利益通过制度集聚而转化为一项国家政策时，国家通过议价来影响彼此的行为并决定其行动的联合结果。这是开放经济政治学方法的第三步也是最后一步⑤。当一个国家的政策对其他国家产生了外部性影响时，国家间往往会议价。开放经济政治学关于国际议价的大多数研究都集中于国际制度是如何塑造国家间的议价并影响其结果的。这样，开放经济政治学就和新自由制度主义形成了有机的结合，甚至可以说将新自由制度主义纳入了自己的学术领域。实际上，开放经济政治学的主要代表人物也多为新自由制度主义的代表人物。20世纪90年代以后，新自由制度主义不再继续纠结于国际制度是否有作用的争论，而是集中讨论国际制度是如何被设计以便实现其成员国目标的问题。

经过20多年的发展，开放经济政治学作为一种研究范式已经主导了美国的国际政治经济学研究。罗伯特·基欧汉将这一范式称为"新国际政治经济学"⑥。根据莱克的归纳，开放经济政治学的成功有三个原因⑦。第一，开放经济政治学具有强大的实证基础。分析家们一般都小心地避免把某个跨部门的单一案例错误地当作世界上的所有可能状况，而是

---

① 戴维·A. 莱克．开放经济的政治学：一个新兴的交叉学科．世界经济与政治，2009（8）：51.

② Ronald Rogowski，"Trade and the Variety of Democratic Institutions"，*International Organization*，Vol. 41，No. 2，1987，pp. 203 - 223.

③ Helen Milner，*Interests，Institutions，and Information：Domestic Politics and International Relations*，Princeton：Princeton University Press，1997.

④ Lisa Martin，*Democratic Commitments：Legislatures and International Cooperation*，Princeton：Princeton University Press，2000.

⑤ David Lake，"International Political Economy：An Emerging Interdiscipline"，in Barry Weingast and Donald Wittman eds.，*The Oxford Handbook of Political Economy*，Oxford：Oxford University Press，2006，p. 766.

⑥ Robert O. Keohane，"The Old IPE and the New"，*Review of International Political Economy*，Vol. 16，No. 1，2009，pp. 34 - 46.

⑦ 同⑤772.

尽可能地挖掘丰富的历史以验证他们的理论。他们还投入了大量精力为贸易保护、非关税贸易壁垒、汇率机制等设定恰当的指标。无论是最初的案例研究方法和基于有限数据的统计检验，还是一些最新的研究所采用的时间序列数据分析和计量经济学工具，国际政治经济学都是一种强调实证的科学。第二，开放经济政治学强调演绎的精确性。政治学家从强有力的经济学理论中获益良多。这反过来也促使经济学家认真考虑政治和政治制度的作用，并将对政治过程更现实的理解纳入其模型中去。学术争鸣促使各方阐明其采用的假设，揭示其优点和局限性，以清晰的、可证伪的方式来陈述命题，从而使观点接受实证检验。第三，开放经济政治学借鉴了广泛的理论并与之实现了整合。理论家将他们的分析建立在国际贸易的纯理论、集体行动理论和政治制度理论的基础之上，所有这些理论都是在更大的学术领域中基于其他的目标发展起来的。这种借鉴和整合将开放经济政治学与更广泛的研究计划联系起来，使国际政治经济学能够在已经积累的知识基础上集中探索本领域内的问题。

当然，天下没有免费的午餐。开放经济政治学在理论演绎和实证检验上取得的成功，也使其付出了代价。就理论演绎而言，开放经济政治学在以下两个方面存在重大的缺陷。一方面，开放经济政治学具有过于明显的国内中心论倾向，忽视了国际或全球权力结构的独立影响。尽管开放经济政治学在最后一步纳入了国际议价的因素，但在前两步都以隔离国际政治进程的方式来集中探讨对外经济政策的国内政治根源。尽管一些政策选择是纯粹国内政治的产物，但其他的一些政策选择是国内和国际进程互动的结果。在后一种情况下，忽视国际政治将会导致研究者基于国内政治而产生推理过程中的偏见。托马斯·奥特利将其称为“还原主义的赌博”①。在这个意义上，开放经济政治学研究越来越像比较政治学研究，国际或全球的因素最多成了被解释变量。随着国际权力结构的新一轮重大变换，国家间面临的全球经济治理的冲突与协调、全球经济理念和治理机制的变革等新问题都很难依据国内政治过程简单推导得出。

另一方面，开放经济政治学具有过于明显的社会中心论倾向，忽视了国家相对于社会的自主性。尽管开放经济政治学将国内政治制度和政治过程纳入分析框架中，但其分析的起点仍首先是社会行为体的偏好，因此具有社会中心论的倾向。和国际政治经济学兴起之初国家主义理论所占的重要位置相比，开放经济政治学的这种倾向可以说是某种“倒退”。首先，与西方自由民主国家政治体系中“国家弱、社会强”的国内结构不同，以中国为代表的东亚国家政治体系中“国家强、社会弱”。即使同样是西方自由民主国家，德国、法国国家相对于社会的自主性也高于美国、英国。其次，即使是社会行为体的偏好也会受到国家的塑造。在很多情况下，社会行为体的选择与分化并不依赖要素的流动性，因为社会行为体的政策偏好是由国家的发展战略所确定的②。最后，在经济危机和经济萧条时期，糟糕的经济形势固然会弱化国家依靠执政绩效获得的合法性，但也会增加国家动员社会集团参与政治的可能性，从而为国家推动政治经济的结构性改革提供契机。

---

① Thomas Oatley，“The Reductionist Gamble：Open Economy Politics in the Global Economy”，*International Organization*，Vol. 65，No. 2，2011，pp. 311 - 341.

② 曲博. 危机下的抉择：国内政治与汇率制度选择. 上海：上海人民出版社，2012.

就实证检验而言，由于过多地追求演绎的精确性以及系统的实证数据，开放经济政治学对于当今世界正在发生的新变化不够敏感。基欧汉在肯定开放经济政治学的成就时也坦然指出了这一不足。他认为，当前全球政治经济的以下五个重大变化是值得研究的大问题：(1) 在人类历史上真正的经济发展第一次发生在世界上的多数人口中；(2) 中国成为国际贸易和金融领域的重要玩家；(3) 金融和能源市场的波动更为极端；(4) 真正的全球行为体在世界政治中已发挥重要作用；(5) 电子技术已成为全球沟通的基础。基欧汉认为，学者可以寻找精确的和定量的方法来探讨这些大问题，但如果目前还没有找到这些方法，我们也不能为了等待这些方法而不去研究这些问题①。基欧汉进而提出，研究这些问题需要采用更加多元的方法，包括与开放经济政治学的学术旨趣相当不同的英国学派。实际上，由苏珊·斯特兰奇所开辟的国际政治经济学英国学派本身在研究问题与研究方法上就更为多元和开放。斯特兰奇所倡导的“开放的领域”得到了英国学派的很多人的响应，从而使其能够将世界上发生的各种新变化纳入其研究问题的清单②。2008 年国际金融危机爆发后，英国学派对国际政治经济变化的及时讨论就显示了这一学派的活力。本杰明·科恩曾忧心忡忡地认为以开放经济政治学为代表的国际政治经济学正在变得无聊，无法就迫切需要的重大问题展开研究，更无法提出激动人心的新兴学术议程③。2016 年，英国公投“脱欧”与美国大选特朗普胜出等“黑天鹅”事件发生后，开放经济政治学遭到了更尖锐的批评。有评论者甚至激烈地指出，正是由于开放经济政治学范式主导下的国际政治经济学研究已经成了“跛脚鸭”，才让这类事件因无法得到解释和预判而成为“黑天鹅”④。

面对这些理论和实践上的挑战，国际政治经济学在开放经济政治学范式基础上需要进一步转型。在国际体系层面，国际政治经济学需要重视国际权力结构等“宏大进程”(macro processes)。开放经济政治学在方法论上的还原主义能够成立的前提是全球的宏观经济结构没有发生重大变化。然而在近年来国家间权力转移和逆全球化两大动向下，国际体系层面的政治经济因素的变动是如此之大，使上述假设越来越难以成立，国际政治经济学需要从对微观基础的过分强调中抽身出来，找回“全球性”以夯实宏观基础，进而探讨微观和宏观的相互作用。在国内政治层面，国际政治经济学需要再次“找回国家”。开放经济政治学虽名为“政治学”，但其却将绝大部分精力花在了讨论一国对外经济政策上，研究议题较为狭窄，没有充分意识到国家在国内政治中的核心地位。为了将作为自变量的国家找回，国际政治经济学需要进一步关注国家在经济危机时期以及“后危机”时期对社会偏好的塑造作用。为了将作为因变量的国家找回，国际政治经济学则需要下更大的力气研究国际经济的政治效应，从而切入对国家自主性、国家能力、政体变迁、政党政治、央地关系、政治经济改革等政治学共同关心的重大问题的探讨。

---

① Robert O. Keohane, “The Old IPE and the New”, *Review of International Political Economy*, Vol. 16, No. 1, 2009, p. 42.

② Benjamin J. Cohen, *International Political Economy: An Intellectual History*, Princeton: Princeton University Press, 2008, p. 166.

③ Benjamen J. Cohen, “Are IPE Journals Becoming Boring?”, *International Studies Quarterly*, Vol. 54, No. 3, 2010, pp. 887 - 891.

④ Mark Blyth and Matthias Matthijs, “Black Swans, Lame Ducks, and the Mystery of IPE’s Missing Macroeconomy”, *Review of International Political Economy*, Vol. 24, No. 2, 2017, pp. 203 - 231.

第二章

国际体系的政治经济学理论

国际政治经济学从创立以来，就围绕两个既相互关联又各自独立的领域展开：一是国际体系，二是国内政治和国际政治经济之间的互动①。在 20 世纪 70 年代，以肯尼斯·沃尔兹的《国际政治理论》为代表，国际体系层次上的理论构建取得了突破性的进展。作为国际关系的一个分支学科，国际政治经济学也在国际体系层次上发展了若干系统的研究纲领，如霸权稳定理论、世界体系理论和新自由制度主义理论，为国际经济关系的政治学研究提供了一般性的分析框架。正是由于在国际体系层次上的政治经济学理论构建，国际政治经济学成为一个相对独立的学科领域，并走上了规范化的学科发展轨道。

第一节　霸权稳定理论

作为对国际形势深刻变化的一种回应，国际政治经济学兴起于 20 世纪 70 年代。这一时期所发生的一系列国际事件，如欧洲和日本与美国的经济竞争、美国的通货膨胀问题、布雷顿森林体系的瓦解、1973 年石油危机等，凸显了政治因素在国际经济事务中的作用。这些事件虽然有着不同的具体起因，但都或多或少地与美国霸权的相对衰落相联系。鉴于这一时代背景，刚刚兴起的国际政治经济学就把主题集中在霸权与国际经济体系的关系的讨论上。霸权稳定理论（hegemonic stability theory）由此成为国际政治经济学中最早形成的比较完整的研究纲领。

一、霸权稳定理论的逻辑基础

作为对国际政治经济的经验现象进行科学探究的重要理论成果，霸权稳定理论在学术理路上深受经济学中集体行动理论的影响。这一理论的逻辑起点是公共物品（public goods）的概念。公共物品也称集体物品（collective goods），可以定义为："任何物品，如果一个集团 X_1，…，X_i，…，X_n 中的任何个人 X_i 能够消费它，它就不能不被那一集团中

① 彼得·卡赞斯坦，罗伯特·基欧汉，斯蒂芬·克拉斯纳．世界政治理论的探索与争鸣．上海：上海人民出版社，2006：5.

的其他人消费。"[①] 在严格的意义上，公共物品应同时具有非排他性和非竞争性的特点。所谓非排他性，是指一种物品一旦被生产出来，可以同时供一个以上的个人联合消费，无论个人对这种物品是否支付了价格，要排除他人消费这种公共物品是不可能的或很困难的。非竞争性是指一个人对物品的消费不减少或不影响其他人对这种物品的消费。根据这一标准，灯塔、公路、环境保护、消防、空间大气层保护等都被视为公共物品。

经济学家曼瑟尔·奥尔森（Mancur Olson）通过"集体行动的逻辑"（logic of collective action）深刻揭示了提供公共物品的特殊机制。在"集体行动的逻辑"提出之前，多数经济学家和政治学家在研究中都或明或暗地认为，如同单独的个人为他们的个人利益而行事那样，由个人组成的集团也为这些个人在集团中的共同利益而行事。奥尔森在对集体行动进行分析后发现，这种论断从根本上说是错误的。如果由于某个人的活动，整个集团的状况有所改善，我们就可以假定这个人付出的成本与集团获得的收益是等价的。但是付出成本的个人只能获得其行动收益的一个较小份额，在一个集团范围内，集团收益是公共的，集团中的每一个成员都能分享它，而不管他是否为之付出了成本。因为阻止集团的其他任何成员使用公共物品是困难的，所以从这种物品中受益的人具有避免为其承担成本即付费的动机。这就是公共物品提供中的"搭便车"（free riding）现象。奥尔森就此指出："实际上，除非一个集团中人数很少，或者除非存在强制或其他某些特殊手段以使个人按照他们的共同利益行事，有理性的、寻求自身利益的个人不会采取行动来实现他们共同的或集团的利益。换句话说，即使一个大集团中的所有个人都是有理性的和寻求自身利益的，而且作为一个集团，采取行动实现他们共同的利益或目标后都能获益，他们仍然不会自愿地采取行动来实现共同的或集团的利益。"[②]

由于"搭便车"现象的存在，公共物品往往面临供给不足的困境。奥尔森将其称为"集体行动的困境"。通过数学推导、逻辑演绎与经验观察，奥尔森进一步发现以下三个因素与公共物品的供给数量密切相关。

第一，集团成员数目大小。根据奥尔森的逻辑，集团成员数目越大，集团中的个体成员"搭便车"的动机就越强烈，"它所提供的集体物品的数量就会越低于最优数量"[③]。奥尔森具体揭示了这一原理背后的三个因果机制：其一，集团越大，增进集团利益的个人在集团总收益中占有的利益份额就越小，增进集团利益的行动所获得的报酬就越少。其二，集团越大，任何一个成员在集团总收益中占有的利益份额就越小，他们从集体物品获得的收益就越不足以补偿他们为集体物品所付出的成本。其三，集团成员的数量越大，组织成本就越高，因而为获得集体物品所需要跨越的障碍就越大[④]。由于上述机制，集团越大，集团成员就越难以通过集体行动来增进他们的公共利益。

第二，集团成员规模的差异程度。奥尔森认为，有些成员即使必须承担提供集体物品的所有成本，他们得到的好处也要比不提供集体物品时来得多。特别是对规模较大的成员而言，由于其从集体物品获得的收益份额相对较大，他们独力提供集体物品的成本更有可

---

① 曼瑟尔·奥尔森．集体行动的逻辑．上海：上海三联书店，1995：13.

② 同①2.

③ 同①29.

④ 同①40.

能得到补偿。因此,“在一个很小的集团中,由于成员数目很小,每个成员都可以得到总收益的相当大的一部分。这样,集体物品就常常可以通过集团成员自发、自利的行为提供。在存在相当程度的不平等的小集团中,集体物品最有可能被提供;因为某个成员对集体物品的兴趣越大,他能够获得的集体物品带来的收益的份额就越大,即使他不得不承担全部的成本,他也会提供这种集体物品”①。

第三,选择性激励,即通过选择性地对集团个体进行激励。这样那些不参加为实现集团利益而建立的组织,或者没有以别的方式为实现集团利益做出贡献的成员所受到的待遇会与参加的成员有所不同。这些“选择性激励”既可以是积极的,也可以是消极的。也就是说,既可以通过惩罚那些没有承担集体行动成本的成员来进行强制,也可以通过奖励那些为集体物品出力的成员来进行诱导。这样,即使成员数目众多的大集团也具有采取集体行动的潜在能力,但这一潜在能力只有通过“选择性激励”才能实现或被动员起来②。

这样,奥尔森提出了公共物品提供的必要条件。经济学家查尔斯·金德尔伯格(Charles Kindleberger)率先将奥尔森的逻辑应用到国际经济领域,以此解释国际经济中的稳定与动荡。他认为:“公共和私人物品的分析也适用于国际经济。私人物品就可以理解为国家的收益。公共物品就可以理解为保持世界经济。而问题是如何区别支配、剥削与责任。世界遭受公共物品不足之苦并不罕见。主要原因并不在于贪婪的利益和支配或剥削,而在于‘搭便车’的原则。”③ 正是在这一理论逻辑的运用中,霸权稳定理论提出了关于国际权力结构与国际经济机制相关性的两个重要命题:其一,霸权国的存在将会导致自由贸易这样的稳定国际机制的提供。从更广泛的意义上说,霸权国将为不同问题领域国际机制的出现提供领导。其二,虽然霸权国从这一局势中受益,但小国将得到更多的收益。尽管小国没有承担成本,却能分享其收益④。霸权稳定理论的最主要倡导者包括查尔斯·金德尔伯格、罗伯特·吉尔平和斯蒂芬·克拉斯纳等。他们在以上两个命题上有着大体一致的看法,但由于其思想传统分属自由主义与现实主义两大阵营,他们在国际公共物品提供方式的具体理解上有所不同,从而形成了霸权稳定理论的两个分支。

二、霸权稳定理论中的慈善领导模型

自由主义经济学家查尔斯·金德尔伯格是最早提出“霸权稳定理论”的学者。作为一名在经济史研究领域声名显赫的学者,金德尔伯格在1973年出版的《1929—1939年世界经济萧条》中探究了一个令诸多经济学家和历史学家感兴趣的重大问题:造成20世纪30年代世界“大萧条”(Great Depression)的原因是什么?⑤

与凯恩斯、弗里德曼、罗宾斯等经济学家提供的既有解释不同的是,金德尔伯格并

---

① 曼瑟尔·奥尔森:集体行动的逻辑.上海:上海三联书店,1995:28.

② 同①41-42.

③ Charles Kindleberger, “Dominance and Leadership in the International Economy”, *International Studies Quarterly*, Vol. 25, No. 2, 1981, p. 247.

④ Duncan Snidal, “The Limits of Hegemonic Stability Theory”, *International Organization*, Vol. 39, No. 4, 1985, p. 581.

⑤ 关于大萧条原因的综述,可参见:A. G. 肯伍德,A. L. 洛赫德.国际经济的成长:1820—1990.北京:经济科学出版社,1997:221-229.

没有就经济论经济，而是试图从政治“领导”的角度来解释大萧条的原因。金德尔伯格认为，这次大萧条波及这么广、程度这么深、持续时间这么长，是由于英国没有能力，而美国没有意愿担当领导角色。国际经济体系要保持稳定，需要某些国家承担三个方面的责任：第一，为跌价出售的商品保持比较开放的市场；第二，提供反经济周期的长期贷款；第三，在危机时期进行贴现。但在 20 世纪 30 年代，英国没有能力这样做，而美国则没有意愿这样做。“当每个国家都转而保护它自己的国家私利的时候，全世界的公共利益就遭受到被抛弃、被损害的命运，而这时所有国家的私利也就随之受到 损害。”①

金德尔伯格指出，在 19 世纪一直到 1913 年，英国在上述三个方面都发挥了领导作用。特别是英国在经济萧条时期也坚持自由贸易，不惜因进口竞争而在资源上付出一些短期的代价，从而为国外积压的过剩物资提供了市场。而到了 1931 年，英国已经失去了承担领导责任的能力。由于英国无力处理有关公共物品的事务，于是就把精力越来越多地转移到本国的私利上。1931 年以后，凯恩斯鼓吹制定一项关税率和拒绝考虑币值稳定问题就是明证。美国此时的表现更加糟糕。1930 年，美国国会通过了《斯穆特-霍利关税法》，提高了几乎所有工业制成品的进口关税。胡佛总统不顾其他国家的 30 多项正式抗议和 1 000 多名经济学家的劝告，签字批准了这项法案，从而导致了关税报复和竞争性贬值。罗斯福执政初期对世界经济承担的义务也几乎毫无增进，直到 1936 年缔结三国货币协定时才有了微小的改善。

这样，20 世纪 30 年代，由于没有一个大国为廉价出售的商品提供市场，没有一个大国愿意容忍贬值，更不愿为出现支付困难的国家提供长期资金或贴现手段，世界通货紧缩注定要发展下去。在此，金德尔伯格用驾驶一辆汽车的两个司机做比喻：“不稳定性看来是因为一个司机越来越虚弱，而另一个司机对开这辆车又缺乏足够的兴趣。”② 正是这种群龙无首的局面导致了世界经济的混乱和萧条。他据此宣称：“要使世界经济处于稳定状态，就必须有起稳定作用的国家，而且只能有一个这样的国家。”③

在 1981 年发表的《国际经济中的支配和领导》一文中，金德尔伯格进一步区分了“支配”（dominance）和“领导”（leadership）的概念④。“支配”具有“剥削”的意味，而“领导”则突出了提供公共物品的功能。没有“领导”，国际经济稳定这样的公共物品就会出现供给不足的情况。

金德尔伯格将国家分成三类来讨论“领导”对于公共物品供给的意义。第一类国家是小国。国际经济学中所谓的“小国假设”（small-countries assumption）意指国家不能影响贸易条件，如果资本可以流动，外部世界决定了该国的货币供应及利率。小国并没有经济权力，同时它们也没有对经济体系的责任，更没有必要去施加领导。这样看上去小国本不会造成对国际经济的任何问题。但是在 1931 年和 1971 年正是因为这些小国追求它们的私

---

① 查尔斯·金德尔伯格 . 1929—1939 年世界经济萧条 . 上海：上海译文出版社，1986：348.

② 同①360.

③ 同①365.

④ Charles Kindleberger，“Dominance and Leadership in the International Economy”，*International Studies Quarterly*，Vol. 25，No. 2，1981.

人利益而迫使英国、美国放弃了金本位①。第二类是中等规模的国家。它们规模大到足以损害这个体系，但是又没有足够大的规模来稳定这一体系。随之而来的问题是，中等国家应当冒着更大的私人风险来维护公共稳定的利益，还是以牺牲体系为代价来保持它们自己？第三类是足以承担起领导责任的强国。它们也可能巧取豪夺，也可能口蜜腹剑，也可能推诿卸责；但它们也可能施加领导，并做得很好②。19 世纪的英国，1945 年以后的美国，就在世界经济中扮演了这样的领导角色。金德尔伯格就此提出，世界面临的危险不是国际经济中的权力太多了，而是太少了，不是支配者太多了，而是潜在的“搭便车”者过量了③。

根据金德尔伯格的上述讨论，中小国家只会试图“搭便车”以谋求本国的利益，并期待其他国家为其提供公共物品。只有某个霸权国家才有能力通过它们自身的行为来提供这种公共物品。金德尔伯格实际上呼应了奥尔森所说的“小国剥削大国”（the exploitation of the great by the small）的现象，即在国际合作中大国承受了不成比例的负担④。正如奥尔森所说，在集体物品的供给达到帕累托最优之前，联盟或国际组织的单个成员有动机停止为集体物品做出贡献：“这尤其适用于小国，这些小国从集体物品所带来的收益中得到较小的份额。一旦大国提供了它们自己想要的那部分集体物品，这些小国就没有动机或具有很少的动机去提供额外数量的集体物品，从而使大国不成比例地承受了负担。”⑤

这样，与“支配”所反映的大国“剥削”小国的情形相反，在对国际经济的“领导”中，霸权国实际上自愿选择了被小国“剥削”。正是在这一意义上，邓肯·斯奈德尔（Duncan Snidal）将金德尔伯格视野中的霸权国角色称为“慈善的领导”（benevolent leadership）。在这种模型中，自由主义国际经济秩序得以建立和维持，主要是由于霸权国独力提供了自由贸易、世界货币、反危机贷款一类的国际公共物品，即使中小国家得到的比霸权国还要多也依然这样做。

三、霸权稳定理论中的强制领导模型

金德尔伯格在其发展的“慈善的领导”模型中分析了一个典型的自由主义问题：如何提供国际体系中的集体物品。而作为现实主义政治学家，罗伯特·吉尔平（Robert Gilpin）和斯蒂芬·克拉斯纳（Stephen Krasner）在分析国际权力结构与国际经济体系的关系时回答的却是一个典型的现实主义问题：国家如何最大限度地实现自己的利益。正如吉尔平所说的：“霸权国家或许被认为是以提供公共利益（安全和保护财产权）来换取报偿的。像罗马统治下的和平一样，英国统治下的和平与美国统治下的和平保证了一种相对和平与安全的国际体系。英国和美国创立和巩固了一个自由国际经济秩序的规则。英国和美

---

① Charles Kindleberger, “Dominance and Leadership in the International Economy”, *International Studies Quarterly*, Vol. 25, No. 2, 1981, p. 249.

② Ibid., p. 250.

③ Ibid., p. 253.

④ Mancur Olson, “Increasing the Incentive for International Cooperation”, *International Organization*, Vol. 25, No. 4, 1971, p. 870.

⑤ Mancur Olson and Richard Zeckhauser, “An Economic Theory of Alliance”, in Francis Beer, ed., *Alliance: Latent War Communities in the Contemporary World*, New York: Holt, Rinehart and Winston, Inc., 1970, pp. 138 - 139.

国的政策促进了自由贸易和资本的自由流动。这些大国提供了关键货币并管理了国际货币体系……它们承担起这些责任是因为这样做有利可图。对它们来说，保持现状、自由贸易、外国投资和一个功能完善的国际货币体系所带来的收益大于相应的成本。霸权国家的政策在给它们自己带来好处的同时，也使那些期望并能够利用国际政治和经济现状的国家得到好处。"① 在此不难看出，霸权国承担领导责任，并不是为了向国际社会提供公共利益，而是因为这样做可以实现自己的国家利益。

作为国际政治经济学的主要开拓者之一，罗伯特·吉尔平认为世界经济运作的方式既取决于市场，也取决于国家政策，特别是强大国家的政策，因此市场和经济力量无法单独解释全球经济的结构和运作。各国基于其政治雄心而相互角逐和相互合作，从而确立了市场和经济力量在其中运作的政治关系框架。国家特别是大国制定了每个企业家和跨国公司必须遵循的规章，这些规章一般反映了占主导地位的国家的政治利益和经济利益②。在 1975 年出版的《美国的权力与多国公司：对外直接投资的政治经济学》中，吉尔平就初步提出了这些思想。

吉尔平认为，在相互依赖的国际经济中，对外投资显示了核心经济体的权力变迁。在第一次世界大战之前，以伦敦城为中心的国际市场网络构成了世界经济一体化的主要机制。虽然银行家和金融家首先追求其私人利益，但他们的确构成了英国霸权即"英国治下的和平"的基础之一。然而第一次世界大战削弱了这一精巧的机制。在第二次世界大战后，对外直接投资的潮涌反映了世界经济组织和管理的转型。在"美国治下的和平"中，大型现代公司取代了伦敦的金融市场，成为世界经济一体化的首要机制。国际贸易和投资的权力也从银行家和金融家那里转向工业家和公司执行官们。

吉尔平提出，跨国公司构成了美国霸权的基础之一。虽然跨国公司的经济活动并非是美国政府精心计划的结果，但美国的政策的确鼓励和保护了跨国公司的海外扩张。而且，美国政府逐渐认识到，跨国公司在海外的扩张应该服务于美国更广泛的利益。即使与跨国公司的愿望和利益不相吻合，美国政府也努力寻求将这些公司及其海外分支机构转化为美国外交政策的工具。比如，20 世纪 50 年代末，军事、外交和对外援助上的承诺造成了美国严重的国际收支逆差。随着逆差日趋严重，跨国公司在国外的持续增长被看成是一种主要的国家资产，有助于保持美国的全球霸权地位。吉尔平据此认为，美元的国际地位、核武器的优先性和跨国公司的海外扩张构成了美国霸权的三大支柱③。这三根支柱相互联系、相互作用、相互增强。欧洲和日本接受了美国作为世界银行家的角色并支持美元的储备货币地位是因为美国能保证它们的安全。作为世界银行家，美国在很大程度上免于收支平衡的限制，便于美国公司和美国军队扩张海外。既然美国能够随便印钞票，其他国家又愿意使用美国的货币，那美国公司购买国外资产和扩张海外便相对容易得多。这些国外资产的盈利成为美国收支平衡的一个主要积极因素。正如英国在 19 世纪末期一样，对外投资所得支持了美国的全球霸权地位④。

---

① 罗伯特·吉尔平．世界政治中的战争与变革．北京：中国人民大学出版社，1994：145.

② 罗伯特·吉尔平．全球政治经济学：解读国际经济秩序．上海：上海人民出版社，2003：21.

③ Robert Gilpin, *U. S. Power and the Multinational Corporation: The Political Economy of Foreign Direct Investment*, New York: Basic Books, 1975, pp. 138 - 140.

④ Ibid., p. 161.

克拉斯纳在1976年发表的《国家权力与国际贸易的结构》中得出了和金德尔伯格一样的结论：经济实力的霸权分布更容易产生开放的贸易结构①。但和金德尔伯格不同的是，克拉斯纳是以国家利益为分析基点的。根据他的观点，国际贸易结构是由追求最高目标的国家利益决定的，其中以下四项国家利益的基本内容受到国际贸易结构的影响，即国民总收入、社会稳定、政治权力和经济增长。每一目标受开放程度影响的方式都取决于国家的经济实力。接下来，克拉斯纳将经济实力的特殊分布与国际贸易结构联系起来。经济实力用每个国家发展的规模和水平来说明，国际贸易结构用开放性来说明。

第一，由许多高度发达的小国组成的体系。这样的体系容易导致开放的贸易结构。每个国家的总收入和经济增长都靠这个开放的体系发展起来，参与国际竞争所引起的社会不稳定被高度的发展水平所产生的要素灵活性所抵消，因而不会由于开放而损失国家权力，因为体系内所有国家终止贸易的成本都是对等的。

第二，由几个发展不平衡的大国组成的体系。这样的经济实力分布容易导致封闭的结构。每个国家都可以通过更开放的体系增加收入，但收获会很有限。开放会给欠发达国家带来更多的社会不稳定，落后地区的经济增长率令人沮丧，而较先进国家的经济将会大幅增长。开放的结构会使欠发达国家在政治上处于脆弱的地位，因为它们的生产要素僵化，意味着终止成本更高。由于这些损失，相对落后的大国不愿接受开放的贸易结构，较发达国家也不能强迫落后的大国接受开放，除非它们的军事力量很强。

第三，霸权体系。在这个体系中，有一个国家比它的贸易伙伴大得多，并且先进得多。开放的成本和收益对体系内所有的成员都是不均等的。霸权国家会优先选择开放结构，这个结构可以增加其国民总收入，并且在取得优势期间其增长率也会上升。另外，开放结构可以增加其政治权力，因为对于发达的大国来说，终止的机会成本较低。由于大国卷入国际经济的程度较低，且生产要素具有流动性，开放带来的社会不稳定因素也减少了。在霸权体系下，小国也倾向于选择开放，因为总收入和经济增长方面的好处是巨大的，并且无论它们怎么做，其政治权力总是有限的。中等国家的反应很难确定，这至少要部分地取决于霸权国家怎样利用它的人力物力。有潜在优势的国家可以运用其影响力、经济军事实力诱使或强迫其他国接受开放的贸易结构。从影响来说，霸权国家可以作为取得经济发展的榜样，其他国家可能效仿其政策，即使对本国并不合适也会如此。如果哪里有过分不协调的现象出现，就可以用军事力量胁迫弱国加入开放体系。比武力使用更重要的是，霸权国家可以运用其经济力量来创立一个开放的结构。从积极的角度说，它可以开放广阔的国内市场，提供相对廉价的输出品。从消极的方面看，它可以控制对外投资在第三国市场上参与对弱国不利的竞争。霸权国家由于其声望和经济强度，可以提供维持一个稳定的国际货币体系的信誉，它的货币也可以作为不断扩大的开放体系所必需的流动资金②。

根据克拉斯纳的上述分析，一个霸权国家处在优势地位期间最容易产生开放体制，这样的国家有兴趣也有能力创立一个以低关税、上升的贸易比例和较少的地方主义为特征的经

① Stephen Krasner, "State Power and the Structure of International Trade", *World Politics*, Vol. 28, No. 3, 1976, p. 318.

② Ibid., pp. 321 - 323.

济结构。当然，许多高度发达的小国组成的体系也可以产生开放体制。但在这种体系内会出现对货币体系的信心问题，因为只有通过谈判来建立国际储备资金或由若干个国家的货币才能提供足够的流动资金。这样，经济实力的结构与贸易结构开放性的关系就如表 2-1 所示。

表 2-1　　各种潜在经济实力对比情况下开放型贸易结构的概率

<table>
<tr><td colspan="2" rowspan="3"></td><td colspan="3">国家的大小</td></tr>
<tr><td colspan="2">大致相等</td><td rowspan="2">相差悬殊</td></tr>
<tr><td>小国</td><td>大国</td></tr>
<tr><td rowspan="2">国家发展水平</td><td>相等</td><td>中上</td><td>中下</td><td>高</td></tr>
<tr><td>不相等</td><td>中</td><td>下</td><td>中上</td></tr>
</table>

资料来源：Stephen Krasner，“State Power and the Structure of International Trade”，*World Politics*，Vol. 28，No. 3，1976，p. 323.

罗伯特·吉尔平在 1981 年出版的《世界政治中的战争与变革》与在 1987 年出版的《国际关系政治经济学》中进一步修正和完善了霸权稳定理论。在考察世界性市场经济的形成过程后，吉尔平指出，由于市场比人类组织的其他形式更有效率，世界性市场经济已经在现代取代了以帝国和领土作为获得财富的手段。国家因此具有了加入国际经济和分享扩大的贸易体系利益的动力。虽然大多数国家都肯定能从世界性市场经济的运作中获益，但是效率较高、技术上较先进的国家能比其他国家获益更多。结果市场经济趋向于将财富集中到更先进的国家，直到某一点为止。由于这一原因，现代占统治地位的经济和军事强国，即 19 世纪的英国和 20 世纪的美国，承担了组织和捍卫世界性市场经济的责任。它们倡导自由贸易，提供投资资本，提供国际货币。吉尔平认为：“它们提供了发挥世界市场效率所必需的公共物品，因为它们这样做是有利可图的。”①

霸权稳定理论并不认为，没有霸权，国际经济就不能存在和运转。该理论只是指出，没有霸权的存在，一种特殊类型的国际经济秩序，即自由经济秩序，就不可能繁荣和获得充分的发展。但只有霸权的存在，还不足以确保自由主义国际经济秩序的发展。吉尔平指出，自由市场经济的出现，还需要另外两个条件。第一，霸权国本身必须恪守自由主义的价值观念。不遵守市场经济自由主义原则的霸权国，往往导致帝国制度的建立，例如苏联集团正是如此。第二，主要经济强国必须在支持自由制度的“社会目标上完全一致”。其他强国也必须对市场关系的发展感兴趣②。从历史上看，只有两个时期同时出现了这三个条件——霸权、自由主义意识形态和共同利益，即从拿破仑战争结束到第一次世界大战爆发之间的“不列颠治下的和平”和第二次世界大战结束后的“美利坚治下的和平”。在英国和美国霸权鼎盛的时期，国际市场和全球经济相互依赖关系都扩大了。

与金德尔伯格不同，吉尔平认为霸权国建立和维护自由主义经济秩序并不是什么世界主义的国际公共利益，而是开明的自私自利和安全目标。霸权国会利用它的力量来施加自己的影响。一方面，优越的经济竞争力和优越的军事力量往往相互伴随。“大不列颠和美国具有一种动力，促使它们用军事力量来创立竞争的世界市场经济。”③ 但另一方面，霸权国主要还是通过控制金融资本、特殊技术和自然资源这样的经济力量，来掌握领导其他

① 罗伯特·吉尔平．世界政治中的战争与变革．北京：中国人民大学出版社，1994：139.
② 罗伯特·吉尔平．国际关系政治经济学．上海：上海人民出版社，2006：69.
③ 同①.

国家经济的手段。比如，霸权国的市场规模相对巨大，并因此得以建立它的经济势力范围。霸权国可以向友好的国家开放市场，也可以拒"不友好国家"于自己的市场之外。又如，霸权国的通货在国际货币体系中的核心地位，使它获得了金融和货币方面的权势。英国和美国都曾利用铸币权使自己获益。美国还利用它的金融力量让朋友进入资本市场，而不让敌人进入资本市场。对美国来说，霸权国从金融特权中所享受到的实惠，对保持其主导地位和国内繁荣的能力是至关重要的①。

这样，无论克拉斯纳还是吉尔平，都认为霸权国是否对提供公共物品感兴趣，主要取决于自身的成本-收益计算。只有当提供公共物品的私人收益大于其成本时，霸权国才会愿意提供公共物品。进而，霸权国基于利益算计会通过"选择性激励"的方式，要求潜在的"搭便车"者分担其提供公共物品的成本。邓肯·斯奈德尔将这一意义上的霸权国角色称为"强制的领导"(coercive leadership)，霸权国如果获得了强制实施国际秩序的能力，就会降低保持这一秩序的成本并有利于从国际体系的其他成员那里抽取资源，它也因此具有了兴趣来提供使整体受益的秩序②。也就是说，霸权国提供国际公共物品，需要以其他国家接受其统治、分担其成本为条件。正如吉尔平所说的："只有在占支配地位的国家强化了其统治之后，才使世界性市场经济成为可能。这类国家这样做是因为它们相信这符合它们的经济利益。"③

四、霸权稳定理论的价值与局限

尽管在霸权国提供公共物品的动机和条件上观点不同，但金德尔伯格、吉尔平和克拉斯纳都主张，国际经济体系的稳定和国际经济机制的发展将取决于霸权国的存在。鉴于这一共性，罗伯特·基欧汉将他们的理论命名为"霸权稳定理论"④。该理论将国家间权力分配作为自变量，将国际经济行为特征作为因变量，从而建立了两者之间的变量关系。不仅如此，霸权稳定理论通过测定一系列指标，比如国民生产总值、人均收入、在世界贸易和世界投资中的比率等，使国家权力这一自变量具有可操作性；通过关税水平、贸易比率等指标来考察国际经济体系的开放程度，从而使国际经济行为这一因变量具有可操作性⑤。这样，霸权稳定理论就具有了可证伪性：国际经济行为方式可能随着国家间权力分配的变化而变化，也可能不随着国家间权力分配的变化而变化。卡赞斯坦、基欧汉、克拉斯纳就此指出："霸权稳定理论是体系层次的权力理论，它使变量操作化，明确了因果关系的假设，并且具有可证伪性，所以是一个富有成果的研究纲领。"⑥

就此而言，只要国家间权力分配仍会显著影响国家对外行为，霸权稳定理论的逻辑就有启发意义，当然也需要面对质疑和批评。作为当今开放经济政治学的倡导者，戴维·莱

---

① 罗伯特·吉尔平．国际关系政治经济学．上海：上海人民出版社，2006：69.

② Duncan Snidal, "The Limits of Hegemonic Stability Theory", *International Organization*, Vol. 39, No. 4, 1985, p. 589.

③ 罗伯特·吉尔平．世界政治中的战争与变革．北京：中国人民大学出版社，1994：140.

④ Robert Keohane, "The Theory of Hegemonic Stability and Changes in International Regimes, 1967—1977", in Ole Holsti, ed., *Change in the International System*, Boulder, CO: Westview Press, 1980.

⑤ Stephen Krasner, "State Power and the Structure of International Trade", *World Politics*, Vol. 28, No. 3, 1976, pp. 323-335.

⑥ 彼得·卡赞斯坦，罗伯特·基欧汉，斯蒂芬·克拉斯纳．世界政治理论的探索与争鸣．上海：上海人民出版社，2006：21.

克（David Lake）就曾对霸权稳定理论表达了如下看法："这一洞见应该加以保留和重建，而非忽视或抛弃。"①

克拉斯纳、基欧汉和巴里·艾肯格林（Barry Eichengreen）等学者对霸权稳定理论进行了经验上的检验。克拉斯纳在《国家权力与国际贸易的结构》中将1870年以来的国际贸易关系分为六个时期，分别在每个时期测量了自变量和因变量的指标。检验结果显示，霸权可以导致贸易结构更加开放的论点是大致正确的，但并不完美。它可以用来解释1870—1879年、1880—1900年、1945—1960年几个时期，但却无法完全解释1900—1913年、1919—1939年，或者1960—1978年几个阶段的情况。基欧汉则在《霸权稳定理论与国际经济机制的变迁》中分析了1967—1977年石油、货币和贸易领域国际机制与国家间权力分配的相关性。分析的结果也显示，在霸权稳定理论的预期和经验证据之间具有明确的对应关系。权力资源的变化和机制的变化往往同步进行。但是根据因果分析，在石油领域中，经济权力资源和结果之间的联系是直接的，虽然有一些明显的限制条件。霸权稳定理论在国际货币政治中也是大体适用的，但是在贸易中可以观察到的变化和国际政治结构的变化并没有因果关系②。艾肯格林在《国际货币体系的霸权稳定理论》中专门探讨了19世纪末的英国和第二次世界大战后的美国在国际货币体系形成与运作中的作用。他所研究的历史记载表明，霸权国通过促进国际合作极大地影响了国际货币体系的性质。如果没有霸权国，国际货币合作即使不是不可能的，也是难以实现的③。

上述检验大多支持了霸权稳定理论的经验相关性。但是，作为国际政治经济学早期最具操作性的研究纲领，霸权稳定理论在其解释力上仍受到很多质疑。最主要的原因在于，历史上只有英国和美国两个霸权时期产生过自由主义国际经济秩序，案例太少，不足以支持该理论成为一种具有普适性的社会科学理论。即使作为相似案例的英国霸权和美国霸权，也有大相径庭的方面。戴维·莱克就指出，两个霸权周期之间也有诸多不同之处，其重要性丝毫不亚于它们之间的相似之处。与英国主导下的霸权体系相比，美国主导下的霸权体系具有以下新特点：较少的正式的帝国主义统治，后霸权国际经济结构的实现，国际经济中等水平的不稳定性，美国对互惠战略的更大依赖，自由国际经济机制的制度化，安全和经济事务领域的重叠以及对外直接投资的重要性。所有这些差异都显示，20世纪的自由主义国际经济秩序会更加巩固和持久，即使美国霸权相对衰落也不大可能导致19世纪英国霸权衰落后的混乱局面④。此外，霸权稳定理论强调小国对大国的"剥削"，但在许多马克思主义学者以及其他激进主义学者看来，国际体系中更多的情况是大国对小国的剥削。正是基于霸权的剥削性质，世界体系理论建立了"中心-边缘"的结构分析框架。

除了受到经验上的质疑外，霸权稳定理论还受到了逻辑上的批判。斯奈德尔从公共物品的条件入手揭示了霸权稳定理论的适用范围。第一个条件是联合消费（即非竞争性）。

---

① David Lake, "Leadership, Hegemony, and the International Economy: Naked Emperor or Tattered Monarch with Potential?", *International Studies Quarterly*, Vol. 37, No. 4, 1993, p. 485.

② Robert Keohane, "The Theory of Hegemonic Stability and Changes in International Regimes, 1967—1977", in Ole Holsti, ed., *Change in the International System*, Boulder, CO: Westview Press, 1980.

③ Barry Eichengreen, "Hegemonic Stability Theories of International Monetary System", in Richard Cooper et al., *Can Nations Agree?: Issues in International Economic Cooperation*, Washington, D. C.: Brookings Institution, 1989.

④ David Lake, "British and American Hegemony Compared: Lessons for the Current Era of Decline", in Jeffery Frieden and David Lake, eds., *International Political Economy: Perspective on Global Power and Wealth*, Beijing: Peking University Press, 2003, p. 138.

纯公共物品的这一条件意味着不同国家在同一时间消费同一单位的物品。也就是说，一个国家对这一物品的消费不会减少其他国家从这一物品中获得的收益。斯奈德尔认为，当分配问题较之效率问题变得更重要时，国际物品很难达到联合消费的要求。除非在特定的制度上有着广泛的共识，国际机制自身并不能够保证联合消费的实现。公共物品的第二个条件是非排他性。斯奈德尔提出这一假设在国际政治经济的很多领域中并不成立。实际上很多国际行为的目标就是找到排他性的手段。国家经常通过设计一种制度安排将收益限制于那些做出贡献的国家，例如排他性的贸易协定和军事联盟，从而解决了公共物品供给的问题。除了公共物品的上述两个条件难以达到外，斯奈德尔还认为霸权稳定理论对"集体行动不可能"的论断过于独断。集体行动的概率应该取决于国家间能力和兴趣的分配。如果国家数目众多且规模很小，集体行动是不可能发生的。这一点的确符合霸权稳定理论的预测。但是，如果国家的规模大小不同，在最大的潜在"搭便车"者和衰落的霸权之间可能会产生合作的结果。因此他主张修正"集体行动不可能"的假设，具体考察即使在霸权国衰落的情况下，国际合作得以持续的条件①。实际上，国际制度理论正是在讨论霸权衰落后国际合作的可能性问题上提出了与霸权稳定理论不同的命题，从而发展起了另一种国际政治经济学研究纲领。

第二节　世界体系理论

作为国际政治经济学最早出现的研究纲领之一，世界体系理论（world system theory）和霸权稳定理论一样都起源于20世纪70年代。但由于思想传统、历史视野和学科背景的独特性，世界体系理论有着与后者不同的学术源头。正如该理论最系统、最具影响力的阐述者伊曼纽尔·沃勒斯坦（Immanuel Wallerstein）所言，它根植于许多重要的知识思潮中："马克思主义，特别是马克思的原著以及那些运用马克思主义来看待世界体系的学者的著作；叙述历史事件的年鉴学派，特别是布罗代尔和他对'长时段'研究的重视；熊彼特、波拉尼和普雷维什，所有这些人都强调作为资本主义运行基础的制度性结构；以及康德拉捷耶夫关于长波的论述。"② 受到这些理论思想和分析方法的启发，在反思主流"现代化理论"的基础上，沃勒斯坦于1974年、1980年和1989年相继出版了《现代世界体系》第一、二、三卷，其副标题分别为"16世纪的资本主义农业与欧洲世界经济体的起源""重商主义与欧洲世界经济体的巩固""资本主义世界经济大扩张的第二个时代"。这三卷本的《现代世界体系》是世界体系理论最主要的代表作③。

一、世界体系的类型与性质

与"现代化理论"以单个"国家"为分析单位不同，世界体系理论以"世界体系"为基本的分析单位。之所以称为"世界体系"，并非由于它囊括了整个世界，而是由于它大于任何从法律上定义的政治单位④。沃勒斯坦认为，迄今为止，只存在过两种世界体系。

---

① Duncan Snidal, "The Limits of Hegemonic Stability Theory", *International Organization*, Vol. 39, No. 4, 1985, pp. 590-595.

② 王正毅．世界体系论与中国．北京：商务印书馆，2000：序言．

③ 关于汉语世界对世界体系理论的系统研究，参阅王正毅的《世界体系论与中国》。

④ 伊曼纽尔·沃勒斯坦．现代世界体系：16世纪的资本主义农业与欧洲世界经济体的起源．北京：高等教育出版社，1998：12．

一种是“世界帝国”。在这些世界帝国中，存在一个控制大片地域的单一政治体系，不论其有效控制程度减弱到什么程度。另一种是“世界经济体”。在此类世界体系中，在其空间内不存在这样的单一政治体系。在现代以前，各个世界经济体是极度不稳定的结构，不是转变成各种帝国就是解体了。只有一个世界经济体存在了500年，而仍没有转变为一个世界帝国。这就是资本主义世界经济体①。“现代世界体系”指的正是这一资本主义世界经济体。作为世界经济体，“现代世界体系”各部分之间的基本联系是经济的，尽管这种联系在某种程度上是由文化联系而加强的，并且终于由政治安排甚至联盟结构而加强②。

沃勒斯坦用“商品链”来确定这种经济联系的资本主义属性。所谓“商品链”，是指劳动和生产过程的网络，其最终的结果是完成的商品。为了描述商品链，首先需要确定被送出去消费的最终产品，然后向后追溯，最后追溯到原材料输入③。以服装为例，这是一种典型的产品，在整个资本主义历史实践中曾广为生产和销售。要生产衣服，通常至少需要布料、线、某种机械以及劳动力。而这每一样东西同样需要被生产出来，生产它们所需要的那些东西也同样需要被生产出来。在这样的链条上工作的是一大批散居各地的工人，他们以某种形式得到报酬。这些报酬在账面上表现为成本。此外，还有另一批人，他们的数量要少得多，但通常也散居各地。他们通常并不以经济合伙人的身份互相联系，而作为不同的经济实体运行。这批人以某种方式分享商品链产生的最终剩余，即商品链中总生产成本与销售最终产品所实现的总收入之间的差额④。这种连接众多生产过程的商品链一旦形成，所有资本家的积累率就由所创造的剩余大小决定。由这种“商品链”连接而成的体系就是资本主义世界体系。

沃勒斯坦进而提出，资本主义世界体系只能是“世界经济体”。“资本主义能够一直兴旺正是因为这个世界经济体范围之内存在着不是一个而是多个政治体系。”⑤ 建立世界帝国的努力从未在资本主义的发展中取得成功。资本主义世界体系为何采取“世界经济体”而非“世界帝国”的形式呢？沃勒斯坦从三个方面进行了说明。第一，资本积累是这样一种竞赛，它不断促使更多的竞争者加入进来，最有利可图的生产活动总会出现某些扩张。因此，任何时间内都会有许多国家试图建立使之变强的经济基础。第二，任何一国的资本积累者都是利用本国的国家机器来协助自己进行资本积累的。同时，他们也需要某种控制杠杆来对付本国的国家结构。如果本国的国家机器变得过于强大，出于国内政治平衡的原因，它可能会不受约束地对国内要求平等的压力做出反应。为应对这种威胁，资本积累者需要通过与其他国家机器结成联盟并以包围本国国家机器相威胁。只要没有一个国家能够宰制所有国家，这种威胁就可能奏效。第三，即使在军事政治领域中建立了霸权，霸权的基础也不是军事力量，而是经济力量。而造成经济更有效的因素总能被别人复制，后来者具有不必偿还原先投资的优势。此外，为了维持经济活动不中断，霸权国常会通过国内再

---

① 伊曼纽尔·沃勒斯坦．现代世界体系：16世纪的资本主义农业与欧洲世界经济体的起源．北京：高等教育出版社，1998：461.

② 同①12.

③ 伊曼纽尔·沃勒斯坦，托伦斯·霍普金斯．1800年前的世界经济中的商品链///伊曼纽尔·沃勒斯坦．沃勒斯坦精粹．南京：南京大学出版社，2004：272－273.

④ 伊曼纽尔·沃勒斯坦．历史资本主义．北京：社会科学文献出版社，1999：3.

⑤ 同①461.

分配来收买劳工维持和平，长此以往导致竞争力下降，霸权随之终结。因此，权力平衡不是一种可以轻易消除的政治附加现象①。这样，由于经济体系的结构基础和主要资本积累者的利益都与世界经济体向世界帝国的转化根本对立，资本主义在一个不是帝国的世界经济体的构架中建立了劳动分工，从而形成了现代世界体系。

根据沃勒斯坦的上述观点，单一的世界经济体与多个国家并存的国家体系实际上就是"现代世界体系"的一体两面。资本积累的逻辑使资本主义世界体系的经济方面和政治方面如此匹配地结合起来。现代世界体系也因之具备了两个主要成分。"一方面，资本主义世界经济体是以世界范围的劳动分工为基础建立的。在这种分工中，世界经济体的不同区域被派定承担特定的经济角色，发展出不同的阶级结构，因而使用不同的劳动控制方式，从世界经济体系的运转中获利也就不平等。另一方面，政治行为最初产生于国家结构之内，而这些国家由于它们在世界经济体中的作用不同，结构也不同，中心国家中央集权化最甚。"② 通过对世界经济史的考察，沃勒斯坦认为具备这两种成分的现代世界体系产生于15世纪末16世纪初的欧洲，并伴随着欧洲的殖民掠夺而逐步扩展到全球。

二、现代世界体系的形成与扩展

一般认为，资本主义生产方式起源于16世纪。受益于布罗代尔"长时段"的分析方法，沃勒斯坦认为，作为"延长的16世纪"，1450—1640年是个更富有意义的时间段，正是在此时期，资本主义世界经济体形成于欧洲。当时的资本主义世界经济体不仅包括西北欧和地中海的基督教地区，而且包括中欧和波罗的海地区。"它也包括南北美洲某些地区、新西班牙、安得列斯群岛、地峡地区和秘鲁、智利、巴西——或者不如说那些在西班牙或葡萄牙有效的行政控制下的美洲各个地区。大西洋岛屿和非洲海岸少数几个飞地或许也包括在内。但不包括印度洋地区；不包括远东，除了某一时期的菲律宾部分地区；不包括奥斯曼帝国，不包括俄国或者俄国至多是在短暂的时间内勉强包括在内。"③ 由此可见，资本主义世界经济体最初局限于欧洲或欧洲早期殖民的少数地区，因此沃勒斯坦将其称为"欧洲的世界经济体"。正是在这样一个范围内，资本主义作为一个世界体系出现了，并以劳动分工为基础形成了由中心区、半边缘区和边缘区三个部分连接而成的整体结构。

西欧在度过了封建经济的萎缩和危机后，进行了地理规模的扩张和经济结构的转化，由此成为世界经济体的中心地区。城市繁荣、工业诞生，商人成为一支重要的政治经济力量，劳动力较少需要强制。东欧和西属美洲卷入欧洲的世界经济体中不仅为西欧提供了资本，而且解放了西欧的一些劳动力去从事其他非农业的专业化工作，从而使西欧的工作职业门类更趋复杂。中心地区的趋势是朝向多样化和专门化，而边缘地区的趋势却是单一经营。作为当时世界经济体的边缘地区，西属美洲和东欧有两种基本的活动，即主要是出产金银的矿山与主要是生产某些作物的农业。西属美洲供应的主要是前者，东欧主要供应的是后者。二者在技术上都是劳动密集型的，大部分居民从事强制劳动，在西属美洲表现为

---

① 伊曼纽尔·沃勒斯坦．历史资本主义．北京：社会科学文献出版社，1999：32-34.

② 伊曼纽尔·沃勒斯坦．现代世界体系：16世纪的资本主义农业与欧洲世界经济体的起源．北京：高等教育出版社，1998：194.

③ 同②80-81.

“委托监护制”，在东欧则表现为“再版农奴制”。其剩余产品全部输往中心地区，企业的直接利润在中心地区的各集团、国际贸易各集团和当地的管理者之间分配。半边缘地区则代表了从中心到边缘这个连续统一体中的一个中间点，比如意大利北部。这在经济制度的复杂性、劳动报酬的等级以及劳动控制方式上尤为明显。边缘区采用强迫劳动，中心区自由劳动日益增加，半边缘区发展了一种中间形式，即分成制获得了广泛传播①。

这样，在欧洲的世界经济体中就出现了基于劳动分工的三个区域。“如果不是这样的话，就不可能确保剩余产品流入西欧以保障其资本主义制度的生存。”② 这种资本主义的世界经济体使欧洲的发展在随后几个世纪中超过了其他的经济体，并最终扩展成为全球性的世界经济体。这一扩展过程就是资本主义世界经济体的外部领域融入这一世界经济体的过程。为了准确理解这一扩展过程，我们有必要搞清世界经济体的边缘与其外部领域之间的区别。根据沃勒斯坦的界定，世界经济体的边缘是世界经济体中主要生产低级商品的地区，然而这个部分是整个劳动分工体系的一个组成部分，因为这些商品是日用必需品。世界经济体的外部领域是由其他的世界体系构成的。它们与一个已知的世界经济体有某种基本上建立在奢侈品交换上的贸易关系③。

在沃勒斯坦看来，“除了一个资本主义世界体系外，并不存在各种各样的资本主义国家，并且，要成为资本主义世界体系的一部分，就必须加入世界体系的生产网络或商品交换的链条之中，并置身于加入国际体系的国家内，而国际体系则成为资本主义世界经济体的上层政治建筑。由此，融入就可以被定义为这样一个整合的时期”④。融入的结果则是边缘化，即使曾经属于世界经济体外部领域的一个地区后来变成这一经济体的边缘区。沃勒斯坦对融入时期和随后的边缘化时期加以区分。融入包含着把某个地区拉入世界经济体的轨道内，使它再也不可能避开。而边缘化包含使该地区的微观结构发生持续不断的改变。在某些方面，这一过程被视为资本主义发展的深化。这样，沃勒斯坦关于资本主义世界体系扩展的模式包含一个地区经历的前后相继的三个阶段——处于外部领域，被融入，最后被边缘化。

根据资本主义世界经济体的内在规定性，融入在根本上意味着在一个特定的地理范围内，至少某些重要的生产过程变成了构成当时资本主义世界体系劳动分工的各种商品链的组成部分。那么，如何判定一个特殊的生产过程是否变成了资本主义劳动分工体系的组成部分呢？沃勒斯坦提出，只有当一种生产随着那些控制生产过程的人谋求最大限度地积累资本的努力，而对这个世界经济体不断改变着的市场情况有所反映时，那种生产过程才能被认为是融入了这个世界经济体的。只要这些特殊的生产过程的波动还不能从这个世界经济体追求资本积累最大化的原因中得到解释，那么，尽管存在贸易联系，并且无论这些贸易的范围多么广泛和有利可图，这些生产过程的所在地必定被认为仍处在世界经济体的外部领域。为了找到这样的经验指标，沃勒斯坦主张研究以下问题：第一，

---

① 伊曼纽尔·沃勒斯坦．现代世界体系：16世纪的资本主义农业与欧洲世界经济体的起源．北京：高等教育出版社，1998：107－109.

② 同①99.

③ 同①400.

④ 伊曼纽尔·沃勒斯坦．现代世界体系：资本主义世界经济大扩张的第二个时代．北京：高等教育出版社，2000：237.

做出经济决策的结构的性质。第二，在这些生产过程中，工作的劳动力是通过哪些不同方式获得的？第三，统治集团对资本主义世界经济体的政治上层建筑的要求的适应程度。第四，必要的制度基础的建立情况或者资本主义世界经济体已经存在的制度基础在被融入地区的推广程度①。

依据这样一些指标，沃勒斯坦认为在1773—1817年新一轮经济扩张的过程中，世界经济体将印度次大陆、奥斯曼帝国、俄罗斯帝国和西非融入进来。到了1850年，这一融入过程完成了。主要有三个变化：(1) 一种新的进出口模式的建立。(2) 较大的经济企业的建立。(3) 对劳动力强制的显著加强。这种新的进口和出口模式就是中心区和边缘区两种模式的重演。为了使这些边缘区集中出口原材料，它们的生产过程不得不在两个方面进行改变。一是专供在资本主义世界经济体系市场销售的农作物生产的兴起和显著发展，即与此类似的初级部门的形成。二是本地制造业生产的减少或消除。在这两个条件中，第一个条件无论在时间上还是在重要性上都是最基本的②。

除了生产过程方面的上述改变，向世界经济体的融入也意味着政治结构嵌入国际体系之中。如果跨越边界的商品、货币和人的正常流动不能有一定的政治组织保证，整体性劳动分工就不可能顺利地运作。那些在这些地区业已存在的国家因此通常面临三种命运：(1) 把它们自己转变为存在于国际体系中的国家；(2) 被已采用了这种方式的新政治结构取代；(3) 被国际体系中的其他国家吞并。沃勒斯坦认为，一个地区融入的理想状态是它的国家既不要太强大，也不要太脆弱。如果太强大，它就可能不顾及世界经济体资本积累的最大化利益，而是根据自身考虑阻止必要的跨境流动；如果太脆弱，就没有能力阻止他者在其领域对流动进行干扰。在融入过程的末期，现存国际体系希望看到这样的国家：对内有足够强大的官僚体系，能运用某些手段直接影响生产过程，对外能够与国际社会的外交规范和货币网络相衔接③。

三、现代世界体系的结构与周期

从广义上讲，任何社会体系都具有时空的规定性。世界体系也不例外。正如沃勒斯坦所说："世界体系是一个社会体系，它具有范围、结构、成员集团、合理规范和凝聚力。世界体系的生命力由冲突的各种力量构成。这些冲突的力量由于压力的作用把世界体系结合在一起。而当每个集团不断地试图把它改造得有利于自己时，又使世界体系分裂了。世界体系具有有机体的特征，因为它具有生命期。它的生命期中，它的特征在某些方面发展变化，而在另一些方面则保持稳定。人们可以依据该世界体系运行的内在逻辑来判定处于不同时期的世界体系的结构的强弱。"④ 在对世界体系时空规定性的探讨中，世界体系理论强调了资本主义世界体系的地理结构（空间维度）和周期（时间维度）。

---

① 伊曼纽尔·沃勒斯坦．现代世界体系：资本主义世界经济大扩张的第二个时代．北京：高等教育出版社，2000：182-183.

② 同①189.

③ 同①219.

④ 伊曼纽尔·沃勒斯坦．现代世界体系：16世纪的资本主义农业与欧洲世界经济体的起源．北京：高等教育出版社，1998：460.

如前所述，资本主义世界体系从其在欧洲形成起，就以劳动分工为基础形成了承担不同经济角色的区域。这种劳动分工不仅是功能上的，而且是地理上的。各项经济任务的区域分布不是均匀地分布于整个世界体系。在一些地区，主要生产技术含量高、资本密集和高工资商品；在另一些地区，主要生产技术含量低、劳动密集和低工资商品。由于复杂生产过程的短缺，或是由于军事力量造成的人为短缺，商品在各地区之间以下述方式流动：某一地区把所拥有的较不“短缺”的货物“卖给”另一地区，其售价比同等标价但向相反方向流动的商品体现出更多的实际投入①。这种商品的流动既可以采取“不平等交换”这样的水平形式，也可以采取“垂直一体化”的形式，比如16—18世纪的特许公司、19世纪的大商行、20世纪的跨国公司等。但无论流动的具体形式如何，总利润（或剩余）的一部分都会从一个地区转移到另一个地区。沃勒斯坦把受损的地区称为边缘区，把获益的地区称为中心区。

从本质上看，经济运动的地理结构是社会劳动组合的一种结果。这种组合使这个体系中的某些集团剥削其他一些集团的劳动，即获得较大份额的剩余的能力得到扩大并合法化。由于资本主义世界经济体要使积累的资本获得报偿，这一基于劳动分工的地理结构具有很强的自我维持之势。市场的力量更多的是强化而不是削弱这些不平衡。而且在世界经济体中缺乏一个中央政治机构就很难给受益不均强行加进一些反作用力。因此，世界经济体的发展进程趋向于扩大不同地区间的经济和社会差距②。

这种中心-边缘关系也反映在作为上层建筑的政治领域中。在资本主义世界经济体中，对各个集团形成有效的政治压力的主要是民族国家的结构，在中心区的情况尤其如此。正如西欧近代早期中央集权的历程所表明的，中心区创立了强有力的国家机器。而边缘区的一个特征就是本土国家很虚弱，这包括从根本上不存在的国家（指处于殖民地状态）到自立程度很低的国家（指处于新殖民地状态）。资本在中心区的积累为其建立强大的国家机器提供了财政基础和政治动机。其国家能力之一就是确保边缘区的国家机器相对弱化或维持相对软弱的状态。这样，它们就能向这些边缘区的国家施加压力，迫使它们接受甚至推动其权力范围内的进一步专业化③。

沃勒斯坦提出，在中心区和边缘区之间还存在半边缘地区。这些区域中有的在某个世界经济体中曾属于早期类型的中心区域，后来退化为半边缘地区；有的过去是边缘地区，后来上升为半边缘地区。半边缘地区是世界经济体中不可缺少的结构性要素。一方面，这些中间地区部分地使政治压力转移，否则那些主要处于边缘地区的集团有可能直接反对中心国家和那些利用中心国家机器在国内操纵的集团。另一方面，主要位于半边缘地区的各利益集团处于中心国家的政治舞台以外，它们发现寻求政治上联合的目标难以实现④。

如果说沃勒斯坦关于世界体系结构的分析在很大程度上受益于劳尔·普雷维什和萨米尔·阿明的中心-外围模式，那么他关于世界体系周期的分析则更多地受到了康德拉捷耶夫“长波”理论的影响。俄国经济学家康德拉捷耶夫在20世纪20年代提出，世界经济存

---

① 伊曼纽尔·沃勒斯坦．历史资本主义．北京：社会科学文献出版社，1999：14.

② 伊曼纽尔·沃勒斯坦．现代世界体系：16世纪的资本主义农业与欧洲世界经济体的起源．北京：高等教育出版社，1998：464.

③ 同①15.

④ 同②463-464.

在着经济扩张和收缩的长周期，每个长周期大约50年。在长周期的A段，经济扩张，价格上升；在长周期的B段，经济收缩，价格下跌。通过对生产和价格数据的研究，康德拉捷耶夫发现，自18世纪末工业革命以来，世界经济经历了好几个长周期。1788—1815年是第一个周期的A段，1815—1843年是第一个周期的B段；1843—1873年是第二个周期的A段，1873—1897年是第二个周期的B段；1897年开始又进入了第三个周期的扩张期，直到20世纪20年代①。

作为“长时段”研究方法的倡导者，沃勒斯坦非常关注世界经济中的周期问题，并大体接受了康德拉捷耶夫周期。正如其所言：“资本主义世界经济，就像任何其他体系一样，既有周期性的节奏，又有长期性的倾向，而且它最重要的一种周期性节奏就是康德拉捷耶夫周期。”② 在他看来，由于供给取决于单个企业家，而需求取决于群体，经济扩张经过一段时间就会产生供过于求。在既定的世界范围的分配状况下，只要生产不断扩大，迟早会出现世界范围的需求不足。在将康德拉捷耶夫周期应用于世界体系分析的同时，沃勒斯坦从两个方面进一步发展了康德拉捷耶夫的周期学说。

第一，沃勒斯坦主张可应用比康德拉捷耶夫周期更长的周期来分析资本主义世界经济体，这个周期一般是150～300年，即“特长周期”。在沃勒斯坦看来，第一个“特长周期”从1450年到16世纪早期，主要是工业革命之前的商业资本主义；第二个“特长周期”从1750年到1897/1917年，是工业化的初始时期；第三个“特长周期”从1897/1917年开始，代表了工业资本主义的新阶段③。

第二，沃勒斯坦将世界经济周期和世界政治中的霸权周期结合起来。在他看来，如果转向更长的周期，转向“后勤供应”和“长期趋势”，就需要追溯“世界市场控制的投资”，而后者既是全球性的基础设施（交通、通信和金融网络等），又是政治军事基础设施（武装力量、外交网络与颠覆网络）。这些是与资本主义世界经济体中霸权的存在与维持联系在一起的④。

根据沃勒斯坦的定义，霸权可以解释为一种形势：在这种形势中，某个中心国家能够有效地生产产品，以至即使在其他中心国家中，其产品也基本上能够与之竞争。这个中心国家因此会成为自由的世界市场的最大受惠者⑤。显然，要想利用这种生产优势，这样的国家必须非常强大，以超越或缩小内外的政治障碍，从而使生产要素得以自由流动。但问题在于称霸是短暂的。一个国家一旦成为真正的霸权国，就开始衰落。这样，霸权的兴衰就构成了霸权周期。

在沃勒斯坦看来，霸权的模式非常简单。工农业效益的明显优势导致其在世界贸易的商业分布范围内占据主导地位。随之而来的大量世界转口贸易和对运输业、通信业和保险业等部门的控制产生相关的利润。商业的优势转而又引起了对银行（兑换、存款、信贷）和（直

---

① 罗伯特·吉尔平．国际关系政治经济学．上海：上海人民出版社，2006：94.

② 伊曼纽尔·沃勒斯坦．资本主义进程中的长波段//伊曼纽尔·沃勒斯坦．沃勒斯坦精粹．南京：南京大学出版社，2004：253.

③ 王正毅．世界体系论与中国．北京：商务印书馆，2000：135.

④ 同②264.

⑤ 伊曼纽尔·沃勒斯坦．现代世界体系：重商主义与欧洲世界经济体的巩固．北京：高等教育出版社，1998：45.

接的有价证券）投资等金融部门的控制。这些优势是依次递进的。但在时间上互相重叠。同样，优势的丧失似乎也按同样的顺序，并在很大程度上也是依次递进的：从生产到销售，再到金融业。因此，某一中心国家实际上只是在很短的时间内可以同时在生产、销售和金融方面优于所有其他中心强国，这个暂时的顶点就是我们所称的霸权①，如图 2－1 所示。

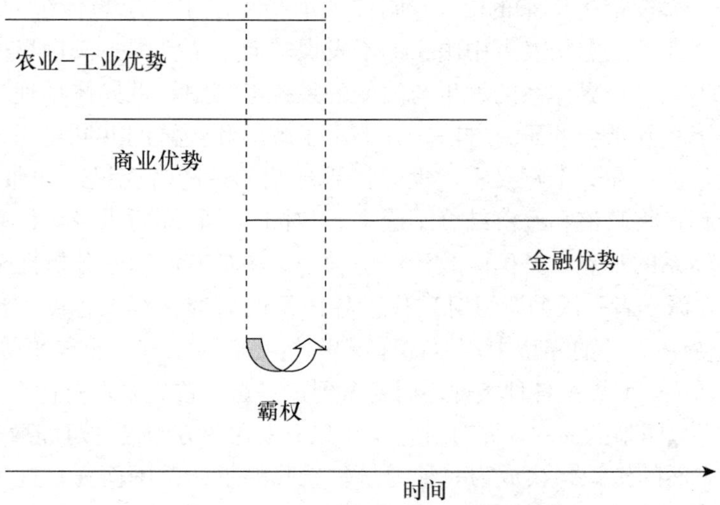

图 2－1　资本主义世界经济体中的霸权

资料来源：伊曼纽尔·沃勒斯坦．资本主义世界经济史中的三个霸权实例//伊曼纽尔·沃勒斯坦．沃勒斯坦精粹．南京：南京大学出版社，2004：308.

从上述标准看，历史上霸权的例子只能是 17 世纪中期的荷兰、19 世纪中期的英国、20 世纪中期的美国。沃勒斯坦认为，这三个霸权的例子在以下四个方面非常相似：第一，从每一个经济领域相对效率的取得和损失的顺序上看，霸权国首先在农业、工业制造业中，然后在商业中，再后在金融业中相继取得优势。第二，就意识形态和政策而言，霸权国在它们处于霸权之时倾向于拥护自由主义，从而成为整个世界生产要素自由流动原则的捍卫者。它们在总体上反对限制贸易，并将这种经济自由主义扩展到对自由主义议会制度、限制官僚权力与保证公民自由的普遍承诺。它们倾向于为其国内的劳动者提供较高的生活水准，即当时世界较高的生活水准。霸权国通常愿意干涉其他国家的政治进程，以确保它们自己的优势。第三，从全球军事力量模式上看，霸权主要是建立在海权（现在是海/空权）基础上的。但它们都不得不发展强大的陆军力量以面对主要的大陆竞争者，因为大陆竞争者试图把世界经济转化为世界帝国。第四，每一个国家取得霸权似乎都与大战有关。比如荷兰在 1618—1648 年的三十年战争后崛起，英国则在 1792—1815 年的拿破仑战争后战胜了挑战者，而美国在 1914—1945 年的两次世界大战后登上了世界霸主的宝座②。

① 伊曼纽尔·沃勒斯坦．现代世界体系：重商主义与欧洲世界经济体的巩固（1600—1750）．北京：高等教育出版社，1998：46.

② 伊曼纽尔·沃勒斯坦．资本主义世界经济史中的三个霸权实例//伊曼纽尔·沃勒斯坦．沃勒斯坦精粹．南京：南京大学出版社，2004：307－309.

四、世界体系理论的价值与局限

尽管沃勒斯坦本人并不自称为马克思主义者，但正如罗伯特·吉尔平所言，世界体系理论建立在经典的马克思主义命题基础上：作为特定历史时代的产物，国家与市场都是从基本的社会与经济力量衍生出来的[①]。与同样继承马克思主义思想传统的依附理论不同，世界体系理论将关注的焦点从发展中国家的不发展转向整个资本主义世界体系的发生与演变。正是在对资本主义世界体系的发生与演变的系统考察中，世界体系理论坚持了马克思主义将政治和经济相互结合的研究方法，并揭示了政治和经济的共同逻辑——资本积累所具有的社会分析价值。在这个意义上，世界体系理论的追随者克里斯托弗·蔡斯-邓恩认为世界体系理论真正将政治和经济结合了起来。“对于蔡斯-邓恩来说，沃勒斯坦将资本主义作为一种世界体系的观点，是国际政治经济学理论中最有前途的分析框架。”[②]

作为一名新左派学者，沃勒斯坦对现代世界体系的研究在很大程度上出于他的“责任感”。在《现代世界体系》的导言中，他宣称：“既然我们要求有一个较平等较自由的世界，我们必须理解达到这一境界的各种条件。而要做到这一点，首先要求对迄今为止现代世界体系的性质和演变有个明晰的揭示，同时对它现在和未来在各方面或许可能取得的发展幅度也须加以说明。这方面的知识将会成为一种力量。就我的承诺范围而言，这种力量对那些代表世界上大多数深受压迫的人的利益的集团应该是极其有用的。”正是基于这样的价值关怀，沃勒斯坦设计了如此宏大的研究项目来分析1450年以来的现代资本主义世界体系。

有意思的是，正是在沃勒斯坦所设定的世界体系分析起点上，世界体系理论内部产生了最为激烈的争论。安德烈·冈德·弗兰克（Andre Gunder Frank）等学者认为，在资本主义现代世界体系出现前就在世界经济中发生了积累过程，这些前资本主义世界体系远远早于资本主义现代世界体系的出现[③]。珍妮特·阿布-卢格霍德（Janet Ablu-Lughod）在其《欧洲称霸之前：1250—1350年的世界体系》一书中提出，13世纪下半叶在西北欧和中国之间已经形成了一个非常先进的世界体系，其间有八个相互交接的贸易圈连接着三大政治文化各不相同的中心地区。各中心地区均有一个或多个霸权，但没有一个亚体系称霸整个体系。到14世纪初，这个世界体系已产生了很高程度的剩余价值积累，但在随后几十年由于战争、瘟疫等而走向衰落[④]。弗兰克和巴里·吉尔斯（Barry Gills）则走得更远，认为世界体系的源头要上溯数千年，最早在公元前2500年左右形成于西亚、中东和东地中海地区。虽然积累方式在历史上发生多次变化，但世界体系中存在着一种连续积累的进程。这一世界体系和现代世界体系一样具有积累周期、霸权周期和中心-边缘关系，一经形成即不断发展、扩展、完善，最终形成了我们今天的现代世界体系[⑤]。

---

① 罗伯特·吉尔平．国际关系政治经济学．上海：上海人民出版社，2006：66.

② 王正毅．世界体系论与中国．北京：商务印书馆，2000：236.

③ 安德烈·冈德·弗兰克，巴里·吉尔斯．世界体系：500年还是5000年？．北京：社会科学文献出版社，2004：50.

④ Janet Ablu-Lughod，*Before European Hegenomy*：*The World System A. D. 1250—1350*，New York：Oxford University Press，1989.

⑤ 同③125.

如果说世界体系理论内部的争论是建立在对资本积累逻辑这一共同的基点上，那么西达·斯考切波（Theda Skocpol）等学者的批判则指向了资本积累逻辑本身。在他们看来，世界体系理论过于强调经济基础的决定性作用，而忽视了政治上层建筑的独立性。斯考切波就专门针对沃勒斯坦的理论指出，作为一个跨国性军事竞争结构，国家体系最初并不是由资本主义创造出来的。在整个世界现代史上，国家体系代表了一种对跨国现实进行分析的独立层面："其结构和动力与世界资本主义相互依存，但其原因并不应该归因于世界资本主义。"① 正如资本主义经济的发展促进了国家和国家体系的转型一样，这种转型也会反作用于国内和世界范围内资本积累的进程与方式。

第三节　新自由制度主义理论

根据霸权稳定理论的观点，霸权国的领导是国际机制得以确立的必要条件，随着霸权国的衰落，国际机制和国际合作将难以维持下去。罗伯特·基欧汉（Robert Keohane）等自由主义政治经济学家认为霸权稳定理论对国际合作前景的估计过于悲观。霸权国的领导对确立合作关系来说必不可少，但是一旦国际机制确立之后，霸权国的领导就不再是不可缺少的了。国际合作并不必然要求一个霸权领导者的存在，霸权之后的合作（post-hegemonic cooperation）也是可能的。正是在对霸权之后国际合作可能性及其条件的深入讨论中，基欧汉等自由主义者所发展的新自由制度主义（neoliberal institutionalism），不仅成为国际制度研究中的主流理论，而且成为国际政治经济学中的重要研究纲领。

一、新自由制度主义理论的逻辑基础

无论是在经济学还是在政治学中，制度分析都是一种古老的研究传统。但在 19 世纪末到 20 世纪中期，经济学由于新古典经济学对古典政治经济学的取代，政治学由于行为主义革命的发生，制度分析在这两大社会科学学科中都被置于学科发展的边缘。直到 20 世纪 70—80 年代"新制度主义"兴起，制度问题才重新成为社会科学主流理论所集中关注的社会现象之一。特别在经济学中，在"新制度经济学"（new institutional economics）的旗帜下，交易成本经济学、产权经济学、契约经济学、新经济史学都以制度作为分析的中心对象，公共选择理论、委托代理理论等也涉及制度问题。正是在新制度经济学的学理支援下，罗伯特·基欧汉在 1984 年出版的《霸权之后：世界政治经济中的合作与纷争》中确立了新自由制度主义研究纲领的内核，正如基欧汉本人所坦言的，这部著作"提供了一种以制度经济学为基础的新的理论视角"②。

作为新制度经济学的开拓者，罗纳德·科斯（Ronald Coase）在 1937 年发表的《企业的性质》中，提出了两个新古典经济学无法解释的困惑：第一，如果市场使资源配置达到帕累托最优状态，那么为什么需要企业？第二，如果内部组织具有市场无法比拟的优势，为什么不在一个大企业中进行所有的生产？科斯的答案在于不同的交易成本。科斯认为，

---

① 西达·斯考切波．国家与社会革命：对法国、俄国和中国的比较分析．上海：上海人民出版社，2007：23.

② 罗伯特·基欧汉．霸权之后：世界政治经济中的合作与纷争．上海：上海人民出版社，2001：中文版前言 21.

企业的边界“必须达到这样一点，即在这一点上，在企业内组织一笔额外交易的成本等于在开放的市场上执行这笔交易所涉及的成本，或另外一个企业组织这笔交易的成本”①。也就是说，当企业内交易的边际成本与市场中交易的边际成本相等时，企业和市场之间就达到了均衡。

科斯对企业性质的解释具有颠覆性的意义。新古典经济学的世界是个“交易成本为零”的世界，在此人们可以无摩擦、无成本地从事商务交易活动。科斯指出，利用价格机制是有成本的，比如发现相关价格的成本、谈判成本和签约成本。这些成本不仅存在，而且有时会高得使改善双方福利的交易无法达成。科斯认为，经济学家应该研究这个“交易成本为正”的现实世界。在经济理论发展史上，“正是在新古典经济学的框架中加入了正的交易成本使新制度经济学与新古典经济学相区别并改变了研究的方向”②。

在1960年发表的《社会成本问题》一文中，科斯进一步强调了交易成本权衡的重要性。不过，他是以假设“交易成本为零”作为分析的第一步，然后再加入“交易成本为正”这个更符合现实世界的条件。科斯在这篇经典论文中提出的思想被称为**“科斯定理”**(Coase theorem)。

科斯首先表述了“交易成本为零”时制度安排与经济绩效的关系，即**“科斯第一定理”**：“如果定价制度的运行毫无成本，最终的结果（指产值最大化）是不受法律状况影响的。”③ 这一定理的含义是，在交易成本为零的场合，无论产权的初始安排如何，当事人之间通过谈判实现的市场交易总能使资源配置最优。

我们以“走失的牛损坏临近土地的谷物”作为案例来说明这一定理。假定农夫和养牛者在毗邻的土地上经营，土地之间没有任何栅栏，这样牛群的漫游就会造成农夫的谷物损失。我们假定造成的谷物损失为2万元，将牛群用栅栏围起来的成本为1万元。第一种情况，产权界定给农夫，即养牛者对牛给农夫造成的损失承担责任。在这种情况下，养牛者显然会主动为牛群建设栅栏，以避免向农夫赔偿2万元的谷物损失。第二种情况，产权界定给养牛者，即养牛者对牛给农夫造成的损失不承担责任。在这种情况下，农夫为了避免2万元的谷物损失，会向养牛者支付1万元以建设围牛群的栅栏。这样，无论产权界定给农夫还是养牛者，当事方都可以通过谈判达成对彼此都有利的合作。

科斯第一定理不过是对“交易成本大于零”的经济进行分析的道路上的“垫脚石”。科斯指出：“一旦考虑到进行市场交易的成本，那么显然只有这种调整后的产值增长多于它所带来的成本时，权利的调整才能进行。在这种情况下，合法权利的初始界定会对经济制度的运行效率产生影响。”④ 这就是**“科斯第二定理”**。仍以“走失的牛损坏临近土地的谷物”的案例来说明。如果产权界定给农夫，养牛者只要自己建设围牛群的栅栏即可避免赔偿。但如果产权界定给养牛者，对农夫来说，向养牛者支付大于等于1万元而少于2万元的钱都是划算的，但如前文所言，建设栅栏的生产成本只有1万元。这样，作为追求成

---

① Ronald Coase, “The Nature of the Firm”, *Economica*, Vol. 4, No. 16, 1937, p. 394.

② 思拉恩·埃格特森. 新制度经济学. 北京：商务印书馆，1996：16.

③ 罗纳德·科斯. 社会成本问题//财产权利与制度变迁：产权学派与新制度学派译文集. 上海：上海三联书店，1994：11.

④ 同③20.

本最小化的理性行为体，当事人就会在建设栅栏所需要支付的资金数额上进行激烈的讨价还价，从而带来了明显大于第一种情况的权利调整成本。正是在这个意义上，权利安排决定了交易成本的大小和经济效率的高低。

科斯对制度重要性的揭示，对于理解通过谈判而达成的国际合作具有重要的启发意义。基欧汉认为，对国际制度的分析在很大程度上就是对国际政治经济中产权、不确定性和交易成本等问题的反应。他指出："没有有意识地设计出来的制度，这类问题将会使世界政治中合作的努力受到挫折，即使在行为者的利益是相互补充的情况下也如此。从自助体系的缺陷来讲，我们需要国际机制。在这个范围内，当它们满足了这些需要时，国际机制就发挥着建立法律责任模式的功能，提供相对对称的信息，以及降低谈判的成本以使特定协议作出。"① 在科斯定理的基础上，基欧汉等新自由制度主义理论家对"国际制度是重要的"这一命题进行了雄辩的论证。

二、国际制度的功能理论

作为现代制度分析在国际关系领域中的直接体现，新自由制度主义所研究的核心范畴是国际机制（international regimes）/国际制度（international institutions）②。根据斯蒂芬·克拉斯纳的经典定义，国际机制是"隐含的或明确的原则、规范、规则和决策程序，行为体对某个特定国际关系领域的预期围绕着它们而聚合起来"③。作为新自由制度主义的奠基人，罗伯特·基欧汉明确指出了国际制度的含义，即国际制度是"持久的、相互联系的正式和非正式规则，这些规则规定行为角色、限制行动并塑造预期"④。在《霸权之后：世界政治经济中的合作与纷争》中，罗伯特·基欧汉发展出了一套国际制度的功能理论（functional theory），为国际制度与国家行为的关系提供了一种理性主义的分析视角。

作为深受经济学影响的政治学家，基欧汉将国家假定为单一的理性行为体。在他看来，理性假定具有三个重要的优点：(1) 使假定变得简洁，便于清晰地推论和演绎；(2) 使研究者的注意力集中于体系对行为主体产生的限制性因素上；(3) 使论证集中在与现实主义相同的基础上⑤。在理性主义的分析框架中，国家会根据自身的需求来创立国际制度。"国家之所以这样做，是因为它们面临可以通过制度性机制得以解决的问题。它们选择制度是因为制度具有预想的效用。"⑥

基于科斯定理，基欧汉将国际机制对国家的效用归到产权、交易成本和不确定性的问

① 罗伯特·基欧汉．霸权之后：世界政治经济中的合作与纷争．上海：上海人民出版社，2001：107-108.

② 新自由制度主义者经常在大抵相同的含义上使用这两个概念，尽管"国际制度"与"国际机制"二者在词义上还是有区别的。

③ Stephen Krasner, "Structural Causes and Regime Consequences: Regimes as Intervening Variables", in Stephen Krasner ed., *International Regimes*, Ithaca and London: Cornell University Press, 1983, p. 2.

④ Robert Keohane, *International Institutions and State Power: Essays in International Relations Theory*, Boulder: Westview Press, 1989, p. 3.

⑤ 同①34.

⑥ 马丁，西蒙斯．国际制度的理论与经验研究//彼得·卡赞斯坦，罗伯特·基欧汉，斯蒂芬·克拉斯纳．世界政治理论的探索与争鸣．上海：上海人民出版社，2006：121.

题下。第一，产权（法律责任）问题。由于国际体系的无政府状态，国际机制不可能构造出如同国内社会中那样稳固的法律责任模式。但国际机制有助于国家以相互获益的方式来组织它们之间的关系。机制被设计出来不是为了便于协议的集中化实施，而是建立关于其他人行为模式稳定的相互预期，从而形成共同知识的惯例。此外，国际机制也的确发展出了零星的法律来，尽管国际法与国内法在效力上大相径庭。

第二，交易成本。通过将禁制性的内容提高到原则和规则的层次，国际机制降低了合法谈判的交易成本并增加了非法谈判的交易成本。国际机制的原则和规则可以被运用到广泛的问题领域中，每次出现新的特定问题时，先前确立的原则和规则使各方没有必要再去围绕它们进行重复的谈判。因此，国际机制使各国政府可以利用潜在的规模经济优势，使它们一起谈判拟订协议的成本更加低廉。一旦一个机制建立起来，处理每一个追加议题的边际成本将比没有机制更低。此外，“相互套叠的国际机制模式，通过使特定议题的联系或者补偿性支付的安排变得更加容易或者更加困难”①。

第三，不确定性和信息问题。在国际政治经济中，由于信息不对称、道德风险和逆向选择等因素，相互有利的合作协议往往无法达成。国际机制有助于国家解决这些问题。通过提供行为标准，提供公开讨论的论坛，或者借助国际组织，国际机制可以提高可获取信息的总体质量水平。国际机制内部为管制行为体而做出的各种安排也缓解了道德风险的问题。在国际机制的背景下，各种问题之间的联系则加大了欺骗和不负责任行为的成本。这样，“国际机制可以降低不确定性从而有助于合作”②。

当上述问题通过国际机制得以解决或缓解时，国际机制对国家就是有价值的。那么，国家是否会遵守国际机制呢？国家是否遵约和在多大程度上遵约对理解制度的有效性是至关重要的③。基欧汉提出了两个不同的但又相关的论证途径来探讨这一问题。

第一种途径是孤立地看待某一机制，考察它相对其他可行性选择而言对政府的价值。基欧汉提出，交易成本和不确定性的重要性，意味着维持机制比建立机制更容易。建立机制需要国家投入无法挽回的成本，即沉淀成本。这一成本使国家珍视既有机制的价值。既然机制建立起来很困难，如果对其他方案的选择导致了既有机制的崩溃，那么遵守国际机制的规则才是理性的④。

第二种途径是将机制置于世界政治中其他机制的背景之下，把每一问题和机制当作问题和机制网络的一部分。当世界政治中只有一个机制，或者各个机制都是互相孤立存在时，如果各国政府估算进入一个机制的机会成本高于其他替代行动的机会成本，机制将会被它们抛弃。然而在当代世界政治经济中，各国政府间存在多重的问题和多重的联系，因此它们会参与到各种机制之中。违约行为不只影响这个机制所调节和管理的问题领域的行为，而且会影响同属一个网络中的其他机制。如果其伙伴国在其他问题领域采取报复行动，那么它就要把这种报复给其带来的损失纳入成本-收益分析中。因此，违约行为的纯

---

① 罗伯特·基欧汉．霸权之后：世界政治经济中的合作与纷争．上海：上海人民出版社，2001：111.

② 同①118.

③ 马丁，西蒙斯．国际制度的理论与经验研究//彼得·卡赞斯坦，罗伯特·基欧汉，斯蒂芬·克拉斯纳．世界政治理论的探索与争鸣．上海：上海人民出版社，2006：279.

④ 同①122－125.

收益，有可能低于这种行为对其他国际机制产生影响后给其带来的总成本，从而使理性的政府对短视利益的追求受到抑制①。

这种激励结构的改变依赖于对伙伴报复行为的预期。但报复是否有效，取决于以下三个条件：（1）行为体能够确定背叛者；（2）它们能够把报复集中在背叛者身上；（3）它们具有充分的持久的动机惩罚背叛者②。如果上述条件并不具备，国家是否就可以肆意违反规则呢？基欧汉认为，即使没有强加的惩罚，国家仍然会害怕开坏的先例，因为自己对规则的违反可能会促使其他国家也违反规则。对规则的破坏会给自己带来个体的收益，但这种行为也会带来"公害"（collective bad）。公害对单个国家效用的影响在有些情况下可能要超过违约行为的收益。

如果国家认为违反规则不足以产生上述后果，那么国家又为何遵守国际机制呢？基欧汉提出，声誉的重要性作为一种激励因素，可以促使行为体按照行为标准行事。在不确定性和非集中化的条件下，国家决定和谁、以何种条件达成协议，在很大程度上取决于它们对参与者信守承诺的意愿与能力的估计。良好的声誉使政府易于加入可以从中受益的国际机制，而那些声名狼藉者则要付出难以达成协议的代价。因此，在紧密而又持续的互动条件下，拥有良好的声誉对理性的国家行为体而言具有重要的价值。基于对声誉的考虑，国家即使可以从违约中获得"短视的自我利益"（myopic self-interest），也会遵守国际机制的规则与原则③。

对于这一理性主义的制度分析路径，基欧汉在国际研究学会主席演说中做了简洁的概括："理性主义的制度理论将制度视为影响成本的模式。具体来说，制度减少了某种形式的不确定性，改变了交易成本，也就是说，改变了'阐明和实施以交换为基础的契约的成本'。即使是在缺乏等级制权威的情况下，制度也能（通过监督）提供信息、稳定预期。通过创造实现互惠的条件等方式，制度也会使非集中化的实施具有可行性。"④ 这样，基欧汉从理性假定出发，论证了国际机制基于其功能而具有的价值。

三、国际制度的形式与设计理论

基欧汉的功能理论为新自由制度主义确立了研究纲领的内核。但由于集中论述国际制度所具有的一般性功能，基欧汉并没有对国际制度形式的多样性给予足够的关注。斯蒂芬·哈格德（Stephan Haggard）和贝思·西蒙斯（Beth Simmons）就提出批评说，国际机制的功能理论并没有解释为什么一些机制发展出正式的组织，而另一些机制却没有发展出这样的组织⑤。基欧汉的这一不足为其他的新自由制度主义者所弥补。这些对国际制

---

① 罗伯特·基欧汉．霸权之后：世界政治经济中的合作与纷争．上海：上海人民出版社，2001：126－127.

② Robert Axelord and Robert Keohane, "Achieving Cooperation Under Anarchy: Strategy and Institutions", in Kenneth Oye, ed., *Cooperation Under Anarchy*, Princeton: Princeton University Press, 1986, p. 235.

③ 同①128－129.

④ Robert Keohane, *International Institutions and State Power: Essays in International Relations Theory*, Boulder: Westview Press, p. 166.

⑤ Stephan Haggard and Beth Simmons, "Theories of International Regimes", *International Organization*, Vol. 41, No. 3, 1987, p. 508.

度形式的研究，使人们的注意力放在了国际制度对世界政治经济“如何”起作用而不是“是否”起作用的问题上，从而丰富和推进了国际制度的研究议程①。在更宽泛的意义上，“制度研究最有前途和最为深远的方面，涉及为何制度采用这种形式而不是那种形式的问题”②。自20世纪80年代中期以后，新自由制度主义已经基于不同的视角为国际制度的形式和设计问题提供了多种解释模型。

1987年，贝思·亚伯勒（Beth Yarbrough）和罗伯特·亚伯勒（Robert Yarbrough）在《国际组织》上发表了《国际贸易自由化中的合作：霸权之后是什么?》。在比较国际经济关系与国内经济关系之后，他们提出了论文所关注的核心问题：为什么贸易自由化在历史上采取了不同的形式?③ 在新制度经济学相关理论的基础上，他们强调交易成本的作用和机会主义所导致的风险决定了贸易自由化的形式，从而把已经观察到的自由化的不同形式与它们发生的经济和政治环境联系了起来。“资产专用投资的程度和霸权合作的可行性是机会主义的保护主义的决定因素，进而是成功自由化采用何种形式的决定因素。”④ 这两位学者在1992年又合作出版了《国际贸易中的合作与治理：一种战略组织路径》一书，在上述论文的基础上更加系统地阐述了用于解释贸易自由化不同制度形式的战略组织路径，并且以此解释了一个半世纪以来国际贸易机制的变迁⑤。

如表2-2所示，当没有与贸易相关的专用性投资时，贸易自由化就会采取单边主义的形式；当产生与贸易相关的专用性投资时，贸易自由化就会具有囚徒困境的特点，单边主义是不可行的⑥。在后一种情况下，贸易自由化的形式将取决于是否存在有效的第三方实施：如果不存在有效的第三方实施，贸易自由化将采取双边主义的方式；如果存在有效的第三方实施，贸易自由化将采取多边主义或者少边主义的方式。从历史上看，19世纪与贸易有关的专用性投资比较少，英国采取了单边的贸易自由化政策；到了第二次世界大战以后，与贸易有关的专用性投资已显著增加，单边贸易自由化难以为继。20世纪50—60年代，美国作为世界经济霸权可以采取有效的第三方实施，从而使多边贸易机制得以形成和发展。70年代以后随着美国霸权的衰落，双边贸易政策开始成为贸易自由化的主要形式，尽管欧洲在法德轴心的主导下走向了少边主义的区域一体化。

---

① 马丁，西蒙斯．国际制度的理论与经验研究//彼得·卡赞斯坦，罗伯特·基欧汉，斯蒂芬·克拉斯纳．世界政治理论的探索与争鸣．上海：上海人民出版社，2006：108. 中国学者在国际制度理论研究上的新进展也集中于对国际制度的形式研究。参见：苏长和．全球公共问题与国际合作：一种制度的分析．上海：上海人民出版社，2000；田野．国际关系中的制度选择：一种交易成本的视角．上海：上海人民出版社，2006；刘宏松．国际防扩散体系中的非正式机制．上海：上海人民出版社，2010；朱杰进．国际制度设计：理论模式与案例分析．上海：上海人民出版社，2011.

② 巴里·R. 温格斯特．政治制度：理性选择的视角//罗伯特·古丁，汉斯-迪特尔·克林格曼．政治科学新手册：上册．北京：生活·读书·新知三联书店，2006：255.

③ Beth Yarbrough and Robert Yarbrough，“Cooperation in Liberation of International Trade：After Hegemony, What”，*International Organization*，Vol. 41，No. 1，1987，p. 3.

④ Ibid.，p. 4.

⑤ Beth Yarbrough and Robert Yarbrough，*Cooperation and Governance in International Trade*：*The Strategic Organizational Approach*，Princeton，N. J.：Princeton University Press，1992.

⑥ Ibid.，p. 41.

表 2-2　　贸易自由化不同形式的决定因素

<table>
<tr><td colspan="2" rowspan="2"></td><td colspan="2">与贸易相关的专用性投资</td></tr>
<tr><td>否</td><td>是</td></tr>
<tr><td rowspan="2">有效的第三方实施</td><td>否</td><td rowspan="2">单边贸易政策（19 世纪英国）</td><td>双边贸易政策（1970—1990 年）</td></tr>
<tr><td>是</td><td>多边贸易政策（1945—1965 年）或者少边贸易政策（1992 年后的欧洲）</td></tr>
</table>

资料来源：Beth Yarbrough and Robert Yarbrough，*Cooperation and Governance in International Trade*：*The Strategic Organizational Approach*，Princeton，N. J.：Princeton University Press，1992，p. 41.

作为博弈论路径在国际关系研究中的倡导者，邓肯·斯奈德尔、肯尼思·奥伊（Kenneth Oye）、阿瑟·斯坦（Arthur Stein）、莉萨·马丁（Lisa Martin）等学者认为，国家在国际关系中所面临的集体行动问题不止囚徒困境一种，因此必须创设不同类型的国际机制以满足不同类型的集体行动问题所提出的功能性要求①。正如马丁所言："在不同类型的合作问题上，国家在考虑合作时会面对不同的挑战。因此，这些不同类型的合作问题也导致了关于规范和组织作用的不同预期。"② 在《国家对多边主义的理性选择》一文中，莉萨·马丁就将国际合作问题区分为四种类型，即协作型（collaboration）、协调型（coordination）、劝说型（suasion）和保证型（assurance）。

第一，协作型博弈。人们都熟知的囚徒困境就是协作型博弈。根据其报酬结构（见图 2-2），每个参与者的优势战略都是背叛。但当每个参与者都采取背叛战略时，均衡结果对双方和整个社会来说都不是最优的。这就产生了"个体理性与集体理性的冲突"。在协作型博弈中，既然背叛会带来即时的报酬，国家就具有强烈的动机去背叛而非合作。为了促进合作的实现，需要建立正式的国际组织以发挥监督或实施协议的功能。

		B: 0	B: 1
A	0	3，3	1，4
	1	4，1	2，2

图 2-2　协作型博弈

---

① Duncan Snidal，"Coordination versus Prisoners' Dilemma：Implications for International Cooperation and Regimes"，*American Political Science Review*，Vol. 79，No. 4，1985；Kenneth Oye，ed.，*Cooperation Under Anarchy*，Princeton，N. J.：Princeton University Press，1986；Arthur Stein，*Why Nations Cooperate*：*Circumstance and Choice in International Relations*，Ithaca and London：Cornell University Press，1990；Lisa Martin，"The Rational State Choice of Multilateralism"，in John Ruggie，ed.，*Multilateralism Matters*：*The Theory and Praxis of an Institutional Form*，New York：Columbia University Press，1993.

② Lisa Martin，"The Rational State Choice of Multilateralism"，in John Ruggie，ed.，*Multilateralism Matters*：*The Theory and Praxis of an Institutional Form*，New York：Columbia University Press，1993，p. 94.

第二，协调型博弈。协调型博弈有两个均衡结果，每一个都是其中一方最希望出现的（见图 2－3）。主要困境在于哪一种均衡结果能胜出。如果博弈方都坚持自己所偏好的结果，双方就达不成协议，讨价还价异常激烈。协调型博弈具有重要的分配性意义，有时会使合作性的解决方案很难达成。但一旦一种均衡结果确立了，任何一方都没有动机去背叛。在这种情况下，国家没有必要将本来稀缺的资源用于发展正式的国际组织上①。

		B	
		0	1
A	0	4，3	1，2
	1	2，1	3，4

图 2－3　协调型博弈

第三，劝说型博弈。无论协调型博弈还是协作型博弈都体现了国家间利益的对称性（见图 2－4）。但在劝说型博弈中，博弈方 A（霸权国）比另一博弈方 B（非霸权国）拥有更大的权力。霸权国不满意自己单边行动带来的均衡结果，而偏好他者的合作。背叛可以使非霸权国获得即时的最大报酬，但如果霸权国也转而背叛，非霸权国只能得到最少的报酬。在这种情况下，能否合作将取决于霸权国的威胁或者承诺。如果在霸权国的主导下建立正式的国际组织，可能便于霸权国采取问题联系战略，从而增加威胁或者承诺的可信性。

		B	
		0	1
A	0	4，3	3，4
	1	2，2	1，1

图 2－4　劝说型博弈

第四，保证型博弈。“猎鹿”寓言反映了保证型博弈的报酬结构。博弈方相互合作对双方都是最优的（见图 2－5）。只要对方合作，背叛并不能够带来收益。但如果一方采取合作战略而另一方采取背叛战略，采取合作战略的一方会得到最差的收益。在这种情势下，只要增信释疑，双方都可以通过合作来实现福利的帕累托改进。因此，有效促进合作的解决方案在于增加国内体系的透明度，而没有必要建立复杂的国际制度安排②。

---

① Lisa Martin，“The Rational State Choice of Multilateralism”，in John Ruggie，ed.，*Multilateralism Matters：The Theory and Praxis of an Institutional Form*，New York：Columbia University Press，1993，p. 102.

② Ibid.，p. 108.

		B	
		0	1
A	0	4，4	1，3
	1	3，1	2，2

图 2-5　保证型博弈

通过对博弈模型的运用，莉萨·马丁有力地解释了国际制度形式的多样性问题。制度主义者进而认为，根据不同的集体行动问题，国家可以设计与之相适应的国际制度形式。但是这些博弈模型本身并不能够充分说明国际制度在形式上的各种差异。基于更为宽泛的理性选择理论，芭芭拉·凯里迈诺斯（Barbara Koremenos）、查尔斯·利普森（Charles Lipson）和邓肯·斯奈德尔等十余位学者联合建立了一个国际制度的“理性设计工程”（rational design project），其成果以专辑的形式发表于 2001 年的《国际组织》上①。研究工程的三位组织者指出：“诸多制度安排可以看作多种参与者的理性选择。当国家运用外交和会议来选择制度特点以促进其个体和集体目标时，无论是建立新制度还是修正既有的制度，这种理性都是向前看的。虽然我们并不认为所有的制度变迁都是有意识设计的产物，但我们的确认为这是引导国际制度发展的最主要机制。”②

在国际制度的“理性设计工程”中，研究者确定了成员身份、领域范围、集中程度、控制和灵活性等可测的维度作为因变量，选择了实施问题、分配问题、涉入行为体的数目和不确定性的类型等因素作为自变量，据此提出了关于国际制度设计特点的 16 个可证伪的假说，如表 2-3 所示。通过对北约东扩、战俘待遇公约、国际贸易协议中的“退出条款”、全球航空机制等多个案例的检验，这些假说成立的概率在 70%左右。

表 2-3　国际制度的理性设计

代号	假说
M1	实施问题越严重，限制成员身份的可能性越大
M2	偏好的不确定性越大，限制成员身份的可能性越大
M3	分配问题越严重，成员的数目越大
S1	行为体的数目越大，领域范围越大
S2	分配问题越严重，领域范围越大
S3	实施问题越严重，领域范围越大
C1	行为的不确定性越大，集中程度越高
C2	世界状态的不确定性越大，集中程度越高

① Barbara Koremenos，Charles Lipson and Duncan Snidal，“The Rational Design of International Institutions”，*International Organization*，Vol. 55，No. 4，2001.

② Ibid.，p. 766.

C3	行为体的数目越大，集中程度越高
C4	实施问题越严重，集中程度越高
V1	行为体的数目越大，控制程度越低
V2	行为体之间权力越不均衡，控制越不对称
V3	世界状态的不确定性越大，控制程度越高
F1	世界状态的不确定性越大，灵活性越高
F2	分配问题越严重，灵活性越高
F3	行为体的数目越大，灵活性越低

资料来源：Barbara Koremenos，Charles Lipson and Duncan Snidal，"The Rational Design of International Institutions"，*International Organization*，Vol. 55，No. 4，2001，p. 797.

随着新自由制度主义重新向国际组织研究回归，国际组织在制度设计上的特点越来越多地得到了学者的关注。肯尼思·阿博特（Kenneth Abbott）和邓肯·斯奈德尔在 1998 年的《冲突解决杂志》上发表的一篇论文中运用企业理论解释了国家为何通过正式国际组织而行动的问题。他们把国际组织类比为企业和中世纪的贸易机构：当签订契约的交易成本太高时，企业形成了；同样，当国家间互动的成本超过了国际组织的成本时，国家就会从非集中合作转向国际组织①。他们认为，集中性和独立性两个特点代表了降低交易成本的不同形式。在小企业中，所有者通过更加结构化的互动直接管理公司。但是在大企业中，投资者给予职业经理自主权但是监督他们，从而实现了"所有权和控制权的分离"。这种情况与复杂的国际组织非常相似，成员方一方面给予国际组织机构和人员某些权威，另一方面建立类似股东大会、监事会和行政会议的结构来监督他们。

在无政府状态下的国际体系中，国际组织的权威来自主权国家的授予（见图 2-6）。在这一授权链条中，国家是委托人，国际组织则是代理人。这样，获得授权的国际组织与没有获得授权的国际合作机制就形成了制度类型上的分野。那么，国家在什么情况下愿意授权于国际组织呢？

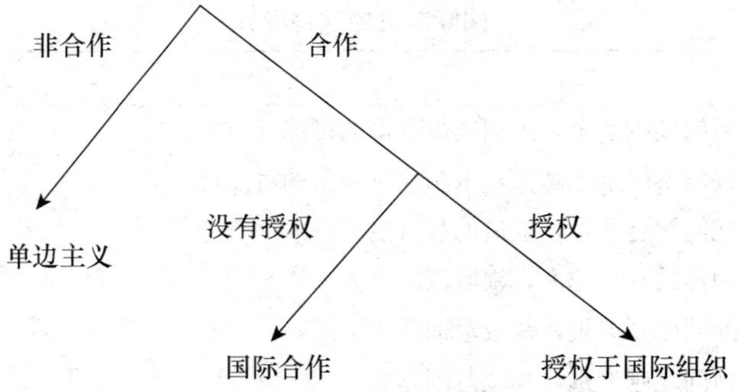

图 2-6 国际授权

资料来源：Darren G. Hawkins，David A. Lake，Daniel Nielson，and Michael Tierney，eds.，*Delegation and Agency in International Organizations*，Cambridge：Cambridge University Press，2006，p. 11.

① Kenneth Abbott and Duncan Snidal，"Why States Act through Formal International Organizations"，*Journal of Conflict Resolution*，Vol. 42，No. 1，1998，p. 9.

在委托-代理理论的基础上，丹尼尔·尼尔森（Daniel Nielson）和迈克尔·蒂尔尼（Michael Tierney）在2003年发表的《授权于国际组织：代理理论与世界银行环境改革》中提出了国际组织的委托-代理模型，"运用企业理论的洞见来解释国际组织内部的多边合作问题"①。在讨论了"共同代理"（common agency）和"授权链"（delegation chain）后，他们提出了关于国际组织行为与改革的四个假说。这两位作者与达伦·G. 霍金斯和戴维·莱克等人在2006年共同主编了《国际组织中的授权与代理》一书，对国际组织为何获得授权的问题进行了更为系统的回答。他们认为，成员国可以获得如下授权收益：专业化、政策外部性、争端解决、可信性、锁定。当成员国可以获得这些收益时，就产生了授权于国际组织的激励。

在上述授权收益中，可信性和锁定在以往的国际组织研究中很少得到清晰的阐述。在四位学者看来，由于国际组织的偏好并不等同于国家行为体的偏好，国家对国际组织的授权有助于提高其政策承诺的可信性。正如他们指出的："委托人将政策执行授权给具有高度自由裁量权和更极端偏好的代理人，使代理人按照自己期待的方向来推动政策，可以缓和时间不一致性引起的承诺问题。为了成功地确立政策的可信性，委托人必须付出很高的成本才能收回对代理人的授权或者推翻代理人的具体决定。否则的话，委托人尽管可以根据其长远利益做出许诺，但仍会受到短期诱惑而屈服。"② 这样，国家通过授权给国际组织，提高事后机会主义行为的成本，进而易于在事先做出可信承诺。

与寻求政策可信性的行为体不同，锁定政策的行为体并不必然寻求更多的自由裁量权。相反，委托人通过制定难以废除的规章或者确保其权力和主导地位的投票规则来实现自己的效用③。政治决策通常会产生赢家和输家，但今天的赢家可能就是明天的输家。那些渴望在未来继续赢的赢家可以通过授权来锁定输赢。比如联合国安理会的常任理事国席位就锁定了1945年第二次世界大战结束时的权力平衡，而国际货币基金组织的投票规则则锁定了美国在国际货币事务上的主导地位。

四、新自由制度主义理论的价值与局限

作为人类社会组织化的重要体现，国际制度从国际关系学科诞生之时起就进入了威尔逊的研究视野。在著名的"十四点计划"中，威尔逊提出了建立国际联盟的设想，希冀通过这样一个国际制度来维护和保卫世界和平。第二次世界大战给威尔逊理想主义以致命打击，但处于萌芽状态的国际制度研究并没有因此而趋于消弭。由于联合国、国际货币基金组织、世界银行等国际组织的缔造，战后初期的国际制度研究聚焦于正式的国际组织，特别是联合国体系。在方法论特征上，这一时期对国际制度的研究基本停留在对制度细节的

---

① Daniel Nielson and Michael Tierney, "Delegation to International Organizations: Agency Theory and World Bank Environmental Reform", *International Organization*, Vol. 57, No. 2, 2003, p. 245.

② Darren G. Hawkins, David A. Lake, Daniel Nielson, et al., "Delegation under Anarchy: States, International Organizations, and Principle-agent Theory", in Darren G. Hawkins, David A. Lake, Daniel Nielson, and Michael Tierney, eds., *Delegation and Agency in International Organizations*, Cambridge: Cambridge University Press, 2006, p. 19.

③ Ibid., p. 20.

静态描述和比较上，具有形式或法律的制度主义（formal/legal institutionalism）的深刻印记，因而属于旧制度主义的范畴。作为20世纪70—80年代“新制度主义”多学科智识运动的一部分，新自由制度主义使国际制度研究跳出了旧制度主义的窠臼，走上了社会科学导向的理论建设之路。国际制度研究由此繁荣，在国际关系与国际政治经济学研究中业已成为理论创新最为集中的研究领域之一。

正如卡赞斯坦、基欧汉和克拉斯纳三位学者共同指出的，新自由制度主义提出了一整套具有重要启发意义的推理论述，并且借助博弈论的工具将这些论述发展成为理论模型。这些模型所推出的假设可以广泛用于国际政治经济的经验研究。新自由制度主义与号称“社会科学之王”的经济学之间的密切关系进一步加强了这一理论的吸引力①。由于采用了与主流经济学相同的理性假定，新自由制度主义能够从经济学中不断地输入理论和方法，如非合作博弈理论、公共选择理论、集体行动理论、产权理论、交易成本理论、委托-代理理论、机制设计理论等。这样，在逻辑的清晰性和推理的精确性上，新自由制度主义成为国际政治经济学中各种研究纲领的典范。

基于其理性选择的方法论，新自由制度主义假定行为体的偏好是固定不变的。根据江忆恩（Alastair Iain Johnston）的概括，新自由制度主义在揭示国际制度如何导出国际合作时所聚焦的下列因素中，都没有涉及行为体偏好变化的内容：第一种因素——“问题联系”只是通过外生的积极或消极刺激改变了背叛者的成本-收益计算，而没有改变行为体潜在的背叛欲望。第二种因素是声誉，因为行为体对建立可信赖的声誉的渴望会使其产生服从规范的动机。但声誉在此发挥的作用是工具性的，其报酬来自未来交换所带来的私人物质收益，而不是社会群体中的“地位”或“意象”所带来的社会心理上的收益。第三种因素——信息可以减少不确定性，有助于期望汇集在某些合作的结果上，但信息只能影响行为体对战略环境的信念，而没有改变其既有的偏好②。这样，新自由制度主义虽然强调各种偏好模式在影响行为结果中的作用，但“实际上提供的却是在这些偏好模式下产生行为结果的外部变化因素，对该偏好模式下行为变化的根源并没有提供多少有力的论证”③。作为新自由制度主义的挑战者，强调主体间结构的建构主义基于社会学理论有力地解释了行为体内在本质目标的变化，并提供了可以产生此类变化的可辨的假设。

新自由制度主义过于强调国际制度的共赢属性，忽视了国际制度的分配效应。对价值的权威性分配是政治生活的核心。在任何政治体系中，权力分配都是制度的基本功能之一。一定的制度结构决定了各个行为体接近和享有权力的大小，为某些行为体设置了特权而将另一些行为体置于不利的地位，从而使前者的偏好更容易实现而后者的偏好更难以实现。国际制度对政治权力分配具有显著的影响，联合国安理会的常任理事国席位、国际货币基金组织和世界银行的份额都是典型的例子。基于国际制度的这一属性，国际制度竞争日益成为国家间竞争特别是大国间竞争的重要表现形式。一方面，国际制度竞争是制度主

---

① 彼得·卡赞斯坦，罗伯特·基欧汉，斯蒂芬·克拉斯纳．世界政治理论的探索与争鸣．上海：上海人民出版社，2006：24.

② Alastair Iain Johnston, "Treating International Institutions as Social Environments", *International Studies Quarterly*, Vol. 45, 2001, p. 490.

③ 同①121.

导国之间的权力竞争；另一方面，国际制度竞争也是主导国提供公共产品的能力竞争①。基欧汉基于“竞争的多边主义”概念分析了国际制度竞争的现象：“在全球均势变动的条件下，中国崛起对美国的挑战不仅是力量上的，而且从方式上来看，中国也会运用新的或者替代的多边主义来挑战或者改变既有的多边制度。”②

由于依赖于经济学中的均衡模型，历史在新自由制度主义研究议程中是无足轻重的。新自由制度主义认为，当供给和需求相吻合时，国际制度的数量就达到了最优水平。即使冲击、意外事件、错误和其他外生力量会在短期内打破平衡，也不会产生长期的后果，因为体系自身具有重新平衡的趋向③。正是在“历史是否重要”这一点上历史制度主义提出了新自由制度主义所不具有的洞见。通过强调裂口、多元均衡、路径依赖和相互联系的网络，历史制度主义者提出，制度的发展不仅取决于是否适合当前的环境和政治条件，也取决于制度的起源、历史和内部动力④。这种做法使制度分析者能对现实世界保持更大程度上的敏锐性。罗伯特·基欧汉在其担任美国政治学会主席的就职演说中，就曾号召政治学家在设计国际制度时去汲取历史制度主义所提供的洞见，因为“没有这些知识，我们就难以理解人们在采取理性行为时所具有的各种预期，也无法设计以规范观点为基础的制度”⑤。近年来，历史制度主义者在理解国际制度的变迁上已经开始显现出其深刻的分析能力，尽管其研究仍处在起步的阶段⑥。

---

① 李巍．制度之战：战略竞争时代的中美关系．北京：社会科学文献出版社，2017.

② 罗伯特·基欧汉．竞争的多边主义与中国崛起．外交评论，2015（6）：20.

③ Steven Weber，“Institutions and Change”，in Michael Doyle and G. John Ikenberry，eds.，*New Thinking in International Relations Theory*，Boulder：Westview Press，1997，p. 248.

④ James G. March and Johan P. Olson，“The Institutional Dynamics of International Political Orders”，*International Organization*，Vol. 52，No. 4，1998，p. 955.

⑤ Robert Keohane，“Governance in a Partially Globalized World”，*American Political Science Review*，Vol. 95，No. 1，2001，p. 11.

⑥ Fioretos Orfeo，“Historical Institutionalism in International Relations”，*International Organization*，Vol. 65，No. 2，2011，pp. 367 - 399；Thomas Rixen，Lora Anne Viola and Michael Zürn，eds.，*Historical Institutionalism and International Relations：Explaining Institutional Development in World Politics*，Oxford：Oxford University Press，2016.

国际-国内互动的政治经济学理论

作为政治学中一个相对独特的领域，国际关系往往被看成是和政治学的其他领域相分离的。造成这种区别的主要原因在于人们认为国际体系的政治和国内体系的政治是截然不同的[①]。这种分离虽然有利于国际体系层次上的理论构建，但也限制了人们对国际事务复杂性的深入理解。而国际政治经济学基于对经验现象的敏感，从一开始就模糊了比较政治与国际关系两个学科的界限，并逐渐发展了国际-国内互动的政治经济学理论。特别是在开放经济政治学的范式下，国内政治被视为分析对外经济政策的核心变量。由于不同的理论背景，政治学家在发展国际-国内互动的政治经济学理论时分别形成了以国家为中心的理论、以社会为中心的理论和以制度为中心的理论。

第一节　以国家为中心的理论

作为政治体系中最主要的行为体，国家是国内政治的核心，也是国内政治与国际政治相互连接的枢纽。正如理查德·拉克曼（Richard Lachmann）言简意赅地指出的："直到21世纪初，国家仍是权力和资源的最重要的容器……政治也基本上是围绕国家展开的。"[②]对外经济政策或者国际经济政策既是经济政策也是对外政策。作为跨越国内事务与国际事务的政策领域，对外经济政策在制定和实施上都是围绕着国家进行的。

一、理论背景："找回国家"

自古希腊时代起，国家就是政治学研究的中心议题。但自政治学被纳入社会科学的发展轨道后，特别是战后行为主义革命发生后，无论是在比较政治领域还是在国际关系领

① 海伦·米尔纳．政治的理性化：正在显现的国际政治、美国政治与比较政治研究的综合//彼得·卡赞斯坦，罗伯特·基欧汉，斯蒂芬·克拉斯纳．世界政治理论的探索与争鸣．上海：上海人民出版社，2006：140.

② 理查德·拉克曼．国家与权力．上海：上海人民出版社，2013.

域，以国家为中心的传统政治学都遭到了尖锐的批评。

在比较政治研究中，自由多元主义、权力精英主义和工具马克思主义都对国家中心论感到不满。第一，自由多元主义理论以戴维·伊斯顿（David Easton）、罗伯特·达尔（Robert Dahl）为代表，将政治体系的功能运转定义为某一社会中价值的权威性分配。在他们看来，政治行为体受到社会压力的限制，政治过程自身则由社会利益集团和组织之间的持久性讨价还价所确定。因此，政治决策首先要根据社会行为体的偏好和力量来分析。第二，权力精英主义以赖特·米尔斯（Wright Mills）为代表，认为西方国家的政治过程为商业和政治精英的利益所主宰。这一理论最有名的概念就是军工复合体。第三，根据马克思和恩格斯"现代的国家政权不过是管理整个资产阶级的共同事务的委员会罢了"[①] 的论断，工具马克思主义和国家垄断资本主义理论将国家看成是统治阶级的执行委员会。这三种路径之间虽然也进行了激烈的论战，但它们在理论中都或多或少地将国家剔除了出去，政府行为体变成了社会集团利益、精英利益或统治阶级利益的传送带。根据它们的主张，政治分析应以社会为中心。

在国际关系领域中，以国家为中心的传统现实主义也遭遇到了跨国主义和相互依赖理论的挑战。罗伯特·基欧汉和约瑟夫·奈提出"跨国关系"（transnational relations）在世界政治中的重要性日益增长。首先，虽然国家在直接冲突中能压倒跨国行为体，但跨国关系通过改变政府行为的代价来限制政府的自主权。其次，现在的跨国关系比以前具有更大的影响力，跨国的社会经济组织已经制造了有力的跨国行为体去适应变化并按自己的利益去塑造世界。最后，高政治与低政治的区别正在消失。在国家间竞争的新领域里，跨国关系极其重要[②]。在《权力与相互依赖》一书中，基欧汉和奈又提出了"复合相互依赖"模型，从而描绘了与现实主义学说截然不同的世界政治图景：各社会之间的多渠道联系，国家间关系的议程包括许多没有明确或固定等级之分的问题，一国政府不在本地区内或在某些问题上对他国政府动用武力[③]。无论是跨国主义还是相互依赖理论，国家都不再是国际关系唯一的行为体，甚至不再是最重要的行为体。

但是，从理论上"去国家化"的浪潮并没有持续多久。20 世纪 70 年代末 80 年代初，在比较政治和国际关系中都出现了国家理论的复兴。一些从事比较政治研究的学者重新审视了国家这一传统主题，提出了"找回国家"（bringing the state back in）的研究议程[④]。西达·斯考切波的《国家与社会革命：对法国、俄国和中国的比较分析》、迈克尔·曼（Michael Mann）的《社会权力的来源》、查尔斯·蒂利（Charles Tilly）的《强制、资本和欧洲国家（公元 990—1992 年）》、斯蒂芬·克拉斯纳的《维护国家利益：原料投资与美国对外政策》以及彼得·卡赞斯坦（Peter Katzenstein）的《权力与财富之间：先进工业

---

① 马克思，恩格斯．马克思恩格斯选集：第 1 卷．3 版．北京：人民出版社，2012：402.

② Joseph Nye and Robert Keohane，Transnational Relations and World Politics：A Conclusion，*International Organization*，Vol. 25，No. 3，1971.

③ Robert Keohane and Joseph Nye，*Power and Interdependence*：*World Politics in Transition*，Boston：Little Brown，1977.

④ Peter Evans，Dietrich Rueschemayer，and Theda Skocpol eds.，*Bringing the State Back in*，Cambridge：Cambridge University Press，1985.

国家的对外经济政策》和《世界市场中的小国家：欧洲的产业政策》等都是国家主义的开拓之作[①]。国家由此不再是自由多元主义者所说的“竞技场”，也不是精英主义者和工具马克思主义者所说的“统治工具”，而是历史舞台上具有自主性的独立角色。在“找回国家”的旗帜下，国家主义者发展出了一系列中层理论，回答了国家在革命和改革中的作用、国家所采取的社会和经济政策以及国家对政治冲突与议程的影响等方面的问题。

在国际关系研究中，肯尼思·沃尔兹在1979年出版的《国际政治理论》中将国家看作构成国际体系的唯一单位[②]。一度强调非国家行为体的新自由主义者也转而接受了现实主义将国家看作唯一行为体的假设，从而逐渐与新现实主义走向趋同，甚至曾被称作“跨国主义者”的基欧汉也公开承认：“我过去强调非国家行为体的意义……但随后的研究尤其是对《权力与相互依赖》的研究使我认识到这些行为体仍旧是处于变化中的体系的限制性因素，所以我将注意力转回到国家上来。”[③]《霸权之后：世界政治经济中的合作与纷争》便是这一转向的标志性成果[④]。随着新现实主义-新自由主义的合流，国家与国际体系的关系成为国际关系学者探讨的核心问题。

这样，国际政治经济学中以国家为中心的国际-国内互动理论具有两个不同的学术源头。一为比较政治学中的国家主义对国家自主性的强调，二为现实主义国际关系理论对国家行为体的强调。作为跨国际关系和比较政治两个领域的学者，斯蒂芬·克拉斯纳和彼得·卡赞斯坦为国际政治经济学中的国家理论做出了开拓性的贡献。

二、国家自主性与对外经济政策

作为对国家中心论的回归，国家主义强调了国家自主性（state autonomy）。“国家被看成是拥有领土和人民控制权的一种组织。它可以制定和追求自己的目标，而不是简单反映社会集团利益、阶级利益或整个社会的利益”，因此，国家具有一定的自主性[⑤]。国家自主性是指国家所制定的公共政策与其自身的偏好之间的一致程度。简单地说，国家所制定的公共政策越符合其自身的偏好，国家自主性程度就越高；反之，国家所制定的公共政策越偏离其自身的偏好，国家自主性程度就越低[⑥]。国家主义者认为，即使没有社会力量的强大支持，甚至面对社会力量的强烈反对，国家也可以追求自己的目标。国家在维持充分的物质秩序和政治和平方面的根本利益可能导致它对被支配阶级的需求做出让步，有可能与支配阶级之间发生冲突。此外，国家的自主性在很大程度上来自国家在无政府状态的国际体系中生存的需要。比如，在面临国外军事竞争或征服威胁的情况下，统治者可能会

① Margaret Levi, “The State of the Study of the State”, in Ira Katznelson and Helen V. Milner, eds., *Political Science: State of the Discipline*, New York and London: W. W. Norton, 2002, p. 37.

② Kenneth Waltz, *Theory of International Politics*, New York: McGraw Hill, 1979.

③ Robert Keohane, *International Institutions and State Power: Essays in International Relations Theory*, Boulder: Westview Press, 1989, p. 8.

④ Robert Keohane, *After Hegemony: Cooperation and Discord in the World Political Economy*, Princeton: Princeton University Press, 1984.

⑤ Theda Skocpol, “Bringing the State Back in: Strategies of Analysis in Current Research”, in Peter Evans, Dietrich Rueschemayer, and Theda Skocpol, eds., *Bringing the State Back in*, Cambridge: Cambridge University Press, 1985.

⑥ 田野．探寻国家自主性的微观基础：理性选择视角下的概念反思与重构．欧洲研究，2013（1）．

试图发起根本性的经济改革或者通过国家的干预来重新调整国家经济发展的进程。正如西达·斯考切波所强调的，国家自主性的实际程度和后果只能从特定的政治系统和特定的历史性国际环境的角度来分析和解释。国家具有对内和对外的两副面孔，从而内在地依赖于两个方面：其一是阶级分化的社会经济结构，其二是国家的国际体系。正是由于国家居于国内社会经济结构和国际形势的交界面，国家具有了潜在的自主性①。这样，国家主义理论既关注国内的结构和进程，也关注国际的结构和进程，从而跨越了比较政治与国际关系这两个政治学分支学科的界限。

在对外经济政策分析中，斯蒂芬·克拉斯纳在1978年出版的《维护国家利益：原料投资与美国对外政策》中率先提出了以国家为中心的研究路径。由于克拉斯纳的主要研究领域是国际关系，他很容易从国家单一行为体的假定出发来考察国家在对外政策中的地位。但对外政策涉及国际政治和国内政治两个领域，而国内政治研究在当时仍然是社会中心论居于主导。克拉斯纳注意到，自由主义和工具马克思主义都是根据私人的压力和需求来解释公共政策的，而官僚政治的视角也削弱了国家作为一个概念在分析上的有效性。这些路径实际上使“国家利益”（national interest）、“国家理由”（reason of state）这样的术语变得没有意义。克拉斯纳试图提出一种国家主义的路径来反击社会中心论对国家的否定。简单地说，“国家主义的范式将国家看作自主的行为体。国家所寻求的目标不能化约为私人欲求以某种方式的加总。这些目标可以恰当地称为国家利益”②。

在什么是国家的问题上，克拉斯纳并没有在政治哲学或者社会科学理论的意义上进行探讨，而是根据经验的观察来确定由谁来确定国家利益。实际上，克拉斯纳用“核心决策者”（central decision-maker）来代替国家。在分析美国对外政策时，克拉斯纳就将总统及其领导下的国务卿看作最重要的国家行为体。克拉斯纳指出：“对于美国外交政策而言，核心的国家行为体是总统和国务卿，而最重要的机构是白宫和国务院。这些角色和机构的与众不同之处在于它们与特定的社会压力高度绝缘，它们还拥有一系列的正式或非正式义务来促进国家的普遍利益。”③ 根据国家利益的确定者，克拉斯纳将很多官僚机构从国家的概念中排除了出去。至少在美国的对外政策领域，白宫和国务院是国家的轴心，而其他政府机构的行为是变化的，有时会促进普遍的利益，有时则促进特殊的社会利益和官僚利益。

克拉斯纳认为，国家的目标并非具体个人或集团欲望的简单加总，而是强调共同体的统一性，这就是“国家利益”。在对外政策分析中，国家利益可以从核心决策者的偏好中推导出来，但需要满足两个条件：（1）这些偏好并不总是使某个特定的阶级或者集团受益；（2）这些偏好持续了相当长的一段时间。国家行为体的决策会影响到整个共同体，但这并不意味着所有的公民都会以相同的方式受到影响。然而，如果存在政策收益，这些收益就不能总是集中在特定的集团或者阶级上；如果存在政策损失，那么这些损失也不能总

① 西达·斯考切波．国家与社会革命：对法国、俄国和中国的比较分析．上海：上海人民出版社，2007：33.

② Stephen Krasner, *Defending the National Interest: Raw Materials Investment and U.S. Foreign Policy*, Princeton: Princeton University Press, 1978, pp. 5-6.

③ Ibid., p. 11.

是集中在特定的集团或者阶级上。而且，核心决策者的偏好不能只由他们个人的利益所决定，如果他们以国家利益的名义来决策的话①。

在国家目标的达成上，克拉斯纳强调了国家克服国内抵制的能力取决于国家与社会的关系模式。克拉斯纳提出，国家力量的大小可以沿着由强到弱的连续谱而发生变化。弱国家是那些完全为压力集团所穿透的国家，强国家则是能够重新塑造社会与文化的国家。大多数国家在两者之间，即国家通常能保持对社会的某些自主性，但同时又不能对经济或文化体系进行迅速的、急剧的结构性转换②。在资本主义市场经济国家，国家和社会之间具有三种理想类型的关系模式，如表 3－1 所示。第一，国家可以抵制社会压力，但不能改变私人行为体的行为。例如在经济事务中，国家决策者可以忽视大企业的请求，但不能使大企业服从那些促进国家目标的政策或者创造新的替代性制度。第二，国家能够抵制私人行为体的压力并且说服私人行为体服从促进国家利益的政策，但不能对国内环境进行结构性改变。在经济事务上，这些结构表现在控制经济活动的制度、部门间活动的分配和企业在部门内的特定位置。第三，国家有权力改变现存既有行为体的行为，而且可以在一段时间内改变社会结构自身。比如在经济领域中，国家可以创造国有企业这样的新行为体，或者可以通过贷款、减税和其他形式的支持来加强某些经济部门③。

表 3－1　　国家和社会的相对权力

	抵制私人压力		改变私人行为		改变国内结构	
	是	否	是	否	是	否
非共存		√		√		√
弱	√			√		√
中等	√		√			√
强	√		√		√（缓慢的）	
主导	√		√		√	

资料来源：Stephen Krasner，*Defending the National Interest*：*Raw Materials Investment and U. S. Foreign Policy*，Princeton：Princeton University Press，1978，pp. 56－57.

在美国这样相当分散的政治体系中，国家和社会的关系大致属于第二种关系模式。克拉斯纳提出，国家在这种关系模式下可以采取两种方式来缓和社会行为体的反对：第一，国家可以施加政治手段来改变私人的偏好，或者是实现私人行为体的分化。第二，如果决策由白宫或者国务院这样的中央机构制定，而不是由国会或者服务于具体利益集团的行政官员制定，核心决策者的偏好最有可能得到采纳和实施④。前一种方式可以称为“政治领导”（political leadership）方式，后一种方式称为“决策舞台”（policy-making arenas）方式。这两种方式使美国的国家获得了相当程度的自主性。

---

① Stephen Krasner，*Defending the National Interest*：*Raw Materials Investment and U. S. Foreign Policy*，Princeton：Princeton University Press，1978，pp. 42－43.

② Ibid.，p. 56.

③ Ibid.，pp. 56－57.

④ Ibid.，pp. 74－75.

相对于社会而言，东亚的国家比美国具有更大的自主性。在对东亚新兴工业化国家和地区经济起飞的经验总结中，国家主义者提出了“发展型国家”（developmental state）的概念。约翰逊（Chalmers Johnson）在1982年出版的《通产省与日本奇迹》一书中最早使用这一概念来刻画日本的政治经济体系，阿姆斯登（Alice Amsden）在《亚洲的下一个巨人》（1989年）和韦德（Robert Wade）在《治理市场》（1990年）中也分别从这一角度分析了韩国和中国台湾的工业化①。根据他们的观点，日本和东亚其他国家和地区卓越的经济成就正是由于它们采用了“发展型国家”模式。

“发展型国家”概念的提出者和支持者并不否认出口导向型发展战略在“东亚经济奇迹”中的作用。但他们进一步指出，出口导向型战略在东亚的成功依赖于国家在经济发展中的核心作用。国家领导市场而不是简单跟着市场走。这些新兴工业化国家和地区设计了一系列措施鼓励私人在战略性产业中投资。除了贸易保护和政府补贴以外，其产业政策还包括财政约束政策，例如有选择地分配信贷、故意扭曲利率以便让重点经济部门获得低息贷款。此外，这些国家和地区的政府在形成企业家阶层、确定主要的经济发展区和让主要部门直接面对国际竞争以提高效率方面发挥了关键作用。这些国家和地区的货币政策也推动了仅仅根据市场信息不可能出现的工业结构和经济结构的发展②。

当然，东亚国家的自主性是在国家与企业利益集团密切合作的社会环境下实现的。韦德将这种密切的关系称为“联盟资本主义”，即政府将银行资本注入前景看好的工业部门，从而为促进工业化创造有利的条件。对此，彼得·埃文斯（Peter Evans）引入“嵌入式自主性”（emdedded autonomy）的概念进行解释。这一概念强调，“国家自主性”既有官僚机构绝缘于社会、避免被利益集团俘获及寻租的一面；同时，它又嵌入于一个具体的社会联结中，这种联结将“国家”与社会相联系并为相互间的政策及目标的持续性协商提供制度化的政策渠道③。这样的论述解决了“为什么保持自主性而不受社会集团限制的国家会选择走‘发展型’而不是‘掠夺型’道路”的问题，说明“国家”在实现政策目标时不仅仅需要决策及执行的独立性，而且还需要了解社会的要求，通过与社会的互动来整合社会力量，让权力嵌入社会并让社会自觉遵守国家的政策。

三、国内结构与对外经济政策

作为国家主义的代表人物之一，克拉斯纳强调了国家相对于社会的自主性，但也突出了国家自主性随着国家与社会的关系而发生的相对变化。国家主义者对多元主义、精英主义和工具马克思主义的“社会中心论”进行了批评和纠正，但国家主义者并没有因

---

① Chalmers Johnson，*MITI and Japanese Miracle*：*The Growth of Industrial Policy*，*1925—1975*，Stanford：Stanford University Press，1982；Alice Amsden，*Asia's Next Giant*：*South Korea and Late Industrialization*，Oxford：Oxford University Press，1989；Robert Wade，*Governing the Market*：*Economic Theory and the Role of government in East Asian Industrialization*，Princeton：Princeton University Press，1990.

② 罗伯特·吉尔平．全球政治经济学：解读国际经济秩序．上海：上海人民出版社，2003：348－350.

③ Peter Evans，*Embedded Autonomy*：*State & Industrial Transformation*，Princeton：Princeton University Press，1995，p. 12.

此否定社会本身的独立分析价值，而是试图在国家与社会的互动中来解释政治的逻辑。例如，斯考切波就曾提出，国家主义的研究应该是对国家与社会关系的全面研究①。“国内结构”(domestic structure)作为一个概念能够很好地把握国家与社会的“关系性”特征，因此得到了国家主义者的青睐。彼得·卡赞斯坦在《国内结构和对外经济政策的战略》中，就是以国内结构的路径来解释六个工业发达国家在对外经济政策上的差异的②。

作为1973年石油危机的见证者，卡赞斯坦发现，石油价格的飙升导致了工业发达国家的能源危机，但这场共同的国际性危机却导致它们追求对外经济政策的不同战略。他将六个工业发达国家的对外经济战略分成三种不同的模式：美国和英国实行自由主义战略，允许市场力量运作，政策制定者只有很少的工具来向特定的部门或公司实施政策。与之相反，日本追求新重商主义战略，政府积极干预市场，政策制定者拥有大量的工具来直接向特定的部门或公司发号施令。欧洲大陆国家居于美英和日本之间，其中联邦德国和意大利采取了更自由的政策，而法国则采取了更具重商主义的政策③。

那么，面对着共同的危机，先进工业化国家的对外经济政策为何如此不同呢？卡赞斯坦提供的答案是这些国家的国内结构不同。根据他的界定，国内结构包括统治联盟(ruling coalition)和政策网络(policy networks)两个部分。前者规定了对外经济政策的目标，后者规定了对外经济政策的工具。

统治联盟主要涵盖了社会中支配阶级的精英，以及通过政党制度、选举、行业协会、政府、部门、银行、大型国有或私有公司来进行制度表达的政治掮客。卡赞斯坦指出：“政策目标的定义在很大程度上是由统治联盟的意识形态框架和物质利益所塑造的。”④因此，国家政策的目标和商业共同体的利益大体上能够保持一致。但是，国家和商业共同体之间在相互适应的条件上仍然会存在认识上的差异，从而导致了一些暂时排序上的不同，即国家目标优先还是商业共同体利益优先。从政策目标上看，这些条件对日本和法国的国家有利，而对意大利的国家不利，对联邦德国的影响则在两者之间。英国和美国的国家本来更多地受制于商业共同体，但由于建立了国际霸权，它们的国家自主性得到了提升，所以处在和联邦德国接近的位置。

政策网络的特点在于跨越公共领域和私人领域，从而连接了国家与社会。根据卡赞斯坦的观点，政策网络主要显现在国家与社会之间的区别程度和国家与社会内部各自的集中程度。作为衡量指标，区别程度考察了国家和社会的联系是相对紧密还是相对松散，集中程度则考察了国家或社会内部的权力分配是中心化还是分散化。相对而言，在日本、意大

① Theda Skocpol, “Bringing the State Back in: Strategies of Analysis in Current Research”, in Peter Evans, Dietrich Rueschemayer, and Theda Skocpol, eds., *Bringing the State Back in*, Cambridge: Cambridge University Press, 1985, p. 20.

② Peter Katzenstein, “Domestic Structures and Strategies of Foreign Economic Policy”, in Peter Katzenstein, ed., *Between Power and Plenty: Foreign Economic Policies of Advanced Industrial States*, Madision: University of Wisconsin Press, 1978.

③ Ibid., p. 297.

④ Ibid., p. 306.

利和法国，国家和社会的区别程度低；在英国和联邦德国，国家和社会的区别程度高；美国则介于两者之间。六个发达经济体国家和社会各自的集中程度也互不相同，如图 3-1 所示。

社会集中程度 \ 国家集中程度	高	低
高	日本	联邦德国、意大利
低	法国、英国	美国

图 3-1　国家和社会各自的集中程度

资料来源：Peter Katzenstein ed.，*Between Power and Plenty*：*Foreign Economic Policies of Advanced Industrial States*，Madision：University of Wisconsin Press，1978，p. 324.

据此，每一个国家都有着国家和社会的区别程度和集中程度的特定混合。卡赞斯坦认为，正是由于区别程度和集中程度的不同，六国在政策工具的使用上也显著不同。国家在政策网络中的作用在日本是最强的，因为它的国家和社会各自的集中程度都高，而国家和社会之间的区别程度低。国家的作用在法国也比较强，但不如日本，因为法国的社会集中程度比日本要低。与日本和法国相比，美国、英国、联邦德国和意大利的国家掌握的政策工具很少，这些工具对特定的部门或企业只有间接的影响。

在塞缪尔·亨廷顿（Samuel Huntington）、亚历山大·格申克龙（Alexander Gerschenkron）、巴林顿·摩尔（Barrington Moore）等学者著述的基础上，卡赞斯坦对这些国家国内结构的历史演化进行了进一步分析①。从这些分析中可以推出，由于具有深刻的历史与文化根源，即使面临全球政治经济体系的压力与挑战，各国的国内结构也很难在中短期内发生根本性的改变。因此，卡赞斯坦的论述虽然着眼于石油危机后先进工业化国家的对外经济政策，但对于认识今天发达国家乃至欠发达国家的对外经济政策仍具有重要的理论价值与启发意义。这也是该文发表多年仍被广为引用的原因之一。

这样，国内结构作为一个概念可以很好地抓住对外经济政策所受到的国内政治约束。托马斯·里斯-卡彭（Thomas Risse-Kappen）在其主编的《找回跨国关系：非国家行为体、国内结构与国际制度》一书中对卡赞斯坦的国内结构概念做了进一步的重构。里斯-卡彭承认，国内结构路径辨别了国家自主性的不同程度，从而很好地解释了相同国际压力限制和机会下国家回应的差异。但由于卡赞斯坦将国内结构定义为国家和社会的组织特点，特别是它们各自集中的程度，国内结构路径造成了弱国家/强国家的简单区分。里斯-卡彭认为，国内结构的这种定义混淆了结构和结果，导致了同义反复的命题，因此需要对国内结构重新进行概念化。他提出了“国内结构”的新定义，即国内结构指的是国家的

① Peter Katzenstein，“Domestic Structures and Strategies of Foreign Economic Policy”，in Peter Katzenstein，ed.，*Between Power and Plenty*：*Foreign Economic Policies of Advanced Industrial States*，Madision：University of Wisconsin Press，1978，pp. 323-332.

政治制度、社会结构和连接两者的政策网络。国内结构包含政治和社会制度的组织设置，它们的惯例、融入法律和习俗的决策规则和程序，以及嵌于政治文化的价值和规范①。

在重新概念化的基础上，里斯-卡彭将国内结构划分为三个层次：第一，政治制度的结构。在这一层次，可以根据集中化或碎片化的程度来分析国家。在“集中的国家”中，制度与文化使行政权力集中在政治体系高层，政府对立法机构具有相当的独立性，国家代表全民的利益。“碎片的国家”的特征与此刚好相反。第二，市民社会的需求形成结构，对此可以通过意识形态或阶级分化所导致的国内极化（internal polarization）来加以检验。在“强社会”中，相对缺乏意识形态和阶级分化，市民社会由于政治原因而很容易动员起来，存在集中化的社会组织如商会、工会、教会。“弱社会”的特征与此相反。第三，连接国家和社会的政策网络和在这些网络中调节联盟形成过程的规范。在“共识的政体”中，强大的中介组织在妥协性的决策文化中发挥作用，而“极化的政体”则强调分配过程中的讨价还价，往往由此导致了决策上的僵局②。根据这三个层次，里斯-卡彭将国内结构分为以下六种类型，如表 3-2 所示。

表 3-2　国内结构的类型

		社会			
		强		弱	
		政策网络		政策网络	
		共识的	极化的	共识的	极化的
政治制度	集中的	法团型	僵局型	国家主导型	国家控制型
	碎片的	社会主导型		脆弱型	

资料来源：Thomas Risse-Kappen, ed., *Bringing Transnational Relations Back in: Non-State Actors, Domestic Structure and International Institutions*, Cambridge: Cambridge University Press, 1995, p. 23.

里斯-卡彭提出，在相似的国际环境下，国内结构的差异将决定跨国行为体对政策的影响程度。这里的跨国行为体包括跨国公司、国际非政府组织和跨政府的官僚网络等。国内结构会缓和、过滤、折射跨国行为体影响不同领域政策的努力。为了影响政策，跨国行为体不得不克服两个障碍：（1）它们要进入目标国的政治体系。（2）它们必须产生和形成获胜的政策联盟以使决策发生其期望的转变。跨国行为体影响政策变革的能力取决于政策网络中国内联盟形成的过程，还取决于联盟形成后和跨国行为体利益共享的程度。国内结构可能既决定了进入政治体系的难易程度，也决定了获胜联盟的要求和规模③。这样，里斯-卡彭通过国内结构的概念说明了跨国行为体影响政策制定的约束条件。

四、国家主义理论的价值与局限

在解释对外经济政策时，政治学家发展了不同的理论范式。尽管肯尼思·沃尔兹试图

---

① Thomas Risse-Kappen, ed., *Bringing Transnational Relations Back in: Non-State Actors, Domestic Structure and International Institutions*, Cambridge: Cambridge University Press, 1995, p. 20.

② Ibid., pp. 21-22.

③ Ibid., p. 25.

将国际政治理论与对外政策理论加以区分，但许多国际关系学者还是将国际体系的不同特点与对外政策的不同结果联系起来。这种联系在国际政治经济学中形成了对外经济政策分析的体系中心论。正如上一章所阐述的，霸权稳定理论和新自由制度主义分别将对外经济政策看作国际体系的结构或国际制度的函数。这样，对外经济政策的体系中心论就将国家决策过程看作一个黑箱。在处理跨越时空的大量案例时，这样做是必要的、有用的。但是，在分析在一个国家随着时间展开的少量案例时，这种黑箱化的决策分析模式在解释力上就捉襟见肘了。我们需要理解政策过程，需要理解国际和国内力量如何通过政府的黑箱进行传导。国家主义理论不仅通过国家自主性的概念将国家带回到了政策分析的中心，而且通过国内结构的途径打开了这个决策过程的黑箱。正如国家主义所强调的，国家由于坐落在国内政治经济和国际政治经济的交界之处，从而获得了自主性的最基本保障。国家这种独一无二的位置赋予了行政部门在对外经济政策的制定和实施中特别的合法性，而这种合法性在更具国内属性的公共政策领域中是相对不足的①。因此，国家可以通过在对外政策问题上重新定义国内问题，来获得更大的合法决策的权力。在这一意义上，国家主义理论在对外经济政策分析上具有异乎寻常的价值。学者们可以在此基础上丰富和深化关于对外经济政策的理论认识。

总体来看，国家主义理论抓住了当代国际政治经济中的核心因素——现代民族国家。历史经验表明，工业化进程启动越晚，国家在经济发展中的作用就越突出。根据亚历山大·格申克龙（Alexander Gershenkron）的“后发展理论”，工业化的时间与特征会导致不同的经济发展模式。在 1962 年出版的《历史视角的经济落后》一书中，格申克龙讨论了欧洲国家的落后程度、国家介入的程度、工业化的不连续性和经济增长率之间的相互关系。首先，一个国家的工业发展越是落后，它的工业化飞跃一旦开始就越猛烈。其次，与大规模工厂和企业的强大潮流相联系的落后程度越高，各种级别的垄断性协议也就越容易达成。最后，一个国家越是落后，它的工业化就越可能按某种有组织的指挥前进。由于落后的程度不同，工业化组织的集中程度也不同。工业化最早的英国依赖于企业，而稍晚的法国和德国则依赖于投资银行，更晚的俄国则由国家的官僚机构直接出面②。因此，落后程度决定国家是否有必要介入和积极参与工业的发展。由于第三世界仍很落后，它们的国家当然会广泛地介入其工业化。

毋庸置疑，全球化的加速发展限制了国家干预市场的能力。正如苏珊·斯特兰奇所言：“这种由国家向市场的权力转移可能是 20 世纪后半期发生的最大的国际政治经济变革。这种变革在生产、贸易、投资和金融事务中最为显著。这些事务是对人们的日常生活产生影响最大的事务。”③ 但全球化不可能消除各国在经济政策上的差别，也不可能直接决定各国的经济政策绩效。在经济全球化的冲击下，国家是否变得更脆弱取决于其反应的方式，特别是国家对外部冲击的适应能力及其运用宏观经济政策加以抵消的能力。实际

---

① John Ikenberry, David Lake, and Michael Mastanduno, “Introduction: Approaches to Explaining American Foreign Economic Policy”, *International Organization*, Vol. 42, No. 1, 1988, p. 13.

② Alexander Gershenkron, *Economic Backwardness in Historical Perspective*, Cambridge: Harvard University Press, 1962.

③ 苏珊·斯特兰奇 . 权力流散：世界经济中的国家与非国家权威 . 北京：北京大学出版社，2005：36.

上，国家仍有很大的回旋空间来追求自己的目标。苏珊娜·伯格（Suzanne Berger）和罗纳德·多尔（Ronald Dore）就发现，尽管各国在增长率和劳动生产率等宏观经济政策绩效上显示出某种趋同，但在制度和组织结构方面几乎没有出现趋同，因为各国的制度和组织结构往往是“刚性”的，变革成本很高。在他们看来，外部的压力要求国家做出某种反应，但是反应的性质基本上取决于国内的因素，而且国家不限于只做出一种反应，因此全球化对国内政治经济的影响大小基本上取决于各国本身①。因此，国家主义在全球化的条件下仍然具有相当的理论生命力。

在方法论上，国家主义强调理论与历史的有机结合，并在地区研究和个案研究中注重“历史特殊性”。这一特点使国家主义在经验研究上取得了累累硕果，但也由此付出了因果关系不够简约的代价。国家主义过于关注国家的宏观结构，由于缺乏对决策者微观动机的分析而削弱了自身的逻辑演绎能力，也难以发展出关于自变量和因变量之间关系的明确假设。此外，国家主义强调国家与社会关系的模式，并且打开了国家决策过程的黑箱，但由于过于强调国家的重要性，对社会的分析不够具体和深入。面对这些问题，国家主义在不断动态地调整自己的理论纲领，以吸收新的学理资源。随着时间的推移，国家主义逐渐汇入到历史制度主义这一方法论上更为系统的理论谱系中，在很大程度上弥补了将国家自主性绝对化的缺陷。比如，里斯-卡彭对国内结构概念的重构就显然受到了历史制度主义的影响。卡赞斯坦、基欧汉、克拉斯纳在总结国际政治经济学创生以来的学术进展时就曾指出：“虽然国家主义派生的一些研究纲领遭遇到了实证方面的经验反例，但是作为一般性研究纲领，国家主义并没有被抛弃，而是得到了调整和充实。”②

第二节　以社会为中心的理论

国家具有自主性，但国家自主性不是绝对的。国家制定的政策需要社会支持，对外经济政策也不例外。在现代大众政治日益兴起的条件下，只有了解了主要社会集团的具体经济利益，才能找到某项对外经济政策的社会支持模式。正如彼得·古勒维奇所说的：“政策选择最终由政治家来做出。他们的权力来自于制度所授予的正式权威。但是，政治领导人必须得到并保持这些制度性职位。他们无论做出什么决策，要想发挥作用，就必须服从于甚至热心服务于无数的工作者、投资者和消费者。当政治家做出选择时，他们的选择受制于动员或保有支持的需要。政治家不得不在官僚、公务员、政党、利益集团领袖和社会中的经济行为体之间寻求一致。”③ 在这一意义上，国际-国内互动的政治经济学理论，离不开对国内社会经济行为体具体经济利益的考察。社会联盟理论具体揭示了开

---

① Suzanne Berger and Ronald Dore eds., *National Diversity and Global Capitalism*, Ithaca: Cornell University Press, 1996.

② 彼得·卡赞斯坦，罗伯特·基欧汉，斯蒂芬·克拉斯纳．世界政治理论的探索与争鸣．上海：上海人民出版社，2006：28.

③ Peter Gourevitch, *Politics in Hard Times: Comparative Responses to International Economic Crises*, Ithaca and London: Cornell University Press, 1986.

放经济条件下不同集团的经济利益，从而为对外经济政策分析提供了以社会为中心的理论。

一、理论背景："颠倒的第二意象"

20世纪70年代，随着国际形势发生深刻变化，一些国际关系学者开始对国际政治研究与国内政治研究之间的隔阂状态感到不满。约瑟夫·奈和罗伯特·基欧汉于1971年在《国际组织》杂志上编辑了《跨国关系与世界政治》的专辑，强调跨国关系对国际政治的影响①。他们在1977年出版的《权力与相互依赖》一书中又提出了"复合相互依赖"的概念，突出了不同社会之间的多渠道联系②。但无论是跨国主义还是"复合相互依赖"，都没有为国际力量与国内力量的互动机制提供一种概念性的框架。而彼得·古勒维奇（Peter Gourevitch）在1978年发表的《颠倒的第二意象：国内政治的国际根源》中，则超越了描述和简单概括的层次，为国际力量如何影响国内政治的理论解释打开了一扇窗。

古勒维奇在开篇就直接提出了自己的理论关切："国际关系和国内政治的传统区分已经终结了吗?"③ 在他看来，国际关系和比较政治作为政治学的两个分支，对这一问题的理解有着非常不同的视角。国际关系学者有时会关注国内体系，但其目的是解释对外政策与国际政治。在探究国家对外行为的原因时，他们如果不满意于纯粹的国际体系层次上的解释，就可能会探索国内政治。比较政治学者的主要研究目的则在于探求国内结构的本质。为了追寻国内政治的动力，国际体系可能会成为一个解释变量。因此，在比较政治学者那里，"国内结构并不是国际政治的原因，而是国际政治的结果"④。古勒维奇对这两个方面的问题都感兴趣。但由于比较政治学的视角常常被忽视，所以古勒维奇在文中主要讨论了国内结构如何成为国际政治的结果。

我们由此可以明白为什么古勒维奇把题目叫作"颠倒的第二意象"。肯尼思·沃尔兹在《人、国家与战争》一书中对关于冲突起源的三种意象进行了区分：第一意象是"人性与国际冲突"。根据这一意象，战争源于人类的本性和行为。第二意象是"国家与国际冲突"，即从国家的内部结构中去寻找冲突的根源。第三意象是"国际体系与国际冲突"，即国际无政府状态是导致国际冲突的原因⑤。不难看出，沃尔兹的"第二意象"所关注的是国际行为的国内根源，而古勒维奇所讨论的是国内政治的国际根源，即从国际体系到国内结构的推理过程。在这个意义上，古勒维奇的研究议程就成了"颠倒的第二意象"。

根据这一研究进路，古勒维奇对作为自变量的国际体系和作为因变量的国内政治进行

---

① Joseph Nye and Robert Keohane, "Transnational Relations and World Politics: A Conclusion", *International Organization*, Vol. 25, No. 3, 1971.

② Robert Keohane and Joseph Nye, *Power and Interdependence*, Boston: Little Brown, 1977.

③ Peter Gourevitch, "The Second Image Reversed: The International Sources of Domestic Politics", *International Organization*, Vol. 32, No. 4, 1978, p. 881.

④ Ibid, p. 882.

⑤ Kenneth Waltz, *Man, The State and War*, New York: Columbia University Press, 1959.

了概念化的工作。关于国际体系，他提出，主要是以下两个维度对国内政治特征产生了重要影响：其一是国家间权力分配，或者说是国际性国家体系；其二是经济活动和财富的分配，或者说是国际经济。关于国内政治，古勒维奇认为以下五个维度都有可能成为国际力量作用的结果：具体事件、具体决定、政策、政体类型和联盟模式。由于前三个维度很容易理解，所以他更多地强调了后两个相对复杂的维度。根据他的界定，“政体类型”（regime type）指的是决策的制度结构、机制、过程与程序，“联盟模式”（coalition pattern）则指的是社会力量和它们之间的政治关系①。

在这一方向上，政治学家自20世纪70年代以来，依据“国际经济-国内政治”的进路，提出了社会联盟理论。古勒维奇1977年在《多学科历史杂志》上发表了《国际贸易、国内联盟与自由：对1873—1896年危机回应的比较》一文，对1873—1896年世界性经济萧条所带来的国内社会联盟构成进行了深入透彻的分析②。经过多年的努力，古勒维奇在1986年出版了《艰难时世下的政治：五国应对世界经济危机的政策比较》一书③。而另一位政治学家罗纳德·罗戈夫斯基在1989年出版了《商业与联盟：贸易如何影响国内政治联盟》④。这两本著作的相继出版，标志着社会联盟理论的正式成形。

随着世界市场的形成与扩张，越来越多的国家卷入了国际分工和价值链中。一国国内的社会利益分配越来越深地打上了国际经济的烙印。国际经济联系对国内各集团福利的影响正是社会联盟理论的分析起点。因此，国际经济政策的收入分配效应构成了社会联盟理论的微观基础。但令对外经济政策分析者烦恼的是，国际经济学中存在着两种不同的贸易收入分配模型，即赫克歇尔-俄林模型和李嘉图-维纳模型。由于两种模型的假设不同，政治学家不得不在社会经济利益分析的判定上选取其中的一种模型作为自己的微观基础，这就使社会联盟范式内部出现了以阶级为基础的路径和以行业/部门为基础的路径之间的分歧。而通过考察行业间的要素流动程度，两种联盟分析路径找到了相互会合的逻辑与经验基础。

二、社会联盟的阶级分化模型

赫克歇尔-俄林模型是由瑞典经济学家伊莱·赫克歇尔和贝蒂尔·俄林提出的，因为这一模型强调了不同生产要素在不同国家的资源中所占的比例和它们在不同产品的生产投入中所占的比例两者之间的相互作用，所以又被称作要素比例理论。在这一模型中，一个国家供给相对多的要素，称为这个国家的充裕要素；供给相对少的要素称为这个国家的稀缺要素。根据“斯托尔珀-萨缪尔森定理”（Stolper-Samuelson theorem），产品相对价格

---

① Peter Gourevitch，“The Second Image Reversed：The International Sources of Domestic Politics”，*International Organization*，Vol. 32，No. 4，1978，pp. 882 - 883.

② Peter Gourevitch，“International Trade，Domestic Coalitions，and Liberty：Comparative Responses to the Crisis of 1873—1896”，*Journal of Interdisciplinary History*，Vol. Ⅷ，No. 2，1977.

③ Peter Gourevitch，*Politics in Hard Times*：*Comparative Responses to International Economic Crises*，Ithaca and London：Cornell University Press，1986.

④ Ronald Rogowski，*Commerce and Coalitions*：*How Trade Affects Domestic Political Alignments*，Princeton：Princeton University Press，1989.

的变动对要素所有者的相对收入有很大的影响，而国际贸易导致了相对价格的改变，所以国际贸易具有很强的收入分配效应：一个国家充裕要素的所有者从贸易中获利，而稀缺要素的所有者则在贸易中受损[①]。正是在这一收入分配模型基础上，罗纳德·罗戈夫斯基（Ronald Rogowski）在《商业与联盟：贸易如何影响国内政治联盟》一书中为分析国际贸易如何影响国内政治结盟提供了一个简约的理论分析框架。

当国际贸易的风险降低或成本下降时，国际贸易会扩张，比如 1840—1914 年、1948 年以后。当国际贸易的风险增加或成本上升时，国际贸易会收缩，比如两次世界大战之间。根据赫克歇尔-俄林模型，国际贸易的扩张使一个国家充裕要素的所有者受益，使稀缺要素的所有者受损；而国际贸易的收缩则使一个国家稀缺要素的所有者受益，使充裕要素的所有者受损。作为一名政治学家，罗戈夫斯基由此提出的问题是："这种财富和收入转移导致了什么政治后果？"[②]

罗戈夫斯基采用了传统的三要素假设：土地、劳动力和资本，并且假设土地与劳动力的比例充分揭示了任何国家这两种要素的禀赋[③]。土地与劳动力的比例较高，就意味着土地充裕和劳动力稀缺。土地与劳动力的比例较低，就意味着土地稀缺和劳动力充裕。此外，罗戈夫斯基将先进国家定义为资本充裕的国家，将落后国家定义为资本稀缺的国家。这样就形成了 2×2 列表分析法所显示的四种情况。

如图 3－2 所示，根据赫克歇尔-俄林模型，国际贸易的扩张将会导致以下情况的政治分化：第一种情况，先进国家劳动力充裕但土地稀缺。贸易扩张将会使资本家和劳工受益，而使土地所有者和密集使用土地的畜牧业者、农业企业家遭受损失。无论是资本所有者还是劳工都偏好自由贸易，而农业集团整体上偏好保护贸易。这种情况下，资本所有者和劳工会彼此协调来扩大其政治影响。19 世纪 40 年代，英国的反《谷物法》同盟就是这样一种政治联合。第二种情况，先进国家土地充裕但劳动力稀缺。因为资本和土地是充裕的，资本家、资本密集型行业和农业将从自由贸易中受益。因为劳动力是稀缺的，劳工和劳动密集型产业将会抵制自由贸易而寻求贸易保护。1973 年以后，美国的劳工组织就成为贸易保护力量的主要支柱。第三种情况，落后国家土地充裕但劳动力稀缺。在这样的一些国家，资本和劳动力都是稀缺的，资本家和劳工因此会受到贸易扩张的伤害。而土地是充裕的，因此农业将会从自由贸易中得益。19 世纪末，美国的农业集团就曾通过"民粹主义"运动来追求它们的低关税目标。第四种情况，落后国家土地稀缺但劳动力充裕。这种情况下，劳工将会追求自由贸易，扩张政治权力，甚至可能会发动无产阶级革命。而土地所有者、资本家和资本密集型产业将联合起来支持贸易保护、帝国主义和对劳工的政治排斥。19 世纪 70—80 年代德国作为落后国家，就形成了容克地主与资本集团的"铁与麦"的联盟。

---

① 保罗·克鲁格曼，茅瑞斯·奥伯斯法尔德．国际经济学：理论与政策．5 版．北京：中国人民大学出版社，2002：64－88.

② Ronald Rogowski，*Commerce and Coalitions*：*How Trade Affects Domestic Political Alignments*，Princeton：Princeton University Press，1989，p. 4.

③ 这一假设意味着，没有国家在劳动力和土地上同时都是丰富的，或者同时都是稀缺的。

土地与劳动力的比例

	高	低
先进国家	阶级分化: •土地、资本所有者支持自由贸易 •劳工争取贸易保护	城乡分化: •资本所有者、劳工支持自由贸易 •土地所有者争取贸易保护
落后国家	城乡分化: •土地所有者支持自由贸易 •劳工、资本所有者争取贸易保护	阶级分化: •劳工支持自由贸易 •资本、土地所有者争取贸易保护

图 3-2　贸易扩张的政治效应

资料来源：Ronald Rogowski，*Commerce and Coalitions*：*How Trade Affects Domestic Political Alignments*，Princeton：Princeton University Press，1989，p. 8.

当国际贸易收缩时，每种情况的获益者和损失者刚好和上面的情况相反。政治分化的结果如图 3-3 所示。

土地与劳动力的比例

	高	低
先进国家	阶级分化: •土地、资本所有者争取自由贸易 •劳工支持贸易保护	城乡分化: •资本所有者、劳工争取自由贸易 •土地所有者支持贸易保护
落后国家	城乡分化: •土地所有者争取自由贸易 •劳工、资本所有者支持贸易保护	阶级分化: •劳工争取自由贸易 •资本、土地所有者支持贸易保护

图 3-3　贸易收缩的政治效应

资料来源：Ronald Rogowski，*Commerce and Coalitions*：*How Trade Affects Domestic Political Alignments*，Princeton：Princeton University Press，1989，p. 12.

罗戈夫斯基随后又放宽土地劳动力之比的假设，承认两者都充裕或都稀缺。由于土地、劳动力、资本三种要素不可能都充裕或者都稀缺，放宽土地劳动力之比的假设后只有两种可能性：(1) 发达经济体土地和劳动力都稀缺。贸易扩张只符合资本家的利益，受损的农民和劳工将联合起来形成红绿联盟来支持保护主义，而受益的资本家则可能建立专制政权来追求自由贸易。当贸易收缩时，土地和劳动力作为稀缺要素将会获益，由其构成的红绿联盟将要求大规模的政治参与。(2) 落后经济体劳动力和土地都充裕。贸易扩张动员了红绿联盟，农民和工人将会从自由贸易中受益，他们会联合起来支持自由贸易并限制资本家的权力。而贸易收缩的唯一受益者将是资本家，资本家与其他要素所有者将会发生大规模冲突，其结果要么是资产阶级建立的专制政权，要么是反资产阶级的革命。

通过上述理论模型，罗戈夫斯基有力地论证了国际贸易带来的变化对国内政治分化所产生的深刻影响。由于罗戈夫斯基采用的是相对精练的三要素模型，国内政治分化主要是以阶级为基础的，即劳动力要素所有者——劳工，资本要素所有者——资本家，以及土地要素所有者——地主、农场主和拥有土地的农民。而古勒维奇、杰弗里·弗里登等另一些政治学家则认为，阶级内部并非铁板一块，属于同一阶级的不同集团之间也会在“对外经济政策的政治”中相互倾轧。他们以李嘉图-维纳模型为工具，提出了以行业/部门分化为基础的联盟分析路径。

三、社会联盟的行业/部门分化模型

李嘉图-维纳模型是在修正李嘉图模型基础上形成的。在标准的李嘉图模型中，劳动是各国产业部门唯一的生产要素。杰克布·维纳最早提出以特定要素概念来修正李嘉图模型，保罗·萨缪尔森和罗纳德·琼斯对这个模型进行了数学化。与标准的李嘉图模型不同的是，李嘉图-维纳模型中存在着劳动以外的生产要素，这些要素是特定的，即它们只能被用来生产某些特定产品。因此这一模型又被称为特定要素模型。根据这一模型，贸易使出口部门特定要素的所有者受益，使进口产品竞争部门特定要素的所有者受损，对流动要素所有者的影响不确定①。显而易见，李嘉图-维纳模型中的收入分配是以行业/部门为基础的。

在《艰难时世下的政治：五国应对世界经济危机的政策比较》中，古勒维奇就以宽宏的历史视野展现了不同部门的社会行为体在“艰难时世”中围绕着经济政策制定而发生的政治冲突与合作。这里所说的“艰难时世”，是指世界性的经济危机和经济萧条。之所以将“艰难时世”作为观察“对外经济政策的政治”的镜像，古勒维奇做了这样的说明：“经济危机导致政策争论和政治敌对。政策生成于冲突之中，政策要求政治。也就是说，对经济危机的回应要求政治支持。为了理解政策选择，我们必须理解产生政策的政治。……当国家经济相互依赖时，危机就是国际性的。没有国家能够逃脱，因为危机是所有国家必须回应的冲击。通过检验国家做了什么，通过观察它们的回应如何变化，我们可以了解这些国家自身以及导致它们选择特定政策的因素。”②

古勒维奇主要讨论了三个“艰难时代”，即1873—1896年的世界经济危机、1929年开始的世界经济大萧条和20世纪70年代的世界经济紧缩。在他对这些危机的叙述中涉及了这样一些政策联盟：英国反《谷物法》同盟、德国的“铁与麦”的联盟、魏玛联盟、美国的平民党和“金本位”民主党联盟、“新政”联盟、法兰西人民阵线、瑞典的红绿联盟。古勒维奇提出，只有对这些历史上的联盟进行政治社会学的分析，我们才能理解这些国家面对经济危机时所做出的政策选择，即：联盟有哪些成员？它们得以形成的贸易条件是什么？它们怎样聚合在一起？其他的组合是否可能？联盟是松散的还是紧密的？

我们以书中对1873—1896年危机中英国和德国政策的分析为例来说明古勒维奇的研究路径。在这次危机中，英国作为第一个工业化国家，其大规模的制造业居于世界领先地位。利用从这些产业中获得的利润，英国又发展了庞大的与世界经济紧密联系的金融和贸

① 保罗·克鲁格曼，茅瑞斯·奥伯斯法尔德．国际经济学：理论与政策．5版．北京：中国人民大学出版社，2002：37－63.

② Peter Gourevitch，*Politics in Hard Times*：*Comparative Responses to International Economic Crises*，Ithaca and London：Cornell University Press，1986，p. 19.

易部门。英国的农业已经适应了国际专业化的压力，以生产高附加值农产品为主。劳工关心食物的成本，但在《谷物法》废除以后，劳工也支持自由贸易。1873 年危机发生后，一些粮食生产者和钢铁业生产者寻求保护，但他们被支持自由贸易的上述联盟所击败。这样，即使发生了经济危机，英国在工业和农业领域仍实行低关税政策。英国国内行为体的关税政策倾向如图 3－4 所示。

工业关税＼农业关税	高	低
高		钢铁制造业者
低	粮食生产者	大多数劳工 高附加值农产品生产者 最终制造业产品生产者 银行家和远洋运输业者 政策结果

图 3－4　英国国内社会行为体的关税政策偏好

资料来源：Peter Gourevitch，*Politics in Hard Times*：*Comparative Responses to International Economic Crises*，Ithaca and London：Cornell University Press，1986，p. 81.

在 1873—1896 年的危机中，德国的情况与英国形成了极端的对比。作为后发国家，德国面对着英国的激烈竞争。德国的银行业与国际金融和贸易没有联系，而是与国内产业密切相关。德国地少人多，大部分农产品不具有竞争力。这样，由钢铁重工业所主宰的工业和由种植谷物的容克地主主宰的农业联合起来支持贸易保护，形成了著名的“铁与麦”的联盟。而偏好自由贸易的联盟成员则有出口导向型产业和高技术产业（如化学和电力设备行业）、生产奶和肉的农民、关心食物价格的劳工，但他们在政治斗争中失败了。这样，德国在工业和农业领域都实行高关税。德国国内行为体的关税政策倾向如图 3－5 所示。

工业关税＼农业关税	高	低
高	政策结果 小农	重工业者 重工业工人
低	容克地主	最终制造业产品生产者 最终制造业工人

图 3－5　德国国内社会行为体的关税政策偏好

资料来源：Peter Gourevitch，*Politics in Hard Times*：*Comparative Responses to International Economic Crises*，Ithaca and London：Cornell University Press，1986，p. 95.

显然，“在第一次危机中，通过作用于国内行为体，塑造他们的政策偏好以及他们对冲突和联合的倾向，国际经济在塑造国内政治上发挥了相当大的作用”①。古勒维奇的主要分析单位是以行业/部门分化为基础的社会集团，他将其称为“社会行为体”。虽然所有行业都有劳资冲突，但不同行业对待劳工的态度有很大不同。例如，高技术部门因其处于国际竞争之中，就和寻求廉价食物的劳工团体结成了争取自由贸易的联盟。重工业者由于大规模的资本投入，产生了对稳定的强烈需求，因此反对自由贸易。农业集团则被分成两半：一部分是谷物生产者，另一部分是高附加值的食物生产者（他们要使用谷物和其他的庄稼来作为投入）。在欧洲，后者支持自由贸易，而前者是保护主义者。在美国，前者反对贸易保护主义，而后者接受贸易保护。这样，生产要素的所有者不再是统一的整体，而是不同行业/部门的松散集合。

与古勒维奇相比，杰弗里·弗里登（Jeffery Frieden）更加明确地将李嘉图-维纳模型作为考察对外经济政策的分析工具。在1991年发表的《投资的利益：金融全球化时代国家经济政策的政治》中，弗里登依据李嘉图-维纳模型提出了一个分析国际资本流动的框架②。但与纯粹的经济学分析不同，弗里登的框架集中关注资本跨国流动的分配含义，并根据资本流动的程度考虑不同经济政策的分配含义。

一般而言，国际资本流动包括国际间接投资和国际直接投资两个部分。就国际间接投资来说，当国家允许金融资本跨国流动时，金融资本离开了回报率较低的国家而进入了回报率较高的国家。在输出资本的国家，利率会上升；在输入资本的国家，利率会下降。利率的变化不仅会影响金融资本的所有者，而且会影响借款者。据此弗里登提出，资本输出国金融资本的所有者与资本输入国特定要素资产所有者的境况将会变得更好，而资本输入国金融资本的所有者与资本输出国特定要素资产所有者的境况将会变得更糟。如果资本流动是从发达国家流向发展中国家，资本流动的增加一方面有利于发达国家金融资产所有者，而不利于发展中国家金融资产所有者；另一方面不利于发达国家本土特定要素的所有者，而有利于发展中国家本土特定要素的所有者③。弗里登对于国际直接投资的主体——跨国公司也进行了收入分配效应的分析。在李嘉图-维纳模型的视角下，一个关键变量是资产的流动性或特定性。当投资者的投资涉及了大量的不同经济活动时，他所拥有的资产很容易从一种用途转向另一种用途。在这个意义上，资产多样化的公司具有较少的特定性和较多的流动性。因为运作于不同情况的多个国家，跨国公司在偏好上类似于拥有多种流动资产的投资者，而不同于国内特定部门的公司。

国际资本流动上的这些利益歧异导致了金融一体化力量和反金融一体化力量之间的冲突。但在开放经济的时代，国家一般不会采取直接限制国际资本流动的政策，这种冲突就往往转向了汇率政策。弗里登认为，在汇率问题上两个相关维度的政策选择是至关重要的：汇率灵活性和汇率自身的水平。图3-6反映了资本跨国流动条件下不同社会经济行为体的政策偏好。

---

① Peter Gourevitch，*Politics in Hard Times*：*Comparative Responses to International Economic Crises*，Ithaca and London：Cornell University Press，1986，p. 24.

② Jeffery Frieden，“Invested Interests：The Politics of National Economic Policies in a World of Global Finance”，*International Organization*，Vol. 45，No. 4，1991.

③ Ibid.，p. 439.

汇率水平 \ 汇率灵活性	高	低
低	进口竞争型可贸易部门商品生产者	出口导向型可贸易部门商品生产者
高	不可贸易部门商品和服务生产者	国际交易商和投资者

图 3-6　资本跨国流动条件下不同社会经济行为体的政策偏好

资料来源：Jeffery Frieden，“Invested Interests：The Politics of National Economic Policies in a World of Global Finance”，*International Organization*，Vol. 45，No. 4，1991，p. 445.

第一个维度主要反映在国家选择固定汇率制还是浮动汇率制上。根据蒙代尔-弗莱明模型（Mundell-Fleming model），在资本自由流动的条件下，固定汇率制和国家货币政策的自主性不能同时存在。固定汇率制对于两类社会经济行为体特别具有吸引力，即国际交易商和投资者、出口导向型可贸易部门商品生产者。他们的经济活动直接卷入国际贸易和支付，并因此对汇率市场波动高度敏感。由于他们在国内经济萧条时可以将资本转移到其他国家，所以这两类行为体并不关切国内的宏观经济状况。而另两类行为体——不可贸易部门商品和服务生产者、进口竞争型可贸易部门商品生产者宁可牺牲汇率的稳定性，也要保持货币政策的独立性。他们为国内市场而生产，因此高度关切国内宏观经济状况。又因为他们的生意没有涉及外汇的使用，货币的波动对他们至多有间接的影响，这两类行为体并没有对汇率稳定的清晰偏好。据此，弗里登提出，跨国公司和国际导向型可贸易部门商品生产者将更偏好货币的稳定，而不可贸易部门商品和服务生产者和进口竞争型可贸易部门商品生产者更希望保持国家货币政策的自主性[①]。

在第二个维度上，一些行为体偏好高汇率，另一些行为体偏好低汇率。弗里登认为可以通过追踪货币贬值或升值的相对价格变化来预期经济部门的利益。从具体的分配效应看，汇率越低即越贬值，可贸易商品相对于不可贸易商品的价格就越高。这当然有助于可贸易部门商品的生产者，而不利于不可贸易部门商品的生产者，因为前者产出价格的增长多于他们所使用的不可贸易商品投入价格的增长。根据这一原理，可贸易部门的生产者偏好弱势货币，因为弱势货币使他们的产品在国内和国际市场更具竞争力。而不可贸易部门商品与服务生产者偏好强势货币，因为货币升值提高了其产品在国内市场的相对价格，降低了可贸易部门商品在国内市场的相对价格。国际交易商和投资者也同样偏好强势货币，因为他们可以购买更多的海外资产。

四、两种社会联盟模型的分歧与会合

作为国际关系与比较政治学科交融的重要理论成果，社会联盟理论为国际体系如何影

① Jeffery Frieden，“Invested Interests：The Politics of National Economic Policies in a World of Global Finance”，*International Organization*，Vol. 45，No. 4，1991，p. 446.

响国内政治提供了一种系统的分析路径。古勒维奇、罗戈夫斯基、弗里登等学者为这一范式的创立做出了关键性的贡献。在以行为体利益与偏好为基础的分析视角、以社会联盟构成为中心的分析对象、以国际经济局势为自变量的分析框架上，他们的著述共同表征了社会联盟理论的基本特点。但由于对国际经济联系的国内分配效应采用了不同的经济学模型，他们对社会联盟形式的分析却大相径庭。罗戈夫斯基依据赫克歇尔-俄林模型强调了以阶级分化为基础的社会联盟，而古勒维奇、弗里登则基于特定要素模型突出了以行业/部门分化为基础的社会联盟①。

作为两种分析路径的提出者，罗戈夫斯基和弗里登分别为自己的微观基础进行了辩护，对对方的微观基础进行了批评。罗戈夫斯基认为，针对特定要素模型的挑战，有三点值得强调。第一，即使是特定要素模型的倡导者，也没有质疑赫克歇尔-俄林模型从长期看是成立的。特定要素模型只是描绘了一个“短期的例外”。第二，很多研究显示，这种“短期的例外”将会越来越少。在国内，资本将随着时间的推移而具有了更多的流动性，劳工也有了更频繁的移民和职业改变，即使土地的用途也会发生变化。第三，哪个模型更具解释力只是一个经验问题。罗戈夫斯基找到的证据显示，历史上基于贸易问题的联盟形成更支持赫克歇尔-俄林模型，而不是特定要素模型②。

针对罗戈夫斯基的上述观点，弗里登提出了直接的批驳。他认为，赫克歇尔-俄林模型在预测长期经济趋势上是有用的，但它并不是一个分析国际要素流动的分配效应的好方法。原因如下：第一，这一模型对所涉及的要素的数量相当敏感。预测可以基于两种要素直接做出，但是当要素的数量多于两种时，预测将变得模糊不清。第二，它假设资本、劳动和其他要素在一国范围内能够毫无成本地从一项活动上转到另一项活动上，即使这些要素在国家间不能自由流动。这个假设当然是不真实的。虽然从长期来看，生产要素可以从一种用途转到另一种用途，但是从短期和中期来看，却不能做到这一点。而大多数政治分析是在短期或中期的时间框架内进行的。第三，经验证据显示，政治行为，特别是与经济政策相关的政治行为与其说是以阶级分化为基础的，不如说是以部门分化为基础的③。

从弗里登与罗戈夫斯基的辩论中，不难看出他们都承认对方应用的模型在局部范围内是有效的，即赫克歇尔-俄林模型适用于长期趋势的分析，而特定要素模型适用于短期情况的分析。但必须解决的问题是，当面对某一具体的国际化压力时，国内行为体究竟是以阶级为单位采取集体行动还是以行业/部门为单位采取集体行动呢？由于时间框架对解决这一问题无能为力，弗里登与罗戈夫斯基仍各执一词。而詹姆斯·阿尔特（James Alt）和迈克尔·吉利根（Michael Gilligan）在 1994 年发表的《贸易国家的政治经济学：要素特定性、集体行动

---

① 古勒维奇在他对三次危机的分析中，也涉及了阶级作为一个整体采取集体行动的情况。但他更多的是以部门/行业为基础的。在提出对政策选择的解释框架时，他明确指出：“很多文献讨论了非常大的集合体（劳动力和资本）或者非常小的集合体（个人和公司），而我所关注的是中等的集合体（部门）。”参见：Peter Gourevitch，*Politics in Hard Times*：*Comparative Responses to International Economic Crises*，Ithaca and London：Cornell University Press，1986，p. 55.

② Ronald Rogowski，*Commerce and Coalitions*：*How Trade Affects Domestic Political Alignments*，Princeton：Princeton University Press，1989，p. 19.

③ Jeffery Frieden，“Invested Interests：The Politics of National Economic Policies in a World of Global Finance”，*International Organization*，Vol. 45，No. 4，1991，p. 436.

问题与国内政治制度》中为这一问题的解决提供了一种理论上的思路①。他们引入了两个变量，即集体行动成本与要素流动性，这样就出现了如图 3－7 所示的四种情况。

	集体行动的成本：低	集体行动的成本：高
流动要素	阶级联盟	•蔓生的“搭便车” •无贸易政策联盟
特定要素	•多个利益集团 •积极的消费者 •特定与流动要素所有者之间的联盟	行业联盟

图 3－7　要素流动性和集体行动的成本对联盟形式的影响

资料来源：James Alt and Michael Gilligan，“The Political Economy of Trading States：Factor Specificity，Collective Action Problems，and Domestic Political Institutions”，in Jeffery Frieden and David Lake，eds.，*International Political Economy*：*Perspective on Global Power and Wealth*，Beijing：Peking University Press，2003，p. 339.

第一种情况，要素是流动的，集体行动的成本低。要素在部门间可以完全自由流动，意味着稀缺要素和充裕要素所有者之间会发生政治分化，即阶级分化。由于集体行动的成本低，阶级成员没有“搭便车”的问题。在这种情况下，正如罗戈夫斯基所预测的，政策网络上会形成以阶级为基础的社会联盟。

第二种情况，要素是流动的，但集体行动的成本高。由于集体行动的成本高，要素所有者将缺乏足够的动力去采取政治行动来影响贸易政策。“搭便车”成为社会成员普遍的政治行动。这样，在贸易问题上就没有联盟形成。例如，在资本充裕的国家，一个行业的劳工将会期待其他行业的劳工争取保护，结果没有任何行业的劳工承担集体行动的成本，这样游说活动就不会发生。

第三种情况，要素是特定的，集体行动的成本低。如果单个行业寻求对其产品的保护，消费者会对此加以反对。因为集体行动的成本低，任何消费者都不会“搭便车”，而是根据其利益需要积极参与贸易政治。这样，一个争取保护的行业只有在联合其他争取保护的行业的情况下，才有可能取得胜利。但这样的联盟有一个严重的问题：对其他行业的保护成本很可能高于保护本行业所获得的收益，这样，与接受自由贸易的情况相比，所有受保护行业的情况可能变得更坏了。阿尔特和吉利根据此认为，这样的联盟是内在不稳定的②。

第四种情况，要素仍然是特定的，但集体行动的成本高。由于大集团严重的“搭便车”效应，消费者根本不会形成社会联盟，从而排除了公众对贸易政治的普遍参与。由于集团规模较小，单个行业会寻求对它们产品的保护。因此，贸易政策会被寻求保护的特殊利益集团所支配。这种情况是符合特定要素模型的。

① James Alt and Michael Gilligan，“The Political Economy of Trading States：Factor Specificity，Collective Action Problems，and Domestic Political Institutions”，*Journal of Political Philosophy*，Vol. 2，No. 2，1994.

② James Alt and Michael Gilligan，“The Political Economy of Trading States：Factor Specificity，Collective Action Problems，and Domestic Political Institutions”，in Jeffery Frieden and David Lake，eds.，*International Political Economy*：*Perspective on Global Power and Wealth*，Beijing：Peking University Press，2003，p. 339.

这样，阿尔特和吉利根运用了曼瑟尔·奥尔森的“集体行动的逻辑”，使社会联盟形式的选择问题在理论上更清晰地呈现出来。在这一意义上，他们的研究推进了两种联盟分析路径的会合。但是，以阶级分化为基础的社会联盟和以行业/部门分化为基础的社会联盟各自在什么情况下会出现，归根到底是一个经验问题，理论模型只能提供有待经验检验的假设。正是通过对历史数据迄今为止最系统和最全面的检验，迈克尔·希斯考克斯（Michael Hiscox）在 2001 年出版的《国际贸易与政治冲突：贸易、联盟与要素流动程度》一书中为两种联盟分析路径的会合提供了坚实可靠的经验基础①。

在希斯考克斯看来，两种联盟分析路径都能够为自己找到在各种不同背景下的经验性证据，这就意味着需要在两者之间建立起沟通的桥梁，以确定在各种具体情况下哪种解释方法更加合适。在该书中，希斯考克斯运用标准的贸易理论提出了一个沟通两者的方法，即关注行业间的要素流动程度。如果要素能够在不同行业之间自由流动，那么贸易会对不同要素所有者的收入产生不同的影响，使不同生产要素所有者的立场不同，而不论它们处在哪个行业。如果要素在不同行业之间不能够自由流动，那么贸易就会对不同行业的收入有不同的影响，使得不同行业中同一要素的所有者在政策方向上立场不同②。换言之，在要素流动程度高的环境中更易于形成广泛的以阶级为基础的政治联盟，而在要素流动程度低的环境中更易于形成相对狭隘的以行业为基础的政治联盟。

接下来的问题是如何辨别不同形式的社会联盟之间的差异。希斯考克斯认为，“联盟”一词指的并不仅仅是一组拥有共同政策偏好的人；它还隐含了为影响政策制定而进行的某种形式的政治活动。在民主政体中，政党、组织和游说集团就是联盟影响政策的主要组织渠道③。比如，根据一般的政治学常识，政党往往代表了一定阶级（劳工、资本家或农场主）的利益。因此，贸易问题上的阶级分化越严重，政党内部就越团结。当政党代表稀缺要素所有者时，政党成员就一致地支持保护主义；当政党代表充裕要素所有者时，政党成员就一致地支持自由贸易。而贸易问题上的行业分化越严重，政党内部的立场分歧就越严重。不同的选区而不是不同的政党会根据其所在地各个行业的重要程度来评估支持某项政策变革所获得的净收益，同理可以推出社会分化的类型对社会组织和行业集团行为的影响（见表 3-3）。

表 3-3　　要素流动程度差异带来的预期结果

要素流动程度	联盟	对以阶级为基础的政党和组织的影响	对行业集团的影响
低	行业联盟	在贸易问题上内部分裂，采取模糊的政策立场	游说活动活跃，进口竞争行业争取保护，出口行业争取自由贸易
高	阶级联盟	在贸易问题上内部统一，采取一贯的保护主义立场（当代表稀缺要素时）或自由贸易立场（当代表充裕要素时）	不活跃

资料来源：迈克尔·希斯考克斯．国际贸易与政治冲突：贸易、联盟与要素流动程度．北京：中国人民大学出版社，2005：64.

---

① Michael Hiscox, *International Trade and Political Conflict: Commerce, Coalitions, and Mobility*, Princeton: Princeton University Press, 2001.

② 迈克尔·希斯考克斯．国际贸易与政治冲突：贸易、联盟与要素流动程度．北京：中国人民大学出版社，2005：6.

③ 同②58.

这样，希斯考克斯就提出了基本的变量关系：行业间要素流动程度的高低会影响由贸易问题所引发的社会分化的类型。为了验证这一命题，他确定了显示这两个变量的指标。衡量行业间要素流动程度的指标包括：行业间的工资和利润率差异、人力资源流动率、工作年限、企业的研发收入①。衡量社会分化类型的指标包括：政党成员对主要贸易议案的投票、在贸易政策立法和行政委员会上自愿做陈述的行业集团的数量和种类、关于贸易问题的民意调查数据②。

在变量操作化的基础上，希斯考克斯给出了19—20世纪美国、英国、法国、瑞典、加拿大和澳大利亚六个国家行业间要素流动程度的系统性资料。他也研究了这些国家自19世纪20年代以来由贸易问题所引发的社会分化，重点讨论了这些分化对政党和社会组织行为的影响，以及主要行业集团进行游说的效果。数据显示，根据变量关系所做出的预测与实际情况是基本相符的。此外，他还专门研究了1824—1994年美国国会针对贸易法规进行的投票表决，并对此间不断变化的社会分化所造成的影响进行了详尽的统计分析③。统计结果也支持了他提出的命题。正如埃里克·莱因哈特（Eric Reinhardt）所评价的那样："希斯考克斯以多种方法对理论进行了很有价值的实证检验，涉及范围相当广泛。他检验了多个国家在多个时期的情况，远远超越了所有这一领域先前的经验性研究工作。"④

希斯考克斯的上述成果激发了政治学家对要素流动程度问题持续的研究兴趣。杰弗里·雷德韦格（Jeffry Ladewig）对美国1963—1992年的要素流动程度与贸易政治的关系进行了系统的研究⑤。雷德韦格指出，对美国近半个世纪以来要素流动程度的研究结论并不一致。一些研究显示美国在这一时期要素流动程度相对较低，而另一些研究则显示要素流动程度相对较高。为了解决这种分歧，雷德韦格使用了美国众议院投票名单和选区层次上经济人口统计的数据来检验要素流动程度的高低。研究结果显示，20世纪60—70年代，要素流动程度相对较低，而在80—90年代，要素流动程度相对较高。雷德韦格进而发现，要素流动程度与政党提供贸易政策的力量和政府分立的影响具有明显的相关性。由于要素流动程度的差异，部门路径更适合于解释60—70年代的贸易政治，而要素（阶级）路径更适合于解释80—90年代的贸易政治⑥。

五、社会联盟理论的价值与局限

战后贸易自由化在全球范围内业已取得了突飞猛进的发展。在贸易自由化的拉动下，国家经济对世界经济变得日益开放，国内政治也由于这一进程愈发暴露在国际化的压力下。正如基欧汉等学者所说的："由于政治和经济如此紧密地联系在一起，我们有理由期

---

① 迈克尔·希斯考克斯．国际贸易与政治冲突：贸易、联盟与要素流动程度．北京：中国人民大学出版社，2005：21-22.

② 同①65-68.

③ Michael Hiscox, "Commerce, Coalitions, and Factor Mobility: Evidence from Congressional Votes on Trade Legislation", *American Political Science Review*, Vol. 96, No. 3, 2002.

④ 同①专家推荐7.

⑤ Jeffry Ladewig, "Domestic Influences on International Trade Policy: Factor Mobility in the United States, 1963 to 1992", *International Organization*, Vol. 60, No. 1, 2006.

⑥ Ibid., p. 93.

待会发生深远的政治影响——尤其是世界各国的国内政治应该体现出世界经济的影响。”①以要素国际流动的收入分配效应为基点，社会联盟理论为世界经济对国内政治的影响提供了一种较为成熟的分析路径。这一学理上的贡献得到了学术共同体的普遍肯定。彼得·卡赞斯坦等学者在总结国际政治经济学创生以来的学术进展时就曾指出：“他们提出了一个简约的一般性理论，将世界经济与国内利益集团和政策联系起来。他们的理论框架不要具体的背景知识，可以用于任何政治体制。”②

社会联盟理论主要是基于贸易政治的经验研究发展起来的，国际贸易领域的社会分化也是社会联盟理论分析得最为透彻的。货币政治也是社会联盟理论分析的重要议题。此外，由于国际投资、国际移民等领域存在较为类似的社会分化，社会联盟理论也被扩展应用到这些领域。在国际投资领域，东道国也会面对外资流入带来的分配效应。基于社会联盟的阶级模型，当外资流入时，劳动力要素所有者，尤其是有技能的劳工获利，资本要素所有者受损，所以资本要素所有者具有限制外来投资的偏好③。基于社会联盟的行业/部门模型，某些行业/部门出于自身利益不愿面对来自外国企业的竞争，也可能有动机反对外来投资者进入，推动政府制定某些限制性产业政策④。在国际移民领域，移民的进入相当于增加了劳动力要素的供给，因而在资本充裕、劳动力稀缺的国家里，资本家集团倾向于欢迎移民，而国内劳工集团则倾向于抵制移民；在资本稀缺、劳动力充裕的国家里，资本家集团倾向于抵制移民，而国内劳工集团则倾向于欢迎移民⑤。

作为开放经济政治学的一个主要组成部分，社会联盟理论为打破国际关系学与比较政治学的区分做出了“范式转变”（paradigm shift）意义上的贡献。作为与政治学比邻的学科，经济学在略早的时期也曾发生过类似的“范式转变”，即开放宏观经济学的创立突破了传统上以国内经济为取向的宏观经济学框架。其主要开创者、1999年诺贝尔经济学奖获得者罗伯特·蒙代尔在1963年发表的《在固定汇率和浮动汇率下的资本流动与稳定政策》中提出了前文述及的蒙代尔-弗莱明模型⑥。该模型第一次指出了各种经济稳定政策的效率依赖于国际资本流动的程度，从而根本改变了在封闭经济条件下分析经济政策效率的传统视角⑦。这样，作为国家经济的开放性程度日益加深的理论回应，开放宏观经济学和开放经济政治学分别从经济学与政治学的角度探讨了国际经济的国内后果。开放宏观经济学为分析国际要素流动对国内经济政策效率的影响提供了理论基础，而开放经济政治学则为分析国际要素流动对国内政治分化的影响提供了研究路径。就此而言，探索开放条件

---

① 罗伯特·基欧汉，海伦·米尔纳．国际化与国内政治．北京：北京大学出版社，2003：3.

② 彼得·卡赞斯坦，罗伯特·基欧汉，斯蒂芬·克拉斯纳．世界政治理论的探索与争鸣．上海：上海人民出版社，2006：30.

③ Pablo M. Pinto，*Partisan Investment in the Global Economy：Why the Left Loves Foreign Direct Investment and FDI Loves the Left*，Cambridge：Cambridge University Press，2013.

④ 吴其胜．国际商业利益与东道国生产商的外资政策偏好．世界经济与政治，2016（5）.

⑤ Jens Hainmueller and Daniel J. Hopkins，“Public Attitudes toward Immigration”，*Annual Review of Political Science*，Vol. 17，No. 1，2014.

⑥ Robert Mundell，“Capital Mobility and Stabilization Policy under Fixed and Flexible Exchange Rates”，*Canadian Journal of Economics and Political Science*，Vol. 29，1963.

⑦ 除了蒙代尔-弗莱明模型以外，货币危机模型和最优货币区理论也是开放宏观经济学的主要理论成果。

下的政治经济互动有可能成为全球化条件下政治学和经济学走向会合的一个重要方向。

当然，作为一种相对简约的社会科学理论，社会联盟理论也有其内在的缺陷和不足。如前所述，社会联盟理论所研究的重心在于“对外经济政策的政治”。作为这一研究议程的开拓者，古勒维奇在《颠倒的第二意象：国内政治的国际根源》中曾提出探讨以下问题以解释对外经济政策：第一，这个国家在世界经济中处于怎样的位置？第二，在社会内部，谁会从政策中受益？谁支持政策？谁反对政策？第三，谁定义政策的备选方案？第四，政策如何合法化？什么因素使政策在政治上取得成功？① 社会联盟理论经过30多年的发展，在前两个问题的探讨上已经积累了诸多堪称经典的研究成果，但对后两个问题的探讨却乏善可陈。也就是说，社会联盟理论更多地揭示了国际经济如何影响了国内政治分化，但没有解释政治分化的政策结果。古勒维奇在《艰难时世下的政治：五国应对世界经济危机的政策比较》中虽然对三次危机下政治冲突的结果有过详细的叙述，但是每次冲突的结果似乎都有其特殊性，从而难以找到明确的因果逻辑。罗戈夫斯基在《商业与联盟：贸易如何影响国内政治联盟》一书中则明确承认，他无法说出政治冲突的结果：“由于贸易而在经济上遭受损失的集团可能在政治上取得相当长时期的胜利。因此我这里关注的只是社会分化而不是结果。”② 在罗戈夫斯基看来，胜利或失败既取决于集团的相对规模，也取决于制度与文化特点，而后者尤其为社会联盟理论所忽略。弗里登也提出，他的分析并不必然和集团间政治冲突的结果相联系，因为政治和政策结果取决于偏好强度、不同利益集团的集中和组织程度以及政治和其他社会制度影响它们互动的程度③。正是由于对这些方面的有意忽略，特别是没有将国内制度结构整合进他们的分析框架，社会联盟理论在解释和预测上的应用受到了限制。可能由于意识到这一局限，希斯考克斯提出，下一步应该是分析社会分化和制度是如何相互作用来形成贸易政治模式的④。

第三节　以制度为中心的理论

国家主义和社会联盟理论分别为对外经济政策的分析提供了以国家为中心的理论和以社会为中心的理论。但在当代的政治经济中，国家和社会是相互联系、相互作用的。虽然国家中心论和社会中心论都承认国家与社会的互动，但是它们仅仅从单方面入手来考察两者互动的做法仍有其问题。社会中心论难以看到国家和政治过程相对独立的一面，而国家中心论很难顾及社会分化对国家的作用。而以制度为中心的理论可以避免两者的片面性，在一种分析框架内来揭示国家和社会的互动。正如新制度主义的代表人物彼得·霍尔(Peter Hall)在《治理经济》中所指出的：“集中关注制度变量的重要性可以为提供更好

---

① Pater Gourevitch, “The Second Image Reversed: The International Sources of Domestic Politics”, *International Organization*, Vol. 32, No. 4, 1978, pp. 906 - 907.

② Ronald Rogowski, *Commerce and Coalitions: How Trade Affects Domestic Political Alignments*, Princeton: Princeton University Press, 1989, p. 20.

③ Jeffery Frieden, “Invested Interests: The Politics of National Economic Policies in a World of Global Finance”, *International Organization*, Vol. 45, No. 4, 1991, p. 450.

④ 迈克尔·希斯考克斯．国际贸易与政治冲突：贸易、联盟与要素流动程度．北京：中国人民大学出版社，2005：11.

的解释带来更大的希望。一方面制度网络显著地影响了国家进入社会的行动，另一方面制度网络也使国家面对来自社会的影响。"① 作为新制度主义的两大主流学派，历史制度主义和理性选择制度主义为国内政治制度在对外经济政策制定过程中如何影响国家和社会行为体的互动提供了有效的理论工具。

一、理论背景："重新发现制度"

在古典政治理论中，确定哪种政治制度能造就善业是一个最主要的问题。柏拉图的《理想国》、《法律篇》和亚里士多德的《政治学》实际上都是关于比较政治制度的讨论。但是随着第二次世界大战后行为主义革命的发生，政治制度的研究退出了政治学研究的中心范畴。在结构-功能主义、多元主义、精英主义、新马克思主义等理论范式中，正式的政治制度研究只起到了很小的作用②。詹姆斯·马奇（James March）和约翰·奥尔森（Johan Olsen）将这些政治学理论的特点概括为五个方面：（1）情境主义；（2）化约主义；（3）功利主义；（4）工具主义；（5）功能主义③。这些理论固然可以为政治行为提供一些对约束条件的说明，比如阶级结构、经济收入水平、教育程度等，但这些约束条件本质上属于社会文化或者经济变量，从而使政治结果单纯地成为社会经济变量的反映。作为社会科学的一大主流学科，政治学在方法论上已经更多地依赖于经济学、社会学等其他学科的输出，如果在因果解释上也依赖于其他学科所关注的主要变量，那么学科的独立性将大打折扣，甚至学科的存在价值也值得怀疑。显然，这种状况需要加以改变。正是在这一背景下，20世纪80年代，政治学家试图"重新发现制度"。作为新制度主义的主要旗手，马奇和奥尔森在《重新发现制度：政治的组织基础》一书中指出："要在更普遍的意义上把政治制度看作政治的基本特征，并剖析政治制度在政治生活中带来稳定和变革的方式。……在不否定政治的社会情境和个人动机重要性的情况下，制度分析者赋予政治制度更多的独立作用。"④ 经过30多年的发展，新制度主义已经成为政治学中最有影响的理论范式之一。

新制度主义并非单一的理论，而是一个理论家族（family）。盖伊·彼得斯（Guy Peters）将政治学中的制度主义理论分为七种：规范制度主义、理性选择制度主义、历史制度主义、经验制度主义、社会学制度主义、利益代表制度主义和国际制度主义⑤。彼得斯的"七分法"显得过于琐碎，而且标准不一。比如经验制度主义和利益代表制度主义都没有发展出成熟的理论范式，而国际制度主义所讨论的新自由制度主义，只不过是理性选择制度主义在国际制度分析上的运用。因此，学术界更多采用了彼得·霍尔（Peter Hall）和罗斯玛丽·泰勒（Rosemary Taylor）的"三分法"，即在政治学中有三种不同的制度分

---

① Peter Hall, *Governing the Economy: The Politics of State Intervention in Britain and France*, Oxford University Press, 1986, p. 17.

② 鲍·罗斯坦．政治制度：综述//罗伯特·古丁，汉斯-迪特尔·克林格曼．政治科学新手册（上册）．北京：生活·读书·新知三联书店，2006：201-207.

③ 詹姆斯·马奇，约翰·奥尔森．重新发现制度：政治的组织基础．北京：生活·读书·新知三联书店，2011：3-8.

④ 同③17.

⑤ Guy Peters, *Institutional Theory in Political Science*, London and New York: Wellington House, 1999.

析路径：历史制度主义、理性选择制度主义和社会学制度主义[①]。其中在政治经济学以及国际政治经济学中得以应用的制度分析路径主要是历史制度主义和理性选择制度主义。

作为一种制度分析路径，历史制度主义（historical institutionalism）在很大程度上继承了旧制度主义传统中重视正式制度的做法，并且接受了集团理论关于各个集团围绕着稀缺资源而相互竞争的观点，以及结构功能主义将政治制度看作是由各个部分所构成的整体的观点[②]。但与这些理论范式不同的是，历史制度主义将制度的演进置于历史进程之中，同时认为一种有效的历史进程在当下表现为特定的制度。历史制度主义之所以是“历史”的，是因为这一路径强调政治发展必须视为沿时间脉络开展的过程。历史制度主义之所以又是“制度”的，是因为时间过程在当下的意涵蕴含在制度之中。历史制度主义者强调制度作为一种随着时间而形成的模式化关系应居于制度分析的核心，但他们并不认为制度是导致结果发生的唯一原因。行为体的观念与身份、行为体的利益与策略和相互间的权力分配，都被历史制度主义者带入其研究议程。他们将这些因素置于情境之中，通过聚焦于政治情势结构化的方式来揭示这些要素之间是如何相互联系起来的[③]。根据霍尔和泰勒的归纳，历史制度主义具有四个基本特征：第一，历史制度主义往往在相对广泛的意义上来界定制度与个体行为之间的关系；第二，历史制度主义强调与制度的运作和演进相联系的非对称的权力分配；第三，历史制度主义在分析制度演进时强调“路径依赖”（path dependence）和“意外结果”（unintended consequences）；第四，历史制度主义特别注重在研究过程中将制度分析和能够产生某种政治结果的其他因素（例如观念）整合起来[④]。

作为对理性选择理论的一种修正，理性选择制度主义（rational-choice institutionalism）最初产生于政治学家对美国国会议员立法行为的研究。在很大程度上，它的产生来自对一个重大矛盾的观察，即如果标准的理性选择公式——阿罗不可能定理正确的话，美国国会的立法就很难保持稳定的多数。然而，国会投票的结果又在事实上表现出了相当大的稳定性[⑤]。自 20 世纪 70 年代末起，一些政治学家开始去解释这种理论与现实的不符之处。他们在寻求答案的过程中转向了对政治制度的研究，发现正是国会的议事规则和委员会体制解决了国会议员们在投票交易中经常会面对的一些困境。在更一般的意义上，这些政治学家指出，哪一种结果在政治过程中最有可能出现将取决于对行为体的策略进行限制的政治制度[⑥]。这样，理性选择制度主义者不仅实质性地扩展了理性选择的应用范围，而

---

① Peter Hall and Rosemary Taylor, “Political Science and Three Institutionalism”, *Political Studies*, Vol. XLIV, No. 5, 1996.

② 何俊志．结构、历史与行为：历史制度主义的分析范式．中国社会科学评论（香港），2002（2）：449－450.

③ Kathleen Thelen and Sven Stelnmo, “Historical Institutionalism in Comparative Politics”, in Sven Stelnmo, Kathleen Thelen and Frank Longstreth ed., *Structuring Politics*, Cambridge: Cambridge University Press, 1992, p. 13.

④ Peter Hall and Rosemary Taylor, “Political Science and Three Institutionalism”, *Political Studies*, Vol. XLIV, No. 5, December 1996, p. 938.

⑤ Ibid., pp. 936－957.

⑥ Kenneth A. Shepsle, “Institutional Arrangements and Equilibria in Multidimensional Voting Models”, *American Journal of Political Science*, Vol. 23, No. 1, 1979, pp. 27－59; Barry Weingast and William Marshall, “The Industrial Organization of Congress; or Why Legislatures, Like Firms, Are not Organized as Markets”, *Journal of Political Economy*, Vol. 96, No. 1, 1988, pp. 131－163.

且为其增添了政治制度的内容。根据霍尔和泰勒的归纳，理性选择制度主义具有以下几个显著特征：第一，采用一套典型的行为假定，通常假定相关行为体具有一套固定的偏好，其行为不过是实现偏好最大化的工具而已；第二，往往将政治看作一系列集体行动的困境，认为个体理性可能导致集体不理性，经典范例包括“囚徒困境”和“公用地的悲剧”等；第三，强调战略性互动对政治结果的决定性作用，指出制度在选择议程上影响替代性方案的范围和顺序，或者提供信息和减少不确定性的实施机制，从而实现“由交换而产生的收益”；第四，通过演绎的方式推导出制度所发挥的功能，然后通过揭示制度功能对其所影响的行为体而言所具有的价值来解释制度为何会存在①。

二、国内政治制度与对外经济政策：历史制度主义的路径

随着国家主义研究纲领中的问题逐渐显现，国家主义者开始转向制度分析。实际上，早期国家主义的代表人物西达·斯考切波等大都转变成为历史制度主义的代表人物②。作为国家主义最初兴起的主要学术领域之一，对外经济政策分析也为历史制度主义方法论的形成做出了重要的贡献。我们从约翰·伊肯伯里（John Ikenberry）等学者的学术努力上可以看到这一点。《国际组织》杂志 1988 年冬季卷以专辑的形式发表了伊肯伯里等 7 位学者关于美国对外经济政策的一组专题论文，随后又以《国家和美国对外经济政策》为书名由康奈尔大学出版社结集出版③。这些学者基于对既有解释路径的不满，发展了对外经济政策的制度路径，以解释国家在对外经济政策的制定和实施中如何起作用和为什么起作用。正如伊肯伯里宣称的：“制度路径强调制度结构的演化，以及这些结构如何塑造和限制社会和政府行为体。这一研究议程为美国对外经济政策的研究带来了希望。”④ 根据这些学者的阐述，对外经济政策的制度路径具有以下基本命题：

第一，结构主义命题。制度结构既指集团的组织特点，也指引导行为体关系的规则和规范。在《美国对外经济政策的制度路径》一文中，伊肯伯里将国内制度结构分为三个层次（见表 3-4）。(1) 行政、立法和管制的规则和程序；(2) 国家权力的集中和分散程度；(3) 确定国家和社会关系的规范性秩序。在第一个层次上，规则和程序为社会集团和政府官僚彼此争斗提供了制度壁垒，使一些潜在的行动成为不可获得的或不可接受的，使另一些行动成为可能的。第二个层次则集中关注构成国家的不同组织在能力和资源上的差异，包括立法与行政机构间的权力平衡、官僚机构的集中性和一致性、这些部门任职者可获得的政策工具等。第三个层次则涉及指导国家和社会关系的规范，这些规范常常以隐含的方式划定了国家与社会的界限⑤。

---

① Peter Hall and Rosemary Taylor, “Political Science and Three Institutionalism”, *Political Studies*, Vol. XLIV, No. 5, 1996, pp. 944 - 945.

② Theda Skocpol, “Why I Am an Historical Institutionalist”, *Polity*, Vol. 28, No. 1, 1995, pp. 103 - 106.

③ John Ikenberry, David Lake and Michael Mastanduno, eds., *The State and American Foreign Economic Policy*, Ithaca and London: Cornell University Press, 1988.

④ John Ikenberry, “Conclusion: An Institutional Approach to American Foreign Policy”, *International Organization*, Vol. 42, No. 1, 1988, p. 222.

⑤ Ibid., pp. 226 - 228.

表 3-4 国内制度结构的层次

制度结构	特征	约束的性质
行政、立法和管制的规则和程序	决策规则、标准、要求权利的机制	接近政策的渠道，获得收益的水平
国家权力的集中和分散程度	立法机构与行政机构间的权力平衡，官僚机构的集中性和一致性，政策工具的类型	行政和立法行为体的能力和资源
确定国家和社会关系的规范性秩序	主流意识形态中关于国家干预经济的禁止与规定	替代性政策的合法性与非法性

资料来源：John Ikenberry，"Conclusion：An Institutional Approach to American Foreign Policy"，*International Organization*，Vol. 42，No. 1，1988，p. 227.

第二，路径依赖命题。制度变迁与其说是持续的和递增的，不如说是间断的和黏性的。制度结构一旦建立就很难随着社会力量的进化而发生变化。在某个关键节点所做的选择会限制接下来的关键节点上所做的选择，从而形成历史分叉的过程。在此意义上，制度路径也被叫作路径依赖分析。戈尔茨坦在《观念、制度与美国贸易政策》中强调，国家制度一旦建立就往往持续存在下去，即使在导致它们得以创立的社会联盟或国际条件已经消失时也如此。根据她的考察，20 世纪 70—80 年代美国的国内外环境都发生了改变，但自由贸易作为大萧条和第二次世界大战的制度实践的遗产，仍然影响着美国贸易政策的过程①。伊肯伯里在《国家问题的市场解决方案：美国解除石油管制的国际与国内政治》中也指出了制度的这种黏性作用，因为现有的石油管制机构的结构并不仅仅限制了行政部门的决策，而且塑造和影响了能源生产者和消费者的偏好②。

第三，因果复杂性命题。社会经济环境和制度之间的因果链条相互作用。在某一时刻的大规模社会危机可能对国家的制度产生深刻的影响，而在下一个特定时刻，国家行政部门的官僚与政治家又有机会影响和调节制度性的位置分配与社会力量的作用发挥。从这一角度看，历史顺序和阶段对解释至关重要。伊肯伯里就此指出："在时刻 T_1 的因变量可能在时刻 T_2 成为自变量或干预变量。"③ 斯蒂芬·哈格德在《霸权的制度基础：解释 1934 年互惠贸易法》中就检验了制度建设中的这种因果复杂性。根据美国宪法，关税权属于国会，从而为特殊利益集团追求保护主义政策提供了制度舞台。20 世纪 30 年代经济大萧条期间，行政部门为了满足和欧洲同行进行双边谈判的需求，将部分关税设定权从国会转移到了国务院。这种制度变迁为第二次世界大战后期和战后行政部门追求更自由的贸易政策提供了必要的条件。虽然国会保持了贸易政策的最终决定权，但一旦形势需要，国务院会努力使这一提升行政权力的国内制度安排重新运转起来，从而达到其目标④。

---

① Judith Goldstein，"Ideas，Institutions，and American Trade Policy"，*International Organization*，Vol. 42，No. 1，1988.

② John Ikenberry，"Market Solutions for State Problems：The International and Domestic Politics of American Oil Decontrol"，*International Organization*，Vol. 42，No. 1，1988.

③ John Ikenberry，"Conclusion：An Institutional Approach to American Foreign Policy"，*International Organization*，Vol. 42，No. 1，1988，p. 225.

④ Stephan Haggard，"The Institutional Foundations of Hegemony：Explaining the Reciprocal Trade Agreements Act of 1934"，*International Organization*，Vol. 42，No. 1，1988.

这样，通过路径依赖、关键节点、时间序列等历史制度主义的要素，伊肯伯里等为国家在对外经济政策中的作用提供了一种分析框架。但是伊肯伯里等人的分析主要着眼于美国的国内政治经济，没有充分关注全球经济给对外经济政策带来的挑战。随着经济开放性的日益增加，全球经济和政治网络会显著影响国家治理其经济的能力。全球主义者提出了"国家的撤退"，而历史制度主义者认为这一结论过于武断。实际上，全球力量与国家力量之间的关系并非是"你之所得即我之所失"的零和关系。林达·维斯（Linda Weiss）在2003年出版的《全球经济中的国家：找回国内制度》一书中通过制度主义的视角来分析国家与全球经济的互动。维斯认为，尽管全球资本流动和国际制度的确对国家产生了结构性的压力，但经济相互依赖对国家的影响还有另外一个侧面，即全球化的激活面相（enabling face of globalization）。他指出："全球化的约束面相揭示了退出的经济逻辑，而全球化的激活面相揭示了竞争与不安全的政治逻辑。这一政治逻辑使国家渴望采取行动以强化创新和社会保护的国内体系。"① 第一，全球化的压力加剧了国内诸多群体的不安全感，从而产生了对社会保护的要求。政府因此有强烈的政治动机来维持或增加对国内失利群体的补偿。第二，为了改善全球竞争的条件，政府会增加企业参与国家创新结构的机会，并在提供熟练劳动力和基础设施方面发挥积极的作用。第三，由于全球化对国家经济的核心部门——比如农业、电信和金融业构成了严峻的挑战，政府会设计新的政策工具、建立新的管制机构和实施结构性的改革。那么，在什么条件下全球化会对国家产生激活效应呢？

维斯的答案在于国内制度。"在规定国家寻求以何种方式回应全球化挑战的条件上，国内制度的特点具有决定性。"② 不同的国内制度具有不同的特点，相应地会阻碍或激活国家在回应新挑战或完成新任务中的作用。国内制度就此软化、中立化或放大化了全球市场的潜在约束效应，同时增减了激活效应。在这一意义上，国内制度既能调节全球市场的激活逻辑，也能调节全球市场的约束逻辑，从而确定了两种逻辑的影响并产生了不同的政策模式。这样，维斯引入了国内制度这个中间变量，为全球化与国家之间的关系提供了一种不同于全球主义的制度主义分析。

艾儒蔚（Rawi Abdelal）在2007年出版的《资本规则：国际金融秩序的演变》中从国家偏好的来源出发对资本自由流动的规则进行了分析③。到20世纪80年代末，全球金融体系已经逐渐建立在开放资本自由跨境流动的规则体系的基础上。传统的政治经济学观点一般把美国的霸权与自由的全球金融市场联系起来，将国际金融体系中规范与标准的制定归因于美国对其霸权的行使。艾儒蔚对这一观点的基本逻辑进行了挑战。一方面，鉴于美国在国际金融市场中的绝对统治地位，美国财政部和华尔街没有必要制定那些最终有可能约束自己的多边规则。另一方面，穆迪和标准普尔这样的私人机构使美国已经拥有了影响国际资本市场的工具。通过对档案资料的整理以及对决策者的访谈，艾儒蔚也发现美国财政部和华尔街并不倾向于推动多边的自由的全球金融规则。吊诡的是，正是来自欧洲特别是来自法国的左翼决策者设计并且推行了构建全球金融体系主框架的自由规则，比如时任

---

① Linda Weiss，ed.，*States in the Global Economy：Bringing Domestic Institutions Back in*，Cambridge：Cambridge University Press，2003，p. 15.

② Ibid.，p. 27.

③ Rawi Abdelal，*Capital Rules：The Construction of Global Finance*，Cambridge：Harvard University Press，2007.

欧盟委员会主席德洛尔和国际货币基金组织总裁康德苏等。

对于上述左翼政治家推动资本自由化的悖论，艾儒蔚从制度变迁的意外后果和观念变化角度对其进行了解释。法国社会党人在1981年执政后基于其意识形态制定了凯恩斯通货再膨胀和重新分配的政策。但随后发生了大量的资本外逃，而无效的资本管制措施导致了令社会党人更为担忧的后果，即资本管制只能约束中产阶级，却无法约束富人①。德洛尔和康德苏等密特朗政府中的政治家认为，既然资本管制不能约束富人，不如给所有人"松绑"。于是这些社会党人的观念从资本管制走向资本开放，不过这些社会党人所主张的自由化是"有组织的全球化"，即强调自由化需要遵循的规则与组织方式。这样，法国社会党人和德国中央银行协商后产生了资本自由流动的欧洲规则，而国际组织中来自欧洲的领导人进而通过为国际金融体系制定规则来实现有组织的全球化。

三、国内政治制度与对外经济政策：理性选择制度主义的路径

由于与国家主义的渊源关系，历史制度主义在各种制度分析路径中最早展开了对外经济政策的分析，初步展示了国内政治制度对国际经济政策的影响。而理性选择制度主义者在国际政治经济学领域中主要致力于对国际制度的分析并形成了新自由制度主义这一国际关系流派，起初并没有充分关注国内政治制度在国际经济合作中的影响。可能的一个例外是罗伯特·帕特南（Robert Putnam）1988年发表的论文以及他与彼得·埃文斯、哈罗德·雅各布森合编的文集《双面外交：国际谈判与国内政治》②。在他们所提供的"双层博弈"模型中，国内政治对国家领导人在国际层次上的议价能力具有显著的影响，而国内政治制度会限制"获胜集合"（即国内选民对国际层次达成协议所投赞成票的集合）的大小。但是他们没有系统说明国内政治制度是如何影响国际谈判的，也没有提出具有明确因果关系的理论。在"双层博弈"的基础上，海伦·米尔纳（Helen Milner）在1997年出版的《利益、制度与信息：国内政治与国际关系》中，提供了一个得到充分发展的理论模型来检验国内偏好结构、信息分布和政治制度对国际合作的影响③。作为一名理性选择制度主义者，米尔纳在书中深入探讨了国内政治制度对国际经济合作的影响。

根据理性选择制度主义的方法论，制度和偏好两者都起作用。在国际经济合作中，国内政治制度既影响国际协定的可能性，也影响其内容，但是制度与行为体偏好一同发挥这样的作用。米尔纳指出："国内政治制度决定了决策权如何在国内行为体之间分配。权力如何分享影响了谁的偏好最可能主导政策制定。因此，民主政体中行政部门和立法部门之间的制度关系对于理解国际合作的国内方面极其重要。"④ 在各种政治制度中，米尔纳最感兴趣的是那些决定政策选择的制度，即立法过程。在立法过程中至少包含以下5种要

---

① 艾儒蔚．资本规则：国际金融秩序的演变．北京：中信出版社，2010：60.

② Robert Putnam, "Diplomacy and Domestic Politics: The Logic of Two-Level Games," *International Organization*, Vol. 42, No. 3, 1988, pp. 427-460; Peter Evans, Harold Jacobson, and Robert Putnam, *Double edged Diplomacy: International Bargaining and Domestic Politics*, Berkeley: University of California Press, 1993.

③ Helen Milner, *Interests, Institutions, and Information: Domestic Politics and International Relations*, Princeton: Princeton University Press, 1997.

④ Ibid., 99.

素，即议程设定权、修正权、批准或否决权、全民公决、旁支付。在不同的政治体系中，或者在不同的议题中，这些权力在立法机构和行政机构之间的分配是不同的。制度要素限定了立法机构和行政机构之间的权力分配关系，从而会影响国内博弈的结果。当这些权力集中于行政机构时，国际合作的可能性取决于行政机构的偏好与外国偏好的一致程度，而国际协定的内容将会更多地反映行政部门的偏好。但是当这些权力从行政机构转移到立法机构时，国际协定的内容将更多地反映立法机构的偏好。

如果立法机构或行政机构至少掌握其中一种权力，那么政策制定就是共享的。当控制行政机构的政党并不同时控制立法机构时，即出现“分治政府”（divided government）时，立法机构的偏好和行政机构的偏好往往会不一致。米尔纳认为，权力分立的总统制被视为典型的分治政府，但在议会制和半总统制下也有可能出现“分治政府”。多数欧洲国家实行比例代表制的选举制度，很少有一个政党能够获得半数以上的议会席位，因此这些国家的政府基本都是由两个以上政党联合组成。由于政党联盟缺乏同一政党所具有的纪律性，构成行政机构的政党联盟和在议会中支持政府的政党联盟并非总能保持一致。在半总统制下，总统和议会多数如果分属不同政党，“分治政府”也会出现[①]。这样，行政机构和立法机构在偏好上的不一致也会出现在议会制和半总统制的国家。这样，结合制度和偏好，米尔纳提出了如下命题：（1）如果行政机构必须与立法机构分享政策制定权，而且两者的偏好不同，那么合作的可能性就比单一国家的纯国际博弈要低。（2）政府分治越明显，合作可能性越低，批准失败的可能性越大，立法机构对协定内容施加的影响就越大。（3）当立法权集中于鸽派的国内政治行为体时，合作协定的可能性最大。

这样，米尔纳在理性选择的基础上说明了立法-行政之间的制度关系对国际经济合作的影响。但是，立法-行政机构之间的制衡只有在自由民主政体中才会发生。尽管立法机构在威权政体下也有其作用，但其作用仍大多流于形式。因此，民主政体和威权政体之间的差异对分析国际经济合作的国内制度根源具有更为宽泛的意义。在 2012 年出版的《投票、否决与国际贸易协定的政治经济学》中，米尔纳与爱德华·曼斯菲尔德（Edward Mansfield）考察了政体类型对特惠贸易协定（preferential trade agreement，PTA）的影响[②]。

两位学者对政权类型的分析强调了选举的作用，以显示国际贸易合作如何被公众和利益集团施加于政治领导人的控制所影响。在他们看来：“政治体系中选举竞争程度的差异会影响政治领导人对外经济战略的选择。一些国际贸易协议来自于领导人期望从合作中获得的经济收益，但同样重要却没有充分理解的是激励领导人在贸易合作上获得的政治收益。选举竞争的程度会影响到领导人国内的政治激励。当政府的命运更多地依赖自由和公正的选举时，领导人会从特惠贸易协定中获得更多的收益，从而推动公共官员参与和其他国家在商业领域的更大合作。因此，一个国家达成贸易协定的可能性会随着国内制度走向民主而增加。”[③] 他们基于信息传递的视角解释了国家领导人在民主政体下为何会从特惠

---

① Helen Milner, *Interests*, *Institutions*, *and Information*: *Domestic Politics and International Relations*, Princeton: Princeton University Press, 1997, pp. 38 - 39.

② Edward D. Mansfield, and Helen V. Milner, *Votes*, *Vetoes*, *and the Political Economy of International Trade Agreements*, Princeton: Princeton University Press, 2012.

③ Ibid., p. 42.

贸易协定中获得政治收益。

在具有竞争性选举的政治体系中，领导人为保持或增加其政治支持而采取各种行动。但是，领导人会面临时间不一致性问题。他们也许愿意抵制保护主义的要求，但是当这些要求产生时，他们通常会屈服于这些要求保护的利益集团的压力。选民和支持自由贸易的利益集团知道这一点，并被政府的这一机会主义行为所伤害，他们就反过来威胁降低当政者保持其权位的可能性。通过投票的杠杆，他们能制裁当政者并选择新的领导人。

但是，选民和自由贸易集团也面临一个信息问题。他们并不知道政府的偏好或政府所选择的适当的贸易政策，因此会阻碍他们辨别外生经济冲击和领导人机会主义行为的能力。经济衰退可能是保护主义的政策所引起或加剧的，也可能是全球衰退或经济危机这样的外生冲击所引起或加剧的。在经济衰退期间，选民可能会减少对当政者的支持。即使当政府并没有屈从于保护主义的利益，选民也可能反对政府，而且使政府也很难改变选民的行为。在竞争性选举的条件下，中位投票者将会决定惩罚当政者和支持挑战者以回应经济的衰退。选民可能对贸易政策知之甚少，但他们的确知道整体的经济状况。

鉴于上述信息问题，领导人希望找到一种方式来显示这种糟糕的经济绩效并非其自身政策的结果，从而减少他们失去权力的机会。虽然他们会选择单方面地降低贸易壁垒，但这种选择仍具有时间不一致性。然而领导人可以通过达成国际贸易协定的方式来使公众和利益集团消除疑虑。国际贸易协定代表了政府保持开放贸易机制的承诺，因此可以成为使选民和自由贸易集团确信政府采取自由贸易的工具。

简单地说，“特惠贸易协定既有助于政府，也有助于选民。贸易协定能够向选民和自由贸易集团传递关于领导人的性质和活动的信息。这样的信息增加了对政治领导人的支持，有助于他们保持其权位”①。需要注意的是，米尔纳与曼斯菲尔德并不认为民主国家领导人比威权国家领导人具有更大的自由贸易偏好。他们只是指出民主国家领导人更有可能因为竞争性选举而产生加入特惠贸易协定的动机。因为威权国家领导人较少理由担心在再次选举中失利，他们没有必要通过达成特惠贸易协定来解决上述信息问题。因此，威权国家较少基于国内政治原因而签署这些协定，而是更多基于这些协定带来的经济收益或国际政治优势而签署这些协定。

竞争性选举不仅会影响国际贸易协定的达成，也会影响国际金融市场的变化。在民主政体中，竞争性选举的结果以及相关的组阁和议会席位之争会决定政府采取何种经济政策，进而影响到投资环境。经验丰富的投资者可以通过预测政治进程来适时重构其资产组合，从而使金融市场发生波动。基于政治学模型和金融学模型的结合，威廉·伯恩哈德（William Bernhard，一译“本哈德”）和戴维·勒布朗（David Leblang，一译“利朗”）在2006年出版的《民主进程与金融市场：资产定价政治学》中就讨论了民主政治对金融市场的影响②。

和米尔纳一样，伯恩哈德和勒布朗也强调了信息问题的重要性。根据金融学中的有效市场假说，资产价格会立刻并全面地反映所有可以利用的信息。一旦信息到达市场，它便

① Edward D. Mansfield, and Helen V. Milner, *Votes, Vetoes, and the Political Economy of International Trade Agreements*, Princeton: Princeton University Press, 2012, p. 43.

② William Bernhard and David Leblang, *Democratic Processes and Financial Markets: Pricing Politics*, Cambridge: Cambridge University Press, 2006.

马上融入资产价格。伯恩哈德和勒布朗认为，这一假说同样可以适用于政治信息，比如谁将赢得大选、议案能否获得通过等。借助这些政治信息，投资者会调整其资产组合，以求达到风险与收益的平衡。因此，这些政治信息将很快融入资产价格中。在选举或者组阁的结果未明的情况下，投资者面临着很大的政治不确定性。“在这类政治事件期间，投资者可能会将其资产组合转换为独立于政治事件政策后果的资产，进而导致易受政治影响的资产价格下降，独立于政治影响的资产价格上升。例如，资产持有者可能将债券转化为股权（或者相反），或者以境外资产代替境内资产。”① 这样，民主政治进程中资产价格的变化，使金融市场的波动性增强。

随着资本账户的日益开放以及金融交易工具的不断创新，金融市场一体化程度不断加深，一国金融市场的波动往往会跨越国界而影响其他国家的金融市场。由于资产所有者会根据政治进程的发展对其资产组合做出相应调整，选举和组阁等民主政治进程不仅会影响本国金融市场，也会影响他国的金融市场。伯恩哈德和勒布朗进而指出：“跨国政治冲击并非仅仅表现在市场效应上，而且可能表现在对他国政治家执政能力的影响上。如果境外政治事件影响国内市场稳定，并且国内市场运行影响政治家的职业生涯，那么政治家的职业生涯自然就可能因境外政治事件的不确定性而变得更加脆弱。这种潜在的负面政治效应可能会使政治经济高度一体化国家的政治家们寻求一揽子制度改革措施，以便巩固其政治地位。”② 比如在欧洲，单一货币的采用就消除了成员国之间的货币投机交易，降低了成员国国内政治事件的跨国市场冲击。

四、制度主义的价值与局限

作为政治体系的核心特征，政治制度通过对利益的聚合最终塑造了政治结果。因此，仅仅考察社会和政治行为体的利益，无论是阶级利益、行业部门利益还是国家利益，都不能确知何种对外经济政策得以制定和实施。正如杰弗里·弗里登和莉萨·马丁在总结国际政治经济学的学科发展时指出的：“利益、偏好强度和社会经济行为体的组织仅仅是分析对外经济政策的国内约束的起点。这些利益通过国内政治制度的调和来最终影响结果。当政治体系的组织回应它所面对的政治压力时，这一点尤其重要。”③ 作为在政治学中比较成熟的制度分析方法，历史制度主义与理性选择制度主义为我们理解政治制度在对外经济政策中的作用提供了分析工具。

在这两种制度分析路径的推动下，特别是在理性选择制度主义的推动下，政治学家已经系统地探索了选举制度、立法制度和官僚制度等各种具体的国内政治制度在对外经济政策中的作用。第一，选举制度对国际经济政策的影响。政治学家不仅一般性地说明了竞争性选举对国际经济合作的影响，而且更具体地展示了不同的选举制度对国际经济政策的影响。选举制度越多反映公众或中位投票者的偏好，政策就越有可能反映他们的

---

① 威廉·本哈德，戴维·利朗．民主进程与金融市场：资产定价政治学．北京：中国人民大学出版社，2012：8.

② 同①95.

③ Jeffery Frieden and Lisa L. Martin，“International Political Economy：Global and Domestic Interactions”，in Ira Katznelson and Helen Milner eds.，*Political Science*：*State of the Discipline*，New York and London：W. W. Norton，2002，p. 131.

偏好。一些政治学家已经假设，比例代表制或大选区制往往会减少特殊利益集团在选举中的影响，增加中位投票者在选举中的影响。这就意味着比例代表制或大选区制更有利于自由贸易。相反，小选区制即单一选区简单多数制则更多反映了地方或区域的特殊利益，从而更有利于贸易保护①。第二，立法制度对国际经济政策的影响。立法机构和行政机构之间的制度关系仍然是立法制度的核心因素，但立法机构的两个分支或者两院的关系、组成行政机构的政党数量以及政党纪律等因素也已经纳入了制度分析的范围。比如，在政府由一个政党联盟所组成的情况下，选民很难将政策责任都归于某一个政党，从而减少了政党操纵对外经济政策的机会主义动机。这样，多党联合政府更可能采用固定汇率制来禁止政党基于选举目标操纵币值，而单一政党组成的政府更有可能选择浮动汇率制以便基于选举目标来操纵币值②。第三，官僚制度对国际经济政策的影响。正式享有立法权的立法机构或行政机构可能会将其权力授予官僚机构或其他一些独立机构。比如美国的贸易政策就涉及国际贸易委员会和美国贸易代表这样的诸多独立机构，而德国的马克政策则主要掌握在德意志联邦银行这一独立于联邦政府的机构手中。这种授权对国际经济政策的影响在国际政治经济学中仍是充满争议的。一些学者将这些独立机构看作特殊利益所俘获的对象。但多数学者认为这些独立机构更多地符合了政治家的政策需要，为政治家提供了一种避免被特殊利益俘获的保护工具，从而使他们对公众更加负责③。总体来看，制度主义分析方法使政治学家对政治制度形式与对外经济政策结果之间的联系更加敏感，使他们得以更为清晰地揭示了对外经济政策的国内政治根源。

应该承认，两种制度分析路径在国际政治经济学研究中的发展是不够均衡的，也各自面临着不同的问题。从上文中不难发现，关于国内政治制度与对外经济政策的多数成果是在理性选择制度主义的路径下取得的。历史制度主义尽管在起源上和对外经济政策分析密不可分，但在后来的发展中主要聚焦于国内经济政策和社会政策的主题④。但这并不意味着历史制度主义在对外经济政策的分析中缺少用武之地。实际上，理性选择制度主义的许多理论成果所解释的只是较为正式化的制度背景下对外经济政策的制定过程。相对于西方自由民主国家，多数非西方国家的政治制度具有非正式的特点。在相对广泛的意义上来界定制度与个体行为之间关系的历史制度主义可能对解释非西方国家的对外经济政策具有更强的理论潜能，但如何将这种潜能转化为成果仍需要学者付出艰辛的努力。关于理性选择制度主义在对外经济政策分析中的问题，米尔纳曾在 2010 年进行了反思。一是在偏好和制度的结合上，“很不幸，融合偏好和制度的进展仍然很缓慢。最近的研究常常将其分开，只关注其中一个方面”。二是对外政策的国内因素与国际因素的融合上，研究进展也相对缓慢。“双层博弈尽管有其长处，但在现有研究中也处于衰退之中。”三是对信息缺乏的研究进展也很缓慢。“目前多数对外经济政策的分析仍然假定完全和充分的

① Jeffery Frieden and Lisa L. Martin, “International Political Economy: Global and Domestic Interactions”, “International Political Economy: Global and Domestic Interactions”, in Ira Katznelson and Helen Milner, eds., *Political Science: State of the Discipline*, New York and London: W. W. Norton, 2002, p. 132.

② Ibid., p. 134.

③ Ibid., p. 135.

④ 刘圣中．历史制度主义：制度变迁的比较历史研究．上海：上海人民出版社，2010：80－121.

信息。虽然现在也有一些研究着眼于哪些行为体了解自身的偏好及本国政府的政策，这表明信息缺乏是普遍的。但是，将信息匮乏系统地纳入对外经济政策的模型依然少见。”① 如果能在上述方面取得重要的进展，我们关于国内政治与国际经济政策关系的理解就会“更上一层楼”。

① 参见米尔纳2010年7月13日为《利益、制度与信息：国内政治与国际关系》一书中文版所写的序言。

第四章

国际贸易的政治经济

国际贸易（international trade），亦称世界贸易（world trade），是指世界各国家或地区间的商品和劳务的交换过程。当人们论及对外贸易（foreign trade）时，则主要是从某一个国家的角度来看待其与其他国家或地区的商品或劳务交易。第二次世界大战以来，国际贸易不仅成为国际经济学家，而且成为国际政治学家研究的重要问题，特别是成为国际政治经济学研究的主要内容。随着国际政治经济的发展，国际贸易问题已经远远超出了纯粹国际经济问题的范围，其对国际政治和国内政治的影响以及其受国际政治、国内政治影响的程度，都大大超出了以往历史上的任何时期。

第一节　国际贸易的形成与发展

对外贸易自古就有，最早可追溯到奴隶制时代。但是从国家的对外贸易到成为世界范围的国际贸易，则是资本主义产生后才出现的。因此，国际贸易是一定历史时期的产物，其形成和发展是与资本主义世界经济的形成与发展紧密联系在一起的。

一、国际贸易的产生及其特点

国际贸易从偶然的、小规模的和局部性的国家间、区域间的贸易发展为全球的国际贸易，是与资本主义的萌芽、形成和发展联系在一起的。资本主义通过国际贸易将世界联结起来，倚仗的不仅是其经济实力，还有其坚船利炮。先进的资本主义列强正是依靠武力征服他国，把它们强行纳入国际贸易的殖民主义活动，使国际贸易有了发展和规模。因此，国际贸易从其产生起就具有鲜明的政治属性。

1. 前资本主义时期的国际贸易

国际贸易的产生有以下几个基本条件：(1) 可供交换的剩余产品；(2) 从事对外交换的独立实体——国家；(3) 一定程度的社会分工和国际分工。

在原始社会末期，随着社会生产力的发展，特别是在人类第一次社会大分工，即农业和畜牧业之间的分工之后，出现了少量可供交换的剩余产品，部落之间、民族之间开始出现了生产物的交换。但是这只是少量的和偶然的。人类第二次大分工，即手工业和农牧业分离之后，出现了直接以交换为目的的生产——商品生产，并逐渐形成了专门从事贸易的商人，以及作为交换媒介的货币。与此同时，私有制和国家的出现，使商品交换随着社会分工超出国家界限而成为国家之间的交换，从而出现了国际贸易。

在奴隶制时代，自然经济占主导地位，生产技术落后，交通工具简陋，商品交换处于极不发达状态。其贸易方式主要是掠夺性、强迫性和欺骗性的；进行贸易的商品一是奴隶，二是贵族和奴隶主享用的奢侈品。从地区分布来看，主要是集中在地中海沿岸国家以及与之相邻的国家，如希腊、罗马等。在中国的夏商时代，主要是在黄河流域地区。

在封建制社会，随着生产力和商品经济的发展，封建地租逐渐由劳役地租和实物地租向货币地租的形式转变，商品交换形式也逐渐发生了变化，对外贸易及国际贸易有了较大发展。贸易范围由地中海沿岸扩大到北海、波罗的海和黑海沿岸，以及两河流域、小亚细亚、东南亚、南亚国家，中国、印度、伊朗、埃及等国之间的跨区域贸易也迅速发展起来。

中国早在公元前2世纪的西汉时期就开辟了通往中东和欧洲的“丝绸之路”。隋唐时期，海上航路日渐兴盛，当时的“广州通海夷道”始自广州，经东南亚和印度洋地区，直达波斯湾，将中国与波斯（伊朗）和大食（阿拉伯地区）联结起来。明朝郑和在1405—1433年间奉旨七下西洋，可谓当时中国人的一大壮举。20多年中，中国的船队遍访30多个国家和地区，最远至非洲东岸和红海出海口，极大地促进了中国与亚非各国间的经济、文化往来。

在前资本主义时期，奢侈品和奴隶仍旧是彼此用于交换的主要商品，但是谷物、手工制品、茶叶、丝绸、陶瓷制品等的数量在逐渐增多。这个时期的贸易基本上是区域性的。在欧洲，主要有地中海贸易区（欧洲南部）、北海和波罗的海贸易区（欧洲北部）、汉萨同盟（德意志北部和北欧）、罗斯贸易区（东欧）和不列颠贸易区。亚洲则有东亚贸易区（中国、日本和朝鲜）、东南亚贸易区、南亚贸易区。中东和阿拉伯地区则是最初的东西方贸易的中介点。

随着中世纪中后期欧洲经济的恢复，对外贸易越来越成为国家经济生活乃至政治生活中的重要因素。威尼斯在地中海经济向西欧商业开放以及发展它与北欧的联系中发挥了主要作用。它不仅为商业资本主义创立了一个制度基础，而且在航运技术方面也取得了长足的进步。此外，它还帮助把亚洲和埃及的蔗糖生产、丝绸纺织、玻璃吹制和珠宝加工等技术引进到了西方。威尼斯也在发展贸易的过程中创立了一个政治帝国。国家在威尼斯的商业活动中发挥了领导作用。作为主要造船者，它将国有帆船租赁给私人企业，并负责政治护航船队和确定护航时间表。它开发出适合威尼斯商业和地中海贸易条件的各种类型帆船。这种国家活动为商业活动创造了免受敌人攻击的安全环境，从而降低了私营商人的成本。另外，它还帮助小商人利用有限的资本参与国际贸易①。

---

① 安格斯·麦迪森．世界经济千年史．北京：北京大学出版社，2003：41-42.

2. 原始资本积累时期的国际贸易

"资本主义时代是从十六世纪才开始的。"[①] 16—18 世纪中期是资本主义发展过程中的原始积累时期，资本主义手工工场得到了巨大发展，整个欧洲经济发生了巨大变化。但是正如马克思所指出的那样，"对外贸易的扩大……在资本主义生产方式的幼年时期是这种生产方式的基础"[②]。在这个过程中，地理大发现起着极其重要的作用。

15 世纪末，欧洲出现了探寻东方新航路的热潮。之所以出现这股热潮，原因有三：(1) 对金银货币的强烈需求。随着商品经济的发展，不断增加的商品流通要求更多的货币流通量；封建主阶级为维持其封建统治和满足自身奢靡生活的需要，要求获得更多的金银货币。恰如哥伦布所说的那样，"黄金是一切商品中最宝贵的，黄金是财富，谁占有黄金，谁就能获得他在世上所需的一切。同时也就取得把灵魂从炼狱中拯救出来，并使灵魂重享天堂之乐的手段"[③]。(2) 东西方贸易危机的出现。14 世纪之后，随着土耳其奥斯曼帝国的崛起，特别是土耳其人于 1453 年占领君士坦丁堡之后，地中海商业通道严重受阻，欧洲商人的收入和封建主消费品来源受到严重影响。(3) 封建制度危机的加深。14—15 世纪，随着资本主义萌芽的发展，欧洲封建制自然经济开始走向瓦解，国内阶级矛盾日趋激化，农民起义接连不断。通过海外远征和殖民掠夺来维护封建主阶级的统治是当时欧洲主要国家专制王朝的重要策略之一。

经过无数次新航路的探险，航海家哥伦布发现了美洲新大陆，达·伽马发现了到印度的新航路，麦哲伦则完成了环球航行。新大陆和新航路的发现对资本主义的发展和国际贸易的变化具有极其深远的影响。正如马克思和恩格斯所指出的那样，"美洲的发现、绕过非洲的航行，给新兴的资产阶级开辟了新天地。东印度和中国的市场、美洲的殖民化、对殖民地的贸易、交换手段和一般商品的增加，使商业、航海业和工业空前高涨，因而使正在崩溃的封建社会内部的革命因素迅速发展"[④]。

第一，地理大发现引起了欧洲的"商业革命"。地理大发现使欧洲与外界的经济联系迅速扩大，商业资本获得了广阔的活动场所，进入国家贸易的商品种类和数量急剧增加，居民的消费结构也开始发生变化，垄断海外贸易的大商业公司随之出现，商品和证券交易也开始出现。"商业革命"为资本主义生产方式的产生和确立创造了必要的条件。

第二，地理大发现对欧洲资本主义的发展起了催化剂的作用。地理大发现后，大量金银流入欧洲，造成了金银价下跌、物价飞涨的所谓"价格革命"，其结果是手工业工场主、商人、租地经营的农场主和少数富裕农民大获其利，助长了新兴资产阶级的发展。与此相反，广大城乡劳动人民的生活受到严重影响，而封建贵族地主的势力则蒙受重大损失，财富和地位均迅速下降。

第三，地理大发现导致了大规模的殖民掠夺。与海外探险相伴的是一系列对亚洲、非洲、美洲人民的杀戮、抢夺、奴役和征服。地理大发现后，欧洲国家纷纷派遣军事武装向

---

① 马克思．资本论：第 1 卷．北京：人民出版社，1975：784.

② 马克思．资本论：第 3 卷．北京：人民出版社，1975：264.

③ 郭守田．世界通史资料选辑（中古部分）．北京：商务印书馆，1964：304.

④ 马克思，恩格斯．马克思恩格斯选集：第 1 卷．3 版．北京：人民出版社，2012：401.

海外进行领土扩张和殖民掠夺，这一方面推动了资本原始积累的加速发展，另一方面则开始确立起近代殖民制度。欧洲国家从海外经济中获取资源的努力，既反映又提升了欧洲国家在欧洲部署和使用有组织暴力的能力。这些从海外劫掠中获得的财富对于欧洲的国家建设来说，至关重要。

这一时期国际贸易的发展，与霸权的发展密切相关。霸权显而易见有着军事性的一面，经商需要安全和稳定，掌握海洋经济和掌管军事安全之间的联系是清晰的[①]。1700—1820年，英国先后卷入了与欧洲国家不同联盟之间的一系列战争，还参与了美国的独立战争。英国之所以卷入这些冲突，在很大程度上是因为它对全球商业霸权地位的追求。拿破仑战争后，英国接管了法国和荷兰在亚洲和非洲失去的殖民地，扩大了对印度的控制范围，并在拉丁美洲确立了商业特权地位[②]。

3. 自由资本主义时期的国际贸易

自18世纪60年代始，欧洲国家先后通过产业革命，建立了大机器工业，生产力迅速提高，特别是交通与通信工具的明显进步，极大地推动了国际分工、国际贸易和世界市场的发展。

自由资本主义时期，特别是进入19世纪以后，国际贸易的发展异常迅速。从其交易的空间范围来说，它已不再是少数国家或地区间的贸易，而是囊括了世界上大部分地区；从其交易的时间范围来看，它已不再是偶然的、间断性的贸易，而是经常性的、频繁的交易往来；从其交易的商品种类来看，它已不再限于供少数人享用的奢侈品和奴隶，而是人们日常生活必需的消费品和生产所需的原料、工具、机器设备等；从其交易的规模来看，其贸易量已经远远超出了过去少数几个国家间的贸易。1800—1870年，国际贸易额从14亿美元增长到了106亿美元（按当年价格计算），增长了6.7倍。如果扣除价格下跌因素，则增长了9.6倍。与之相对照，1720—1820年的100年间，国际贸易额只增长了1.74倍[③]。

自由资本主义时期，与国际贸易的迅速增长紧密相关的是资本主义殖民扩张的热潮。从18世纪中期到19世纪60年代，随着资本主义生产方式在主要西方国家的确立，殖民扩张和对殖民地的掠夺不仅具有了新的内在推动力，而且表现出一系列不同于资本原始积累时期的新特点。

第一，随着资本原始积累的完成，对殖民地的经济掠夺和剥削已经成为资本再生产过程中的一个重要环节。随着生产规模的扩大、产品的增多，国内市场已远远无法满足资本增值的要求。“不断扩大产品销路的需要，驱使资产阶级奔走于全球各地。它必须到处落户，到处开发，到处建立联系”[④]。

第二，资本原始积累时期，殖民主义具有赤裸裸的强盗式劫掠特征。在自由资本主义时期，殖民地成为先进资本主义国家的原料产地和商品出口市场。以英国为例，“在整个

① 赫尔曼·M. 施瓦茨．国家与市场：全球经济的兴起．南京：江苏人民出版社，2008：97-98.
② 安格斯·麦迪森．世界经济千年史．北京：北京大学出版社，2003：87-88.
③ 宋则行，樊亢．世界经济史：上卷．北京：经济科学出版社，1994：223.
④ 马克思，恩格斯．马克思恩格斯选集：第1卷．3版．北京：人民出版社，2012：404.

十八世纪期间，由印度流入英国的财富，主要不是通过比较次要的贸易弄到手的，而是通过对印度的直接搜刮，通过掠夺巨额财富然后转运英国的办法弄到手的”①。进入 19 世纪以后，则“用一种没有良心的贸易自由”② 开始了工业资本对印度的统治和剥削。从 1818 年到 1836 年，英国输往印度的棉纱增长的比例是 1∶5 200。1824 年，输入印度的英国细棉布不过 100 万码，而到 1837 年就超过了 6 400 万码③。作为原料来源地，印度和北美输往英国的棉花数量从 1846 年的 4.4 亿磅增至 13.2 亿磅，输往英国的羊毛也从 1846 年的 2 932 万磅增至 1865 年的 1.6 亿磅。

第三，国际贸易商品结构的明显变化。大工业的发展和城市人口的迅速增长，使农产品、煤、铁和工业制成品等成为主要的贸易商品。在工业制成品中，机器纺织品取代手工纺织品成为欧洲国家，特别是英国最主要的大宗出口商品，19 世纪中期，世界上绝大多数国家都进口英国的纺织品。机器设备和金属制品也开始在国际贸易中占据重要地位。1825—1872 年，英国机器出口额从 21 万镑增加到 820 万镑。在初级产品中，工业原料日益取代农产品成为殖民地最主要的出口商品，其中以棉花和羊毛的交易增长最快。随着运输条件的改善和运输费用的降低，谷物开始大量涌入国际市场。18 世纪末期，谷物的国际交易约为 300 万蒲式耳，到 19 世纪 80 年代增加到了 15 亿蒲式耳，约相当于世界贸易总额的 10%。

第四，国际贸易中心的转移。16 世纪时，欧洲贸易的中心就开始从地中海沿岸转向大西洋沿岸地区。葡萄牙、西班牙、荷兰都曾经是欧洲贸易和航运的中心。进入 18 世纪以后，英国凭借其向海外殖民扩张所带来的财富和 19 世纪最早进行工业革命所形成的经济优势而成为“世界工厂”和世界贸易中心。1820 年，英国的工业生产和对外贸易分别占世界工业生产和贸易的 50%和 27%。1853 年，英国为世界提供了所交易的棉布的 45%。1850 年，英国拥有的商船吨位约为 360 万吨，相当于全世界的 47%。1870 年进一步上升为 569 万吨，超过了美、德、荷、法、俄等国的总和。

第五，国际贸易的“中心-外围”体制初步形成。继英国之后，欧洲大陆和北美也相继确立了大机器工业，并在 19 世纪实现了产业革命。西方资本主义的迅速发展，使其在世界工业和贸易中占据了绝对优势地位。1820 年，主要资本主义国家在世界工业和贸易中的比重分别为 80%和 42%，1870 年则分别为 78%和 53%。工业革命在世界范围内形成了真正意义上的国际分工；大机器工业所生产的廉价商品成为“用来摧毁一切万里长城、征服野蛮人最顽强的仇外心理的重炮”④，使“一种和机器生产中心相适应的新的国际分工产生了，它使地球的一部分成为主要从事农业的生产地区，以服务于另一部分主要从事工业的生产地区”⑤。国家和全球经济的发展不仅重塑了这些国家自身的经济面貌，也改变了其他国家的经济状况。政治权力的分布使得国际贸易的这种格局得到进一步强化。

---

① 马克思，恩格斯．马克思恩格斯全集：第 9 卷．北京：人民出版社，1961：173－174.
② 马克思，恩格斯．马克思恩格斯选集：第 1 卷．3 版．北京：人民出版社，2012：403.
③ 同②852.
④ 同②404.
⑤ 马克思．资本论：第 1 卷．北京：人民出版社，1975：494－495.

4. 垄断资本主义时期的国际贸易

随着19世纪70年代开始的第二次产业革命和资本主义从自由竞争发展到垄断，资本主义世界经济体系最终形成。第二次产业革命使交通运输和通信工具有了空前飞跃性的发展，环绕世界的铁路网和海洋航线以及海底电缆，把各个国家的国内市场真正汇合成为世界市场；垄断的发展不仅在国内形成了金融寡头的统治，而且形成了先进资本主义国家对国际市场的垄断和不合理的国际经济秩序的确立。

垄断资本主义初期，国际贸易表现出的一系列不同于以往的新特征包括：(1) 资本输出成为带动商品输出的强有力手段，同时也保障了先进资本主义国家对其他国家国内市场的占领和从殖民地获取廉价的原料和能源。(2) 国际垄断组织的形成与发展，确立了先进资本主义国家在国际贸易中的垄断地位。19世纪末20世纪初最主要的国际垄断组织——国际卡特尔，通过协议对国际市场范围、市场价格、商品数量进行了瓜分。(3) 垄断的发展一方面确立了先进资本主义国家的垄断地位，同时也加剧了这些国家间的激烈竞争，贸易战和货币战此起彼伏，贸易保护主义盛行，导致国际贸易的增长速度较之自由竞争时期有所减慢。特别是两次世界大战之间的1929—1933年大危机后，国际贸易呈现停滞状态，1913—1938年，国际贸易的平均年增长率只有0.5%，大大低于工业生产的增长。(4) 帝国主义殖民体系确立，形成了世界极少数先进的工业国家对广大农业国家的统治和剥削，殖民地和半殖民地国家成为垄断资本主义国家的商品出口市场、原料产地和投资场所。(5) 多边贸易支付体系初见端倪。国际贸易初期，各国间贸易主要是双边贸易，以后又发展出“三角贸易”，到19世纪后期，开始出现以英国为中心的多边贸易支付体系以及相对统一的世界市场价格。(6) 国际贸易协定和条约盛行，国家之间开始通过相互承担权利义务的办法来调整彼此间的贸易关系。与此同时，国家间贸易最惠国待遇原则也开始流行起来。

英国在这一时期国际贸易的发展中扮演了重要的角色，霸主国在生产和金融方面的优势会使它倾向于从事自由贸易。从19世纪中期开始，英国采取了自由贸易政策。1860年，英法两国签订了《科布登-谢瓦利埃条约》，实现了两国间的自由贸易。英国的商业政策对世界经济产生了重要和积极的影响，有力地促进了技术的进步和传播，也进一步促进了国际贸易的发展。

二、第二次世界大战后至20世纪90年代的国际贸易

第二次世界大战之后，由于科技革命和垄断资本主义的发展，整个世界经济发生了翻天覆地的变化，国际贸易也以前所未有的速度和规模发展起来。以原子能、电子计算机、人工合成新材料、空间技术、遗传工程和信息技术为主要代表，战后出现的新科技革命是历史上规模最大、影响最深刻的一次科技革命。新科技革命的发展对世界经济的重要影响主要表现在：(1) 推动了资本主义经济的大发展，不仅提高了劳动生产率，而且改善了社会扩大再生产的条件，扩大了销售市场。(2) 推动了资本主义经济结构的变革，工业部门和非物质生产部门在国民经济中的比重迅速上升。(3) 带动了一系列新型产业部门的建立，使生产力进一步国际化，使国际分工向更加宽广发展，所有国家都不同程度地参加了国际分工。(4) 国际市场不断扩大和多样化，各国间，特别是发达资本主义国家间的市场

竞争日益激烈。新科技革命及其推动下的世界经济的发展，不仅要求进一步提高生产的国际化程度，而且要求包括生产、流通、分配和消费在内的整个经济生活的国际化。与之相适应，国际贸易的发展在战后出现了前所未有的扩大和深化。战后国际贸易的发展具有以下基本特点：

1. 战后国际贸易增速加快

二战结束以来，国际贸易的发展异常迅速，规模空前扩大。1950—1982 年，按出口额计算的世界贸易额从 603 亿美元增加到 18 539 亿美元，增长了约 30 倍，平均年增长率高达 11.2%，远远超过了历史上的任何时期，并且大大超过了生产的增长。1780—1830 年，世界贸易平均年增长率为 1.37%，1830—1840 年为 2.81%，1840—1860 年为 4.84%，1860—1870 年为 5.53%，1870—1900 年为 3.24%，1900—1913 年为 3.75%，1913—1938 年为 0.5%①。1990 年，世界出口总额约为 34 376 亿美元，1995 年达 50 200 亿美元。

2. 战后国际贸易的商品结构和地区结构发生了重大变化

在商品结构中，初级产品比重下降，工业制成品比重大大超过初级产品的比重。1876—1880 年，国际贸易中初级产品和工业制成品的比重为 61.9∶38.1。1948 年，初级产品比重下降为 51.7。1957 年，工业制成品比重开始超过初级产品。到了 90 年代，初级产品和工业制成品在国际贸易中的比重一般为 30∶70。在初级产品结构中，食品贸易和原料的比重大大下降，燃料和能源的比重急剧上升。1937 年，食品和原料的比重分别为 22.8%和 30%，1978 年分别下降为 11.5%和 7.2%。燃料的比重则由 1960 年的 10.1%上升为 1978 年的 17%。在工业制成品方面，机器设备和化工产品的贸易增长最快，其中机电工业产品的增长尤为迅速。

地区结构的变化主要表现在：第一，发达资本主义国家在国际贸易中虽然一直占据主导地位，但其间表现出曲线变化的过程。20 世纪 50 年代中期以前，发达国家在国际贸易中的比重有所下降，发展中国家的比重上升为 31.8%。50 年代中期至 70 年代初，发达国家的比重不断上升，到 1972 年为 81%。1973 年以后，由于资本主义世界经济危机和能源危机，发达国家和发展中国家在国际贸易中的比重出现逆转。1973—1981 年，发展中国家的出口平均年增长率达 16.3%，而发达国家只有 10.8%，发展中国家在国际贸易中的比重由 19%上升为 30.3%。第二，社会主义国家在国际贸易中的比重不断上升。苏联东欧国家在 1955—1983 年间，在国际贸易中的比重一直在 9%～12%之间。中国自 80 年代以来，对外贸易不断增长，1950—1982 年对外出口的平均年增长率为 12.2%，超过世界平均增长率，1986—1990 年平均年增长率为 14.3%，1991—1995 年平均年增长率为 19.9%。1992 年，中国成为世界第 11 大贸易出口国。第三，在发达国家中，美国地位的变化最为明显。1947 年，美国的出口贸易额为 144 亿美元，占整个资本主义世界的 32.5%，1950 年下降为 16.7%，1970 年下降为 15.5%，1980 年下降为 11%。日本和联邦德国的增长速度最快，这两个国家出口贸易占世界总额的比重分别由 1950 年的 1.4%和

① 宋则行，樊亢．世界经济史：上卷．北京：经济科学出版社，1994：352；宋则行，樊亢．世界经济史：中卷．北京：经济科学出版社，1994：205；宋则行，樊亢．世界经济史：下卷．北京：经济科学出版社，1994：240.

3.3%上升为1980年的9.8%和11.1%。第四，在发展中国家中，石油输出国的对外出口增长最快，1970—1978年间的平均年增长率曾达到30%。80年代以来，东亚国家在世界贸易中的地位不断上升。1988年，东亚的中国（包含香港和台湾）、新加坡、韩国、马来西亚、泰国、印度尼西亚的出口贸易额为3 262.94亿美元，占世界出口贸易的11.54%；1990年上升为3 976.17亿美元，占世界出口贸易的11.57%；1995年进一步上升为8 625.00亿美元，占世界出口贸易的16.98%①。

3. 国际贸易的内容和形式出现了显著的变化

从国际贸易内容的变化看，突出地表现在劳务贸易和技术贸易的发展上。从50年代中期起，国际劳务贸易就成为世界经济中最为发达的领域之一。1970年，资本主义世界的劳务出口总额为1 081亿美元，1975年增至2 652亿美元，1980年增至6 499亿美元。其中包括运输劳务、旅游业、国家机关在国外的劳务、私人汇款及其他劳务。技术贸易以技术软件和高技术产品为交换主体，基本方式是国际许可证贸易，从50年代中期开始广泛发展起来。1964—1970年，世界技术贸易额年增长率为16.596%，70年代为12%。1955年，技术贸易额只有6亿美元左右，1985年增至约500亿美元。

随着国际贸易规模和内容的扩大，国际贸易的形式也有了新的变化。除了传统的贸易形式，如逐笔单边售定、代理、包销、招标、拍卖、寄售、食品交易所等，又出现了诸多新形式，其中主要包括：第一，对销贸易，即将各种进出口活动联结起来的国际贸易方式的总和，具体方式包括简单易货、补偿贸易、平行贸易、回购贸易、清算协定贸易、转手贸易、关联贸易。第二，加工贸易，即以加工为特征的再出口业务，包括进料加工、来料加工、装配业务等。为适应这种新的贸易形式的出现，许多国家都建立了出口加工区，其主要类型分为“就业创汇型”、“地区开发型”和“技术促进型”。第三，租赁贸易，即将某种商品出租给承租人在一定期限内使用，收取租金。

4. 多边贸易体制在全球范围内确立

国际贸易在其最初的相当长时期内，主要是双边贸易，以后又发展出“三角贸易”，并在19世纪后期出现了以英国为中心的多边贸易支付体系以及相对统一的世界市场价格。第二次世界大战后，美国因其强大的经济实力和最具竞争力的产品而竭力主张建立国际贸易组织，实行减税和放宽贸易限制，以实现世界贸易自由化，反对其他国家的贸易保护主义政策。在美国的推动下，联合国经济及社会理事会于1946年2月成立了筹委会，并于1947年通过了《国际贸易组织宪章（草案）》。1947年10月，在哈瓦那举行的联合国贸易和就业会议上，通过了《国际贸易组织宪章》。1948年1月1日，《关税及贸易总协定》（GATT，简称关贸总协定）生效，世界范围内的多边贸易体制形成。

关贸总协定自成立之后，先后进行了八轮多边贸易谈判，如表4-1所示。参加谈判的国家从第一轮的23个发展到第八轮的125个，其所涉及的议题和内容涵盖了国际贸易中几乎所有领域和方面，对稳定国际贸易秩序、解决国家间贸易纠纷、推进国际贸易的发

① 中国对外经济贸易年鉴编辑委员会．中国对外经济贸易年鉴1996/97．北京：中国经济出版社，1996：994-997.

展发挥了重要作用。

表 4-1　　关贸总协定各轮谈判的时间、参与方与所涉及的贸易额

谈判轮次	参与国家数量	涉及贸易额（美元）
日内瓦回合（1947 年）	23	100 亿
安纳西回合（1949 年）	33	无数据
托奎回合（1950 年）	34	无数据
日内瓦回合（1956 年）	22	25 亿
狄龙回合（1960—1962 年）	45	49 亿
肯尼迪回合（1964—1967 年）	48	400 亿
东京回合（1973—1979 年）	99	1 550 亿
乌拉圭回合（1986—1994 年）	125	5 000 亿

资料来源：布瑞恩·麦克唐纳．世界贸易体制：从乌拉圭回合谈起．上海：上海人民出版社，2002.

除此之外，1964 年 12 月成立的联合国贸易和发展会议（简称联合国贸发会议）也是世界多边贸易体系的重要组成部分。联合国贸发会议召开的前九届大会，着重讨论了原料生产、建立共同基金、稳定价格与保证市场、反对贸易保护主义、减少和消除对发展中国家的关税和非关税壁垒、发展中国家的债务问题、发展中国家间的经济合作以及发达国家的援助等一系列问题，对于促进国际贸易的发展，改善发展中国家的贸易条件，推动国际贸易体制朝更合理的方向发展，起了极其重要的作用。

5. 冷战制约了国际贸易的发展

第二次世界大战后形成了帝国主义和社会主义两大阵营，双方因在政治上，即社会制度和意识形态的不同而尖锐对立，处于冷战状态。相应地，彼此在经济上也因政治上和军事上的敌对而近乎相互隔绝。在这种政治背景下，东西方贸易受到极大限制。国际贸易曾经是西方资本主义国家用以遏制社会主义国家的重要手段。西方国家长期对社会主义国家实行封锁、禁运政策。为了限制社会主义国家军事力量的发展，西方国家在一系列高技术产品上实行对社会主义国家的出口管制，成立了专门的西方发达国家管制机构——巴黎统筹委员会。相应地，斯大林时期的苏联出现了所谓“两个平行市场”的理论，即把原来统一的世界市场，看作并人为地区分为社会主义世界市场与资本主义世界市场，使贸易分别在社会主义国家内部或西方国家内部进行，相对独立，互不联系，东西方之间的贸易严重受阻，发展十分缓慢。

随着两大阵营内部的分化和冷战的缓和，不同社会制度的国家之间贸易关系开始恢复并得到发展，但对外贸易政策仍被用于实现国家的政治目标。1953 年，美国艾森豪威尔政府曾经考虑恢复因朝鲜战争而中断的中美贸易关系，他当时的政治考虑就是，如果美国的长远目标是“削弱中苏同盟”，那么“贸易可能是在这个目标方面很有用的工具”①。中美之间的贸易纠纷自 70 年代两国经济往来日益活跃后就已经存在了。但是双方在贸易问题上并没有出现大的冲突，其中一个极其重要的原因就是双方共同反对苏联的政治战略利益比经济上的纠纷要重要得多。冷战结束后，中美之间的贸易冲突呈现尖锐化的趋势，其

① 袁明，哈里·哈丁．中美关系史上沉重的一页．北京：北京大学出版社，1989：265.

主要原因仍旧是政治上的，即许多美国政治家认为中美之间的战略同盟关系已经不复存在，中国在国际政治中对美国已经不那么重要了。但是，尽管双方在最惠国待遇、劳改产品出口、知识产权、贸易不平衡等一系列问题上存在严重分歧，但美国仍旧采取了推进中美贸易关系不断发展的政策，其原因主要也是政治上的，即中美之间的战略利益仍被美国当政者所重视，美国力图通过推进中美经贸关系的发展来从政治上影响中国①。

三、冷战结束后国际贸易的发展

冷战结束之后，原来的东西方对立不复存在，意识形态的对立对国际贸易的影响逐渐减弱。在这个时期，世界经济不同部分之间的相互联系极大地增强了。商品贸易量的增长快于GDP的增长，国际旅行、通信及其他服务性交易也有了巨额增长。这些变化改进了国家间的劳动分工，促进了国家间思想和技术的扩散，并把各种高水平的需求从发达国家集团传播到世界的其他地区。冷战结束后，国际贸易具有如下新特点：

1. 国际贸易规模进一步扩大，各国外贸依存度提高

国际贸易规模和速度的增加，表明各国对外经济联系日益加强，各国经济越来越依赖于同其他国家发展对外贸易关系，从而使一些国家的贸易依存度不断提高。全球外贸依存度增长十分迅速。1820年世界平均水平只有2%，1950年为21%，2002年已达到47%，其中2002年中低收入经济体平均水平是50%，高收入经济体平均水平是44%②。对外贸易上的相互依赖使得越来越多的人参与到全球市场中来，如今，全球贸易占GDP的比重已超过56%。至少有15个发展中国家分别与多达100多个进口和出口伙伴保持着重要的贸易关系，而在1996年仅为6个国家③。

2. 发展中国家在国际贸易结构中的地位显著提高

随着发展中国家的发展，其参与国际经济的能力有所提升。发展中国家的绝对人数优势（数十亿消费者和民众）大大增强了发展中国家的政府、公司和国际机构的行为对全球人类发展成果的影响力。在发达国家之外，另一个新兴的技术创新和创新型企业摇篮正在发展中国家形成。通过北南贸易，这些新兴工业化经济体已经形成可高效生产面向发达国家市场的复杂产品的能力。而南南合作则通过更加适应当地需求的产品和工艺使发展中国家的许多公司具备了改进和创新能力④。随着实力的壮大，发展中国家在国际贸易中发挥的作用越来越重要：1980—2010年，发展中国家在世界商品贸易总量中所占的份额从25%增加到47%，在世界总产出中所占的份额从33%提高到45%。此外，发展中国家之间的联系也日益紧密：1980—2011年，南南国家之间的贸易量在世界商品贸易总量中所占的份额从8%增加到26%以上。南方国家如今已占到全球贸易流量的一半，而在30年前勉强只有1/4。这些不断加强的贸易联系在南南国家之间的发展速度甚至比传统南北贸

---

① 宋新宁．国际政治经济与中国的关系．香港：香港社会科学出版社，1997：306－324.

② 周林．国际经济关系学概论．北京：机械工业出版社，2009：33.

③ 联合国开发计划署．2013年人类发展报告：南方的崛起：多元化世界中的人类进步．2013：16.

④ 同③14.

易的发展速度更快。南南贸易中有一大部分仍继续受来自北方国家的需求推动，而发展中国家同样也是来自北方国家产品的主要进口国。例如，2007 年以后，美国对经济合作与发展组织（OECD，简称经合组织）中现有贸易伙伴的出口额增加了 20%，但对拉丁美洲和加勒比地区和中国的出口额却增加了 50%以上。发展中国家需要发达国家，但发达国家也越来越离不开发展中国家①。

3. 国际贸易的内容更加多样化

20 世纪后期，版权和技术许可贸易非常活跃，使国际技术贸易迅速增长。2004 年技术转让的国际支出达到 1 200 亿美元，是 1970 年的 141 倍；2004 年技术转让的国际收入达到 1 098 亿美元，是 1970 年的 39 倍。在国际技术贸易中，发达国家的技术贸易占主导地位，特别是发达国家的跨国公司间的技术贸易几乎占了全球技术贸易的一半。除此之外，发达国家与发展中国家的技术转让也有了较快发展，其中与新兴工业化国家和地区间的技术贸易占有重要地位，而对条件落后、资金缺乏、人才短缺的广大发展中国家和地区的技术转让却很少。

此外，20 世纪 90 年代以来，国际服务贸易以大大高于国际商品贸易的速度在增长，致使国际服务贸易在整个世界贸易中的比重由 1980 年的 15%上升到 1993 年的 22%；到 2002 年世界服务贸易额已达 15 400 亿美元；2003 年服务出口增加了 12%，升至 1.8 万亿美元，为 1995 年以来的最高增幅。2007 年全球服务贸易额达 3.3 万亿美元，增长 18%②。

4. 多边贸易谈判停滞不前

1995 年 1 月 1 日，世界贸易组织（WTO）成立。随着中国和俄罗斯等国的相继加入，世界主要经济体都已成为世界贸易组织成员。2001 年，世界贸易组织第四次部长级会议通过了《多哈宣言》，决定启动世界贸易组织首轮多边贸易谈判。多哈回合谈判涉及农业、非农产品市场准入、服务贸易、规则谈判、贸易与发展、争端解决、知识产权、贸易与环境等议题。由于发达国家和发展中国家在农产品补贴、非农产品市场准入等领域分歧严重，多哈回合谈判多年来未取得突破性进展。

四、2008 年国际金融危机后国际贸易的新变化

2008 年国际金融危机爆发后，许多国家开始转变之前较为自由的贸易政策，采取贸易保护措施。伴随着世界经济的复苏，各国政府的贸易保护措施不但没有减少，反而有所增加，非常规贸易措施的撤销速度也在放缓，贸易救济手段已经呈现出更加复杂和难以监控的特点。在这一新形势下，国际贸易具有以下几个特点：

1. 国际贸易增速出现波动

2008 年国际金融危机后，国际贸易呈现波动趋势。受国际金融危机的影响，2009 年

---

① 联合国开发计划署．2013 年人类发展报告：南方的崛起：多元化世界中的人类进步．2013：2，14－16.

② 周林．国际经济关系学概论．北京：机械工业出版社，2009：35－36.

国际贸易增长率大幅跌至－10.4%，创二战以来的最大跌幅。2010年，伴随全球经济增长复苏，国际贸易增长率大幅回升至12.6%，这是1980年以来最高的年度增长率。2011年，国际贸易增长率又大幅下滑至过去十年的平均水平5.7%。2011年以来，由于国际经济复苏乏力和贸易保护主义加剧，国际贸易增长持续低迷。2011—2016年，国际贸易增长率均不超过3%，其中2016年国际贸易增长率为1.3%，是2010年以来的最低增幅。2017年国际贸易增长快速反弹，国际贸易增长率为4.7%，创下了2011年以来的新高。总体来看，2008年以来，国际贸易增长率呈现波动变化，表明国际经济在复苏的同时伴随着巨大风险。

2. 区域贸易协定数量迅速增长，内容显著扩展

由于多边谈判的停滞不前，区域贸易协定得到了迅猛发展，数量快速增加，范围不断扩大，几乎覆盖了所有世界贸易组织成员，成为当今备受各国重视的经济贸易合作形式。2008年以后，面对国际金融危机的扩散，众多国家都试图通过与区域贸易伙伴携手来缓解国内的经济颓势。与从前的自由贸易协定相比，近年来的区域贸易协定在内容上扩展到了知识产权、环境、劳工等议题。例如，美国奥巴马政府力推的《跨太平洋伙伴关系协定》（Trans-Pacific Partnership Agreement，TPPA）涵盖商品关税、投资、知识产权、环境保护、劳工权益保护、技术壁垒等一系列议程，并增加了对成员国政府采购、国有企业、政治透明度的关注，以高标准、宽领域为主要特征。这种新形式的区域贸易协定的出现，在对原有多边贸易规则形成挑战的同时，也推动着多边贸易规则朝更加完善、更高标准的方向发展。

3. 国家间贸易摩擦日益频繁

国际金融危机影响了多数国家的经济增长。一些国家和地区在推动国内消费的愿望受阻之后，纷纷转向保护本国市场，采取贸易保护主义政策，国家间贸易摩擦日益频繁。特别是特朗普政府在“美国优先”理念下将贸易战看作是增进美国利益的有力武器。美国总统特朗普公开宣布“贸易战是好事情，容易赢”（Trade wars are good and easy to win）。2018年3月8日，特朗普宣称由于进口钢铝产品危害美国“国家安全”，将对进口钢铝产品分别征收25%和10%的关税；美国决定从6月1日开始对欧盟、加拿大和墨西哥这三个经济体的钢铝产品加征关税。2018年3月，特朗普宣布对中国进口的500亿美元商品加征25%关税，中美贸易战爆发；7月，美国贸易代表办公室宣布对价值2 000亿美元的中国商品加征10%的关税。2019年5月10日，美国将对2 000亿美元中国输美商品加征的关税从10%上调至25%；8月15日，美国宣布对自中国进口的约3 000亿美元商品加征10%的关税；12月13日，中美双方就中美第一阶段经贸协议文本达成一致，美方将履行分阶段取消对华产品加征关税的相关承诺，实现加征关税由升到降的转变。2019年7月，日本限制对韩出口高科技原材料，日韩贸易战爆发。日益频繁的国际贸易摩擦对全球经济的恢复与发展产生了显著的负面影响。

第二节　国际贸易体系的制度化

作为国家间进行商品和劳务交换的活动，国际贸易既使参与的国家获得了不同程度的贸易利益，也造成了国家间的贸易冲突和纠纷，这就使得规范国家间的贸易行为、协调国家间的贸易关系越来越重要，从而出现了各种类型的国际贸易条约、协定、组织，并逐步确立起全球性的多边国际贸易体制。这些国际贸易制度的出现不仅对国家间经济关系有重要影响，而且对国家间政治关系也发挥着重要作用。

一、国际贸易条约和协定

国际贸易条约和协定是主权国家为确定彼此间贸易关系，规定各自的权利义务，协调各自贸易政策，经过协商或谈判所缔结的书面协议。国际贸易中有双边条约和协定、多边条约和协定以及依不同的协议对象而构成的各种不同形式的条约和协定，如商品协定、支付协定、通商航海协定等。

1. 国际贸易条约和协定的法律原则

无论何种贸易条约和协定，均依存于一些国际上通行的法律原则，其中最重要的有：（1）最惠国待遇原则，即缔约方给予对方其现在和将来给予任何第三方的一切优惠和豁免。最惠国待遇分为无条件的和有条件的、互惠的和片面的、有限制的和无限制的等各种形式，其中最普遍的是有条件的最惠国待遇和无条件的最惠国待遇。目前大多数贸易条约和协定都使用无条件的最惠国待遇原则。确立最惠国待遇原则的基本目的是消除缔约国之间在贸易、投资、关税、航运和公民法律地位上的各种歧视性待遇，创造同等的和公平的贸易发展条件。（2）国民待遇原则，即缔约国之间相互保证给予另一方的自然人、法人和商船在本国境内享有与本国的自然人、法人和商船同等的待遇，其适用范围一般包括外国公民的私人经济权利（私人财产、所得、房产、股票等）、外国产品应缴纳的国内税收、运输和转口过境的条件、船舶在港口的待遇、注册商标、版权、专利权等。国民待遇原则强调的是互惠、平等，但不得损害对方过境的经济主权，因而其适用范围是受一定限制的，本国人所享有的某些权利，如沿海贸易权、领海捕鱼权、沿海和内河航行权、购买土地权、零售贸易权以及充当经纪人等权利就不包括在国民待遇中。（3）机会均等原则，即缔约方一方的自然人和法人在另一方进行的一切活动，不仅和第三方的自然人和法人享有同等权利和待遇，而且和该国自然人和法人享有同等权利和待遇。这一原则是第二次世界大战以后提出来的，其内容实际上包含了最惠国待遇和国民待遇原则。

除了基本的法律原则之外，国际贸易条约和协定还经常包含一些与法律原则类似的条款，用以规定缔约各方的权利和义务，并作为法律原则的补充。其中最常见的条款有：（1）免责条款，即缔约一方在履行条约或义务时，造成某种商品进口的急剧增加，对其国内某些生产部门形成严重威胁或伤害时，该缔约方可以在一定程序下要求免除其所承担的某些义务，直至采取限制进口措施。（2）保障条款，即当某种商品的进口给进口国国内市场造成混乱时，进口国有权限制直至停止该商品的进口。（3）国家安全条款，即当进口国认为某种商品的进口足以危及国家安全时，该进口国有权采取相应措施实施进口限制。对“国家安全”的解释一般是指严重威胁和损害进口国某个产业部门的发展或利益，或导致国内失业率上升、税收减少、资金流失、产业结构失衡等。（4）危险点条款，即当缔约方一方关税降到最大限度时，造成了进口产品对国内生产和市场的威胁或损害，缔约方有权取消或减少原有的关税减让，恢复和提高进口限制。

2. 国际贸易条约和协定的作用

国际贸易条约和协定的最主要作用在于规范各国在国际贸易中的行为，即实行公平贸易、公正贸易、互惠贸易。例如，大多数贸易条约所规定的最惠国待遇原则就是要消除缔约国之间在贸易、投资、关税、航运及公民法律地位等方面的种种歧视待遇，为各国创造同等的和公平的贸易发展条件及机会。国际商品协定作为某种商品的生产国（出口国）和消费国（进口国）之间就该种商品的购销、价格等问题通过协商而达成的政府间多边协定，所代表的是签署国的共同利益。1975 年联合国贸发会议通过的商品综合方案则是发展中国家为建立公正、合理的国际经济秩序而进行的不懈努力的结果。

然而，一些国家，特别是发达资本主义国家在制定和履行国际贸易条约和协定时，并没有真正履行公正、合理、互惠的国际贸易原则，例如，最惠国待遇往往成为其对外施加政治压力的经济手段。二战结束以来，美国对被其认为是“非市场经济国家”所给予的最惠国待遇一直是有条件的，并且每年进行审议。根据美国《杰克逊-瓦尼克修正案》的规定，美国总统在每年决定是否延长给中国或其他非市场经济国家最惠国待遇的时候，应考虑这类国家的公民享有多大移居国外的自由，只有证明这个国家的政府允许其公民自由移居国外，或者断定延长其最惠国待遇会大大促进这些国家的移民自由，他才能建议延长其最惠国待遇。冷战结束后，美国的一些国会议员以中国的人权问题为借口，要求取消中国的最惠国待遇，并于 1991 年 5 月提出了将最惠国待遇与中国的人权状况挂钩的议案和取消中国最惠国待遇的议案。1993 年，克林顿政府对给予中国的最惠国待遇附加了与中国人权有关的政治条件。1994 年，经美国国内企业界强力游说，克林顿政府宣布将最惠国待遇与人权问题脱钩。1998 年，克林顿总统签署法案，将“最惠国待遇”改为“正常贸易关系”。及至 2000 年，美国参众两院最终通过了对华永久性正常贸易关系（permanent normal trade relation，PNTR）议案。

二、国际贸易组织的形式与作用

随着国际贸易的发展，各个国家和地区逐步意识到贸易利益及各国间贸易政策协调的重要性，从而开始在国际贸易领域进行各种类型的合作，并在此基础上形成了不同形式的国际贸易集团和组织。

1. 国际贸易组织的初始形式

关税同盟是最早的贸易组合形式，在自由资本主义时期就已经存在了。关税同盟是指组成关税同盟的国家相互取消一切贸易限制，对外实行共同贸易壁垒的一种形式。最早的关税同盟是 1789 年美国通过宪法规定，取消了北美十三州的关税而形成统一的关税同盟。19 世纪初，德国在摆脱了拿破仑的统治之后，为消除阻碍资本主义发展的地方割据而于 1826 年后相继建立了北德关税同盟、南德关税同盟和中德关税同盟，并于 1834 年形成包括 18 个邦国在内的德意志关税同盟。在自由资本主义时期，关税同盟实际上是一种对内统一国内市场、对外实行贸易保护以推进国内资本主义发展的重要手段。在德国，首先是关税同盟，然后是国家的统一，清除了很多贸易障碍。“德国关税同盟是弥漫全国的国家统一观念的化身……这是德意志人民走向国家统一的第一步”①。

资本主义从自由竞争发展为垄断以后，垄断资本为了确保其在世界经济和世界贸易中的垄断地位，逐步形成了国际垄断组织，其中国际卡特尔是主要的组织形式。最早的国际卡特尔是1867年建立的法兰西盐业卡特尔。自19世纪末期始，国际卡特尔以空前的速度和规模发展起来，到第一次世界大战前夕已达116个。第一次世界大战后发展到鼎盛时期，到1931年国际卡特尔的数量增至320个。国际垄断资本通过国际卡特尔协议，实行固定价格，在成员间分配销售限额，划分专卖地区和分派生产活动，从而实现其对世界市场的垄断和瓜分。例如，参加国际铝卡特尔的美、英、法三国控制了世界绝大多数的铝产量以及铝土开采量的2/3；由美、英、德组成的国际铜卡特尔控制了资本主义世界铜产量的80%以上；国际钢铁卡特尔、国际钢轨卡特尔、国际石油卡特尔（特别是著名的石油“七姐妹”）等，都是当时最有影响的国际卡特尔。“资本家同盟之间**在**从经济上瓜分世界的**基础上**形成了一定的关系，而与此同时，与此相联系，各个政治同盟、各个国家之间在从领土上瓜分世界、争夺殖民地、‘争夺经济领土’的基础上也形成了一定的关系。”②

多边贸易支付体系产生于19世纪，它使更多的国家加入统一的国际贸易网络之中，对国际贸易的发展起了重要的推动作用。第一次世界大战后，由于各国贸易保护主义盛行，世界各主要大国曾先后召开了多次国际会议，试图消除妨碍国际贸易扩大的种种限制，例如1920年美、英、法等战胜国在布鲁塞尔举行的财政会议，1922年在热那亚召开的国际会议和1927年在日内瓦召开的世界经济会议，但都未能达成任何重要协议。

2. 二战后国际贸易组织的发展

实际上，现代意义上的国际贸易组织是在第二次世界大战后才形成的。二战后初期，美国最先提出了建立国际贸易组织、实行减税和放宽贸易限制、实现“贸易自由化”的主张。联合国经济及社会理事会自1946年起开始筹建国际贸易组织，并在1947年4月通过了《国际贸易组织宪章（草案）》。由于该宪章草案没有得到多数国家政府的批准，拟议中的国际贸易组织未能从组织上建立起来。但是关贸总协定在实际上起了国际贸易组织的作用，并最终在1995年建立了世界贸易组织。

二战结束以来，全球性的国际贸易组织是以关贸总协定的形式存在的，但同时也存在许多区域性、行业性，乃至全球范围内的国际贸易组织形式，其中主要包括三种基本类型。

（1）联合国体系内的国际贸易组织形式。其中最主要的是联合国贸发会议。联合国贸发会议成立于1964年12月，是联合国大会的一个常设机构，负责处理有关经济发展和国际贸易问题，其宗旨和任务包括：加速发展国际贸易，制定有关国际贸易和经济发展问题的原则和政策，审查联合国附属机构在国际贸易和经济发展方面的问题，举行谈判和批准有关贸易的多边法律文件，协调政府和地区经济集团在贸易及有关方面的政策，召开贸发大会并召开各类专业会议，缔结国际协定、公约等。

---

① 弗里德里希·李斯特．政治经济学的国民体系．北京：商务印书馆，1961：333.

② 列宁．列宁选集：第2卷．3版．北京：人民出版社，1995：639.

联合国体系内的其他国际贸易组织还包括：联合国贸发会议及关贸总协定国际贸易中心、商品共同基金会等。

(2) 区域性国际贸易组织。其中成立最早的是欧洲经济共同体（又称欧洲共同市场，简称欧共体，成立于 1958 年）和欧洲自由贸易联盟（又称七国联盟，成立于 1959 年）。根据 1957 年通过的《罗马条约》，欧共体的宗旨是：逐步削减直至最后消除成员国间的关税及其他贸易壁垒；实现成员国之间的资本、劳动力自由流动，并对农业、运输、货币、金融等逐步制定统一政策；逐步统一共同体内的社会保障制度和劳动条件；在成员国之间开展广泛的政治合作，以逐步实现经济和政治一体化。欧洲自由贸易联盟由没有参加欧共体的几个西欧国家组成，其宗旨和任务是：加强成员国之间的联系与合作；促使成员国消除相互间的工业品关税壁垒；发展与欧共体成员国的自由贸易。1972 年，欧共体和欧洲自由贸易联盟在布鲁塞尔签订欧洲自由贸易区协定，建立了所谓欧洲大自由贸易区，其目的在于加强欧共体与欧洲自由贸易联盟之间的贸易关系。

60 年代以后，世界其他各个地区也先后建立了一系列区域性国际贸易组织。在拉丁美洲有：拉丁美洲自由贸易协会（1960 年）、中美洲共同市场（1960 年）、加勒比自由贸易协会（1968 年）、安第斯集团（1969 年）、加勒比共同体和共同市场（1973 年）、南方共同市场（1991 年）、安第斯自由贸易区（1995 年）。在亚洲和太平洋地区有：东南亚国家联盟（1967 年）、亚太发展中国家贸易洽谈组织（1971 年）、亚太经济社会委员会贸易信息服务中心（1976 年）、亚洲贸易发展计划组织（1976 年）、南太平洋贸易委员会（1979 年）。在非洲有：西非国家关税同盟（1959 年）、东非共同体（1967 年）、南部非洲关税同盟（1969 年）、西非经济共同体（1970 年）、非洲贸易促进组织协会（1974 年）、西非国家经济共同体（1975 年）、大湖国家经济共同体（1976 年）、中非国家经济共同体（1981 年）、东南非特惠贸易区（1981 年）、马格里布联盟（1989 年），等等。

进入 90 年代以来，区域性国际贸易组织或机制在深度和广度上有了进一步的发展。欧共体自 1985 年后就致力于建立包括商品、服务、资本和劳动力完全自由流动的统一大市场，并于 1986 年 2 月通过了《单一欧洲法令》，于 1993 年 1 月 1 日建立了欧洲统一市场。1992 年 12 月，欧共体通过了《欧洲联盟条约》（《马斯特里赫特条约》），向欧洲一体化迈出了更大的一步，即确定了欧洲经济与货币联盟的建立和在 1999 年启动欧洲单一货币。

亚太经济合作会议成立于 1989 年，并于 1993 年更名为亚太经济合作组织。亚太经合组织最初只是一个松散的、开放性的论坛，1992 年通过的《曼谷宣言》和《曼谷联合声明》决定在新加坡设立秘书处作为其常设机构，标志着其机构化和组织化的进展。1993 年，第一届亚太经合组织领导人非正式会议发表了《贸易和投资框架宣言》和《经济展望声明》，强调开放的贸易与投资自由化、开放的多边贸易体系是亚太经合组织存在和发展的基石，亚太经合组织的目标就是实现贸易投资的自由化。1994 年的茂物会议确定了实现贸易和投资自由化的时间表。1995 年的大阪会议明确提出了亚太经合组织实现经济合作的三大支柱，即贸易和投资自由化、贸易和投资便利化、经济技术合作。1996 年的马尼拉会议通过的《马尼拉行动计划》确定了 18 个成员的单边行动计划，旨在减少和消除彼此间关税和非关税措施。亚太经合组织以“相互依存，共同利益，坚持开放的多边贸易体制和减少区域贸易壁垒”为宗旨和目标，自成立以来已举行了 26 次领导人非正式会议。

其中的第22次领导人非正式会议于2014年11月在北京召开。会议以“共建面向未来的亚太伙伴关系”为主题，下设“推动区域经济一体化，促进经济创新发展、改革与增长，加强全方位基础设施与互联互通建设”三大议题，强调在推进茂物会议目标的同时大力推进亚太自由贸易区进程，实现横跨太平洋两岸、高度开放的一体化安排。

（3）专业性、行业性国际贸易组织。其中最主要的是一些原料生产和输出国组织，涉及的行业包括矿业、农业、林业、牧业等。目前，原料生产和输出国组织有30多个，主要的组织有石油输出国组织、阿拉伯石油输出国组织、拉丁美洲石油互助协会、铁矿砂出口国协会、铜出口国政府间委员会、国际铝土协会、天然橡胶生产国协会、香蕉出口国联盟、国际可可组织、国际咖啡组织、国际小麦理事会、国际茶叶委员会，等等。这些组织有的是全球性的，有的是地区性的，有的只包括3～5个国家，有的则有近百个成员。

最初的原料生产和输出国组织产生于19世纪末20世纪初，是发达资本主义国家为控制和掠夺殖民地的原料、垄断世界市场价格而设立的机构，具有国际垄断组织，特别是国际卡特尔的特征。20世纪60年代以后，发展中国家为了保护自身的经济权益、稳定世界市场价格和供需平衡，组织起各种原料生产和输出国组织，以便从自然资源的开发中取得公平合理的收益。其中，石油输出国组织是最为成功的例证。

3. 国际贸易组织的作用

各种不同类型的国际贸易组织在实践中对促进世界贸易的发展、国际贸易的规范化，协调发达国家之间、发展中国家之间、发达国家和发展中国家之间的贸易关系，起了重要作用。

（1）促进国际贸易法规的发展和规范化。主要的国际经济组织和国际贸易组织在实践中制定的一系列国际贸易条约和协定，将国际贸易领域的原则、法规、制度和惯例加以规范化、法典化。联合国国际法委员会于1978年拟定了最惠国条款条文草案；贸易法委员会先后拟定并经联合国大会通过的一系列公约包括《国际货物销售时效期限公约》《仲裁规则》《联合国海上货物运输公约》《联合国国际货物销售合同公约》《国际贸易仲裁示范法规》等。联合国贸发会议通过的《各国经济权利和义务宪章》，缔结的一系列国际协定，如国际天然橡胶协定、商品共同基金协定、国际多种方式联运公约等，为改革国际贸易体制，推进发展中国家的贸易发挥了积极作用。关贸总协定所制定的一系列贸易规则和达成的各项协议对国际贸易的发展具有十分重大的影响。

（2）提供谈判和对话的场所。国际贸易组织作为世界各国协调贸易关系的主要组织形式，是各国就相互间和世界范围内的贸易问题进行谈判和对话的重要场所。联合国贸发会议自1964年第一届大会起，每四年举行一次大会，是发展中国家与发达国家就国际贸易与经济发展问题举行谈判和对话的最主要场所之一。以七十七国集团为代表的发展中国家在历届贸发会议的谈判中相互配合，提出了一系列改革旧的国际贸易秩序的合理主张和建议。贸发会议提出并为联合国大会所通过的一系列提案，诸如建立普惠制、建立“商品综合方案”和共同基金、减轻发展中国家债务负担的措施等，对于缓和南北冲突、促进世界经济与国际贸易的发展具有重要作用。关贸总协定是在国际贸易领域举行实质性权利义务谈判的最重要场所。二战结束以来所进行的八轮多边贸易谈判对于协调世界贸易关系、推动国际贸易的发展具有举足轻重的作用。

（3）促进国际贸易合作。随着世界经济相互依赖关系的日益加深，国际贸易利益的范围和分布越来越广泛，国际贸易组织协调贸易关系、促进贸易合作的功能越来越引起人们的重视。联合国体系内的国际贸易组织，特别是联合国贸发会议，在协调发达国家和发展中国家的贸易关系、推动发展中国家间的经济和贸易合作方面发挥了重要作用。关贸总协定在互惠互利的基础上削减关税，消除各种贸易壁垒，促进各国在服务贸易、知识产权和投资方面的合作上都具有积极的作用。

（4）解决国际贸易争端。国际贸易组织的发展和各国积极参与国际贸易组织的活动，增强了各国贸易政策的透明度；国际贸易条约和协定以及贸易仲裁机制的建立为各国解决贸易争端提供了法律原则和制度保证；贸易对话场所的增加和多边贸易磋商机制为协调贸易利益、缓和贸易冲突提供了可能性。

三、关贸总协定与多边贸易体系

《关税及贸易总协定》签订于1947年10月，从1948年1月1日起临时生效。虽然它是一项临时适用的多边贸易协定，但却起着国际贸易组织的作用，是一个实际上的国际贸易组织，是世界历史上第一个全球性多边贸易体系。

1. 关贸总协定的成立及其意义

早在第二次世界大战期间，美国政府就已经意识到了美国由战时经济向和平时期经济过渡的严峻性和紧迫性。建立在多边自由贸易基础之上的国际贸易规则和秩序对于美国推行扩展对外贸易、维持经济繁荣、保障充分就业、巩固实力地位的政策是至关重要的，这也是美国政府倡导多边自由贸易政策的近期目标。同时，美国在第二次世界大战后所拥有的独占鳌头的经济优势亦为其倡导多边自由贸易政策提供了坚实的后盾和物质基础；换言之，总体的经济优势实际上也是美国多边自由贸易政策的基本前提条件之一①。美国政策设计者认为，在第二次世界大战结束之际，美国将成为政治经济实力最为强大的国家，因而拥有足够的手段承担全球经济体系的领导权。作为美国设计的多边世界秩序的重要组成部分，塑造美国领导下的多边贸易体系是美国在战后国际贸易领域的基本目标。为此，美国政府明确提出了多边自由贸易的政策主张②。

从1943年起，美国多次与英、法等国会谈，商议建立一个以实现贸易自由化为目标的国际贸易组织。1946年10月，在美国的提议下，世界贸易和就业会议第一次筹备会在伦敦举行，决定成立一个宪章起草委员会，负责起草国际贸易组织章程。1947年4月，美、英、法、中等23个国家在日内瓦举行世界贸易和就业第二次筹备会议，通过了《国际贸易组织宪章（草案）》。同时，各国同意在该草案经本国立法程序批准、正式生效前，先就减低关税和其他贸易限制等问题举行谈判。为此，与会国根据宪章草案的有关条款，拟订了一项关税减让协定，即关贸总协定，并就其达成《临时适用议定书》。根据总协定规定的原则，各国在会议期间经谈判签订了123项双边关税减让最后议定书，作为总协定的一部分。同年10月30日，总协定由参加日内瓦会议的23国签字，并于1948

① 舒建中．多边贸易体系与美国霸权：关贸总协定制度研究．南京：南京大学出版社，2009：13－14.

② 同①12.

年1月1日正式生效。由于《国际贸易组织宪章》最终没能获得各国批准，总协定临时适用直至1995年世界贸易组织成立。关贸总协定是一项国际性多边条约。由于拟定中的国际贸易组织长期没有能够建立，关贸总协定充当了实际上的国际贸易组织的角色。

关贸总协定制度深深打上了美国政策计划和利益取向的烙印，美国的政策计划在关贸总协定制度的规则体系中不容置疑地占据着主导地位。《关税及贸易总协定》的主要条款，深受美国政策意图的影响，并在很大程度上满足了美国的政策需要。因此，随着关贸总协定制度的建立，美国的多边自由贸易政策的主要目标——按照美国设计和提出的政策原则及规则模式重塑战后多边贸易体系——基本实现，以美国的政策计划为基础构筑起规则体系的主体框架亦成为关贸总协定制度的显著特征之一①。关贸总协定制度的建立标志着美国在战后多边贸易体系中霸权地位的确立，在冷战格局正式形成的背景下，美国随即将关贸总协定制度作为推行经济冷战战略和贸易遏制政策的有力工具之一，由此从政策实践的角度进一步展示了美国在关贸总协定制度以及多边贸易体系中的贸易霸权。

关贸总协定是世界上第一个多边国际贸易体系。关贸总协定不是联合国的一个专门机构，但是它与联合国，特别是与作为联合国专门机构的国际货币基金组织和世界银行有着密切的联系，与两者共同被称为世界经济的三大支柱。由于其成员不断扩大，包括了世界大多数国家，因而被称为“世界经济联合国”。

但是，关贸总协定作为一种世界多边贸易体系是不完整的，这不仅在于它一直所处的“临时性”地位，而且在于其成员中没有包括一些在世界经济中居重要地位的国家，即那些被认为是“中央计划经济国家”的国家。占世界人口1/4、占国际贸易较大份额的中华人民共和国创始缔约国地位迟迟没有恢复，显然不能说它是一个真正的世界贸易体系。

2. 关贸总协定的宗旨和原则

关贸总协定的宗旨是：“在处理它们的贸易和经济事业的关系方面，应以提高生活水平，保证充分就业，保证实际收入和有效需求的巨大持续增长，扩大世界资源的充分利用以及发展商品的生产和交换为目的。”其实现方式是：“大幅度地削减关税和其他贸易障碍，取消国际贸易中的歧视待遇，以对上述目的作出贡献。”②

关贸总协定的基本原则主要包括：(1) 非歧视原则。主要体现在其最惠国待遇和国民待遇条款上。(2) 互惠和减让关税原则。要求各缔约国通过谈判，在互惠让步的基础上，逐步降低关税。(3) 取消数量限制原则。只能通过关税，而不能通过进出口数量限制来保护本国产品。(4) 反倾销与限制出口补贴原则。禁止缔约国在出口中实行倾销，允许征收反倾销税；不得对制成品实行出口补贴，对初级产品的出口补贴实行限制。(5) 透明度原则。要求缔约国公布本国对外贸易的基本权利、义务的法规和条例，防止缔约国相互间进行不公开贸易，从而导致歧视待遇。(6) 磋商调解原则。缔约国之间发生贸易纠纷时，应通过缔约国之间或缔约国全体与另一缔约国进行协商解决，以谋求各当事国都能接受的解决办法，保持缔约国间权利和义务的平衡。

---

① 舒建中．多边贸易体系与美国霸权：关贸总协定制度研究．南京：南京大学出版社，2009：175.

② 中国对外经济贸易出版社．关税及贸易总协定．北京：中国对外经济贸易出版社，1992：3.

关贸总协定也确立了某些例外，如：(1) 一般例外，即为保障人民生命或健康、为维护国内公共秩序而制定的限制、禁止进出口某种商品的措施。(2) 安全例外，即为保护国家基本安全利益而制定的措施。(3) 适用领土范围的例外，即某些特别优惠和豁免可以不适用于其他国家。(4) 发展中国家例外，即发展中国家为发展经济、扶植幼稚产业、提高人民一般生活水平、平衡国际收支等，可以有一定程度的例外处理。(5) 其他例外，包括解除义务、免责条款、特定数量限制和配额、特定历史性优惠等。

3. 关贸总协定的功能和作用

关贸总协定的建立，表明了自由主义对保护主义的一次胜利。在两次世界大战之间，国际社会中贸易保护主义盛行，在很大程度上影响了世界贸易的发展。在很大程度上，1947 年创立关贸总协定的目的是为防止 20 世纪 30 年代贸易战的重演。关贸总协定的建立，反映了各国对自由主义国际贸易思想的一种认同，即承认国际贸易对世界各国的互利性。各国为推进国际贸易和世界经济的发展，不断努力降低关税水平和贸易管制，不仅对发达资本主义国家，而且对发展中国家的贸易和经济发展都起到了不同程度的推动作用。关贸总协定在国际贸易领域所具有的功能主要包括：

(1) 规范缔约国的贸易政策和外贸管理体制。关贸总协定的活动主要是拆除各国间的贸易障碍，通过总协定规定的约束，促使各国不断消除本国贸易政策中的保护因素，限制它们在自由贸易和保护贸易之间进行自主选择，把各国贸易政策统一地推上自由贸易的轨道。在外贸管理体制上，总协定通过一系列措施，限制乃至取消那些非经济的行政管理手段，以缩小各国在体制上的差异。这种规范活动有利于创造平等的国际贸易环境，减少各国在贸易体制上的摩擦和政策冲突。

(2) 促进贸易自由化。总协定通过不断进行的多边国际贸易谈判，来拆除各国间的关税和非关税壁垒。自成立以来，总协定所进行的八轮多边贸易谈判，使发达国家的关税从 1948 年的 36%下降至目前的 3%～5%；发展中国家的关税水平也不同程度地下降了 13%～15%。总协定从肯尼迪回合开始涉及非关税贸易限制，并达成了第一个关于非关税措施的协议。东京回合进一步采取行动，达成了九项关于非关税壁垒的协议，乌拉圭回合又在“维持现状、逐步退回”的原则下达成了一系列限制非关税措施的协议框架，推动了世界自由贸易的发展。

(3) 解决国际贸易争端。总协定不仅是国际贸易谈判的主要场所，也是国际贸易纠纷与争端的重要调解者。自成立以来，先后解决了 100 多起缔约方之间的贸易纠纷。其解决贸易争端的主要机制包括：通知义务，即透明度原则；协商机制或适当的协商机会；从双边协商到多边协商的机制；投诉与调查机制；报复机制；监督机制；仲裁条款，以及时限规定和理事会的监督职权；等等。总协定解决贸易争端的功能对于维护国际贸易秩序、稳定缔约国之间的贸易关系具有重要作用。

(4) 协调贸易利益分配。各国参加关贸总协定，执行总协定的有关规定，旨在分享贸易扩大所带来的种种经济利益。但是，由于各国经济发展水平、贸易商品结构、国际竞争力不同，从中获得的贸易利益是不一样的。总协定的每一项规定和举措都会对各国所分享的贸易利益产生影响。总协定成立伊始就是发达国家占支配地位，60 年代以后，随着加入关贸总协定的发展中国家数量的增加，关贸总协定在调整贸易利益分配方面采取了向发展中国家倾斜的政策，突出表现为在总协定中增列了第四部分“贸易与发展”，专门处理发展中国家的贸易和发展问题，为现行的“普遍优惠制”提供了法律依据。

(5) 推动国际贸易合作。从根本上说，总协定具有国际贸易组织的功能，把绝大多数国家集合在一个组织内部，使它们能够通过多边贸易谈判，协商解决相互贸易中多方面的问题，而不致单方面采取行动。这就为各国的国际贸易合作奠定了非常坚实的基础，使这种合作关系得到维护、巩固和不断发展。乌拉圭回合的贸易谈判就是在这种长期合作的基础上取得了大范围的突破，特别是首次将农产品、服务贸易、知识产权、与贸易相关的投资等问题纳入了总协定的多边贸易体制。

总协定的贸易协调活动对国际贸易的发展发挥了重要的积极作用，但同时也存在某些局限，主要表现在：纺织品、服装贸易长期以来一直被置于总协定规则之外，实行配额管理；农产品补贴和开放农产品市场的问题尚未解决；协定本身还存在许多缺陷，有关非关税措施的规定有许多不明确的地方，一些国家利用自动出口限制、关税升级等“灰色领域”措施，绕过总协定规则，制造贸易障碍；等等。此外，来自总协定外部的冲击也很严重。一些国家绕过总协定，通过双边贸易谈判处理相互贸易问题，例如：美日结构协议谈判，这对总协定的作用是极大的削弱；贸易集团的发展，也对总协定构成挑战。

四、世界贸易组织与当前国际贸易体系

1995 年 1 月 1 日，世界贸易组织正式成立，标志着世界多边贸易体系向前迈进了一步。世界贸易组织的前身是关贸总协定，它比关贸总协定更具有包容性、全球性、统一性和权威性，夯实了解决贸易争端的基础，从而成为真正的“世界经济联合国”。

1. 世界贸易组织的成立及其意义

自 20 世纪 60 年代末 70 年代初以来，美国对关贸总协定制度规则的控制力呈现出相对削弱的趋势，而发展中国家在多边贸易体系中的整体力量却明显增强。虽然关贸总协定逐渐拥有了一个国际组织的多方面特性，但是到了 80 年代，各缔约方越来越强烈地感到关贸总协定已经跟不上飞速发展的全球经济步伐，并且需要加强其争端解决机制和提高其透明度。

1990 年，加拿大提出成立一个多边贸易组织的建议，得到了欧洲国家的支持。美国最初反对这个建议，但是经过对这一新组织实质的进一步谈判，美国同意了现在的这个组织的总体结构，包括变更名称。参加乌拉圭回合的国家于 1994 年 4 月 15 日在马拉喀什部长会议上以一揽子协议的方式通过了乌拉圭回合最后文件，包括一份部长宣言、《建立世界贸易组织协定》及其附件。按照约定程序，《建立世界贸易组织协定》及其附件于 1995 年 1 月 1 日开始生效，正式的世界贸易组织宣告成立，这标志着第二次世界大战结束后建立起来的多边贸易体系进入了一个新阶段①。随着世界贸易组织的产生，一个坚实地基于关贸总协定的互惠与非歧视原则的国际性贸易组织诞生了。世界贸易组织同世界银行、国际货币基金组织一起，并称为当今世界经济体系的三大支柱。

由于经济实力对比关系的巨大差异，世界贸易组织建立过程中的谈判依然由以美国为

① 舒建中．多边贸易体系与美国霸权：关贸总协定制度研究．南京：南京大学出版社，2009：246.

首的西方发达国家主导，谈判结果主要体现了以美国为首的西方发达国家的利益取向。自20世纪80年代以来，美国以及西方主要发达国家的产业结构先后完成了从资源密集型向资本和技术密集型的转变，并开始向后工业化社会过渡。与此相适应，美国以及西方发达国家在乌拉圭回合谈判中的共同目标就是将其占有绝对优势的服务贸易、知识产权和投资措施等新领域纳入多边贸易体系的范畴，并制定相应的多边规则，借此开拓包括发展中国家在内的世界市场①。世界贸易组织的建立，无疑表明美国以及西方发达国家实现了共同的政策目标。作为一个正式的国际组织，世界贸易组织负责管理其成员达成的多边贸易协定，特别是《1994年关贸总协定》（GATT 1994）、《服务贸易总协定》（GATS）和《与贸易有关的知识产权协定》（TRIPs）。世界贸易组织管理的各项协议适用于国家以及关税区之间，处理的是国家政策，从本质上说它不涉及私人企业行为。它只处理政府的行为，制定包括关税、配额、补贴或国营企业等贸易政策的规则。因此，世界贸易组织主要规范那些影响贸易和进口产品在本国市场的竞争条件的政府管理行为。

世界贸易组织成员面对着一个与第二次世界大战后时期不同的世界。美国不再是世界贸易的盟主，它已不能够容忍贸易伙伴对多边贸易规则的背离。80年代的很多贸易纠纷和求助于非关税壁垒的做法在一定程度上是所谓的美国没落综合征的反映②。和关贸总协定相比，世界贸易组织的机构得以加强，争端解决机制更加有效，其对成员的约束力和权威也明显提升。美国愿意用世界贸易组织自我约束，以保障一个更有利于自身长期发展的国际贸易体制。在经济全球化背景下诞生的世界贸易组织，对于加强成员间的贸易政策协调和推动国际贸易的发展，具有重要的积极作用。毫无疑问，世界贸易组织在保持和延长多边贸易合作方面取得了重大的成功。

同时，发展中国家也积极参与关贸总协定制度下的多边贸易谈判，争取建立国际经济新秩序。在乌拉圭回合谈判中，成功将对发展中国家具有重要利益的纺织品和服务贸易重新纳入多边贸易体系的规则框架内，表明发展中国家在多边贸易谈判中发挥了前所未有的积极作用。此外，发展中国家还利用美欧之间在农业政策上的分歧，积极推动乌拉圭回合达成了《农业协定》，结束了农业贸易政策长期游离于关贸总协定制度以及多边贸易体系之外的局面，并且在一定程度上改善了发展中国家的农产品贸易条件③。由此可见，发展中国家参与建立的世界贸易组织，体现了多边贸易体系民主化的趋向。

2. 世界贸易组织的宗旨和原则

世界贸易组织的宗旨是："提高生活水平，保证充分就业和大幅度、稳步提高实际收入和有效需求；扩大货物和服务的生产与贸易；坚持走可持续发展之路，各成员方应促进对世界资源的最优利用、保护和维护环境，并以符合不同经济发展水平下各成员需要的方式，加强采取各种相应的措施；积极努力确保发展中国家，尤其是最不发达国家在国际贸易增长中获得与其经济发展水平相适应的份额和利益。"

---

① 舒建中．多边贸易体系与美国霸权：关贸总协定制度研究．南京：南京大学出版社，2009：246－247.

② 伯纳德·霍克曼，迈克尔·考斯泰基．世界贸易体制的政治经济学：从关贸总协定到世界贸易组织．北京：法律出版社，1998：5.

③ 同①247－248.

世界贸易组织的基本原则中有四项特别重要的原则：(1) 非歧视原则。(2) 互惠原则。互惠原则的制定是为了缩小因最惠国待遇而引起的“搭便车”的范围，坚持贸易自由化应在互惠的基础上实行。(3) 市场准入原则。市场准入原则旨在通过增强各成员对外贸易体制的透明度，减少和取消关税、数量限制和其他各种强制性限制市场准入的非关税壁垒，改善各成员市场准入的条件。(4) 公平竞争原则。公平竞争原则是指成员应避免采取扭曲市场竞争的措施，纠正不公平贸易行为，在货物贸易、服务贸易和与贸易有关的知识产权领域，创造和维护公开、公平、公正的市场环境。

这些原则并不总是相互联系或相互补充的。在非歧视原则和互惠原则之间存在着对立。在这四项原则中，非歧视原则是最根本的原则。与此相反，互惠原则是在国际多边谈判中使用的一种为取得自由化和就进一步细化多边行为准则达成一致的工具。市场准入原则和公平竞争原则则是通过执行非歧视原则和其他互惠性行为准则而追求的目标。在市场准入原则和公平竞争原则之间也存在着这种对立。公平竞争常常会直接与市场准入发生冲突，因为政府获取公平的手段往往是一种贸易壁垒。然而，这样的贸易壁垒却是完全合法并且也是允许采用的①。

3. 世界贸易组织的功能和作用

世界贸易组织在关贸总协定使命的基础上进一步扩展了其职能，世界贸易组织有五项职能：(1) 管理和执行共同构成世界贸易组织规则的多边贸易协议和诸边贸易协议；(2) 为成员提供多边贸易谈判的场所；(3) 按照争端处理规则和程序，解决成员之间发生的争端；(4) 审议各成员的贸易政策；(5) 协调与国际货币基金组织、世界银行等国际经济组织的关系，以保障全球经济决策的一致性。前三项职能是关贸总协定原先就具有的，第四项是于1989年临时添加的，后被世界贸易组织纳入其长期的职能范围，只有第五项是全新的内容。

世界贸易组织将关贸总协定的职能涵盖面扩展到新部门和新政策领域。多边贸易规则涵盖行业扩大了，将服务业及服务行业的投资政策也包括了进来。多边规则覆盖的国家政策范围扩大了，特别是将各成员方的知识产权保护法增加了进来。诸如卫生和植物检疫规则、装船前检查规则等新领域，也须遵守世界贸易组织规则②。

同时，世界贸易组织为发展中国家和最不发达国家制定了五类“特殊条款”：(1) 较低水平的义务；(2) 更灵活的实施时间表；(3) 发达国家“最大努力”的承诺；(4) 对最不发达国家更优惠的待遇；(5) 技术援助和培训。世界贸易组织理事会的下属机构——贸易与发展委员会的主要任务就是解决最不发达国家与贸易有关的问题③。

相较于关贸总协定，世界贸易组织的一个最大进步体现在它具有的法律约束力。世界贸易组织是多边贸易体系法律和制度的基石。世界贸易组织法律约束力的涵盖范围非常广，其中包括对每个成员工作进度上的政策限制。同时，世界贸易组织建立了争端解决执行机制。世界贸易组织完备、全面的争端解决程序包括内容广泛的贸易政策，应用于货物

---

① 伯纳德·霍克曼，迈克尔·考斯泰基．世界贸易体制的政治经济学：从关贸总协定到世界贸易组织．北京：法律出版社，1998：19-25.

② 安妮·克鲁格．作为国际组织的WTO．上海：上海人民出版社，2002：58-59.

③ 同①249-250.

贸易、服务贸易、知识产权保护等领域。在该程序的最后，世界贸易组织还设置了一个多边贸易制裁措施，当其他解决手段失效时，仍能确保问题的解决。乌拉圭回合谈判的一个主要变化结果，就是使争端解决过程更为自动化，这意味着单个国家不再能阻碍其进程。争端解决机制是世界贸易组织的一个非常重要的特征①。

4. 世界贸易组织面临的挑战

自成立以来，世界贸易组织在推动国际贸易自由化、规范多边贸易体系方面起到了重要的作用。但2008年国际金融危机之后，世界贸易组织受到了多方面的挑战，显示出一定的局限性。

首先，在推动国际贸易自由化和多边贸易体系发展方面，多哈回合贸易谈判停滞不前。多哈回合谈判自2001年开始，谈判的主题是进一步推动多边自由贸易体系的发展，涉及农业、非农产品市场准入、服务贸易、规则谈判、贸易与发展、争端解决、知识产权、贸易与环境等议题。发达国家与发展中国家争论的核心领域是农产品补贴、非农产品市场准入等领域，由于农产品领域的敏感性，各方在谈判中分歧严重，多哈回合谈判多年来未取得突破性进展，谈判停滞不前。2007年，谈判在没有签订任何协定的情况下中止。截至2019年，多哈回合谈判基本处于停滞状态。

其次，世界贸易组织的公信力受到严重挑战。世界贸易组织为国际贸易争端提供了解决平台，并提供了一系列争端解决机制。通过世界贸易组织，各成员可以通过法律方式解决争端，避免大萧条中大规模贸易战的再次出现。然而，世界贸易组织的约束力是有限度的，世界贸易组织规则的制定也是成员之间讨价还价的产物，在谈判过程中，实力较强的国家往往拥有更大的话语权和更多的选择。国际贸易中实力较强的经济体出于自身的利益，可能会绕过世界贸易组织的制度框架行事，进而动摇世界贸易组织制度体系的公信力。自2017年特朗普上台以来，出台了多项关税法令，这一做法基本上绕过了世界贸易组织的争端解决框架。由于美国阻挠世界贸易组织上诉机构法官遴选，上诉机构于2019年12月11日起只剩下一名法官，无法受理任何案件，被迫“停摆”。在世界范围内贸易摩擦风险日益加剧的情况下，世界贸易组织无法充分履行其解决国际贸易争端的职能。

最后，区域贸易组织成为世界贸易组织的潜在竞争者。21世纪以来，区域贸易组织发展迅速，部分区域贸易组织成为各国在世界贸易组织制度框架以外的替代性选择。此外，以《跨太平洋伙伴关系协定》为代表的新形式的区域贸易协定对世界贸易组织提出了更为严峻的挑战。与世界贸易组织相比，《跨太平洋伙伴关系协定》在同样推动自由贸易发展的基础上，秉持着更加严格的贸易标准，在多边贸易之外更加关注知识产权、环境保护、劳工权益保障等新问题，而这些问题长期以来为世界贸易组织所忽视。

五、区域贸易协定与当前国际贸易体系

伴随着多边贸易体系的发展，区域贸易合作也广泛展开。当前已经签订的区域贸易协定基本覆盖了世界贸易的重要部分，并已经对区域贸易协定成员之间的经济贸易的扩大和经济合作的深化起到了重要的促进作用。自20世纪90年代起，区域贸易协定得到快速发

① 安妮·克鲁格. 作为国际组织的WTO. 上海：上海人民出版社，2002：42-43.

展，数量急剧增加，超过了历史上的所有时期。几乎所有世界贸易组织成员都已签订一个或多个区域贸易协定，而且诸多国家还在进行相关协定的磋商。

北美自由贸易区是最为重要的区域贸易协定之一，包括美国、加拿大和墨西哥三国。1986 年 5 月，美国和加拿大开始进行自由贸易协定谈判。1989 年 1 月，美国和加拿大签订了美加自由贸易协定。1989 年 10 月，美国和墨西哥开始贸易谈判，加拿大于 1990 年决定参加该项谈判。1991 年，三国正式开始北美自由贸易区谈判，并于 1992 年 10 月签订《北美自由贸易协定》。1994 年 1 月 1 日，《北美自由贸易协定》生效，北美自由贸易区正式成立。根据协定规定，三国将在 15 年内分阶段逐步取消三国间所有关税并消除各种非关税壁垒。2008 年国际金融危机后，北美自由贸易区发生了新的变化。由于《北美自由贸易协定》本身存在弊端，伴随着民粹主义运动的兴起，美国国内要求重订贸易协定的呼声愈发强烈。特朗普当选美国总统后，多次要求同加拿大和墨西哥重新签订贸易协定，否则美国将退出北美自由贸易区。2018 年 11 月 30 日，美国、墨西哥和加拿大三国签署了《美国-墨西哥-加拿大协定》，替代《北美自由贸易协定》。

全面与进步跨太平洋伙伴关系（Comprehensive Progressive Trans-Pacific Partnership，CPTPP）的前身是美国主导的跨太平洋伙伴关系。2005 年，智利、文莱、新西兰和新加坡四国签署《跨太平洋战略经济伙伴关系协定》（Trans-Pacific Strategic Economic Partnership Agreement，TPSEPA），构成了《跨太平洋伙伴关系协定》的雏形。2008 年，美国加入《跨太平洋伙伴关系协定》谈判，标志着《跨太平洋伙伴关系协定》建设步入正轨。2016 年，《跨太平洋伙伴关系协定》正式签署。2017 年，特朗普就任美国总统后，美国退出了《跨太平洋伙伴关系协定》，但其余国家仍然继续推进《跨太平洋伙伴关系协定》建设，并将《跨太平洋伙伴关系协定》更名为《全面与进步跨太平洋伙伴关系协定》。截至 2018 年底，《全面与进步跨太平洋伙伴关系协定》的成员国包括日本、加拿大、澳大利亚、智利、新西兰、新加坡、文莱、马来西亚、越南、墨西哥和秘鲁等 11 国。

加入世界贸易组织以来，中国进一步融入世界经济体系，积极推进与其他国家区域贸易协定的签订。截至 2018 年底，中国已经同 24 个国家和地区签署了 16 个自由贸易协定。在中国参与的区域贸易协定中，中国-东盟自贸区尤其重要。中国-东盟自贸区（China and ASEAN Free Trade Area，CAFTA）是中国同东盟十国建立而成的自由贸易区，其涵盖 11 个国家，包含约 19 亿人口，是中国参与的最重要的自由贸易区之一。2002 年，中国与东盟签署了《中国与东盟全面经济合作框架协议》，中国-东盟自贸区建设被提上日程。此后，中国与东盟国家签署了《中国-东盟自由贸易区争端解决机制协议》、《中国-东盟全面经济合作框架协议货物贸易协议》、《中国-东盟全面经济合作框架协议服务贸易协议》和《中国-东盟自由贸易区投资协议》。2010 年，中国-东盟自贸区正式建立。2015 年，中国与东盟正式签订中国-东盟自贸区的升级协议，协议于 2018 年 7 月生效。升级后的中国-东盟自贸区，将进一步推进区域经济一体化和贸易自由化建设，促进成员国的经济发展。

区域贸易兴起有其特定的原因。第一，多边贸易协调越来越困难。伴随着成员数量的不断增长，不同国家或地区的经济利益在世界贸易组织的多边贸易体制框架下越来越难以协调，各方的分歧不断扩大，因而妥协的余地越来越小。而且发展中国家关心的特殊和差别待遇问题在多哈回合谈判中一直未取得实质性成果，挫伤了发展中国家对世界贸易组织的信心。再加上多哈回合谈判成员方因在农业补贴与非农业市场准入等方面存在巨大分歧而频频受阻，进一步刺激了它们将越来越多的谈判资源转移到区域贸易协定中来。第二，区域内部协调相对容易。区域贸易协定所涉及的国家或地区较少，地理位置相近，历史、文化以及宗教传统相似，利益协调相对容易，从而有助于贸易谈判中相关议题达成共识并最终完成协定的签订。第三，国际金融危机对区域贸易协定的发展起了刺激作用。面对金融危机的发展与扩散，世界贸易组织多边贸易体制无法提供强有力的控制与化解手段，这加速了世界贸易组织成员对与其他国家进行区域经济合作的尝试与探索进程①。

在区域贸易协定加速发展的同时，它也呈现出新的特点和趋势。第一，区域贸易协定的地理范围逐渐扩大。随着国际经贸往来越来越频繁，各国都在寻找更多的有利于经济、贸易发展的机会，不断加大了跨洲、跨洋、跨区域之间的区域贸易合作。区域贸易协定逐渐突破了地理位置的限制，向着更为广大的区域发展。第二，区域贸易协定涉及的内容越来越广泛。20 世纪 90 年代以来，随着世界经济一体化的发展，各国的对外经济往来增多，区域贸易协定的内容范围越来越广泛，涉及的领域越来越多。区域贸易协定的内容不仅包括了货物和服务贸易，而且扩大到知识产权合作、投资和竞争规则、环境政策和劳工条款等方面。第三，区域贸易协定的政治因素不断增强。当前区域贸易协定的发展与政治因素密不可分，各国在进行区域贸易协定谈判时越来越关注政治因素，加入区域协定的政治动机也越来越明显。小国希望提升其在国际政治经济中的影响力，大国则希望通过其在区域贸易协定的经济领头作用扩大政治势力范围，从而在制定全球战略和地区政策中争取更多国家的支持②。

在世界贸易组织多边贸易自由化进程停滞不前的背景下，区域贸易协定得到了迅猛发展。越来越多的国家把区域贸易协定作为其首先考虑的贸易合作途径。随着区域贸易协定范围的拓宽、透明度和区域开放程度的提高，其对国际贸易的影响和作用将进一步扩大，从而成为世界贸易自由化的一个有效途径。区域贸易协定的广泛兴起，对多边贸易体制构成一定的冲击，也将对世界经济格局产生深远影响。

第三节 国内政治与对外贸易政策

国家的对外贸易政策反映出该国参与国际贸易以及和他国进行贸易合作的意愿和程度。贸易政策的制定，往往并不仅仅是出于单纯的经济因素的考虑，而是经常与国内政治相联系。同一项贸易政策，有的国内行为体受益，有的国内行为体受损。这样，不同的国内行为体就会具有不同的贸易政策偏好。究竟哪种偏好能转化为政策结果，则取决于国内政治制度。因此，国内政治成为影响对外贸易政策的重要因素。

一、对外贸易政策

对外贸易政策是一国政府在一定时期内对进出口贸易所实行的各种准则、法令、规章

① 上海财经大学世界经济发展报告课题组．世界经济发展报告 2012. 北京：高等教育出版社，2013：43.

② 同①44－45.

和措施的总和。作为国家对对外贸易活动进行的有组织的管理和调节行为，对外贸易政策既是一国国内经济政策的主要内容，又是一国对外政策的重要组成部分。贸易政策可以被分为自由贸易政策和保护贸易政策两大类。自由贸易政策与保护贸易政策之间的争论是经济自由主义和经济民族主义之间冲突的核心①。自亚当・斯密以来，主流经济学家就一直倡导自由贸易。在他们看来，自由贸易能导致最有效的资源分配并能最大限度地增加国家的经济福利。但在各国贸易政策的实践中，保护贸易经常取代自由贸易成为国家对外贸易政策的优先选择。制定何种贸易政策并不仅仅依据一般的国际贸易理论，而是受多方面因素制约的，并为其国内经济发展和对外政治目标服务。

1. 自由贸易政策

自由贸易政策的主要表现为低关税，让国外的商品和服务可以较为自由地进入国内市场，国家对对外贸易活动不加干预或少干预。一般来说，实行自由贸易政策能以较低价格购买到进口商品，维护了消费者利益；但是进口对国内某些产业的冲击会使生产者蒙受损失。随着经济全球化的发展，自由贸易政策越来越成为国家在激烈的国际竞争中的合理选择。国际经济相互依赖使大多数国家在经济危机之后回归自由贸易政策。

自由贸易政策的理论基础是自由主义国际贸易理论。从斯密的绝对成本理论等古典国际贸易理论到要素禀赋理论等现代国际贸易理论，自由主义国际贸易理论具有以下共同点：第一，国际贸易具有互利性，各国均可通过贸易而获得贸易利益。第二，贸易利益是国际分工的基础，因此各国应建立相互合作的经济关系。第三，贸易越发展，贸易利益就越充分。第四，国际贸易利益的分配不仅对大国和先进国家有利，而且也对小国和落后国家有利。因此，各国均应采取对外开放政策，实行自由贸易，政府不应加以干涉和限制。

通常霸权国所具有的优势会使其更倾向于实行自由贸易政策。主导国家能够支配国际市场，并且从自由贸易政策和开放的贸易体制中获利。英国和美国的历史经验都说明了这一点。英国在第一次工业革命后脱颖而出，成为世界经济大国。从 19 世纪中期开始，英国采取了自由贸易政策，农业进口品保护性关税在 1846 年被取消，《航海法》在 1849 年被废除。到了 1860 年，所有贸易和关税限制被单边取消。1860 年，英国还与法国签订了《科布登-谢瓦利埃条约》，使两国间实现了自由贸易。英国到 1931 年一直坚持自由贸易政策。第二次世界大战之后，美国成为世界经济霸主，主导建立了关贸总协定，利用多边国际协调机制来有序削减关税壁垒，从而协助维持开放市场，推行自由贸易政策。

2008 年国际金融危机以来，中国坚持自由贸易政策，已成为全球自由贸易体系的主要支持者。中国的快速发展得益于自由贸易。一方面，中国积极推动自由贸易区建设。2016 年的《政府工作报告》明确指出："加快实施自由贸易区战略。积极商签区域全面经济伙伴关系协定，加快中日韩自贸区等谈判，推进中美、中欧投资协定谈判，加强亚太自贸区联合战略研究。我们愿与各方一道，推进贸易投资自由化，共同构建均衡、共赢、包容的国际经贸体系。"截至 2018 年底，中国已经与 24 个国家或地区签订了 16 个自由贸易协定。2018 年 7 月，中国-东盟自贸区的升级协议正式生效。此外，中国积极推进区域全面经济伙伴关系（Regional Comprehensive Economic Partnership，RCEP）谈判。另一方

---

① 罗伯特・吉尔平．国际关系政治经济学．上海：上海人民出版社，2006：171.

面，中国降低进口商品关税，增加进口。2018 年，中国总体关税从上一年的 10.5%降低至 7.8%，略高于欧盟关税水平，低于绝大多数发展中国家。关税的降低主要体现在药品关税和汽车关税上。2018 年 5 月，进口抗癌类药品关税降为零。2018 年 7 月，汽车整车关税由 25%降低为 15%。此外，2018 年 12 月，中国国际进口博览会在上海成功举办。以上标志着中国改变了以往重视出口的倾向。

2. 保护贸易政策

保护贸易政策最明显的特征是实行关税政策。关税提高了与国内生产有关的外国商品的价格。对于有些国内生产厂商，尤其是那些与国际竞争相关的高成本生产者，关税能够预防其破产。而对于其他厂商，即使是那些具有很高效率和国际竞争力的制造商，关税也能够为其提供巨大的、更为确定的国内市场的稳定性，保证相当高昂的投资能够得到回报①。

除关税政策外，保护贸易政策往往采用出口补贴和进口配额的措施。出口补贴指的是对国内出口产品的公司或个人进行补贴，目的是降低出口商品价格，提高出口商品的竞争力，促进出口。出口补贴措施是以国内消费者福利为代价的，在出口商受益的同时，国内消费者福利将会受损。进口配额是指国家对进口商品在一定时期内进行数量限制。进口许可证是进口配额手段在实践中的重要表现形式。通过进口配额手段，发展中国家可以实现对本国产业的保护。自愿出口限制是进口配额的特殊表现形式，是出口国对出口产品数量进行配额的方式。

大多数结构主义国际贸易理论学者都认为发展中国家在其经济发展过程中应当实行贸易保护主义政策，主张努力实现自给自足、实行进口替代、保护民族工业、争取改革国际经济旧秩序。为保证发展中国家工业生产的不断壮大，不能像传统国际贸易理论所宣称的那样实行自由贸易，而应该实行有节制、有选择的保护关税政策。新兴国家为了实现全面、多样、可持续的增长，就需要一个独立于国际市场力量的自主时期。涵盖大范围商品的广泛关税有助于促进国家经济中前后相联系的这种稠密关系网络的发展。经过一段相当长的时间，国家经济就可能发展出在一个更为开放的世界体系中进行竞争的能力。保护国内幼稚产业成为国家实行保护贸易政策的重要动因，很多国家在工业化早期都采用了保护贸易政策。

在战争和国际性的经济危机冲击下，保护贸易政策往往盛行。经济衰退使得各国纷纷设置高关税和贸易壁垒，保护国内市场和国内产业。1873—1896 年经济危机期间，主要资本主义国家只有英国继续倾向于自由贸易政策，其他大部分国家推行了贸易保护政策。1929—1949 年大萧条期间，贸易战趋向白热化，贸易保护政策愈演愈烈。美国在大萧条期间采取了极端保护主义的做法，美国国会于 1930 年通过了《斯穆特-霍利关税法》，大大提高了进口关税水平。世界性经济危机容易触发保护贸易政策的兴起。

许多国家都是从国家安全、国防需要出发，来确定应该在哪些领域实行贸易限制，包括实行农业保护、限制资源出口、维持重要的国防工业等。美国经济学家萨缪尔森就曾指

---

① 彼得·古勒维奇．艰难时世下的政治：五国应对世界经济危机的政策比较．长春：吉林出版集团有限责任公司，2007：33－34.

出："政治方面的考虑也是重要的。例如，由于怕在将来发生战争，在某些活动中，即使代价很高，部分的自给自足还是必要的。""如果石油储备和生产能力在国防上被认为是必要的，如果必要的生产能力在自由贸易下又不能维持"，"如果国防上需要有庞大的商船队"，就应该补贴石油和造船工业[①]。另外，在一国的政府采购政策中，在十分敏感的国际军火贸易中，国家安全都是首先要考虑的因素。

国际战略竞争也会促使国家采取保护性贸易政策，最典型的案例是20世纪60年代到20世纪90年代中期的美日贸易战和2018年爆发的中美贸易战。20世纪50—60年代，日本经济迅速发展，赶上并超过战前水平。1968年，日本国民生产总值超越联邦德国，居世界第二位，仅次于美国。伴随着日本经济实力的增长，美国与日本的贸易摩擦日益频繁。美日贸易战最先开始于纺织行业，而后先后在钢铁、彩电、汽车、半导体领域爆发摩擦。20世纪90年代中期，美日之间大规模贸易摩擦基本中止，美日贸易战宣告结束。美日贸易战对美日双方产生了不同的后果：美国凭借信息产业重新获得竞争优势，日本由于在《广场协议》后采取了错误的货币政策，经济发展出现停滞。

随着中国经济的发展，美国精英层开始对中美实力差距缩小感到忧虑。美国国防部发布的《2018美国国防战略报告》将中国和俄罗斯共同列为"战略竞争对手"，并且认为"国与国之间的战略竞争，而非恐怖主义，是当今美国国家安全的首要关切"。在这一定位下，特朗普政府对中国发动了贸易战。2018年4月，美国贸易代表办公室发布的"301调查"报告重点讨论的内容并非贸易逆差，而是以《中国制造2025》《国家中长期科学和技术发展规划纲要（2006—2020年）》为代表的中国产业政策。显然，特朗普政府对华战略的焦点在于"规锁"中国的技术发展：一是用一套新的国际规则来规范或限定中国在高科技领域的行为；二是借此把中国在全球价值链的位势予以锁定，使中美在科技层级上维持一个恒定且尽可能大的差距[②]。因此，贸易战的目标并非限于贸易领域，而是特朗普政府意图通过极限施压的方式来维护自己在高科技领域的领先地位。

二、国内社会分化与对外贸易政策

一个国家在选择自由贸易政策还是保护贸易政策的过程中，受到国内政治的强烈影响。国内不同集团之间的政治斗争对一国对外贸易政策的影响不容忽视。一个国家最终选择的贸易政策往往是不同集团之间讨价还价的结果。

1. 国际贸易收益的国内分配

国际贸易对国内不同阶级、不同行业的影响是不同的，并不是所有人都会从国际贸易中受益。国内政治中关于对外贸易的政策争论，其根源就在于国际贸易收益的国内分配是不均衡的。

要素禀赋是影响国际贸易收益在国内的分配的主要因素。任何一个社会，那些稀缺要素的所有者以及广泛使用稀缺要素的厂商会因贸易保护而获益，也会因贸易自由化而受损；相反，社会中那些充裕要素的所有者以及广泛使用充裕要素的厂商会因贸易保护而受

---

① 保罗·萨缪尔森．经济学：下册．北京：商务印书馆，1982：72－73.

② 张宇燕．全球经济治理体系的瓦解、重构和新创．世界政治研究，2019（1）：4.

损，也会因贸易自由化而受益。例如，在一个劳动力资源充裕而资本稀缺的社会，贸易保护将使资本家受益，使劳工受损；而贸易的自由化则会有益于劳工，而损害资本家的利益①。在全球经济时代，美国劳工面临越来越困难的处境，美国劳工组织积极支持贸易保护，以降低失业率。当共和党候选人特朗普在2016年大选中鼓吹"留住美国人工作机会""雇用美国人、购买美国货""确保工作岗位和产能留在国内"时，宾夕法尼亚州、俄亥俄州、密歇根州和威斯康星州等"铁锈地带"的蓝领工人便抛弃了支持多年的民主党，把选票投给了特朗普。

产业部门在国际贸易中的不同地位也会影响国际贸易收益在国内的分配。一般而言，广大消费者和进口商会从进口中得益，因为他们可以以较低的价格购买到种类更多的商品。出口导向型产业部门也会支持自由贸易政策，低关税会使它们从出口中受益。而进口竞争型产业部门则会在自由贸易中受损，大量涌入国内的外国商品会使进口竞争型产业的竞争力下降，它们不得不面对国外商品的冲击，被迫降低价格，压低生产成本。因此，进口竞争型产业部门会倾向于国家实行贸易保护政策。近20年来，中国商品使美国消费者获得了巨大实惠，降低了美国的通货膨胀率。但同时，中国制造的产品也对美国的许多产业构成冲击，以全美制造商协会为代表的美国国内制造业企业因此联合起来，多次要求政府向中国施压以减少中国商品对美输出。

国际贸易收益的国内分配不均衡，是导致国内社会分化的根源，是在国内形成不同贸易政策联盟的关键。不同贸易政策联盟将围绕贸易政策展开政治斗争，国内政治博弈的结果最终决定国家的贸易政策。

2. 要素禀赋与国内贸易政策联盟

不同集团在国际贸易中的收益是不均等的，自由贸易中的受益者会支持进一步的贸易开放，而自由贸易中的受害者则会要求采取保护贸易政策。国际贸易会导致国内社会分化，从而形成不同的社会联盟。而联盟的具体形式则与要素在国内的充裕程度密切相关。在土地、劳动力和资本三要素模型下，可能出现三种社会分化：阶级分化（劳动力同土地和资本所有者对立）、城乡分化（土地所有者同资本和劳动力对立）以及红绿联盟（土地所有者与劳动力同资本所有者对立）②。

（1）阶级分化。

如果资本和土地都是充裕的，资本家、资本密集型行业以及农业部门都将从自由贸易中获益，并支持这种做法。而劳动力是稀缺的，因此工人和劳动密集型企业会抵制自由贸易，他们通常将支持保护主义政策。1974年以来，贸易扩张带来的收益在美国流入了要素禀赋充裕的部门，也就是资本和土地，也流向了密集使用这两种要素的企业。劳动力作为稀缺要素，则从根本上受到了削弱。劳工以及绝大多数劳动密集型部门迅速地转而支持贸易保护主义。

如果资本和土地都稀缺，而劳动力充裕，那么资本和土地将在自由贸易中受损，地主、资本家和资本密集型的企业主将联合起来支持保护主义贸易，而劳动力则会追求自由

---

① 罗纳德·罗戈夫斯基．商业与联盟：贸易如何影响国内政治联盟．上海：上海人民出版社，2012：1.

② 同①2-11.

贸易。1875年，美国开始向德国市场全面倾销谷物，使这个国家本不充裕的土地面临着危机，而德国在此时仍然处于资本稀缺的状态。结果，曾经长期热忱支持自由贸易的容克贵族迅速转向保护主义。资本和土地这两类稀缺要素所有者形成天然联盟。俾斯麦将支持保护主义的两支强势力量联合起来，从而既保护工业，也保护农业。这就是著名的“铁与麦”的联盟。而工人因贸易获得了很大的利益，他们成为德国社会主义运动强有力的基础，并且坚定地支持自由贸易。

（2）城乡分化。

如果资本与劳动力都是稀缺的，自由贸易会对两者带来伤害，他们自然会寻求贸易保护。由于只有农业可以通过自由贸易而获利，地主、农场主、农民和牧民会支持自由贸易。1945年以来，拉丁美洲的大多数军人政权在三个领域内实行了有助于土地要素所有者的举措：抑制通货膨胀，压低工资、限制工会活动，同时降低关税及配额。

在资本和劳动力充裕而土地稀缺的经济体中，也会产生城乡冲突。资本和劳动力都会因自由贸易而受益，因贸易收缩而受损。农业部门作为唯一稀缺要素的使用者，会因外部贸易的收缩而取得明显的收益。第二次世界大战后的大部分西欧国家的要素禀赋都符合这一特点。改革之后的右翼和左翼、资本家与工人之间协调的一个关键就是经济的开放程度。工人和资本形成联盟，也意味着高成本农业的最终溃败，不过在大部分国家，依然保持了对农业一定程度的补贴。

（3）红绿联盟。

在一个土地和劳动力都稀缺的发达经济体中，贸易扩张只会使资本家从中受益。农业部门和劳动——“绿色”和“红色”阵营将会联合起来支持贸易保护主义，只有资本家会毫无保留地接受自由贸易。20世纪30年代的欧洲一些规模较小的发达经济体，特别是斯堪的纳维亚国家就属于这一类型。丹麦、瑞典和挪威都形成了红绿联盟。

在一个土地和劳动力都充裕的落后经济体中，贸易开放度的改变同样会动员红绿联盟采取行动。自由贸易将使地主和工人从中受益，但却妨害资本家的利益。红绿联盟将支持更广泛的自由贸易，资本家则主张贸易保护。两次世界大战之间的苏联、非洲绝大多数国家，以及东南亚国家属于这种情况。

3. 利益集团对贸易政策的影响

贸易政策受到利益集团的重大影响。利益集团对贸易措施有着不同的偏好，保护主义在任何时候都是不同利益集团的需求和政府所提供的供给之间相互作用的结果。任何试图改变这种均衡的尝试，也就是降低保护，都将引起那些因自由化而受损的利益集团的反对。自由化引起的损失往往集中于进口竞争产业，而自由化的受益者则往往比较分散，即产品的消费者。消费者个人获利往往较小而且分散，难以进行组织。而面临巨大损失的人们与将获益的人们相比，会有更大的积极性组织起来并出资游说反对自由化。

利益集团往往拥有充足的经济资源和实力，并且组织有序，它们有能力对政府的贸易政策进行游说。而贸易政策游说的最终结果，则取决于国家的政治结构、利益集团进入国家政策议程的机会和渠道，以及利益集团自身的相对实力。

贸易政策游说的影响在美国尤其重要，这种影响已通过一个由一般和专门行业顾问机构组成的复杂系统制度化。美国在20世纪30年代的大萧条时期采取极端保护主义的做法，主要是国内不同政治势力作用的结果。美国宪制的某些特点促成了这一灾难性的抉择。美国宪法规定，国会负责对外商业关系，掌握进出口关税权。由于国会议员定期而频繁地面临竞选的压力，他们不可避免地对本选区选民的呼声，特别是要求保护的利益集团做出反应，直接掌握关税和财政预算的众议院尤其如此。同时，那些受到进口产品冲击的进口竞争部门受损严重，它们采取强有力的游说行动向国会和政府施加压力。20 世纪 80 年代以来，新形式的保护主义在美国处于上升时期，主要是要求提高环境保护、劳工标准的集团，它们往往又与传统保护主义的集团结合，对美国贸易政策的影响力日益增强①。正是在这些集团的压力下，环保、劳工等议题越来越多地进入国际贸易谈判的议程中。

三、国内政治制度与对外贸易政策

社会分化对贸易政策的选择具有重要的影响，但最终选择何种政策仍要在政治制度的框架内决定。因此，对外贸易政策与国内政治制度有着密切的联系。作为国内政治制度的重要组成部分，选举制度、立法制度和官僚制度都会影响对外贸易政策的选择。

1. 选举制度与对外贸易政策

竞争性选举是民主国家的一个核心特征。竞争性选举合法性将国家权力基础建立在竞争性选举之上。领导人必须获得足够的选票支持以实现执政和继续留任执政，选票的减少会直接导致领导人下台。就贸易政策而言，由于国际贸易的国内收益在不同阶层和行业之间分配不均衡，选民的偏好存在显著分歧。有的支持自由贸易，有的则倾向贸易保护。政治家必须在不同的意见中权衡取舍。如果领导人做出了贸易决策，而刚好这一时期经济处于低谷时期，那么选民很可能迁怒于领导人。由于选民很少考虑到整个经济的运行趋势和世界经济环境，他们会认为经济的下滑是由于领导人做出了错误的贸易政策决策②。所以，在下一轮选举中，他们很可能利用选票使领导人下台。处于这种情况中的领导人希望找到一种方式，可以避免选民将不佳的经济状况归咎于他们的政策失误。由于选民难以区分那些对他们的国家产生负面作用的事件究竟是由于在领导人的掌控之外还是根源于领导人的不佳表现，所以实行竞争性选举的国家的领导人有动力签署国际贸易协定来向选民发出清晰的信号。

在墨西哥进行民主化改革之前，革命制度党统治基础牢固，保持着对墨西哥政治的绝对控制。相关选举数据统计证明了这一点：1967 年，墨西哥成年公民的数量是 1 800 万，其中登记投票者 1 500 万，估计实际投票者为 1 000 万，而当时该党的发言人宣布，这个党的党员就有 800 万③。因此，革命制度党对选举结果稳操胜券。一党执政的局面使得国家政策皆由革命制度党领导人做出，领导人无须认真考虑选民的意见。在进行了民主化改革之后，墨西哥革命制度党稳操胜券的选举模式一去不复返，民众的信任和支持对于革命制度党的统治尤为重要，因为民众的不满将直接导致革命制度党选票的减少。民主化的发

---

① I. 戴斯勒．美国贸易政治．北京：中国市场出版社，2006：导读 3－4.

② Edward D. Mansfield, Helen V. Milner, and B. Peter Rosendorff, "Why Democracies Cooperate More: Electoral Control and International Trade Agreements", *International Organization*, Vol. 56, No. 3, 2002, p. 479.

③ 曾昭耀．政治稳定与现代化．北京：东方出版社，1996：163.

展也使墨西哥各个阶层、各个利益集团的贸易政策主张差异凸显出来。在墨西哥，支持自由贸易的私人企业包括大的制造业企业、中等规模的制造商、一些蔬菜和水果等农产品生产商、资本密集型的外国企业、国际金融机构以及在墨西哥的外国企业的国内供应商等。而以小卡德纳斯为首的左派反对党墨西哥民主革命党和一些左翼知识分子则反对自由贸易①。随着反对党势力的不断壮大，革命制度党想要巩固自身的统治地位就不得不考虑不同的贸易政策主张。在这种背景下，墨西哥适时加入《北美自由贸易协定》，从而使自由贸易以国际制度的形式确定下来，无须再由国内决策而决定，因此减少了革命制度党在国内面临的政治压力。

在竞争性的选举体系中，不同机构在选举基础上的差异也会对贸易政策产生重要的影响。比如行政机构和立法机构或者立法机构的两院常会以不同的方式组织选举。一般认为，小选区制通常会反映特殊利益，而比例代表制或大选区制往往会限制特殊利益集团的影响。由于在较大的选区中组织选举，行政机构或者两院中的上院关注更为广泛的甚至是全国公众的观点。这往往使行政机构和上院更支持自由贸易政策②。与之相比，立法机构特别是其中的下院往往是由小选区产生的，因而更容易为保护主义集团所左右。

根据美国宪法，总统是在全国范围内选举产生的，代表作为整体的美国并对全体选民负责。因此，总统制定政策的出发点应该是美国的整体利益和长远利益。由于对全民福利更为关注，总统往往更支持有助于提高全民福利的自由贸易政策。与总统相比，国会议员的偏好来自其分散的选举体系。国会议员首先关心本选区选民的利益。虽然某些国会议员也可能会发展全国的视角和积累外交政策的经验，但他们通常和当地选民联合而不顾及全国的或对外的政策结果。对州和国会选区而言，支持贸易保护主义的利益集团比消费者更容易产生有效的集体行动，他们的利益也容易得到议员的关注③。

2. 立法制度与对外贸易政策

作为决定政策选择的制度，立法制度涉及立法权在国内不同行为体之间的分配。在“分治政府”的条件下，立法权主要由行政机构和立法机构共享。政治学家用“否决者”(veto players)来描述这种立法-行政关系。没有否决者的同意，政策现状将无法或难以改变。如果政府或者行政机构意图发起政策变革，立法机构作为否决者就扮演了变革批准者的角色。

在美国的贸易政策制定过程中，就存在着国会这样的否决者。即使政府倾向于推动国际贸易合作，其偏好也不一定能得到实现。国际贸易组织的流产就是一个典型的例子。根据美国政府的战后世界蓝图，国际贸易组织本应该成为世界经济体系的三大制度平台之一。在1947年的哈瓦那会议上，《国际贸易组织宪章》得以通过。1949年4月，美国政府将《国际贸易组织宪章》提交国会。此时在美国国内，一个非正式的保护主义者和完美主义者之间的联盟产生了。不仅贸易保护主义集团基于其一贯的立场反对批准《国际贸易组

---

① 孙若彦．经济全球化与墨西哥对外战略的转变．北京：中国社会科学出版社，2004：172－177.

② Jeffery Frieden and Lisa L. Martin，“International Political Economy：Global and Domestic Interactions”，in Ira Katznelson and Helen Milner，eds.，*Political Science*：*State of the Discipline*，New York and London：W. W. Norton，2002，p. 133.

③ 李巍．制度变迁与美国国际经济政策．上海：上海人民出版社，2010：92.

织宪章》，笃信自由贸易的完美主义者也批判这个充满政治妥协的文件①。1948 年大选后，共和党人控制了国会，杜鲁门政府也无力主导国会的立法议程。面对国内强大的反对力量，杜鲁门总统在 1950 年宣布不再寻求国会批准《国际贸易组织宪章》。在美国没有批准宪章的情况下，国际贸易组织自然就流产了。

国际贸易组织的命运深刻反映了否决者对国际贸易合作的影响。但是国际贸易制度也会反过来改变国内立法制度，从而影响否决者在国内立法过程中的地位。国际制度重新分配了国内政治行为体之间的权力资源，使否决者在立法过程中的地位下降，从而使政策发起者的偏好更容易得到实现②。因此，国际贸易制度有助于政府克服来自否决者的反对，实行它们本不会采取的政策。如果政府具有自由贸易的偏好，政府就可以用国际贸易制度进行自我束缚以“锁定”自由贸易政策，使其即使在面临保护主义压力时也难以逆转。

二战结束以来，美国政府不断对外进行贸易自由化谈判，达成的双边与多边贸易协定进一步“锁定”了国内的贸易政策。美国也越来越依赖于国际贸易合作来抵制国内贸易保护主义压力。世界贸易组织对美国国内贸易政治的影响就是一个典型的例子。作为批准乌拉圭回合协定的法案，1994 年《乌拉圭回合协定法案》（URAA）确立了美国参与世界贸易组织争端解决机制的程序。根据这一法案，世界贸易组织争端解决机制约束了美国在全国、州和地方各个层次上管理规则的变化。参议院财政委员会和众议院筹款委员会可能会赞同或反对世界贸易组织专家组的裁决，但这些委员会实际上并没有改变总统行使的权力③。相反，当国会的行动为遵约所必需时，白宫会持续地督促国会服从世界贸易组织的裁决。在 21 世纪初，美国政府就成功地运用世界贸易组织的裁决推动国会撤销了具有明显保护主义性质的《伯德修正案》④。

3. 官僚制度与对外贸易政策

官僚制度，特别是授权于官僚机构和其他机构的模式也会影响对外贸易政策的制定。随着这种授权的日益增多，相对独立的官僚机构在贸易政策中的作用相应提高。这些官僚机构并不需要经选举产生，因此不必直接承受来自特殊利益集团的压力。这样，独立的官僚机构更可能抵抗保护主义的压力而追求和维护自由贸易政策。

在“1934 年体制”下，美国贸易政策就发生了国会对行政机构的授权。根据这种授权，以负责经济事务的副国务卿为首的美国国务院官员在贸易决策和贸易谈判中发挥了主导作用。作为战后世界蓝图的设计者，他们“决定优先考虑赢得国际上对贸易自由化的支持，而不是组织国内支持”⑤。到了 50 年代，随着威胁美国产业的国际竞争日益加剧，美国国内对国务院领导贸易谈判的攻击也在增加。国务院被指控偏好外国利益甚于美国利益，为了维持良好的政治关系和其他的外交目标而不惜牺牲美国的商业优势。当肯尼迪政府求助于国会以扩展其削减关税的授权时，众议院规则委员会主席米尔斯提出了能否信任

---

① 安妮·克鲁格．作为国际组织的 WTO．上海：上海人民出版社，2002：276.

② 田野．国家的选择：国际制度、国内政治与国家自主性．上海：上海人民出版社，2014：107－114.

③ Orin Kirshner，“Triumph of Globalism：American Trade Politics”，*Political Science Quarterly*，Vol. 120，No. 3，2005，p. 497.

④ 同②151－158.

⑤ 同①272.

国务院以恰当实施这一新授权的问题。米尔斯提议总统任命一个新职位，即贸易特别代表（STR）来承担这一使命。肯尼迪总统尽管不情愿，还是接受了这项建议。根据《1962年贸易扩展法》，贸易谈判权从国务院中分离了出来，由新设立的贸易特别代表专门负责。1963年1月，肯尼迪总统发布了11075号行政命令，将贸易特别代表置于“总统行政办公室”内。1974年，特别贸易代表的地位得到了巩固，国会通过立法给予特别贸易代表以内阁成员的级别和薪水。1979年，卡特总统同意了国会提出的贸易重组计划，将该职位名称改为美国贸易代表（USTR），其职责是国际贸易政策发展、协调和谈判，包括先前由国务院处理的关贸总协定、双边贸易、货物贸易、东西方贸易事务以及贸易救济的政策责任。

无论从正式制度还是从非正式制度上看，贸易代表都具有双重身份，即他既是总统的代理人也是国会的代理人。在美国贸易政治中，贸易代表“作为整个交易的掮客来行动，以平衡竞争性的利益、管制贸易问题和给国会山降温”①。这一角色在国内利益集团和外国政府之间、行政部门和国会之间、有关政府机构之间寻求一种利益的平衡、信息的沟通和立场的妥协。这样，通过这种新的授权模式，美国贸易政策制定体系一方面防止了保护主义利益集团对贸易政策的控制，另一方面又使贸易决策过程尽可能公开、透明。

---

① I. M. Destler, “United States Trade Policymaking in the Uruguay Round”, in Henry R. Nau, ed., *Domestic Trade Politics and The Uruguay Round*, New York: Columbia University Press, 1989, p. 194.

国际货币金融的政治经济

作为国际经济的一个组成部分，国际货币金融是国际政治经济学研究的重要内容之一。苏珊·斯特兰奇将国际金融结构视为“结构性权力”的重要组成部分，其对国际政治经济的重要性在于，“它不仅包括信贷得以建立的政治经济结构，而且包括货币体系或确定作为信贷记账单位的不同货币汇率的体系”，“首先，建立信贷的权力由政府和银行分享（因此大部分这种权力将取决于两者之间的政治关系和法律条令方面的关系）；其次，不同货币之间的汇率是由政府的政策和市场决定的（同时也取决于政府给予市场多大程度的自由）”，因此，国际金融结构就是“支配信贷可获性的各种安排与决定各国货币之间交换条件的所有要素之总和”①。罗伯特·吉尔平也强调：“金钱始终是世界政治中的一个要素……国际货币体系在现代世界事务中作用的加强，是世界政治的一场真正革命。”② 随着金融全球化的发展，国际货币金融在国际经济关系中的作用日益上升，国际货币金融与国际政治之间的互动也具有了越来越大的重要性。

第一节　国际货币体系的形成与发展

国际货币体系是指在国际经济关系中，为满足国际间各类交易的需要，各国政府根据共同的准则或达成的共同协议，对于支配各国货币关系、世界货币职能的原则、惯例、协调和组织形式的安排。国际货币体系包含的内容有：（1）各国货币的可兑换性和汇率的确定：本币兑换外币的可能及管理，汇率的单一性或多重性，确定汇率所依据的原则和办法，汇率的调整及汇率波动的处理，等等。（2）国际收支的调节：国际收支的概念及范围，国际收支失衡的调节，关键债权、债务结清的原则，等等。（3）国际关键货币和储备资产：何谓国际中心货币，一国应保存多少为世界各国所普遍接受的国际储备资产，国际储备资产由什么来充当（黄金、外汇、特别提款权），一国应保持怎样的国际储备资产结构，等等。国际货币体系对各国货币的稳定性、世界经济的繁荣与萧条产生着重要影响，

① 苏珊·斯特兰奇．国家与市场．上海：上海人民出版社，2006：88.

② 罗伯特·吉尔平．国际关系政治经济学．上海：上海人民出版社，2006：112.

并且左右着各国在国际经济交往中的利益分配与经济地位。

在世界经济的历史进程中，先后出现过几种不同类型的国际货币体系，每一次国际货币体系的变更，除了货币金融结构本身的原因之外，因国际经济的发展而出现的国际政治力量对比关系的变化在其中也发挥着极其重要的作用。正如吉尔平所指出的："每一种国际货币制度都有赖于特定的政治秩序。由于国际货币体系的性质涉及各国的利益，各国就会努力设法影响该体系的性质，使该体系为自己的利益服务。随着霸权的兴起和衰落，国际货币体系也会发生相应的变化。"①

一、第二次世界大战前的国际货币体系及其特点

工业革命前，世界各主要国家通行的货币制度多为金银复本位制（个别国家实行银本位制或多种货币本位制）。在这种制度下，一旦金银中任何一种的供应出现明显变化，国内货币关系和商品价格水平就会发生剧烈波动；一旦国际市场的金银比价发生变动，币值较高的货币就会从国内流出，从而破坏该国的复本位货币制度；同时，各国货币制度的混乱和各国货币关系的紊乱，也使国际贸易的发展受到限制。

1. 金本位制及其确立

当金银复本位制仍在世界上占据主导时，1816 年英国颁布了《金本位制度法案》，并于 1821 年首先正式实行金本位制。但其他国家不愿先于别的国家改变金银复本位制，因为与大多数国家保持一致的货币安排，有利于国际贸易和国际借贷的达成，因此国际货币体系向金本位的转向延迟了半个多世纪②。直到 19 世纪末 20 世纪初，随着英国影响力的迅速增强，欧美大多数国家相继实行金本位制，从而在世界上形成了国际金本位制度的世界性货币体系。

金本位制是以黄金为本位货币的制度，货币单位以含金量为标准，国内流通金币，银行券根据要求可兑换成黄金，其他币种从属于黄金，将金币铸成金条不受法律约束，金币或金条出口业不受限制。金本位制又分为金币本位、金块本位和金汇兑本位三种形式。

在第一次世界大战前，各国实行的都是金币本位制。它具有金本位制的典型特征：(1) 金币可以自由铸造，这使金币的价值不会高于或低于金币所含黄金的价值，并可保证金币的数量能自发地适应流通中对于货币的需求。(2) 银行券、辅币等价值符号可以自由兑换为金币，这使它们能够稳定地代表一定数量的黄金流通，而不致出现通货贬值。(3) 黄金可以自由输出输入，它使各国货币的比价即汇率的波动被限制在一个极小的幅度内。由此可见，金本位制是一种相对稳定的货币体系。它的稳定性表现在两方面：在国内表现为无货币贬值现象，在国际上表现为汇率的相对稳定。

金本位制在主要资本主义国家的确立，使各国货币制度相对统一起来，使黄金成了唯一的金属货币，从而确立和巩固了世界货币的地位；黄金作为国际商品交换的唯一价值尺度、主要的和最终的支付手段，使各国货币有了统一的定值标准，即各国货币的含金量；各国货币的含金量的法定性和相对稳定性，为各国货币汇率的相对稳定性提供了客观基

① 罗伯特·吉尔平．国际关系政治经济学．上海：上海人民出版社，2006：112.

② 巴里·艾肯格林．资本全球化：国际货币体系史．上海：上海人民出版社，2009：13.

础；稳定的货币体系不仅有利于国际贸易的顺利进行，也使对外贷款、投资较有保障，因而能促进资本输出。可以说，国际货币体系的形成对资本主义的发展起了巨大的推动作用。

金币本位制在第一次世界大战前之所以能够相对稳定地从英国扩展到世界各主要国家，从最初由英国一国所实行的货币制度演化为一种国际货币体系，这是与英国在世界经济与国际政治中的霸权地位联系在一起的。英国自18世纪60年代开始工业革命，到19世纪中期，已经成为“世界工厂”“世界贸易中心”“世界搬运夫”“国际金融中心”。从1760年至1820年，英国的工业生产增长了23倍，工业产值占世界工业生产的50%，对外贸易占世界贸易总额的27%。19世纪上半期，英国一半以上的工业品要靠国外市场销售，其国内消费的大部分原料要靠国外供应。可以说，英国成了世界各国工业品的主要供应者，世界各国则在不同程度上成了英国的原料供应地。与其在世界贸易中的垄断地位相适应，英国在其18世纪确立的海上霸权的基础上，建立起了世界最大的商船队。1850年，英国商船吨位达360万吨，占世界商船总吨位的47%；1870年又上升为569万吨，超过美、德、法、荷、俄等国的总和。随着世界各国财富源源不断地流入英国，英国的银行业不断发展，对外放款业务日益活跃。到19世纪中叶，伦敦已经成为国际金融中心，英镑实际上作为世界货币在充当着各国贸易结算的主要支付手段和储备货币。吉尔平指出：“在传统金本位制下的国际货币体系，并不是非人格化地运营。它是英国组织和管理的；伦敦城凭借它在世界商品、货币和资本市场上的霸权地位，迫使世界各国经济遵守‘货币体系规则’。各国货币系统与伦敦金融市场结合在一起，使得英国能够在很大程度上控制世界货币的供应。通过降低或提高贴现率，英格兰银行操纵了世界上的黄金流通，并且实质上在管理着国际货币政策……金本位制度下的货币体系是有等级的，英国是主宰，西欧新兴的金融中心居其次。”①

2. 金本位制的解体与崩溃

第一次世界大战爆发后，各主要资本主义参战国为了集中掌握黄金以从国外购买军火和弥补战争开支，都实行了严格的外汇管制，禁止黄金的出口，停止银行券的兑换，实行浮动汇率，使金本位制存在的基础受到严重破坏，金本位制随之瓦解。战争结束后直到1924年，资本主义经济进入相对稳定时期、货币流通也逐渐稳定下来以后，各国开始恢复金本位制，但是除美国外，其他国家已无力回到金币本位制，而是实行金块本位制和金汇兑本位制。

英国（1925年）和法国（1928年）等国家先后实行的是金块本位制，这是金本位制的一种形式，其特点是：（1）金币仍为本位货币，但不能自由铸造，国内也不流通，流通的货币是纸币并具有无限法偿权；（2）纸币不能自由兑换金币，只在国际支付或工业上需要时，才可向本国中央银行兑换金块，且一次兑换金块数量有最低限量；（3）国家储存金块作为储备。

金汇兑本位又称虚金本位制，是一种间接使货币与黄金联系的本位制度，其特点是：（1）仍规定国内货币单位的含金量，但只作为计算标准，不能与黄金兑换，也不实际铸造

---

① 罗伯特·吉尔平．国际关系政治经济学．上海：上海人民出版社，2006：116-117.

金币；（2）国内流通银币，银币具有无限法偿权，并与金币有法定比价；（3）以某个与本国经济有密切关系的金本位国家为依附对象，本国货币同所依附国家的货币保持国家比价，对外支付时，用银币按法定比价购买该金本位国家的货币①。

金块和金汇兑本位制只存在了短短几年时间。由于各主要资本主义国家间经济政治发展不平衡，以及由此而造成的主要资本主义国家间的激烈竞争，统一的国际货币体系难以继续维持。在1929—1933年大危机中，德国政府首先于1931年7月命令银行暂停营业，宣布马克贬值并停止兑换黄金。英国政府也于1931年9月宣布停止以英镑兑换黄金，任凭英镑汇率浮动。1931年底，日本政府也放弃了金本位制，美国则于1933年初全面爆发货币银行危机。随着各国放弃金本位制，以金本位制为基础的国际货币体系彻底崩溃。

金本位制垮台以后，各国实行的是不兑换纸币制度，各国货币比价丧失了稳定的基础，频繁波动，各国货币信用制度危机加深，矛盾重重，无法建立统一的国际货币体系。在这种情况下，一些帝国主义大国开始利用其货币优势，扩大自己的势力范围，瓜分世界市场，组建货币集团，如英镑区、法郎区、美元区等。货币集团通常以成员国中某个大国的货币为中心，其他成员国货币都同该大国货币保持固定比价，以该货币为集团内部的储备货币，进行清算，并由该大国制定统一的货币信贷政策和管制方法，一般在集团内部实行外汇支付和资本移动的自由化，对集团外的收付与结算则实行严格管制，常常要用黄金进行国际结算。货币集团实际上是垄断资本主义国家在金融、贸易领域控制殖民地、附属国和其他国家的一种方式，也是垄断资本主义国家间相互竞争的重要手段。货币集团的建立虽然可以稳定集团内部的货币，为成员国经济发展创造一定有利条件，但却阻碍了各集团间的贸易和货币关系的发展，也加深了它们之间的经济矛盾。

二、布雷顿森林体系与美国的霸权

布雷顿森林体系是世界历史中出现的第一个全球性国际货币体系。它在第二次世界大战后的建立和在20世纪70年代的崩溃，都与美国在国际政治经济中霸权地位的变化紧密联系在一起，反映了不同历史时期国际政治经济力量对比的发展变化。

1. 战后国际货币体系的筹建

在第二次世界大战中，德、意、日三国战败，英、法等国遭受战争的严重破坏，经济十分虚弱。只有美国利用战争扩大了自己的经济实力。1939—1944年，美国工业生产增长了1.2倍，出口增长了3.8倍，国外投资也大幅增加。同时，由于各国大量采购美国商品，黄金大量流入美国，使美国黄金储备从1938年的145.1亿美元增至1945年的200.8亿美元，占资本主义世界黄金储备的59%。凭借自己强大的经济实力，在战胜国酝酿建立战后国际货币体系时，美国积极筹划在国际货币金融领域建立美元的霸权地位，并提出了美国方案——“怀特计划”。该计划的主要内容是：各国缴纳份额建立一个国际性基金组织，它发行一种可兑换黄金的国际货币——尤尼塔（Unita），各国货币同它保持固定比

① 荷兰最先于1877年将金汇兑本位制在爪哇推行。1893年，印度也采用了这种制度，使卢比钉住英镑。1903年，美国在菲律宾推行该制度，使菲律宾比索钉住美元。实行这种金汇兑本位的落后国家，在货币关系上处于对金币和金块本位国家的依附地位。如果后者的货币动荡不定，就会使依附国家的货币发生动摇。当然，如果实行金汇兑本位的国家大量提取外汇兑换黄金，也会威胁其所依附货币的稳定。

价。该方案规定会员国要取消外汇管制，至于各国在基金中的份额即它们在基金中的地位和发言权，则取决于会员国的黄金外汇储备、国民收入以及国际收支差额的变化等。美国显然是想凭借其实力对该组织进行控制，以建立自己的金融霸权。正如美国财政部部长摩根索公开声称的那样，他的主要目标就是“使世界金融中心从伦敦与华尔街转到美国财政部”①。

美国的企图受到了英国的抵制。英国不愿放弃其传统的金融领导地位，想以残存的实力与美国分享世界霸权，提出了针锋相对的“凯恩斯计划”。该计划主张建立一个国际清算同盟，各会员国在同盟中设立以“班柯”（Bancor）为单位的往来账户，通过转账清算官方债权债务，同时为限制会员国的负债额而规定每个会员国的份额。其中，英国份额达16%，整个英联邦占35%。该计划还要求清算同盟的总部设在伦敦、纽约两地，理事会会议轮流在英、美两国举行。英国想以此贬低黄金的作用，削弱美国的优势和地位，同时达到解决自己国际收支逆差的目的。

尽管“怀特计划”和“凯恩斯计划”都提倡通过建立一个国际金融机构来管理战后的国际货币体系，但两者在金融的领导权、汇率的灵活性和国际收支的安排等方面存在明显差异。美国希望通过“怀特计划”全权控制战后的国际金融秩序，而英国则希望与美国共同分享金融霸权；“凯恩斯计划”允许为了保障就业和国际收支平衡而实施浮动汇率，“怀特计划”则坚持严格的钉住汇率制；英国在“凯恩斯计划”中要求在国际收支中有持续顺差的美国承担为其他国家的总提款权提供融资的责任，而美国主张调整的责任主要由逆差国自己承担②。

2. 布雷顿森林体系及其特征

从1943年开始，美国和英国就战后国际货币体系的安排问题进行了反复谈判、磋商和斗争，最终，美国倚仗其强大的政治、经济实力，迫使英国做出让步。1944年7月，在美国新罕布什尔州的布雷顿森林召开了有44个国家参加的联合国货币金融会议，通过了以美国“怀特计划”为基础的《国际货币基金组织协定》和以美国提出的“联合国复兴开发银行计划”为基础的《国际复兴开发银行协定》，即“布雷顿森林协定”，确立了战后以美元为中心的资本主义世界货币体系。

布雷顿森林体系的基本内容包括：（1）美元同黄金挂钩。各国确认美元含金量为0.888 67克纯金，即黄金官价为每盎司35美元，并承担协同美国政府维持黄金官价、干预黄金市场的义务，美国则承担将各国政府或中央银行持有的美元随时按官价兑换为黄金的义务。（2）其他成员国货币同美元挂钩，并同美元保持固定比价。各国政府有义务干预外汇市场的汇率，使汇率变动不超过法定汇率上下各1%的范围。这意味着实行固定汇率制。不过，各成员国可以在国际收支发生根本性不平衡时对汇率进行调整，即实行货币的法定升、贬值。

布雷顿森林体系是以美元为中心的国际货币体系。其他国家的货币都不能兑换黄金，只有美元可以直接兑换黄金，这就使美元取得了等同黄金的地位。而且，其他国家货币的

① 王在邦．霸权稳定论批判：布雷顿森林体系的历史考察．北京：时事出版社，1994：53.

② 张振江．从英镑到美元：国际经济霸权的转移．北京：人民出版社，2006：271.

汇率都钉住美元，美元成为各国货币对外价值的主要标准，其他货币则依附于美元，通过美元间接与黄金挂钩。这同战前的金汇兑本位制下一些国家把本国货币依附于实行金本位制国家货币的情况很相似。美元的特殊地位使它在国际清算中具有了最普遍的可接受性，成为黄金以外主要的国际储备。美元作为价值标准、储备货币和最重要的国际流通手段，成为整个资本主义国际货币体系中的关键货币，它的稳定与否直接影响着整个货币体系的稳定性。由此，美元取得了世界金融的霸权地位。

美元的这种特殊地位给美国带来很大好处：（1）美元等同黄金使美国可以通过印制美钞来弥补自己的国际收支逆差，1950—1970 年，美国外债中 80%都是以美元偿还的。（2）美国可以直接用美元进行投资、发放贷款，为其对外扩张提供了便利条件。（3）美元成为主要国际储备货币后，美国可以通过美元的发行，通过信用的扩张与收缩，操纵资本主义世界的国际金融活动，干预他国财政金融。（4）各国美元储备大多采取美元存款、国库券、短期票据的形式，这使美国可以利用这些资金加强自己的经济实力。同时，各国间美元债权债务的清偿业务也集中于美国银行，从而加强了美国银行在国际金融市场上的地位。（5）由于美元处于中心货币地位，各国不得不分担维持美元汇率的责任，美国则可以借此转移国际收支危机。

布雷顿森林体系虽然建立起来了，但它本身却存在着难以克服的矛盾。在该体系下，各国主要以美元为储备货币。作为国际支付手段，各国只有在美国国际收支发生逆差时才能取得美元。但是如果美国出现大量逆差，势必影响美元信用，使美元的可兑换性受到威胁；反之，如果美国为了稳定美元而保持国际收支平衡，各国将无法获得美元，从而引起国际清偿能力不足的问题，即所谓的“特里芬困境”（Triffin dilemma）①。

布雷顿森林体系存在的第二个内在矛盾是其他国家维持固定汇率的两难。按照国际货币基金组织的规定，如果某个国家货币对美元的汇价浮动超过 1%，该国就必须进行干预。若美元汇率下降，该国就需在外汇市场购入美元，以调节市场供求，扭转美元供大于求的状况，刺激美元汇率的上升。其结果是该国投放大量本币，激发通货膨胀，从而使该国无法既保持对内均衡（无通货膨胀、无失业），又保持对外均衡（汇率平稳）。这时，对该国政府来说，最合理的做法是放弃对美元的义务而要求国内的经济稳定。此外，如果该国购入大量美元，则面临的问题将是：向美国大量兑换黄金，可能加大人们对美元的不信任，使美元的可兑换性受到压力；不兑换而持有美元，则可能使该国面临因美元贬值而造成的损失。

3. 布雷顿森林体系的崩溃

在现实经济中，布雷顿森林体系的正常运转直接依赖于两个基本条件：一是美元的对外价值保持稳定，这就要求美国国际收支保持顺差；二是美国有充足的黄金储备，这样才能保证美元同黄金的兑换，并且维持黄金官价。也就是说，该体系必须以美国强大的经济实力为基础，特别是与美元的地位息息相关。

---

① 美国经济学家罗伯特·特里芬在 1960 年出版的《黄金与美元危机》（Robert Triffin，*Gold and the Dollar Crisis*，New Heaven：Yale University Press，1960）一书中提出了布雷顿森林体系存在的内在矛盾性，被称为“特里芬困境”。

50年代中期以前，国际货币领域的主要问题是美元短缺。作为一种最主要的国际储备手段，美元的短缺就意味着储备的短缺。美国的国际收支逆差成为重新分配世界储备的重要途径。50年代之后，一方面是西欧、日本经济的迅速发展和经济实力地位的不断提高，美国的经济地位相对削弱；另一方面是美元短缺逐步缓解，美国国际收支的不断恶化导致欧洲和日本对美国是否有充足的黄金产生忧虑，美元信用发生了动摇。1960年10月终于爆发了战后第一次抛售美元、抢购黄金的美元危机。此后，美元危机频频爆发，严重威胁着布雷顿森林体系的运行。为了维护该体系，各国自60年代以后采取了一系列对策，包括成立黄金总库、签订主要信贷协定、签订借款总安排协定、实行黄金双价制、创设特别提款权等。

但是，这些措施都没有能阻止美元危机的进一步发展。1971年，美国的黄金储备减至102亿美元，而美国的国际收支逆差为220亿美元，对外短期负债则达520亿美元，美元地位岌岌可危。5月和7月连续发生两次美元危机，美国不得不在8月15日宣布实行“新经济政策”，其主要内容为：(1) 关闭黄金窗口，停止履行美元兑换黄金的义务；(2) 对外援助削减10%；(3) 对进口商品征收10%的进口附加税。这一政策立即引起各国普遍不满，纷纷要求美元正式贬值，并取消美元的特殊地位。同时，各国无力对外投放本国货币来购进大量美元、维持美元汇率，开始纷纷转向对美元实行浮动汇率。1971年12月，美国正式宣布美元贬值，标志着布雷顿森林体系开始走向瓦解。自1972年6月至1973年2月，美元又连续爆发三次危机，美元再次贬值。日本、瑞士和欧洲共同体成员国正式宣布对美元实行单独或联合浮动，从而使布雷顿森林体系最终崩溃。

4. 布雷顿森林体系的评价

布雷顿森林体系是世界政治经济发展到特定历史时期的产物，也是美国在资本主义世界确立了其政治、经济、军事霸权后，力图领导整个世界的产物。同时，它也是已经衰落了的老牌帝国主义国家英国，与已经兴起并替代了英国的霸权地位的美国之间争斗和妥协的产物。英国的妥协并非仅仅是由于美国直接的压力，也是迫切希望通过与美国的合作，争得战后英国在国际货币体系中的一席之地。美国在许多问题上也做了妥协，其目的是在尽可能保持大国一致的情况下，谋求美国在国际货币体系中的领导地位被其他国家所接受。

布雷顿森林体系的建立，对确立美国在世界政治经济中的主导地位无疑具有重要作用。同时，它在客观上对促使资本主义世界经济稳定和发展也起了积极作用。在该体系下，各国汇率相对稳定，有利于进出口成本结算，起着促进国际贸易的作用；随着美元流向世界各地，解决了一些国家支付手段不足的问题；固定汇率制在很大程度上消除了因汇率波动引起的外汇市场的动荡，有助于国际投资的增加。布雷顿森林体系是对战前国际货币体系的无序状态的一种根本性调整，是国际金本位制的替代体系，也是国际政治经济中的第一个较为完整的“国际合作机制”。

当然，布雷顿森林体系是一种以某个特定国家（美国）的货币（美元）为中心的国际货币体系，是在美国的霸权地位处于鼎盛阶段的特定历史时期建立的。美国不仅是这种国际货币体系的主导国家，同时也负有维持国际货币体系的稳定乃至整个西方国家安全的责任，并不得不为此付出代价。正如罗伯特·吉尔平所指出的那样：“一个国家为了保持其支配地位，它必须将其资源用于军事力量、对盟国的财政支持、向外国提供援助以及同维持国际经济有关的成本等方面……随着保护所需成本的增加和帝国或霸主收益的减少，维持现状会变得更加困难，从而国际体系便进入了一种失衡状态。”① 这可以从一个侧面反映出美国居主导地位、以美元为中心的布雷顿森林体系必然崩溃的原因。

三、布雷顿森林体系解体后的国际货币体系

布雷顿森林体系瓦解后，各国普遍实行浮动汇率制，汇率的变动主要由外汇市场的供求关系自行决定涨跌，使得国际金融市场的动荡和混乱加剧。为使国际货币体系能够在布雷顿森林体系瓦解后保持相对稳定，国际货币基金组织成员围绕国际货币制度的改革进行了一系列谈判、协调和讨价还价，最终形成了改革后的新的国际货币体系。

1. 牙买加体系的建立

从 20 世纪 60 年代起，一些国家的学者就提出了一系列有关改革国际货币体系的建议和主张。1973 年 7 月，由国际货币基金组织设立的二十国委员会提出了一份有待讨论决定的改革纲要草案。经过发达国家和发展中国家间的激烈讨论，于 1974 年 6 月公布了二十国委员会最后报告和《国际货币体系改革纲要》。1976 年 1 月，国际货币基金组织研究国际货币体系改革的专门机构临时委员会在牙买加举行会议，讨论修订《国际货币基金组织协定》的问题。经过激烈的争吵和讨价还价，最后就汇率制度、黄金处理、增加成员份额等问题达成协议。在临时委员会建议下，国际货币基金组织于当年 4 月通过了以《牙买加协定》为基础的《国际货币基金组织协定》第二修正案，由该协定规范的国际货币体系亦称“牙买加体系”。

牙买加体系的主要内容是：(1) 承认现行浮动汇率制的合法性，各成员可自由选择汇率制度。(2) 削弱黄金在国际货币体系中的地位，各国中央银行可以按市价自由买卖黄金。(3) 扩大特别提款权的使用，并将其作为今后国际货币体系中的储备资产。(4) 增加成员在国际货币基金组织中的份额，调整各个成员所占的比例。(5) 扩大对发展中国家的资金融通。

2. 现行国际货币体系的基本特征与缺陷

从 20 世纪 70 年代至今，国际货币体系并没有因牙买加体系的确立而完全稳定下来。罗伯特·吉尔平甚至认为牙买加会议只确认了布雷顿森林体系的结束，而“并不标志新体制接替的开始”，因为“它未能为稳定的货币秩序确立必不可少的特征：具备一种国际货币、一种调整机制和一个货币领袖国”②。但是这种“无体系状态”下的国际货币体系也呈现出自身鲜明的特征：

(1) 黄金非货币化。黄金生产受到资源和其他条件的限制，各国黄金储备难以增加，而战后国际经济联系不断加强，需要大力增强国际清偿能力。二者之间遂形成尖锐矛盾。若黄金储备不足就难以发挥其自发调节货币流通量的作用，因为在商品流通扩大时无法相应扩大货币供给，这势必会限制各国经济的发展。黄金退出国际货币流通，从客观上反映

---

① 罗伯特·吉尔平．世界政治中的战争与变革．北京：中国人民大学出版社，1994：156－157.

② 罗伯特·吉尔平．国际关系政治经济学．上海：上海人民出版社，2006：132，156.

了同黄金保持联系、以黄金为基础的国际货币体系越来越不能适应世界经济发展的需求。

（2）汇率制度呈现“中心-外围”结构。在汇率浮动合法化后，各国可以选择适合自己国情的汇率制度。位于中心的发达国家，采用单独浮动或联合浮动制度。例如，美国、日本根据自身需要，选择单独浮动制度；欧洲国家则加强彼此间的合作，对内实行固定汇率，对外实行联合浮动。位于外围的发展中国家，则选择钉住某种主要国际货币或篮子货币，采取固定汇率制和有管理的浮动汇率制①。

（3）国际储备资产多样化。目前，国际货币基金组织将国际储备资产分为黄金储备、外汇储备、与国际货币基金组织相关的储备资产（即成员在国际货币基金组织的储备头寸和特别提款权）。黄金非货币化以后，由于它的自然属性仍可作为价值储藏手段，各国仍然把它作为一种国际储备资产；随着世界经济格局多极化的发展，在美元作为其他国家主要外汇储备的同时，欧元、日元、英镑、瑞士法郎等也加入了外汇储备货币的行列，呈现出以美元为主、多种货币为辅的外汇储备格局；特别提款权和储备头寸都跟成员在国际货币基金组织中认缴的份额有关，其使用上的局限制约着它作为储备资产地位的提高。2017年，在全球国际储备资产的构成中，外汇储备占86.7%，黄金占10.6%，储备头寸和特别提款权共占2.7%②。

（4）美国在国际货币体系中仍占有最重要的地位。布雷顿森林体系瓦解后，美元在国际货币体系中的独占地位不复存在，但是美国在国际货币体系中的地位仍旧是最为重要的，美元在国际货币体系中霸权式的领导地位依旧存在。牙买加体系确立后，虽然出现了国际储备资产多元化的趋势，但是美元仍是最重要的储备货币，在特别提款权中，美元的地位也是最重要的。由于美国经济实力和综合国力最强，美元仍旧是国际贸易和国际金融业务中使用最广泛的货币，因此美元利率和汇率的变动对世界经济仍具有最重大的影响力。布雷顿森林体系瓦解后，以美国的战略和构想为基础而确立的国际货币金融领域的一系列规范、规则、制度仍然在发挥着作用，特别是国际货币基金组织和世界银行的作用不但没有削弱，反而在日益加强，美国仍旧在这两个国际经济组织中拥有最大的发言权。

尽管美元在牙买加体系中仍有着举足轻重的地位，但美国实力的相对下降，难以承担稳定全球货币体系的责任，使得它在国家自主性和国际准则中选择了前者③，这也导致了缺乏领导和管理的牙买加体系存在着严重的内在缺陷。

（1）全球经济失衡。由于目前美元在国际贸易结算、外汇储备等方面仍发挥着主导作用，处在外围的新兴市场国家将大量的商品和资源卖给美国，积累了巨额的贸易顺差和外汇储备。但是这些资金并没有留在外围国家，而是以购买美国国债等方式又流回了美国。这导致了全球国际收支失衡，表现为国际贸易和国际资本流动的不平衡。

（2）货币发行不受约束。在现行的缺乏严格规约的国际货币体系下，不受国际监控的美元货币，一旦加速扩张就会导致全球经济的波动。例如，在2008年国际金融危机后，为了刺激本国经济复苏，美联储不断推出量化宽松的货币政策，导致全球大宗商品价格上

---

① 李若谷．国际货币体系改革与人民币国际化．北京：中国金融出版社，2009：38.

② IMF Annual Report 2018.

③ 罗伯特·吉尔平．国际关系政治经济学．上海：上海人民出版社，2006：133.

涨，新兴市场国家内部通货膨胀、资产价格泡沫化问题严重。

(3) 与国际经济格局不相匹配。在当今国际社会，政治上“一超多强”，经济上更是呈现出多极化的发展态势。20 世纪后半期，西欧、日本等发达国家的经济得到恢复与发展，随后以中国为代表的新兴市场国家经济上也走上快车道，美国在经济上的独霸优势逐渐丧失。美国 GDP 占全球 GDP 比重已由超过一半降到了 1/4 左右，进出口贸易也降至 1/10 左右，而美元却占据了全球储备近 2/3 的份额。国际货币体系与国际经济格局的不相匹配日益凸显①。

四、国际货币体系的多极化趋势

布雷顿森林体系之后的国际货币体系具有的上述内在缺陷，严重危害着国际经济的发展，因此国际货币基金组织和一些国家仍在积极寻求国际货币体系改革的方案。这些改革方案大致可以分为三类：一是重新建立像金本位那样的商品货币本位制；二是建立超主权货币；三是建立多极化的国际货币体系。商品货币本位难以与当今高度发达的国际经济相适应，超主权货币则要求各国让渡一部分主权，推行难度很大。因此，就目前来看，实行多极化的国际货币体系可行性最高，也符合发达国家和广大发展中国家的共同利益。

当然，由于多极化方案的可行性以及与全球经济格局的适应性，现行的国际货币体系已体现出鲜明的多极化发展趋势。这一趋势不应仅仅被看成是一个市场过程，更是国家间财富分配格局的重建，与国家权力和货币势力范围的扩张紧密联系，是一种政治现象。一国的货币若成为国际货币体系中的重要一极，该国就获得了一定的“国际货币权力”，就能因为在与其他国家的货币关系中居于优势地位而具有影响他国行为的能力，从而谋取国家利益②。在目前国际货币体系多极化的趋势中，自发行之初就成为与美元相比最具竞争力的货币——欧元，以及随着中国经济发展而在全球未来金融市场中最有发展潜力的货币——人民币，最为引人注目。

1. 美元与国际货币体系

美元在牙买加体系下仍占据绝对优势。2008 年，美国次贷危机爆发，并迅速演变成全球性的金融危机，世界各国损失惨重，开始质疑美国金融市场的稳定性和美元霸主地位的合理性。然而事实上，美元的国际地位只是略微下降，其仍然是国际货币体系的主导货币。这主要是因为：(1) 美国的实力。即使金融危机冲击巨大，美国仍然是世界第一大经济体，金融市场规模最大、流动性最高，金融产品最丰富。此外，美国的政治、军事、科技和教育实力都在全球首屈一指。美国的信誉虽然遭到怀疑，但和别国相比，国际投资者仍然对美元最具信心。(2) 美元具有“在位”优势。作为国际货币体系中的领导国，美国必然会利用现有制度中的权力维持美元的优势地位。国际货币基金组织中汇率安排、内部机构设置、成员融资、特别提款权分配与管理等重大事项的表决获得通过必须达到投票比例的 85%以上，而份额改革前后美国的权重都超过了 15%，拥有一票否决权，因此诸如推动特别提款权成为主要的世界储备货币等动摇美元地位的提议都难以通过。“在位”优

① 陈雨露，马勇．大金融论纲．北京：中国人民大学出版社，2013：39-42.

② 赵柯．货币国际化的政治逻辑：美元危机与德国马克的崛起．世界经济与政治，2012 (5)：120-125.

势还体现在其他国家对美元的路径依赖上。美元一直是国际贸易、外部储备、金融标的计价的主要货币，具有网络效应，投资者增大其他货币的使用比例会增加汇率风险和交易成本。

国际金融危机后的美元仍然是世界第一大货币：（1）外汇储备中的美元。2008 年国际金融危机后，美元在全球外汇储备资产中的比例仅减少了 1.6%。2015 年美元占比 65.7%，达到近十年来最高点。即使受到特朗普贸易制裁和其他货币国际化程度提高的影响，美元占比也只是小幅度减少，截至 2018 年第三季度，美元占比为 61.9%，是第二大货币欧元的 3 倍（见表 5-1）。（2）外汇交易中的美元。美元在全球外汇交易中的比例在 2007—2010 年下降了 0.7%，之后于 2016 年回升至 87.6%，美元占比波动小，始终是国际外汇交易中的第一大货币（见表 5-2）。（3）国际债券市场中的美元。若不考虑国内市场（狭义估计），以不变汇率计算，全球债券市场中美元债券比例从 2007 年的 47.3%一直上升至 2017 年的 62.2%。即使加上国内市场，美元债券比例在国际金融危机后经历了两年的小幅下降后开始平稳回升，于 2017 年达到 49.4%（见表 5-3）。这表明了国际市场，尤其是新兴市场经济体对美元的信心。

表 5-1　　美元在全球外汇储备中的比例（2007—2018 年）　　（%）

年份	2007	2008	2009	2010	2011	2012	2013	2014	2015	2016	2017	2018Q3
占比	63.9	63.8	62.2	62.2	62.7	61.5	61.3	65.2	65.7	65.4	62.7	61.9

资料来源：IMF COFER。

表 5-2　　美元在全球外汇交易中的比例（2001—2016 年）　　（%）

年份	2001	2004	2007	2010	2013	2016
占比	89.9	88.0	85.6	84.9	87.0	87.6

资料来源：BIS。

表 5-3　　美元在全球债券市场中的比例（2007—2017 年）　　（%）

年份	2007	2008	2009	2010	2011	2012	2013	2014	2015	2016	2017
狭义	47.3	47.4	49.3	51.5	53.3	54.8	57.7	58.7	59.2	60.8	62.2
广义	39.8	37.8	37.6	38.4	39.2	41.1	43.6	45.4	46.7	48.3	49.4

注：狭义估计是指仅包括国际市场交易的债券量，广义估计则将本国（区）内交易的本币债券也计算在内。本表中的数据均是按不变汇率计算的。

资料来源：ECB，The International Role of the Euro，June 2018.

虽然美元仍然是国际化程度最高的货币，但是 2008 年金融危机暴露了美国金融市场的脆弱性和现有国际货币体系的缺陷，推动了以美元为绝对主导的货币体系向多极化货币体系的转变。面对欧元和人民币的竞争，美元的两大优势正在逐渐消失。欧盟和中国各方面实力不断增长，使美国不再一家独大。金融的发展和技术的进步降低了货币间兑换的难度，削弱了美元的“在位”优势。在现有的国际货币体系中，美元仍处于其他货币难以企及的地位，但是欧元和人民币的吸引力渐增，成为美元有力的竞争对手，并在一些国际交易中逐步成为美元的替代品。

2. 欧元与国际货币体系

从 20 世纪 60 年代起，美元危机频发，联邦德国抓住时机在美元体系之外建立了马克主导下的欧洲货币体系，为联邦德国马克的国际化推进提供了制度保障和政治合法性。为了建立这一货币体系，欧洲相关国家先后达成了有关汇率浮动的《史密森协定》与《巴塞尔协议》，建立了欧洲货币单位（ECU）、汇率机制（ERM）与信贷机制，美元的流通域逐渐被侵蚀和挤压。但是其他的欧洲国家，特别是法国，不能容忍联邦德国马克的权力在欧洲无限制地扩大。为了平衡联邦德国的“货币权力”，法国遵循了 1950 年“舒曼计划”中所蕴含的类似逻辑——建立货币联盟，将联邦德国的货币主权置于欧共体成员国的共同管理之下。1989 年 6 月，欧共体各国首脑在马德里召开会议，通过了《德洛尔报告》，决定从次年 7 月 1 日起，分三个阶段，正式推进经济与货币联盟计划的实施。随后，1990 年德国的统一不仅极大地加快了货币联盟付诸实施的速度，更让货币联盟承载了维护欧洲和平的历史使命。这是因为德国的统一改变了整个欧洲的安全格局，欧洲国家害怕统一后的德国脱离欧洲一体化的轨道，威胁到整个欧洲的安全。在德国统一后的第一年，即 1991 年，欧共体首脑就迅速在荷兰的马斯特里赫特签署了《欧洲联盟条约》，并在其中关于货币的部分做了明确的规定，还为统一货币定下了具体的时间表，要求所有欧盟成员国都必须履行使用统一货币——欧元的义务。欧洲各国支持德国统一，而德国“交出”马克，与其他欧洲国家共同创建欧元，从而达成了新的“货币换安全”协议①。1999 年 1 月 1 日，欧元正式启动。2002 年 1 月 1 日，欧元纸币和银币正式流通。法国、德国、意大利、西班牙等 11 个欧盟成员国成为首批有资格使用欧元的国家。随着欧元区的形成，美元势力最终被“驱逐”出欧洲大陆。

欧元区成员国庞大的经济和贸易总量，以及高度发达、成熟的金融市场，使得欧元从一诞生就是一种重要的国际货币。通过十多年的发展，欧元迅速崛起为第二大货币，在整个国际货币体系中占据了越来越重要的位置，但由于受到国际金融危机、欧债危机和新兴经济体的冲击，欧洲经济低迷，近年来欧元的国际地位有所下降。（1）外汇储备中的欧元。从 1999 年至 2003 年，欧元在全球储备资产中的比例逐年提高，经过几年的波动后，在 2009 年达到 27.7%的最高点。随后，受欧元区债务危机和人民币国际化程度提高的影响，外汇储备中的欧元有所减少，但截至 2018 年第三季度，欧元占比 20.5%，总量仍然占据全球的 1/5，是国际货币体系中第二重要的货币（见表 5-4）。（2）国际债券市场中的欧元。截至 2017 年底，全球债务证券总量达 22.0 万亿美元（广义估计），若以不变汇率计算，其中以欧元标价的债务占 33.6%，约达 7.4 万亿美元。若不考虑国（区）内市场（狭义估计），1999 年全球债务市场中欧元债券占 24%，之后稳步攀升，2004 年达到最高的 31.7%，之后开始波动下降，2017 年仅占 23.4%。但若加上区（国）内市场，欧元债券与美元债券在国际市场上规模性差别不大，甚至出现欧元债券比例高于美元的时间段（见表 5-5）。（3）国际贸易结算中的欧元。从 1999 年欧元启动开始，欧元在国际贸易中的标价与结算的使用比例有所波动。例如在商品贸易的出口方面，欧元在欧元区中的使用比例从 2006 年的 59.5%提高到了 2011 年的 69.9%，2017 年下降到 57.1%。在服务贸易

① 赵柯．货币国际化的政治逻辑：美元危机与德国马克的崛起．世界经济与政治，2012（5）.

的进口方面，从2006年的53.8%提升到了2011年的60.5%，2017年下降到52.8%。与欧元区成员国贸易关系紧密的非欧元区国家也提高了欧元在其国际贸易中的使用比例。例如，罗马尼亚在商品贸易出口中，欧元使用比例从2003的63.8%提升到了2017年的77.6%；捷克在服务贸易进口中，欧元使用从2003年的59%提高到了2016年的75.9%。

表5-4　欧元和美元在全球外汇储备资产中的结构（1999—2018年）　（%）

年份	1999	2000	2001	2002	2003	2004	2005	2006	2007	2008
美元	71.0	71.1	71.5	66.5	65.5	65.5	66.5	65.0	63.9	63.8
欧元	17.9	18.3	19.2	23.7	25.0	24.6	23.9	25.0	26.1	26.2
年份	2009	2010	2011	2012	2013	2014	2015	2016	2017	2018Q3
美元	62.2	62.2	62.7	61.5	61.3	65.2	65.7	65.4	62.7	61.9
欧元	27.7	25.8	24.4	24.0	24.2	21.2	19.2	19.1	20.2	20.5

资料来源：IMF COFER。

表5-5　欧元和美元在国际债券市场中的结构（1999—2017年）　（%）

年份		1999	2000	2001	2002	2003	2004	2005	2006	2007	2008	2009	2010	2011	2012	2013	2014	2015	2016	2017
狭义	欧元	24.0	25.8	28.4	30.3	31.6	31.7	31.6	29.9	28.7	29.6	28.4	26.3	25.0	24.4	23.1	23.3	24.5	24.1	23.4
	美元	43.3	42.8	41.5	41.4	41.2	43.8	44.0	46.3	47.3	47.4	49.3	51.5	53.3	54.8	57.7	58.7	59.2	60.8	62.2
广义	欧元	26.5	28.9	31.1	32.8	35.1	35.8	37.6	38.4	38.0	39.0	39.4	38.9	38.5	37.0	35.7	35.1	35.2	34.5	33.6
	美元	43.2	43.4	44.2	44.1	42.2	43.1	40.9	40.3	39.8	37.8	37.6	38.4	39.2	41.1	43.6	45.4	46.7	48.3	49.4

注：狭义估计是指仅包括国际市场交易的债券量，广义估计则将本国（区）内交易的本币债券也计算在内。本表中的数据均是按不变汇率计算的。

资料来源：ECB，The International Role of the Euro，June 2018.

正如著名经济学家蒙代尔所说："布雷顿森林体系的崩溃并没有改变国际货币体系的权力格局，崩溃前后美元都是支配货币。但欧元的降生将挑战美元的地位，改变国际货币体系的权力格局。"① 欧元区整体上强大的经济实力和政治影响力，都使欧元成为美元在当今货币体系中最重要的竞争者。尽管欧洲主权债务危机让欧元在国际货币体系的地位有所下降，但随着欧元区经济的逐步复苏，欧元也将再次在国际上展现出它的实力。无论如何，欧元已成为多极化国际货币体系中仅次于美元的重要一极。

3. 人民币国际化

人民币国际化是指"人民币在国际范围内行使货币功能，成为主要的贸易计价结算货币、金融交易货币以及政府国际储备货币的过程"②。人民币国际化的提出和发展是国家实力和国际形势双重作用的结果。

中国综合国力的提升为人民币国际化提供了经济基础和政治基础。从经济层面上看，人民币具有交易网络规模、货币价值信心和金融市场流动性。2010年中国名义GDP超过日本成为世界第二大经济体，2013年中国的货物贸易总值达4.16万亿美元，超过美国成

---

① 罗伯特·蒙代尔．汇率与最优货币区．北京：中国金融出版社，2003：159.

② 中国人民大学国际货币研究所．人民币国际化报告2012. 北京：中国人民大学出版社，2012：1.

为全球第一大货物贸易国，其中出口 2.21 万亿美元，进口 1.95 万亿美元①，巨大的经济总量和贸易额增加了人民币的交易数量和使用频率，扩展了人民币的交易网络。中国稳定可控的通胀率和汇率水平赋予了人民币稳定的对内和对外价格，增强了国际行为体对其购买力的信心。此外，中国稳步推进金融市场的开放，外资持股比例限制取消、证券市场通过沪港通等“管道式”机制实现资金双向流通、资本项目可兑换程度逐步提高、利率市场化等诸多措施增强了中国金融市场的流动性和开放性，为国际行为体提供了投资机会，增强了人民币的吸引力。从政治层面上看，中国国际地位和影响力逐步提高，使得人民币具有货币伙伴网络的支持和国际制度体系的保障。随着与中国政治经济交往的日益密切，越来越多的国家为人民币的国际使用提供了便利和支持，这些国家共同构成了中国的货币伙伴网络。截至 2017 年末，共有 27 个国家与中国签署了货币互换协议，总金额达 3.02 万亿元，18 个国家和地区获得 RQFII 投资额度 1.74 万亿元，23 个国家和地区设立了境外人民币业务清算行②，这些国家政府和央行的支持巩固了人民币国际化的进程。此外，国际制度体系的保障有助于提高人民币作为国际货币的合法性以及维持其现有地位。中国推动 G7 向 G20 转变，促进国际货币基金组织和世界银行的改革，强化金砖机制和上海合作组织，升级“10+3”机制，建立亚洲基础设施投资银行。在这一系列措施下，中国已经在全球和区域范围内为人民币崛起初步搭建了有利的国际制度框架③。

国际形势的发展为人民币国际化提供了可能性。21 世纪以来，随着以中国、印度、巴西等发展中国家为代表的新兴经济体在世界经济中的地位不断提高，调整建立在少数发达国家为主导基础上的现行国际货币体系的呼声越来越高。特别是自 2008 年开始，由美国向全球蔓延的金融危机使西方国家经济遭受打击，美元、欧元等货币信用受损，美元主导下的国际货币体系暴露出越来越多的问题。目前，国际货币体系正在经历新一轮的重塑，也必然是大国权力竞争、此消彼长的漫长过程。这都为中国提升在国际金融中的话语权，摆脱“美元搭便车”的国际货币战略，推动人民币国际地位的提升，增强中国在全球调控财富再分配的能力，更好地维护中国的全球金融利益，提供了良好的契机④。

为了顺应时代的发展，积极推动人民币国际化的发展，中国政府适时出台了一系列政策，建立了相关的制度安排：(1) 实现跨境贸易人民币结算。2009 年 4 月 8 日，国务院决定在上海、广州等五个城市开展跨境人民币结算试点；2011 年 8 月 23 日，跨境贸易人民币结算扩大至中国全境（不含港澳台地区）。(2) 试点跨境人民币资本流动。一是境外机构和境外投资者在中国内地资本市场的证券交易试点⑤；二是境外直接投资人民币结算和外商直接投资人民币结算试点⑥。(3) 发挥储备货币职能。从 2000 年《清迈倡议》开始，

---

① http://www.mofcom.gov.cn/article/ae/ai/201403/20140300504001.shtml.

② 中国人民银行. 2018 年人民币国际化报告.

③ 李巍. 制衡美元：政治领导与货币崛起. 上海：上海人民出版社，2015：254-296.

④ 李巍. 中国金融崛起的国际环境与战略应对. 国际安全研究，2013 (4)：55-59.

⑤ 2010 年 8 月 16 日，中国人民银行发布《关于境外人民币清算行等三类机构运用人民币投资银行间债券市场试点有关事宜的通知》；2011 年 12 月 16 日，中国证监会发布《关于实施〈基金管理公司、证券公司人民币合格境外机构投资者境内证券投资试点办法〉规定》。

⑥ 2011 年 1 月 6 日，中国人民银行发布《境外直接投资人民币结算试点管理办法》，同年 6 月 3 日发布《关于明确跨境人民币业务相关问题的通知》。

中国逐步与其他国家签署双边本币互换协议①，促进了双边贸易；人民币被部分国家和地区列入储备货币，并且 2009 年 8 月国际货币基金组织开始发行人民币债券。(4) 建设香港离岸人民币市场。从 2004 年个人人民币业务在香港开展，到 2009 年跨境贸易人民币结算政策出台，再到 2011 年中央明确支持香港建成“人民币离岸金融中心”，香港离岸市场已成为推动人民币国际化发展的重要动力。(5) 与小币种外汇交易不断发展。随着中国与世界各国经济联系日益紧密，中国大型国有商业银行及其他银行陆续增加了老挝基普、哈萨克斯坦坚戈、泰国泰铢等外币的柜台挂牌交易。2011 年 12 月 19 日，人民币对泰铢银行间区域交易在云南正式启动，标志着对小币种银行间区域市场开始试点。(6) 加强境内外金融市场的互联互通。2014 年 11 月“沪港通”启动，2016 年 12 月“深港通”启动，2017 年 7 月“债券通”启动，境内与境外通过市场基础设施联通实现了金融市场的双向开放，提高了人民币资本项目可兑换程度。(7) 期货市场对外开放。2018 年 3 月，以人民币计价结算的原油期货在上海国际能源交易中心正式挂牌交易，推动人民币成为大宗商品计价结算货币，进一步扩大了对外金融开放。

随着中国与世界在经济上的联系更加紧密，人民币“走出去”已成为中国和与中国经济密切联系的国家的共同希望。同时，配合相关政策，人民币国际化在短短几年的时间内在各方面都有了一定的发展。

(1) 跨境贸易人民币结算。2018 年跨境贸易人民币结算业务累计 5.11 万亿元，是 2010 年 0.51 万亿元的 10 倍。其中货物贸易 3.66 万亿元，约占 72%；服务贸易及其他经常项目 1.45 万亿元，约占 28%（见表 5-6)。这反映出人民币使用度增长迅速，并且货物贸易人民币结算占主要位置。

表 5-6　2010—2018 年跨境贸易人民币结算金额　单位：万亿元

年份	2010	2011	2012	2013	2014	2015	2016	2017	2018
金额	0.51	2.08	2.94	4.63	6.55	7.23	5.23	4.36	5.11

注：数据均保留两位小数。
数据来源：中国人民银行。

(2) 人民币直接投资。2018 年全年银行累计办理人民币跨境直接投资结算业务 2.66 万亿元，其中对外直接投资结算金额 0.80 万亿元，同比增长 73.9%；外商直接投资结算金额 1.86 万亿元，同比增长 57.6%（见表 5-7)②。

表 5-7　2011—2018 年人民币跨境直接投资结算金额　单位：万亿元

年份	对外直接投资人民币结算金额	外商直接投资人民币结算金额	总额
2011	0.02	0.09	0.11
2012	0.03	0.25	0.28
2013	0.09	0.45	0.53

① 截至 2013 年底，中国人民银行已与韩国、中国香港、马来西亚、白俄罗斯等 23 个国家和地区签署了货币互换协议。

② 中国人民银行．2018 年金融统计数据报告．

2014	0.19	0.86	1.05
2015	0.74	1.59	2.32
2016	1.06	1.40	2.46
2017	0.46	1.18	1.64
2018	0.80	1.86	2.66

注：数据均保留两位小数。
数据来源：中国人民银行。

(3) 国际债券和票据市场。截至2017年末，人民币国际债券和票据存量达到1 033.47亿美元，存量余额全球占比0.43%，较2011年0.16%的占比增长了近1.7倍①。

(4) 人民币境外信贷市场。《中国人民银行关于境内银行业金融机构境外项目人民币贷款的指导意见》于2011年10月出台，这一政策鼓励了境外贷款业务的发展。2017年，境内金融机构人民币境外贷款余额达7 390.0亿元，比2016年的6 164.4亿元增长了19.9%②。

(5) 外汇交易市场中的人民币。2017年，人民币外汇市场累计成交24.1万亿美元(日均987亿美元)，较上年增长18.7%。根据2016年9月国际清算银行(BIS)三年一度调查，人民币在全球外汇市场所占份额升至4%，位列全球第八，取代墨西哥比索成为交易最活跃的新兴市场货币③。

虽然近年来人民币国际化的发展势头良好，但我们必须清楚地认识到人民币国际化还面临众多挑战，人民币国际化的道路还十分漫长。首先，中国金融体系还不够完善，金融市场还不够开放，这直接制约了人民币国际化的发展。其次，由于技术创新能力有限，中国在国际贸易产业链中仍处在中低端。并且中国国内经济增长过度依赖于投资，结构失衡问题仍然存在。中国经济的可持续发展将从根本上决定人民币国际化的进程。再次，随着中国金融市场的开放，人民币遭遇投机的风险加大，中国经济的稳定性将受到威胁。最后，国际货币体系的"惯性"使美元仍处在当前国际货币体系的中心位置。若人民币国际化影响到了美元的市场份额，必将遭到美国的干预④。人民币若要成功实现国际化，不仅需要继续深化国内金融制度改革、保持中国经济可持续增长，还需要积极做好在中国金融崛起过程中的政治和外交上的战略应对。

第二节 国际货币基金组织与国际政治

国际货币基金组织和世界银行、世界贸易组织并列为世界经济三大支柱，是战后国际

① 中国人民大学国际货币研究所. 人民币国际化报告2018.
② 中国人民银行. 2018年人民币国际化报告.
③ 国家外汇管理局. 2017年中国国际收支报告.
④ 中国人民大学国际货币研究所. 人民币国际化报告2012. 北京：中国人民大学出版社，2012：135-154.

政治经济秩序的一个极其重要的组成部分。它不仅对世界经济，而且对国际政治的发展具有重要的影响。

一、国际货币基金组织的产生和演变

1929—1933 年大萧条使全球经济满目疮痍，第二次世界大战则使西方民主国家陷入连年战火之中。于是这些国家决定战后经济优先考虑的主要目标是：一是实现经济增长和充分就业；二是建立稳定的世界经济秩序，以防止 20 世纪 30 年代以邻为壑的破坏性经济民族主义卷土重来。1944 年召开的布雷顿森林会议就是要建立这样一个稳定的世界经济秩序，通过建立固定汇率制来防止 30 年代竞相贬值政策等破坏性再次发生。1944 年 7 月，44 个国家的代表签订了布雷顿森林协定，即《国际货币基金组织协定》。1945 年 12 月，国际货币基金组织初始的 29 个成员在华盛顿签署该协定，国际货币基金组织宣告成立。1947 年 11 月，国际货币基金组织与联合国正式签订了建立相互关系的协定，国际货币基金组织成为联合国专营国际货币金融业务的专门机构之一。国际货币基金组织建立之初的主要目的就是监督货币体系的运行，维持固定汇率制，当然在一个国家陷入严重的国际收支逆差困境时，国际货币基金组织可以为这种赤字融通资金，并监督汇率调整，各国不必用限制进口的办法纠正国际收支不平衡。

国际货币基金组织是美英两国在国际货币金融领域既竞争又合作的结果。在设计国际货币基金组织的问题上，美国具有很大的影响力，而国际货币基金组织最终的设计方案也反映了美国的倾向。美国设计的“怀特计划”压过英国的“凯恩斯计划”，奠定了国际货币基金组织的发展方向：布雷顿森林体系以美元为基础，美元的价值直接与黄金挂钩。美国财政部许诺 35 美元兑换 1 盎司黄金。国际货币基金组织的其他成员应以黄金或者美元为基础来决定本国货币的价格。如果成员想调整一个百分点以上的汇率，必须征得国际货币基金组织的同意；如果一国需要硬通货，也可以从国际货币基金组织借贷；同时跨国间的私人资本流动被严格限制。

美国在构想战后国际货币体系时，曾将苏联视为一个十分重要的角色，在谈判中积极谋求与苏联的合作。这一方面是与罗斯福谋求战后大国合作的“世界蓝图”有关，同时也与美国和英国之间的竞争有关。由于冷战的原因，苏联虽然参加了布雷顿森林会议，但是没有加入国际货币基金组织，其他大多数东欧国家、古巴、朝鲜等也没有加入（捷克斯洛伐克和波兰分别于 1950 年和 1954 年退出基金组织）。在相当长的一个时期，由于政治的原因，国际货币金融领域实际上存在着两个相互隔绝的货币金融体系，即以美元为中心的资本主义世界货币金融体系和以卢布为中心的社会主义货币金融体系。

战后初期，美国经济成为资本主义世界经济增长的主要发动机，美国对外输出美元为全球经济增长提供了动力。布雷顿森林体系最重要的维系力量，就是美国作为世界经济增长的发动机向外输出美元，从而为世界经济的增长提供一种清偿手段。布雷顿森林体系体现了“美元霸权”的特点，由于其他国家把它们的货币与美元挂钩以实现固定汇率制，其他货币在进行调整时只需改变与美元的比值即可。吉尔平指出：“该制度的关键是美国保证维持美元按 35 美元等于 1 盎司黄金的比值进行兑换；只要美国支持这个保证，同时其他国家对美国经济的健全具有信心，这个制度就能运行。美元等同于黄金，事实上比黄金还略胜一筹，它成为世界上主要的交换媒介、计价单位和价值储备手段。”① 在这样的背景之下，国际货币基金组织在成立之初便成为美国实行对外经济扩张，确立其在世界政治经济中的霸权地位的一个重要工具。通过国际货币基金组织，美国建立了以美元为中心的国际货币体系，使美元具有特殊地位，迫使其他国家解除外汇管制，并掌握了对国际货币基金组织重大决策的否决权，因而在世界经济和国际货币金融领域占据了主导地位。

20 世纪 50 年代中期以后，随着西欧和日本经济的迅速恢复和发展，发达资本主义国家经济实力对比发生了不利于美国的变化，西欧和日本的实力地位迅速上升，使美国对国际货币基金组织的控制力大为削弱，国际货币基金组织成为发达国家在国际货币金融领域相互竞争和彼此协调的重要场所。自从在 20 世纪 50 年代初期加入布雷顿森林体系以及联合国之后，日本政府坚持为第三世界国家经济和社会发展提供援助。在 20 世纪 60 年代还是作为世界银行借贷者的日本，已经逐渐稳步地增加其对联合国及其附属机构、布雷顿森林体系以及其他国际组织的年度捐款和财政贡献。十国集团（巴黎俱乐部）的建立，形成了由主要发达资本主义国家共同操纵和控制国际货币基金组织和国际货币金融的局面。

20 世纪 70 年代，美国经济萧条，通胀严重，35 美元兑换 1 盎司黄金难以维持，各国纷纷抛售美元，美国财政部的黄金储备锐减，美元的基础地位动摇。1973 年后，世界主要货币间的汇率开始在市场上自由浮动，国际货币基金组织也改变了规则，允许成员自主决定采取浮动汇率还是固定汇率，或是介于二者之间允许本国货币在一定范围内自由浮动。70 年代以后，发展中国家也大量进入国际货币基金组织并积极开展活动。同时，国际货币基金组织的监督职能和贷款的发放越来越集中于发展中国家，争取在基金组织内更大的发言权和维护自己在基金组织的权利逐步成为发展中国家的共识。1972 年成立的二十四国集团和二十国委员会（其中 9 个为发展中国家）、1974 年成立的发展委员会，标志着发展中国家在国际货币基金组织内部力量的壮大和影响力的扩大。

但是，美国对国际货币基金组织的支配权一直保持到后布雷顿森林体系时期。美国在 1946 年拥有国际货币基金组织 33%的投票权，到 1985 年仍拥有超过 20%的投票权，1993 年为 17.86%。最新一次投票权改革之后，美国仍握有 16.5%的投票权。美国在战后国际货币体系中的霸权地位或领导地位是以其在世界政治、经济和军事上的绝对优势地位为基础的，同时美国在国际货币金融领域的霸权地位也进一步维护和保障了其在世界政治和国际关系领域的霸权地位。国际货币基金组织从建立初期开始，就明显反映出其作为美国维持其政治经济霸权的工具性作用。而其最直接的控制力就来自其一票否决的权力，在涉及关键的经济决策和重大利害关系时，没有美国的同意是无法付诸实施的。

在更为广泛的意义上讲，国际货币基金组织是以美国为首的发达国家维护国际政治旧秩序的有效工具。资本主义世界体系形成之后，国际政治秩序的基本特征就是先进资本主义国家在国际政治事务中的垄断地位和强权政治。国际货币基金组织从建立之初，就反映了国际关系中强权政治的现实。西方发达国家在国际货币金融体系中的主导地位迄今为止并没有从根本上改变，这在很大程度上维护甚至巩固了西方发达国家在国际政治事务中的主导地位。发展中国家在货币金融领域对西方发达国家的依赖，极大地限制了它们在国际

---

① 罗伯特·吉尔平．国际关系政治经济学．上海：上海人民出版社，2006：125.

政治事务中的地位。而发展中国家若想改变发达国家把持国际货币基金组织的现状，也会受到发达国家的阻挠，扭转美国一票否决的努力与美国一票否决权本身存在着不可调和的矛盾。国际货币基金组织作为美国等发达国家维护国际政治经济旧秩序的工具性特征依旧非常明显。

中国是国际货币基金组织的创始成员。1971 年，中华人民共和国恢复在联合国的合法席位后，在联合国各个专门机构中的合法席位也相继恢复。经过积极的交涉和谈判，国际货币基金组织执行董事会于 1980 年 4 月 17 日通过决议，恢复了中国在基金组织中的合法席位。国际货币基金组织成立后，中国在基金组织的认缴份额一直是 5.5 亿特别提款权，1980 年恢复中华人民共和国合法席位时，提高到 18 亿特别提款权，1983 年增至 23.9 亿，1992 年增加到 33.852 亿，在所有成员中排名第 11 位，占基金总份额的 2.29%，总投票权的 2.35%。从 2001 年开始，在基金组织的实际份额中，中国占到 2.98%，与加拿大并列第八。在 2006 年 9 月的国际货币基金组织新加坡年会上，国际货币基金组织特别增加中国、韩国、土耳其、墨西哥的份额和投票权，中国在基金组织的份额上升至 3.72%，位居第六。2010 年的份额调整方案于 2016 年正式生效后，中国在基金组织的持有份额由之前的不足 4%升至 6.39%，仅列于美日两国之后。自中国恢复在国际货币基金组织中的合法席位后，一直积极参与二十四国集团和发展委员会的活动，坚决支持发展中国家争取自身权益的斗争。同时，中国也与国际货币基金组织建立了良好的工作关系，先后从国际货币基金组织获得多笔贷款。

二、国际货币基金组织的宗旨与职能

国际货币基金组织自成立以来，先后对协定进行了三次修改，但宗旨基本未变。国际货币基金组织的宗旨是：通过设立就国际货币问题进行磋商和合作的常设机构，促进国际货币合作；推动国际贸易的扩大与平衡发展，以促进和维持各国高就业率和实际收入水平；稳定汇率，维持成员间有秩序的外汇安排，避免竞争性通货贬值；协助成员建立经常性交易的多边支付体系，消除妨碍世界贸易发展的外汇管制；向成员提供贷款，帮助其调整国际收支的不平衡；缩短成员国际收支失衡的时间并减轻其失衡的程度。

国际货币基金组织在国际货币金融领域开展的国际协调活动，实际上是对成员经济体制和经济政策进行干预和影响的手段。国际货币基金组织的国际协调活动，主要集中于以下几个方面：

1. 汇兑安排与监督

汇兑安排，即各国所采取的汇率制度。《国际货币基金组织协定》规定，各成员的汇兑安排要与基金组织的目标（即实现开放的贸易与支付制度，促进成员之间商品、劳务及资本的交易，促进经济持续、稳定的发展和就业与收入水平的提高）相一致，要与基金组织和其他成员合作。基金组织要对成员汇率政策进行监督，以确保成员履行其义务，使成员努力运用经济政策促进经济有秩序地增长，努力创造有秩序的经济、金融条件和不会产生混乱的货币制度，避免操纵汇率或国际货币制度来妨碍国际收支的有效调整，或取得对其他成员不公平的竞争优势，奉行与成员义务不相矛盾的外汇政策。

在布雷顿森林体系下，基金组织要求的汇兑安排是“金平价制”，即以美元为中心的固定汇率制。所有成员的货币要确定一个平价，以黄金或美元来表示。成员只有在国际收支出现基本失衡并与基金组织进行磋商后，才可以改变其货币平价。国际货币基金组织的汇率监督职能只限于核准成员的货币平价调整，只有这时成员才需与国际货币基金组织就所实行的汇率政策进行磋商。

布雷顿森林体系瓦解后，各国均实行了浮动汇率制，这就解除了国际货币基金组织对成员汇率制度的约束，各国基本上有权自行选择汇兑安排。针对这一新情况，1976 年修改协定时扩大了基金组织的汇率监督权限，要求各成员所实行的汇率政策必须与基金组织协商，国际货币基金组织要检查成员是否相互合作，以保证做出有秩序的汇兑安排，建立稳定的汇率制度。国际货币基金组织对成员汇率政策的监督主要采取三种形式。

（1）双边监督，即基金组织对每个成员的政策进行评估并提供建议，主要包括磋商和金融稳定评估检查。磋商，即与成员进行会谈，以确保成员的对汇率有重要影响的经济政策和结构政策有利于经济的持续、稳定增长和价格稳定。成员在这方面的义务是由《国际货币基金组织协定》第四条规定的，因而这一磋商也被称为“第四条磋商”。磋商的具体形式是由基金组织工作人员组成磋商团，定期（通常为一年）访问成员，收集成员的经济和金融信息，与成员方的政府及央行官员讨论其宏观经济战略和政策，同时代表团也会会见来自其他行业及团体的代表。磋商期间，成员必须提供与监督其汇率政策相关的大部分资料，包括近期政策的发展态势，与国际收支有关的所有统计数据、资本流动、国民账户、政府账户、货币与信贷、工资、物价和利率等。除了定期磋商外，还有特别磋商和补充磋商。前者与基金组织定期审查世界经济的形势和前景有关，主要是为了收集和分析那些对世界经济具有重大影响的国家的最新经济情况和问题。后者是当基金组织总裁认为某一成员汇兑措施的修改、汇率政策的变动、汇率的执行情况对其他成员可能具有或已经发生重大影响时，由他非正式或秘密地提出与该成员进行补充磋商。或者是基金组织总裁根据其他成员的建议，认为某一成员的汇率政策可能不符合汇率指导原则，从而主动与该成员进行补充性监督讨论。磋商是国际货币基金组织对成员监督的主要方式之一。第四条磋商报告会成为成员提供备用安排贷款的“前置条件”，作为备用安排中的实施标准，并构成执行董事会讨论的基础。通过与成员磋商，国际货币基金组织介入成员尤其是发展中国家国内经济政策乃至政治事务，并通过贷款的条件性为磋商报告提供了有效的保障。1997 年亚洲金融危机促使国际货币基金组织加强了对数据资料的收集和传播，进一步要求成员提高其金融状况的透明性。由于一些政府不愿公开其金融数据秘密，基金组织的这一要求也会在实践中遇到困难。金融稳定评估检查，即每五年对 29 个被认为对金融系统具有系统重要性的国家开展强制性评估并在自愿基础上对其他成员的金融部门开展评估。基金组织工作人员将评估该成员的特定风险、监管情况和抗风险能力，并提出行动建议来防范金融危机。

（2）区域监督。国际货币基金组织要检查主要货币区组织政策的贯彻情况，这些货币区主要包括欧元区、西非经济与货币联盟、中非经济与货币共同体、东加勒比货币联盟。同时，国际货币基金组织也会发布亚太地区、欧洲、中东、中亚、撒哈拉以南非洲以及西半球等地区的《地区经济展望》报告，以讨论这些地区的经济发展问题和一些关键性的议题。

（3）全球监督，即基金组织定期监测世界经济和金融市场的发展走势和前景，包括早期预警演练、脆弱性演练和《对外部门报告》。早期预警演练使用叙述法突出概率较低但影响巨大的全球性风险，每年进行两次，与其重点出版物《世界经济展望》、《全球金融稳定报告》（涵盖了经济发展、远景展望以及国际金融市场的政策问题等）以及《财政监督》（对公共财政方面的最新进展做出分析）的编撰工作协调展开。这三个报告每年发布两次，每季度定期更新。脆弱性演练使用实证模型在部门（实体、财政、金融、外部）层面和国家层面生成脆弱性评级并估算危机概率，同样与会议报告撰写工作配合完成。《对外部门报告》对世界最大的 29 个经济体和欧元区的对外部门开展多边一致的评估，包括汇率、经常账户、储备、资本流动、外部资产负债表等，每年发布一次。

2. 基金组织贷款

当一国陷入财政困境无法完成国际支付，对国际金融体系的稳定造成了潜在问题时，国际货币基金组织就要出面干预。成员无论穷富，都能向基金组织申请贷款以平衡国际收支。国际货币基金组织的主要宗旨之一是在有充分保障的前提下向成员提供临时性资金融通，以增强其信心，使其在无须采取有损于本国和国际繁荣的政策的情况下，纠正国际收支失衡。由此可见，基金组织的贷款目的就是支持成员的国际收支调整。在成员发生国际收支暂时不平衡时，以卖给外汇的方式，向成员提供短期信贷。一方面帮助成员缓和国际收支危机，危机解决是国际货币基金组织贷款的核心；另一方面通过贷款的附加条件，要求成员采取一定的经济调整政策，使其国际收支能够在中期内恢复到一个可支持的地位。

在国际货币基金组织成立之后的前 20 年，基金组织的贷款主要提供给工业国家。但 20 世纪 70 年代末期之后，这些工业国已经可以在资本市场上筹措资金，而不需从基金组织贷款。石油危机加上 80 年代的债务危机促使越来越多的中低收入国家向基金组织申请借贷。20 世纪 90 年代，中东欧的转型以及市场经济出现的危机都使得对基金组织贷款的需求加大。基金组织在 1993 年 4 月设立的“体制转变资金安排”就是专门用于向从计划经济向市场经济转变的国家提供资金支持的。1993 年，国际货币基金组织向俄罗斯提供了 150 亿美元贷款，1996 年又向俄罗斯提供了 100 亿美元的贷款，用于支持俄罗斯的经济改革和私有化[①]。2004 年开始，世界范围内的经济状况有所好转，许多国家开始偿付基金组织的贷款，对基金组织的贷款需求也急速下降。2008 年国际金融危机以及之后的欧债危机爆发后，国际货币基金组织开始对危机中受到重创的国家提供贷款。

国际货币基金组织的贷款分为非优惠贷款和优惠贷款。非优惠贷款是指基金组织按照非优惠利率向成员提供的贷款，针对对象往往是遭遇自然灾害或陷入经济危机的新兴国家和发达国家。非优惠贷款包括：（1）备用安排，即向面临短期国际收支困难的国家提供的中短期援助。（2）中期贷款，即向那些出现生产和贸易结构性失衡、经济增长缓慢、国际收支疲软的成员提供的比备用安排数量更大、期限更长的资金援助。（3）灵活信贷额度，即针对所有国际收支需要的灵活信贷工具，既能帮助经济状况良好的国家防范潜在风险，又能为遭遇危机的国家提供资金支持。（4）预防性和流动性额度，即为具有稳健经济基本面和政策的国家提供的贷款。（5）快速融资工具，即为所有面临国际收支紧急需求的成员提供的快速融资援助。优惠贷款是指基金组织以低息甚至无息的优惠条件向成员提供的贷

---

① Joan Spero and Jeffrey Hart, *The Politics of International Economic Relations*, New York: St. Martin's Press, 1997, pp. 342 - 343.

款，针对对象主要是在“减贫与增长信托”下具有援助资格的低收入国家。优惠贷款包括：（1）中期信贷，即向长期面临国际收支问题的低收入国家提供的贷款，利率当前为零。（2）备用信贷，即向面临短期国际收支问题的低收入国家提供的贷款，利率当前为零。（3）快速信贷，即向具有紧迫国际收支需要的低收入国家提供的低限额融资，利率为零。

《国际货币基金组织协定》在第一条中声明，国际货币基金组织贷款的目的就是，通过给成员提供一种保护措施，来增强这些国家的信心，避免这些国家通过一些不利于国内和国际经济繁荣的毁灭性政策来解决问题。国际货币基金组织贷款主要有三个目的：（1）它可以对短期冲击进行调节，避免一国实行毁灭性的经济调整政策或者发生主权债务危机，这对成员自身和其他国家都会造成经济和金融的连带反应。（2）国际货币基金组织的贷款程序能够为贷款国带来更多的借贷者，因为这一程序表明贷款国已经采取了良好的政策，增强了其政策的可信性，增强了投资者的信心。（3）国际货币基金组织的贷款能够帮助抵御危机。资本账户爆发的危机不仅会给危机国自身带来巨大的损失，也会传染到其他国家。解决这一问题的最好方法就是通过借贷将危机尽早扼杀，避免扩大。

基于国际货币基金组织向成员提供贷款的主要目的，国际货币基金组织的贷款与只付利息的商业贷款不同，具有较为苛刻的贷款条件，这些条件主要涉及对受援国经济改革的要求，这也就将贷款的经济功能部分转化为一种政治功能。根据国际货币基金组织的规定，申请结构调整贷款的国家，必须在国际货币基金组织和世界银行工作人员的帮助下制订政策框架文件（policy framework paper），确定其宏观经济政策和结构目标，以及实行这些目标的政策、资金需求和结构性措施。所要求的结构性措施要包括改革物价结构、货币政策和财政政策。国际货币基金组织对该政策框架文件的执行情况进行定期检查，以决定是否继续提供该项贷款。国际货币基金组织贷款需要执行董事会批准，而美国又把持了一票否决的权力。这种绝对的权力使美国享有了对国际货币基金组织贷款政策的主导权，通过贷款条件来影响受援国的经济政策乃至政治事务。美国主导基金组织贷款更具体的表现就是“华盛顿共识”，包括实行紧缩政策防止通货膨胀、削减公共福利开支、金融和贸易自由化、统一汇率、取消对外资自由流动的各种障碍以及国有企业私有化、取消政府对企业的管制等。基于这一主要应用于拉美国家的“经济药方”，基金组织在提供贷款援助时具有很明显的胁迫性，一旦受援国未按照西方意志进行自由化改革，贷款就会终止。这种贷款的“条件性”使受援国不断实行自由化，但结果往往是不但没有实现增长，反而丧失了经济主权。因而国际货币基金组织对发展中国家尤其是处在危机中的国家的贷款经常为人所诟病。但必须强调的是，基金组织成员大多是拥有独立主权的国家，若不经成员国允许，基金组织无权向一国派遣代表团。即使在成员国出现危机的时候，国际货币基金组织仍旧无权迫使它们采取行动，即便让基金组织去告诫投资者某个国家存在潜在金融问题也是不恰当的。

3. 能力建设

能力建设，即基金组织为成员提供实地技术援助和政策培训，帮助它们建立有效的政策和机构。能力建设，一方面能有效减少贫困、改善经济和创造就业；另一方面有助于该国更加深入全面理解基金组织对其提供的政策建议，了解本国和全球的经济创新与风险，解决与危机相关的挑战和溢出效应。基金组织通过派遣短期工作人员代表团和长期顾问，使用区域能力建设中心和在线学习网络来实现对各国的能力建设，将帮助工作聚焦在经济体制的建设上，并与该国发展优先事项保持一致。基金组织在财政政策、货币和金融部门政策、法律框架、统计工作、减少不平等、性别平等和气候行动等重要领域为世界上绝大多数国家提供了能力建设支持，极大地推进了各国的可持续发展进程。

三、国际货币基金组织的权力结构

国际货币基金组织的最高权力机构是理事会，每个成员一名理事、一名副理事，理事通常由财政部部长或中央银行行长担任。日常事务由执行董事会处理，执行董事会由执行董事和总裁组成。执行董事最初由 20 人组成，包括 5 个份额最多的国家代表（美、英、法、德、日）、15 个由选区选举的代表，1978 年沙特阿拉伯有权决定任命一名董事，1980 年中国获权决定任命一名董事，后俄罗斯获得同样权利。该会现由 24 名执行董事组成。执行董事会每个董事可指派一名副董事，在其缺席时行使其权力。国际货币基金组织的最高行政领导是总裁，他还兼任执行董事会主席并出席理事会，但一般在机构中均无投票权。但在执行董事会进行表决出现双方票数相等的情况时，总裁可以投上决定性的一票。总裁由执行董事会选举产生，传统上，总裁一直由欧洲人担任，副总裁由美国人担任。

国际货币基金组织成员的权力是通过本国理事在理事会或会外投票的形式来行使的，其发言权与投票权相一致，而投票权的大小取决于认缴份额（quota）的多少。换句话说，以份额为基础的权力分配机制是国际货币基金组织决策机制的基础，基金组织的决策程序不需要成员的全体一致同意，但对所有国家都具有约束力。国际货币基金组织的一般事务只需简单多数即可通过；重大问题需 80%的多数通过；特别重大事务如修改基金组织协定条款、调整份额、要求某个国家退出基金组织等，则要有总投票权 85%的多数才能通过。

在国际货币基金组织中，每个成员根据其在世界经济中的相对位置被分配一定的份额。每个成员所持的份额在基金组织中起着以下几方面的重要作用：首先，一个成员认定的份额决定了该成员义务地向国际货币基金组织提供财政资源的最大金额；其次，一个成员份额多少很大程度上决定了该成员在基金组织最终决策中的投票权；再次，拥有一定份额可以获得基金组织的财政融资；最后，份额的多少也影响着成员所得到的特别提款权的数额。决定一个成员份额多少的主要因素是该成员的经济规模，该成员经济规模的评测是由份额公式来衡量的，当前份额公式包括以下变量的加权平均值：GDP（权重为 50%）、开放度（主要是衡量经常项目收支总和，30%）、经济波动性（经常项目收入和资本净流动的波动度，15%），以及国际储备（5%）。这里的 GDP 是以市场汇率计算的 GDP（权重为 60%）和以购买力平价（PPP）计算的 GDP（权重为 40%）的混合变量。公式还包括一个“压缩因子”（0.95%），用来缩小成员计算份额的离散程度。

份额公式如下：

$$Q=(0.5Y+0.3CC+0.15V+0.05R)^k$$

式中，Y 代表 GDP，CC 代表开放度，V 代表经济波动性，R 代表国际储备，k 代表压缩因子。

近些年来，国际货币基金组织着手进行了一系列重新平衡成员份额的改革，以确保其份额的分配能够反映这些成员在世界经济中的相对规模。通常来讲，基金组织理事会每五年做一次份额检查（quota review），如有必要理事会会做出裁定增加成员份额。国际货币基金组织最新一次份额改革于2008年进行，2011年3月3日生效。2008年的改革通过特别增加54个国家的份额，提高了中国、巴西、印度、俄罗斯等新兴经济体和低收入国家在国际货币基金组织中的话语权。中国的份额一次增加了50%，居第六位。这次改革还将基本票（basic votes）增加至原来的近3倍，这也提高了低收入国家的发言权和代表权。

国际货币基金组织最新一次份额总检查（第14次）比规定时间提前两年，始于2010年12月，新一轮的改革在两个方面具有重要意义：首先，它意味着国际货币基金组织的份额总额将从过去的约2 384亿特别提款权增至4 768亿特别提款权；另外，超过6%的份额将从代表性过高的成员转移到代表性不足的新兴市场和发展中国家，而中国的份额将从目前的3.994%大幅上升至6.390%，位居美、日之后，这反映着中国综合实力的显著提升。虽然如此，美国依然占据第一位，拥有17.398%的份额，即在重大事情上享有15%以上的投票权，具有一票否决权（见表5-8）。

表5-8　　基金组织改革后份额排名前10的国家

国家	美国	日本	中国	德国	法国	英国	意大利	印度	俄罗斯	巴西
份额（%）	17.398	6.461	6.390	5.583	4.225	4.225	3.159	2.749	2.705	2.315

资料来源：IMF.

2013年3月11日，美国参议院否决了这一提议，导致国际货币基金组织的新一轮改革陷入停滞。2015年12月18日，美国参议院批准了份额改革方案。2016年1月27日，方案正式生效。

回顾国际货币基金组织改革历程，最有代表性的有关份额和投票权的转移分别针对两个国家，一个是20世纪80年代的日本，一个是21世纪的中国。20世纪70年代，日本作为一个主要经济力量，在国际舞台与美国以及西欧一些主要发达国家齐头并进。日本政府在20世纪80年代开始进行持续的外交努力以获得其在国际货币基金组织、世界银行以及其他多边组织中更大的影响力，从很大意义上说，这种行动很大程度上是由于日本希望其国际地位与声望可以与其客观成就和实力相匹配①。当然以美国、西欧为代表的基金组织中的强国虽不情愿且在实际操作中予以阻挠，使日本的份额调整速度远远落后于其经济水平在世界舞台上排位的变化，但以实力为基础的份额变化趋势不可逆转，日本于1990年实现了份额的提升，与德国平齐，位居第二。进入21世纪以来，新兴经济体的崛起使得基金组织的成员逐渐认识到，新一轮能够反映世界经济变动情况的份额调整是必要的。因而从2001年起中国在国际货币基金组织中的份额开始逐渐增加。今天中国在世界经济中的发展情况与20世纪80年代的日本有相似之处，即经济都快速发展，GDP跃居世界第二。2010年的份额调整方案在2016年生效后，中国的投票权由第六名跃居第三名，超过欧洲，列于美日之后。

在国际货币基金组织的改革问题上，美国仍掌握着主导权，最明显地体现在美国份额“一股独大”，且在重大问题上的“一票否决权”。当然，这种局面从国际货币基金组织成

---

① David P. Rapkin, Joseph U. Elston and Jonathan R. Strand, “Institutional Adjustment to Changed Power Distributions: Japan and the United States in the IMF”, *Global Governance*, 3, 1997, p. 176.

立之日起就已形成，但国际货币基金组织在建立之初的份额分配是可以反映出当时成员在世界经济中的相对权重的。进入 21 世纪以来，新兴经济体的出现使得基金组织的成员逐渐认识到，即使经过了一轮调整之后的份额分配情况与成员的经济发展情况也不完全匹配，新一轮改革必须反映世界经济变动情况，份额的再次调整是必要的。但是，成员之间的相对份额分配却是缓慢的，主要原因在于国际货币基金组织中的既得利益者——美国拒绝做出让步向新兴经济体转移权力。而一些技术上的设计，包括份额计算公式的改革、基础投票权比例的增加实际上都可以提高新兴国家以及低收入国家的份额，进而增强它们在基金组织中的投票权和代表权，但也都迟迟得不到改善。国际货币基金组织要成为全球性的金融机构，必须要适时做出调整以反映世界政治经济格局的变化，扩大组织代表性，增强国际货币基金组织的合法性。

第三节　国内政治与汇率政策

一个国家的汇率政策是在国际和国内多重因素的共同影响下形成的。在国际体系层面上，霸权国家是否存在，以及金融一体化和国际资本流动的程度对一国汇率政策有重要影响。在国内层面上，经济因素如经济体的规模、开放程度和劳动力流动性等是汇率政策制定中要考虑的重要方面。除此之外，由于汇率政策具有分配效应，同时影响政府干预经济的能力，所以它也是国内政治议程中的重要内容，其形成过程受到国内政治因素的影响。从国内政治的视角来看，一国汇率政策的制定，是拥有不同利益和偏好的经济社会行为体，在特定的政治制度下，通过具有自身利益的政治行为体的政策供给，将政策需求转化为政策现实的过程。从国内政治角度对汇率政策的研究一般接受理性行为体的假设，即政治行为体和经济社会行为体都谋取各自效用的最大化。一般而言，国内政治因素对汇率政策的影响涉及三个方面：政策需求方（经济部门和利益集团等经济社会行为体）、政策供给方（政党和政府等政治行为体）以及对各方利益表达形成约束的政治制度（包括政体类型、选举制度、立法制度等）。

一、汇率政策及其功能

汇率政策是指一个国家（或地区）的政府为达到一定的目的，为把本国货币与外国货币的比价控制在适度水平而采取的政策手段。汇率政策的选择一般要从两个维度进行考虑：汇率制度（固定还是浮动）和汇率水平（升值还是贬值）。

从二战结束到 1971 年，布雷顿森林体系主导着多数国家的汇率政策实践，这种体系本质上是以美元作为锚货币的国际固定汇率制度。布雷顿森林体系在 20 世纪 50 年代运转顺利。但由于“特里芬困境”的存在，该体系在 60 年代开始失灵；到 1971 年，尼克松宣布关闭黄金兑换窗口，布雷顿森林体系事实上解体。从 20 世纪 70 年代早期开始，各国就能自主选择不同的汇率制度。汇率制度包括不同的类型。根据国际货币基金组织 1999 年的分类，汇率制度是一个连续谱，一个极端是严格的固定汇率制度，另一个极端是独立的浮动汇率制度，处于二者之间的是中间汇率制度。其中，固定汇率制度是中央银行做出的、通过外汇市场干预来维持某一宣称的汇率水平的承诺，包括无独立法偿货币的汇率制度（包括美元化和货币联盟）与货币局制度两种类型。浮动汇率制度指汇率水平由市场决定的制度。而中间汇率制度则包括五大类：传统的固定钉住汇率制度、水平带内的钉住汇率制度、爬行钉住汇率制度、爬行带内钉住制度，以及事先不宣布汇率路径的管理浮动制度①。

在开放经济条件下，不同的汇率政策选择对一国经济和政治有不同的影响。从汇率制度来看：固定汇率能够减少汇率的不确定性，降低国家间的交易成本，从而有助于稳定外部贸易环境，促进国际贸易和资本流动。同时，它还可以为宏观经济政策的制定和执行提供一个名义锚。但是，坚持固定汇率意味着放弃了国内货币政策的自主权，也就无法使用货币政策来应对经济冲击，如此，国家可能会遭受原本可以利用货币政策工具避免的福利损失。同时，固定汇率制度还会影响国内政治竞争。在固定汇率制度下，由于执政者缺乏对货币政策的自由裁量权，所以无法为实现选举目的或党派利益而操控货币政策，从而会潜在地影响其维持权位的能力。相反，在浮动汇率制度下，执政者能够保留货币政策的自主性，因此可以灵活运用货币政策来对抗经济冲击，并为选举和党派目标服务。所以，在汇率制度的选择方面，需要在汇率稳定性和货币政策自主性之间做出权衡。而在汇率水平的决定方面，本币高估还是低估对不同的经济社会群体也会产生不同的福利效应，决策者需要在竞争力（competitiveness）和购买力（purchasing power）之间进行权衡：本币贬值，有利于增强面向国际市场的经济部门的竞争力，但是会提高外国商品和服务相对于国内消费者的价格，从而削弱他们的购买力；本币升值，会增强国内消费者的购买力，但削弱面向国际市场的经济部门的竞争力。因此，不同经济社会群体对汇率水平也有不同的偏好。

二、国内行为体与汇率政策

1. 政策需求方：经济部门和利益集团

由于汇率政策对不同的经济社会群体有不同的分配效应，因此，不同的经济社会群体为实现自身效用的最大化，会根据预期的汇率政策分配效应来争取有利于自己的政策，从而形成不同的政策需求。理解国内社会经济行为体的政策需求，是分析汇率政策选择必经的第一步。

杰弗里・弗里登是从经济社会行为体政策需求的角度解释汇率政策形成的代表人物。1991 年，他以贸易品和非贸易品的区分、竞争力和购买力的权衡为基础，为分析不同经济部门利益集团的汇率政策偏好提供了一个经典的分析框架②。此后，既有学者按此框架进行研究，也有学者对此提出批评。在吸收其他学者观点的基础上，弗里登在 2015 年推出的《货币政治：汇率政策的政治经济学》③ 一书中对汇率政策形成的解释框架进行了完善。他认为，在货币领域，如同在其他领域一样，社会核心群体的偏好是全面解释任何政府政策的基础，而其汇率政策偏好取决于三个因素：国际风险敞口、可贸易性和汇率波动的传递效应。

---

① 范从来，刘晓辉．汇率制度选择：经济学文献贡献了什么．北京：商务印书馆，2013：1-8.

② Jeffry A. Frieden, “Invested Interests: The Politics of National Economic Policies in a World of Global Finance”, *International Organization*, Vol. 45, No. 4, 1991, pp. 425-451.

③ Jeffry A. Frieden, *Currency Politics: The Political Economy of Exchange Rate Policy*, Princeton: Princeton University Press, 2015；杰弗里・弗里登．货币政治：汇率政策的政治经济学．北京：机械工业出版社，2016.

（1）国际风险敞口。弗里登认为，在其他条件不变的情况下，重视汇率风险的经济主体更支持固定汇率，汇率风险相对较小的经济主体则偏好浮动汇率；而且，汇率风险敞口的时间跨度非常重要，面临长期汇率风险敞口的企业会更加关注汇率的稳定性。换言之，企业参与跨国贸易和投资的规模越大，就越支持固定汇率制度；在企业大量参与国际贸易和国际投资的情况下，对以外币计价的长期合同的依赖性越强，或者投资期限越长，这些企业对固定汇率制度的支持将会加强。因此，复杂工业制成品的出口商、跨国公司、国际银行以及外币债务人都偏好固定汇率制度，因为这会降低与其国际活动相关的货币风险。

（2）可贸易性。贸易品是可以自由进行世界贸易的商品和服务，非贸易品则是只能在产地进行消费的商品和服务。在其他条件不变的情况下，当产出价格上涨而投入品价格下降时，企业利润增加。其中，产出的贸易品部分越多，企业就越支持本币贬值，以使其产品在国际市场更有竞争力；而投入的非贸易品越少，外币升值和本币贬值对它们的生产成本的影响越小，企业也就越支持本币贬值。相反，非贸易品产出越多、贸易品投入越多，企业就越偏好本币升值。

（3）汇率波动的传递效应，即汇率波动在多大程度上传递给了国内价格。传递效应在不同商品和不同产业之间有着巨大的差异，而汇率波动传递到商品价格上的程度影响了汇率政策偏好。在传递效应低（如生产复杂化、差异化产品）的产业中，出口商偏好固定汇率制度，对汇率水平的偏好就弱；在传递效应高（如生产标准化产品）的产业中，出口商偏好本币贬值的浮动汇率。

综合三个方面的因素来看，国际投资者、国际金融机构、跨国公司、专业化制成品的出口商、净外币负债的经济主体会支持固定汇率；而贸易品生产商，特别是进口竞争部门以及简单商品和制成品的生产商则会支持货币贬值。拥有不同偏好的利益集团都会向政府施压以实现有利于自己的汇率政策。

斯蒂芬妮·沃尔特（Stefanie Walter）则从行为体"总体脆弱性"（overall vulnerability）的角度为国内利益群体的汇率水平偏好提供了一个动态的解释。她不仅考虑了汇率对经济社会行为体汇率政策偏好的影响，而且分析了与汇率密切相关的利率带来的影响；不但考虑了汇率和利率政策对行为体竞争力和购买力的影响，还分析了对其资产负债表的影响。具体而言，行为体的"总体脆弱性"影响了他们对汇率政策的偏好，包括三个方面：汇率变动对其竞争力和购买力造成的脆弱性、本币贬值对其资产负债表造成的脆弱性、利率增加对其资产负债表造成的脆弱性。这三个方面的影响可能互相抵消，也可能互相加强。行为体的汇率政策偏好是建立在对三个脆弱性的综合认知之上的。当行为体认为本币贬值对自己造成的脆弱性超过利率上升时，在他们的压力下，当局就会捍卫汇率的稳定，提高利率，阻止贬值。但是，当利率增加将对有影响的行为体带来更大的脆弱性时，他们对当局的压力会增加，从而促使当局放弃维护汇率稳定的政策，货币贬值①。

2. 政策供给方：政党和政府

经济社会行为体对汇率的政策需求只有通过政党和政府等政治行为体的政策供给才能

---

① Stefanie Walter, "A New Approach for Determining Exchange—Rate Level Preferences", *International Organization*, Vol. 62, No. 3, 2008, pp. 405 - 438.

变成现实。因此，他们的利益和偏好影响着汇率政策的选择。不过，关于具体的影响机制和效果，目前并没有达成共识。

关于政党对汇率制度的影响，威廉·伯恩哈德和戴维·勒布朗区分了两种对立的观点。一般认为，右翼政党传统上更加关心控制通货膨胀，而左翼政党则更加强调就业和财富再分配。由于汇率制度能够影响宏观经济目标，所以左翼和右翼政党对汇率制度有不同的偏好。在布雷顿森林体系解体之前，由于美国试图将扩张性经济政策带来的通胀“出口”到其他国家，采取固定汇率制度就意味着国内通货膨胀，因此，右翼政党可能会更加反对固定汇率制度。但是，在布雷顿森林体系解体之后，固定汇率已经越来越被当成提供“货币纪律”的一种手段，在这种情况下，右翼政党就可能更加偏好固定汇率制度以控制通货膨胀，而左翼政党更加偏好浮动汇率制度以掌控货币政策、促进经济发展和就业增长。但是，对立的观点认为，左翼政党有可能偏好固定汇率制度，以此表明他们实施负责任的经济政策的决心。左翼政党意识到，对于他们反通胀的承诺，资本市场和金融市场并不会太相信，因此左翼政党执政会导致更高的风险溢价和可能的资本外逃。所以，通过实行固定汇率制度，限制自己操控货币政策的能力，左翼政党希望能借此增加市场对其政策承诺的信心。相比之下，资本市场和金融市场更加相信右翼政党会实施负责任的经济政策，所以这些政党实施固定汇率制度的动机反而不大①。

吉安·玛利亚·米莱西-费雷蒂（Gian Maria Milesi-Ferretti）则从选举竞争的视角对左翼和右翼政党的汇率政策选择进行了一个动态的分析。他认为，执政党不会选择有利于竞争对手的汇率政策。右翼的执政党，虽然是反通胀的，但却可能不选择固定汇率制度。因为如果选择了固定汇率制度，在下一次的选举竞争过程中，反对通胀的选民就不必再担心左翼政党上台后滥用货币政策自主权，从而让右翼政党借以吸引部分选民的比较优势消失，结果会对左翼政党有利。但是，对右翼执政党而言，选择浮动汇率制度又确实存在风险；下一次的选举结果越不确定，这种风险就越大，右翼执政党就越可能选择固定汇率制度。相反，左翼执政党为了把于己不利的通胀议题移出选举议程之外，反而可能选择固定汇率制度。但是，当货币政策对选举议程的影响缩小时，左翼执政党选择浮动汇率制度的可能性就会增大②。

在汇率水平方面，迈克尔·W. 克莱因（Michael W. Klein）和南希·P. 玛利昂（Nancy P. Marion）根据1956年后到1991年16个拉美国家和牙买加的月度数据进行了实证研究，结果发现常规和非常规的政府更迭能显著影响汇率水平：政府更迭之后，本币立刻贬值的可能性会显著增加，其中非常规政府更迭（政变）的影响又比常规政府更迭更加明显③。

三、国内政治制度与汇率政策

经济社会行为体和政治行为体只能在特定的政治制度提供的约束条件下行动，因此，

---

① William Bernhard and David Leblang, “Democratic Institutions and Exchange-rate Commitments”, *International Organization*, Vol. 53, No. 1, 1999, pp. 71 - 97.

② Gian Maria Milesi-Ferretti, “The Disadvantage of Tying Their Hands: On the Political Theory of Policy Commitments”, *Economic Journal*, Vol. 105, No. 433, 1995, pp. 1381 - 1402.

③ Michael W. Klein and Nancy P. Marion, “Explaining the Duration of Exchange-rate Pegs”, National Bureau of Economic Research Working Paper No. 4651, 1994.

包括选举制度、立法制度和政体类型在内的政治制度也会影响汇率政策的最终确定。

1. 政体类型与汇率政策

威权还是民主，联邦制还是单一制，对一国的汇率政策选择会产生重要影响。但是，关于具体的影响机制，存在不同的观点。

一种观点认为，和威权国家相比，民主国家则更可能实行浮动汇率制度。戴维·勒布朗认为，和威权体制相比，民主体制扩大了民众的选举权；在选民的压力下，决策者往往需要执行再分配和扩张性的政策，而这易导致通货膨胀，从而造成货币贬值，难以维护固定汇率。因此，和威权体制相比，在民主体制下，决策者更不愿意采用自缚手脚的固定汇率制度，而是倾向于浮动汇率制度①。戴维·贝尔斯（David Bearce）和马克·哈勒贝格（Mark Hallerberg）还结合弗里登的经济部门偏好分类框架和中间选民理论提供了另外一种论证：在后布雷顿森林体系时期资本跨国流动的背景下，货币自主性和固定汇率不可兼得。而且在后布雷顿森林体系时期，将近一半的GDP来自非贸易部门的贡献。所以，中间选民大部分属于非贸易部门，他们偏好保留货币政策的自主权，因此也就偏好浮动汇率制度。民主国家的政府为吸引中间选民，会采取浮动汇率制度。而威权国家的政府可以不考虑选举压力，所以能够实施固定汇率制度②。

劳伦斯·布洛兹（Lawrence Broz）也认为，和民主国家相比，威权国家更倾向于选择固定汇率制度。他是从透明度即公众监督政府履行承诺的容易程度这个视角进行的分析。他认为，独立的中央银行和固定汇率制度是两种货币承诺制度，用于解决因时间不一致性（time inconsistency）而造成的经济政策承诺可信性问题（即决策者不会滥用经济政策自主权为自己谋取短期的选举收益），从而产生低通胀预期。这两种制度在透明度上不同：独立央行是不透明的承诺机制，难以监督；固定汇率制度更加容易观察，容易监督。而货币承诺机制的透明度是和政治制度的透明度成反比的。在公共决策不透明、不受制约的政治制度（即威权体制）下，政府必须依靠一种比政府更透明、更制约的承诺手段来制造低通胀预期，也就是固定汇率制度。但是，在公共决策透明的政治体制（即民主体制）下，政治制度的开放性使公众和政治上的反对派能够观察到政府是否私下里给央行施压，从而让政府难以隐瞒或掩饰其行为，所以，独立央行能够解决时间不一致性造成的承诺问题，从而产生低通胀。因此，民主国家往往会选择独立央行而不是固定汇率这种货币承诺制度；和民主国家相比，威权国家有更大概率选择固定汇率制度③。

马克·哈勒贝格从政府组织的角度切入，为解释一国汇率政策和中央银行的选择问题提出了一个否决者（veto players）的解释框架。具体而言，在货币制度的选择中，两类否决者很重要：政党否决者和地方政府，地方政府在联邦制下是强大的否决者，但在单一制下则作用不突出。一个关键的问题是选民是否容易辨别哪些政党应为经济表现负责；另一

---

① Michael W. Klein and Nancy P. Marion, "Explaining the Duration of Exchange-rate Pegs", National Bureau of Economic Research Working Paper No. 4651, 1994.

② David Bearce and Mark Hallerberg, "Democracy and De Facto Exchange-Rate Regimes", *Economics and Politics*, Vol. 23, No. 2, 2011, pp. 172-194.

③ Lawrence Broz, "Political System Transparency and Monetary Commitment Regimes", *International Organization*, Vol. 56, No. 4, 2002, pp. 861-887.

个关键问题是政党否决者对财政或货币政策的控制力。在一党执政的单一制国家中，选民容易识别谁对经济负责，政党对经济政策的控制力也强，所以这些政府往往选择浮动汇率制和独立的中央银行。在多党联合执政的单一制国家，比较难以识别哪个政党对经济表现负责，而且由于财政政策能够把受益导向特定选民，所以这些政府会选择保留自主的财政政策，而不是保留货币政策的自主性，因此，它们往往会选择固定汇率制度，以及政治上独立但能够为政府债务融资的中央银行。在联邦制下，构成中央政府的政党对财政政策的控制力不如单一制政府大，所以它们倾向于选择自主的货币政策，从而选择浮动汇率制①。

2. 选举制度与汇率政策

关于选举制度对汇率政策的影响方式，学界并没有达成共识。一种观点认为，多数选举制的国家更容易采取浮动汇率制度，而比例代表制则导致固定汇率制度的实施。这是从政治行为体的“意愿”出发进行的推论。威廉·伯恩哈德和戴维·勒布朗认为，多数选举制度往往产生一党多数政府。在这种制度下，选票的少量波动都可能导致立法席位的大幅变化甚至政党执政地位的变化。因此，执政党的政治家希望保持对政策工具的全面控制以确保选举胜利。特别是在选举前夕或者为了迎合关键的摇摆选民，他们希望能够掌控货币政策。由于固定汇率制度限制了他们的货币政策控制权，不利于他们维持权位，所以多数选举制下的执政者倾向于浮动汇率制度。相反，在比例代表制下，往往很难产生一党多数政府，政党之间的讨价还价决定了政府的构成。因此，一个政党有可能在选举中失去一些选票但仍能够执政。所以，少量的摇摆选票未必能对政府构成产生很大影响。因此，比例代表制下的执政者不会执着于保留货币政策的控制权。而且固定汇率是一个“透明”的政策规则，可以用作解决那些偏好不同货币政策的政党纷争的办法，同时使执政联盟的其他政党易于监督控制财政部部长职位的政党。所以，在比例代表制下，执政者更可能采取固定汇率制度②。

但是，从政治行为体“能力”出发进行的分析则得出了相反的结论。这种观点认为，实施固定汇率制度，经常需要在国内进行必要但困难的经济政策调整，弱势政府或不稳定的政府缺少进行政策调整的能力，而强势的、能持久执政的政府才能进行这样的调整。多数选举制度往往产生一党多数政府，这样的政府有能力进行决定性的政策调整；而比例代表制通常会产生多党联合政府，这些政府往往很难调整国内经济政策来维持固定汇率，因为政策调整需要多个执政党彼此进行谈判和妥协。因此，在多数选举制下，固定汇率制度更可能出现；而在比例代表制度下，浮动汇率制度产生的可能性更大③。

汇率制度还可能被用于“束缚手脚”（tying the hands），限制未来政府的政策选择。如果继任的政府可能偏好不同的政策优先选项，那么现任政府就可能采取固定汇率政策以限制继任政府。如果政策变革是渐进的，政治家相信继任者会采取类似的政策，那么他们就没有太大的动力通过固定汇率制度来限制继任者。但是如果继任者可能采取截然不同的政策，他们就有更大的动力实施固定汇率。和比例代表制相比，多数选举制下的政府更容

---

① Mark Hallerberg, “Veto Players and the Choice of Monetary Institutions”, *International Organization*, Vol. 56, No. 4, 2002, pp. 775 - 802.

②③ William Bernhard and David Leblang, “Democratic Institutions and Exchange-rate Commitments”, *International Organization*, Vol. 53, No. 1, 1999, pp. 71 - 97.

易发生政策断裂，所以，多数选举制更可能导致固定汇率制度的实施①。

戴维·勒布朗从选举制对政党竞选的影响角度进行分析，也得出了同样的结论。他认为，之所以比例代表制的国家更可能选择浮动汇率，是因为比例代表制会导致政党碎片化，而这又促使决策者为争取选民支持而进行竞争。因此，它们希望能保持对国内货币政策的自主权来保证选举收益，所以和多数选举制相比，比例代表制的国家更可能选择浮动汇率制度。特别是在实行比例代表制的发展中国家，由于国内安全网的缺乏，如果执政者不采取再分配政策，就很难满足选民对福利的需求，所以，执政者会倾向于采取浮动汇率制度，以保留货币政策的自主权②。

3. 立法制度与汇率政策

立法制度同样会影响汇率政策的选择。威廉·伯恩哈德和戴维·勒布朗认为，在某些立法制度下，立法委员会缺少形成政策和监督政策实施的资源，而委员会也可能被执政党主导，所以，在野党事实上会被排除在立法过程之外。执政者一旦下野，损失会很大，所以他们有强烈的动机避免采取束缚其手脚的固定汇率制度。在另一些立法制度下，在野党能在政策形成和执行过程中发挥更大的作用。由于执政者即便下野，也能够作为在野党影响政策，所以他们对限制其自由裁量权的固定汇率制度也不会避之唯恐不及。因此，在多数选举制和在野党影响小的立法制度下，采取固定汇率制度的可能性最小；而在比例代表制和在野党影响大的立法制度下，采取固定汇率制度的可能性最大③。

从总体上看，虽然国内政治因素对汇率政策的形成确有重要影响，但是关于具体的影响机制和效果，学界并没有在理论和经验证据上达成共识，相关研究还需要进一步完善。

第四节 国际金融危机与债务危机的政治

布雷顿森林体系瓦解后，现行的国际货币体系存在着全球经济失衡、货币发行不受约束、与国际经济格局不相匹配等严重缺陷。自20世纪80年代以来，不稳定的、不公平的国际货币体系导致金融危机在世界范围内频频发生：1982年爆发的拉美债务危机、1992年的欧洲货币危机、1994年的墨西哥金融危机、1997年的亚洲金融危机、1999年的巴西金融危机、2000年的土耳其金融危机、2001年的阿根廷金融危机、2007年的美国次贷危机、2009年的欧洲债务危机等。诸多危机背后，追根溯源，除经济上的原因外，政治因素也不容忽略。

一、国际金融危机的政治

20世纪60—70年代，国际资本流动显著增加，特别是当布雷顿森林体系崩溃后，由

① William Bernhard and David Leblang, "Democratic Institutions and Exchange-rate Commitments", *International Organization*, Vol. 53, No. 1, 1999, pp. 71 - 97.

② David A. Leblang, "Domestic Political Institutions and Exchange Rate Commitments in the Developing World", *International Studies Quarterly*, Vol. 43, No. 4, 1999, pp. 599 - 620.

③ 同①.

于主要国家取消了资本控制，各国资本市场日益走向一体化。国际金融市场的兴起，一方面使资本资源在全球能够更加合理地配置，使资本匮乏的发展中国家可以通过借贷等方式筹集到发展资金；另一方面国际资本的流动增加了世界经济的不确定性，不稳定的国际金融体系更容易陷入严重的危机中。

《新帕尔格雷夫经济学大词典》对金融危机的定义为："全部或大部分金融指标——短期利率、资产价格、商业破产数和金融机构倒闭数——的急剧、短暂和超周期的恶化。"具体来看，金融危机可以分为以下几类：一是货币危机，即由于人们对某国货币丧失信心，大量抛售该国货币，导致该国的汇率制度和币值受到冲击的情况；二是银行危机，即由于金融机构的负债过大，引起挤兑、资产组合转换和政府干预的情况，并伴随清算、合并或重组等现象；三是债务危机，即一国不能按时偿付其对外债务的情况；四是综合性危机，即集货币、股市、债市等危机于一体的综合性金融危机①。

关于金融危机的性质，一些经济学家认为金融危机是独特的历史环境造成的，因此难以预见。而其他一些学者，如海曼·明斯基、金德尔伯格等，则认为金融危机是资本主义固有的和不可避免的特征，或至少在国际资本主义中是如此，并且在一定程度上是可以对其加以辨别和预测的②。尽管如此，在实际的经济运行中，复杂的、多变的金融危机还是难以避免和控制，给产生危机的国家和世界经济带来了巨大的损失。这些损失包括：第一，危机国经济受到损害，如危机国的经济增速放缓甚至陷入衰退，汇市、股市、房地产市场下跌，物价波动，失业增加；第二，社会动荡、政局不稳，即危机国出现不同程度的政治动荡和社会骚乱，造成大量的人员和财产损失；第三，国家信用和经济主权受到威胁，即金融危机会损害危机国的国家信用和声誉，在接受救助中不得不满足国际金融机构的条件，导致部分经济主权丧失；第四，世界经济的发展受到影响，如贸易保护主义抬头，贸易争端增多，导致国际贸易萎缩，进而使得未发生危机的国家的经济增长也不同程度地减缓，世界经济整体上受到不利影响③。作为综合性金融危机，亚洲金融危机和美国金融危机均反映了上述损失的严重性。

1. 亚洲金融危机

20世纪中后期，东亚地区先后出现了"日本经济奇迹"，由中国台湾、中国香港、韩国和新加坡组成的"亚洲四小龙"以及由泰国、马来西亚等五个东南亚国家组成的"五小虎"的经济腾飞。以出口导向为主要发展模式的东亚雁型经济发展方阵，共同快速发展，成为世界经济发展中的神话。但是，1997年爆发的金融危机横扫整个区域，高速发展的东亚经济体逐个倒下，"亚洲经济神话"就此终结。

1997年2月，以索罗斯为代表的国际投机家在国际金融市场上首次大量抛售泰铢，造成泰铢波动，泰国股市下跌。从5月起，泰铢再次遭到严重冲击，与美元的比价降到10年来的最低点。泰国政府动用了大量外汇储备希望止住泰铢的下跌趋势，但收效甚微。在外汇储备仅剩80亿美元时，7月2日，泰国宣布央行不再干预汇市，放弃主要钉住美元的

---

① 李若谷．国际货币体系改革与人民币国际化．北京：中国金融出版社，2009：68.

② 罗伯特·吉尔平．全球政治经济学：解读国际经济秩序．上海：上海人民出版社，2006：237－239.

③ 同①68－70.

汇率制度，实行浮动汇率制，泰铢随即大幅贬值。泰国金融危机爆发后，印度尼西亚、马来西亚、菲律宾等国的货币也成为国际炒家的攻击对象，外汇市场受到强烈冲击，纷纷宣布本币贬值，甚至金融体制、货币制度、市场机制较为健全的新加坡也宣布新元贬值，东南亚危机全面爆发。10 月，台湾当局从自身的利益出发，宣布新台币贬值，加剧了东南亚金融危机的广度和深度。与之相反，当国际投机家大量抛售港元时，香港特别行政区政府宣布坚决捍卫港元与美元的固定汇率，终于逼迫投机家从香港撤退，但为此香港也付出了巨大的经济损失。随后，金融危机继续向韩国和日本蔓延，韩元大幅贬值，日本股市、汇市狂跌，金融机构纷纷破产，最终演化成为亚洲金融危机。1998 年 5 月起，印度尼西亚经济状况恶化，并引发了严重的政治危机，使本来在危机中有所缓解的其他东亚国家再次陷入困境。5 月 12 日印度尼西亚流血事件发生后，投资者在金融市场上慌忙抛售东亚国家货币，新加坡、马来西亚、泰国等国的股市、汇市纷纷下跌，日元在美国的干预下才止跌回稳。面对国际炒家对香港的第二轮冲击，香港特区政府动用了大量外汇储备再次维持了港元币值的稳定。从 1998 年下半年开始，亚洲金融危机不同程度地波及了俄罗斯、美国、南美、欧洲等国家和地区，造成股市下跌、货币贬值、金融机构濒临破产、出口下降等。亚洲金融危机向全球扩展。

亚洲金融危机是多方面因素综合作用的结果。国际金融市场上游资的投机，如索罗斯量子基金对泰铢的炒作是最直接的诱因，成为此次金融风暴的导火索；依靠外债借贷的透支性经济增长，泡沫经济导致的银行不良资产的膨胀，以及不完善的市场机制和金融监管制度等是导致金融危机爆发的内在基础性因素；针对性的、不合理的国际货币基金组织救助方案的缺乏，以及不稳定的国际货币体系和不安全的国际金融体系是使危机加深的外部原因。

除了这些学界已经达成共识的众多经济因素外，一些学者也对引发亚洲金融危机的政治因素做了分析，提出了两种具有代表性的观点：一种观点认为这场危机应该归咎于东亚国家的国内政治缺陷，另一种观点则认为亚洲金融危机的根源是美国的金融霸权。相互矛盾的两种观点恰恰从不同侧面揭示了引发亚洲金融危机的政治因素，起到了相互补充的作用。

从国内政治的视角看，东亚国家普遍实行的是国家主导下的经济发展模式，这一模式造成了政府与银行、企业间的亲密关系，而这种亲密的政商关系会引发一系列的风险，使得东亚国家在危机中的脆弱性增加。东亚的“强”政府能够从私人行为体那里获得较大的自主性，政府能够控制政策制定和实施，从而有利于把稀缺的资源配置到最重要的工业部门以加快现代化的进程。但是，这种亲密的政商关系在带来经济快速增长的同时，也埋下了危机的种子，带来了巨大的风险。第一个风险：在这种发展模式下，东亚经济体普遍出现了日益集中的产业结构，以及由此产生的具有影响力的商业集团，这些集团既能左右政府的政策又存在敲诈政府的可能性。20 世纪 80 年代初，泰国 16 家主要企业集团的全部资产总和占泰国企业总资产的 90%；危机之前，印度尼西亚的 144 家私人商业银行大多被四五个家族集团控制。由此就会产生第二个风险：政府推行可能引发道德风险的政策。“许多贷款给了有重要政治背景的个人和机构，例如泰国金融公司、苏哈托家族及其盟友、韩国的附属于大企业的银行；投资者认为，一旦发生金融风波，这些个人和机构会得到政府的保护。”在这种情况下，外资大量流入东亚国家，在房地产等行业催生出巨大的泡沫。“当债权人——原以为政府会花费数十亿美元使发生麻烦的机构摆脱困境——不再在这些国家投资，因而加重了这些国家的金融问题时，泡沫就破灭了。由此引起的机构破产、币值下降和资产价格暴跌，把这些国家的经济推入严重萧条的深渊。”① 第三个风险：一些东亚国家及地区对金融的自由开放导致金融机构的膨胀，但由于没有足够的法律、行政措施和监督管理措施，造成金融系统失控。这一方面是因为东亚政府治理能力的缺乏，另一方面也可能是政府既定的改革目标遭到了政治上的干预。从 20 世纪 90 年代初泰国金融业逐步自由化后，银行日益政治化。在 90 年代盛行的游说活动下，1992 年才成立的泰国证券交易委员会对内部交易和其他不当的证券交易行为的监督受到了限制②。

充满风险的政商关系不仅增强了危机的趋势，还造成了危机应对中政府的政策失误，加剧了危机来袭时产生后果的严重性。由于泰国政府与银行业、证券公司有着紧密联系，甚至很多政界人士本就是这些金融机构的大股东。因而在泰国危机初显的时候，政府宁可通过注资、贷款等方式保护银行和证券公司，也不愿采取关闭和停业整顿等方式对国内金融系统进行改革。这使得泰国政府不仅丧失了宝贵的救援时机，其错误的救援政策反而进一步加深了危机的严重性，造成了巨大的经济损失。

亚洲金融危机使“发展型国家”理论的争议达到前所未有的程度，双方争论的焦点集中在“到底是政府干预过多还是政府放松管制或自由化造成了这次危机”。新古典主义者认为危机是过度干预体制的产物，诺贝尔经济学奖获得者斯蒂格利茨对这种观点进行了总结：“那些相信市场力量的人，倾向于贬低奇迹阶段政府的作用，特别是东北亚地区政府的作用——然而，在 1997—1998 年危机来临时，他们又强调政府的作用。很明显，根据他们的观点，在东亚成功阶段是市场推动着资源的有效配置，而最近则是政府成了问题的根源。”③ 另外，一些学者以“裙带资本主义”（crony capitalism）来形容东亚国家发展过程中政商联结紧密的现象，认为正是由于政府过度干预市场的行为导致了企业对政府产业政策的依赖性，从而产生了官商勾结和腐败的行为。但是，支持“发展型国家”理论的国家主义者给出了相反的解释：“在整个东亚地区，1997 年的危机更主要是由监管不力造成的，而不是由于腐败或者企业与政府的密切关系带来的其他副作用。各地所需要的不是增加或减少对经济的监管，而是日本和韩国在其经济高速增长期间所实行的那种有效而专业的指导。”④ 他们认为，不是政府干预过度，而是政府不恰当地放松了对经济，特别是金融部门的管制，造就了东亚的危机。针对“裙带资本主义”的形容，约翰逊并不认为这是“发展型国家”模式的必然特征，相反，这是“发展型国家”模式实现得不够彻底的结果⑤。有学者在研究韩国的基础上进一步提出解释，认为正是到了金泳三政府时期，由于

---

① 罗伯特·吉尔平．全球资本主义的挑战：21 世纪的世界经济．上海：上海人民出版社，2001：148－149.

② 斯蒂芬·哈格德．亚洲金融危机的政治经济学．长春：吉林出版集团有限责任公司，2009：20－40.

③ 约瑟夫·E. 斯蒂格利茨．从奇迹到危机再到复苏//约瑟夫·E. 斯蒂格利茨，沙希德·尤素福．东亚奇迹的反思．北京：中国人民大学出版社，2003：358.

④ Chalmers Johnson，“Economic Crisis in East Asia：The Clash of Capitalism”，in Ha-Joon Chang，Gabriel Palma and D. Hugh Whittaker，ed.，*Financial Liberalization and the Asian Crisis*，Palgrave，Hampshire and N Y：2001，p. 10.

⑤ 同④9－11.

五年计划的终止和产业政策的严重弱化，韩国才出现了真正的“裙带资本主义”[①]。而此时的官僚们在制定政策时往往受到政治的干涉，政府对经济的干预也不是从国家利益出发，而是为了少数商业和政治精英的利益；国家提供的公共物品不过是一些人利用国家资财赚取个人私利过程中的副产品[②]。这样的行为事实上已经偏离了“发展型国家”模式的基本定义和特征。

从美国金融霸权的视角看，布雷顿森林体系瓦解后，美国霸权在优势、收益与责任三者间的不均衡是造成亚洲金融危机的另一重要政治因素。美国金融霸权的核心是美元霸权，该霸权是以美元在国际货币体系中的国际储备货币安排、国际汇率制度安排和国际收支调节方面的特殊地位为基础而获取的。在这一金融霸权体系下，新兴的东南亚国家处于弱势地位，而美国利用自身的优势从中攫取大量的经济和政治利益。在亚洲金融危机中，美国进一步加大了东亚国家在政治上对它的依赖，使潜在的国际竞争对手遭到削弱，获得了国际政治上的收益。美国政府和企业还从危机中获得了巨大的经济收益。这些收益表现在：吸收了原本投资于亚洲的资金，使亚洲的大量资本流入美国金融市场；有利于控制美国国内的通货膨胀，保持较低的利率水平，促进国内的投资和消费；美国金融投机家和金融集团在投机和廉价的跨国收购中均获得了巨额收益。然而，在获取大量政治、经济收益的同时，美国金融霸权并没有对国际金融体系的稳定承担相应的责任。亚洲金融危机爆发后，面对国际社会限制对冲基金投机活动的要求，美国政府却以资本国际化、资本自由流动、放宽限制符合国际经济规则等理由拒绝干涉。并且，美国政府并不认为是亚洲金融市场开放过快导致了金融危机，相反在危机后企图迫使新兴国家的金融市场进一步开放，以提高发展中国家金融机构的效率，减少腐败的发生。1997 年 8 月，在东京召开的救援泰国的国际会议上，国际社会承诺为其提供 160 亿美元的救援资金，而美国拒绝参与其中，分文未出。随后，当韩国资本市场出现危机，韩国政府向美国求助时，美国却提出只有在国际货币基金组织项目下才能提供金融救援。当危机继续深入发展，美国担心会对全球金融造成严重打击，从而波及美国的金融市场以及商品出口，才转变态度，加入救援。1997 年 12 月，针对韩国爆发的金融危机，美国将各银行的贷款延期，并把短期债务转化为长期债务。1998 年 9 月，美联储下调利率，政策的联动效应使得西方国家利率普遍下调，有助于抑制股市和汇市中的投机行为，避免了世界经济的崩溃。另外，在危机期间美国向韩国和印度尼西亚分别提供了 50 亿美元和 30 亿美元的直接贷款。当然这些行动和贷款与美国在国际货币金融体系中的地位远不成正比。在亚洲金融危机中的责任逃逸行为，既体现了在国际义务和国内利益的矛盾中美国的自私自利，也表明了布雷顿森林体系瓦解后美国金融霸权已经相对衰落的事实[③]。

---

① Ha-Joon Chang, Hong-Jae Park and Chul Gyue Yoo, "Interpreting the Korean Crisis: Financial Liberalization, Industrial Policy and Corporate Governance", in Ha-Joon Chang, Gabriel Palma and D. Hugh Whittaker, eds. *Financial Liberalization and the Asian Crisis*, Hampshire and New York: Palgrave MacMillan, 2001, pp. 145 - 148.

② David C. Kang, *Crony Capitalism: Corruption and Development in South Korea and the Philippines*, Cambridge: Cambridge University Press, 2002; David C. Kang, Bad Loan s to Good Friends: Money Politics and the Developmental State in South Korea, *International Organization*, Vol. 56, No. 1, 2002, pp. 177 - 207.

③ 杨国庆．危机与霸权：亚洲金融危机的政治经济学．上海：上海人民出版社，2008：13，130 - 160，166 - 172.

当金融危机在泰国爆发后，国际货币基金组织迅速启动了对危机国家的救援计划。1997 年 8 月起，以基金组织为主导的国际金融组织先后向泰国提供 171 亿美元、向印度尼西亚提供 366 亿美元、向韩国提供 582 亿美元的贷款或援助资金。尽管基金组织的介入使得遭受危机的国家外汇市场得到了支撑，在减轻危机的程度和抑制危机向国际市场蔓延上起到了一定的积极作用。但是，基金组织在救援中严苛的附加条件，如给各危机国家的通货膨胀率、经济增长、经常项目逆差、国家外汇储备等宏观指标做出硬性规定，要求进一步开放金融市场，实行紧缩的财政政策和货币政策等，给危机国造成了一系列的负面影响。危机国家的出口并未实现预期的增长，国内的通货膨胀反而加剧；银行和公司经营陷入困难，失业人数激增；国民生活水平下降，社会不稳定因素增加。这主要归因于以下几点：第一，基金组织过度拘泥于危机国家经济结构的改革。虽然泰国、印度尼西亚、韩国等危机国家的经济的确存在结构问题，但是这并不是造成危机的直接原因。把需要较长时间才能解决的结构问题作为受援条件，只会降低国内外投资者的信心，进一步加剧受援国的资本外流。第二，过度的紧缩政策造成市场对受援国信任下降。扩大税基、提高利率等紧缩政策，在金融机构处于低迷的状态下，只能使国内经济活动受到遏制，信用危机进一步恶化。第三，基金组织所要求的金融市场进一步开放，忽视了国外短期资本对这些国家货币、经济的冲击。缺乏完善的市场机制和金融监管之下的过快自由化，本就是造成此次金融危机的原因之一，在还未完全从危机中恢复的情况下，基金组织要求东南亚国家进一步开放资本市场，只会加重对这些国家经济的损害①。

1997 年爆发的亚洲金融危机，直到 1999 年下半年才逐渐退去。1999 年和 2000 年，印度尼西亚的国内生产总值增长率分别为 0.8%和 4.9%，马来西亚的增长率分别为 6.1%和 8.9%，日本的增长率分别为－0.2%和 2.3%。除了国内生产总值增幅普遍加大，危机国家的外汇储备也有所增加，对外贸易保持了顺差状态。亚洲金融危机带来的痛苦以及国际货币基金组织在救援中的糟糕表现，再次警示了东亚国家加强区域内金融合作的重要性，以及改革国际货币金融体系的必要性。

2. 美国金融危机

2002—2006 年，美国住房市场一片繁荣，次级抵押贷款市场迅速发展②。在此期间，美国次贷新增贷款额度的年均增长速度高达 38%。但是，从 2006 年下半年开始，美国的住房市场不断降温，购房者通过出售住房或抵押住房实现再融资变得困难。大批次贷的借款人不能按期偿还贷款，住房贷款的违约率迅速增高，银行的贷款难以收回，导致一些银行遭受了严重损失，甚至面临破产威胁。由此，美国次贷危机爆发。在次贷危机的冲击下，美国政府支持下的两家最大的房贷企业——房利美和房地美（“两房”）发行的住房抵押贷款债券迅速降级，股价大幅下挫，市值剧烈缩水，面临崩盘危机。为了恢复市场信心、稳定评级与价格、刺激美国的房地产市场，美国政府接管“两房”，并注入 1 000 亿美元，收购了 10 亿美元的优先股。但这仍未能控制住危机的继续发展和蔓延，终于在 2008

① 成思危．东亚金融危机的分析与启示．北京：民主与建设出版社，1999：250－251.

② 次级房屋抵押贷款是指银行等贷款机构向收入不高及信用程度较差的购房借款人提供的贷款。美国商业银行将贷款发放以后，自己并没有承担收回贷款本息的责任，而是将其债权打包出售以取得流动性；再由有关机构发行住房抵押贷款债券，实现抵押贷款资产证券化，从而形成了抵押贷款的二级市场。

年 9 月形成了华尔街风暴。9 月 14 日，美洲银行宣布以 440 亿美元收购有近百年历史的美国第三大投资银行美林证券；华尔街第四大投资银行雷曼兄弟控股公司因负债 6 130 亿美元申请破产；美国最大的保险公司——美国国际集团因持有过多信用已经违约的到期合同而向美联储申请紧急短期贷款。由债务危机引发的流动性危机，最终演化为信用危机。在对美国的金融系统造成重创后，危机继续向实体经济蔓延，美国的汽车、电气、零售等行业均受到巨大影响，许多企业处于破产边缘，纷纷宣布大量裁员，削减股息。2008 年底全美失业率达 7.2%，2009 年底增至 10%。与实体经济高度相关的美国股市三大股指在 2008 年全年跌幅近 40%。

由于金融全球化的深入发展以及美国在全球金融市场中的重要地位，这场源起于美国的金融危机，从爆发之初就迅速向全球蔓延，导致了全球性金融危机。由于各国金融机构相互持有别国资产，当美国次贷危机爆发后，金融系统较为发达的欧盟和日本等国直接受到影响，同样出现流动性紧缺、银行等金融机构亏损或倒闭等现象。受发达国家消费需求下降的影响，全球消费市场需求大幅减弱，严重影响了以加工制造业出口为主的新兴经济体的进出口贸易。并且，由于全球经济前景惨淡，生产制造业、加工业大幅萎缩，俄罗斯、巴西等以出口大宗商品和基础资源为主的国家，经济同样遭受严重损失。2008 年全世界经济增长率仅为 2.8%，2009 年陷入负增长，为-0.6%①。

这场由美国次贷危机引发的国际性金融危机爆发后，各国的政府、学术界、产业界、新闻界等都对危机爆发的原因做了各种各样的分析与解读。作为危机发源国的美国为更加准确、全面地探寻其中的原因，成立了专门的金融危机调查委员会，历时一年多，提出了关于危机原因的最终报告②。从政府与市场的关系上看，美国金融规制及监管的失败是危机爆发的重要原因。美国长期以来过度相信市场的自我纠正作用和金融机构有效的自我管理能力，使得监管者并未尽忠职守，导致数万亿美元风险资产的关键领域（如影子银行系统和场外交易衍生品市场）出现监管缺口。这并不是因为监管机构没有足够的权力，而是因为它们选择不使用这些权力。例如，证券交易委员会本来可以要求大型投资银行保有更多的资金并中止危险性的业务操作，监管者本来可以阻止抵押贷款资产证券化的失控。另外，在缺乏权力的领域，监管者本来可以寻求增加权力，但在限制权力的政治与意识形态环境中，监管者们并没有这样做。除了政府监管者的原因外，金融产业本身也起了关键性作用。他们通过对联邦政府的游说和竞选中的政治捐款，对政策制定者和监管者施加了压力，政府不得不按照金融机构的偏好来制定政策和挑选监管者，因此保护这个国家金融稳定性所必需的监管力量与独立性在一定程度上被剥夺。

除此之外，另外一些学者认为导致此次金融危机的根本原因在于新自由主义思潮的泛滥。20 世纪 70 年代初，西方发达国家出现“滞胀”现象，导致了凯恩斯主义的失效和新自由主义思潮的兴起。进入 90 年代后，新自由主义思潮占据了西方经济理论的主流地位，在美国以及世界经济体系中被普遍地推广。在政府与市场的关系问题上，新自由主义思潮反对国家干预，强调自由市场经济的作用，提倡自由贸易和资本在国际间尽可能不受限制

① 成思危．美国金融危机的分析与启示．北京：科学出版社，2012：1-20.

② 美国金融与经济危机起因调查委员会．金融危机调查报告．北京：社会科学文献出版社，2013：1-14.

地自由流动；在金融问题上，新自由主义思潮奉行“有效市场假说”，认为只要信息公开、透明，金融市场就不可能产生泡沫。在这一思想的影响下，全球金融产业迅速发展，但同时市场监管和国家干预却严重滞后。西方国家政府一味奉行经济自由主义政策，对金融资本的恶性膨胀放任不管，各种风险防范机制也得不到有效执行，最终酿成次贷危机，引发了这次全球性金融危机①。

为了减轻或避免金融危机对经济的进一步打击、重新树立市场信心，世界主要国家和地区都采取了降低利息、向市场注资、提供贷款担保等宽松的货币政策，以及扩大政府支出、减税等积极的财政政策加以应对。作为危机发源国的美国也迅速采取了多种救援措施，希望能够加快经济复苏的进程②。

在货币政策的救助措施方面：主要由联邦储备委员会、联邦储备银行及联邦公开市场委员会等组成的美国联邦储备系统负责履行美国的中央银行职责，其必然在美国金融危机的救助中发挥着最重要的作用。其一，从 2007 年第四季度到 2008 年底，美联储连续 10 次降息，最终将联邦基金利率降至 0～0.25％的水平。其二，实行量化宽松政策，其目的是在实行零利率或近似零利率政策基础上，通过购买国债等中长期债券增加基础货币供给，向市场注入大量流动性资金的干预方式，以鼓励开支和借贷。从 2008 年 11 月至 2014 年 2 月，美联储先后实施了四期量化宽松政策，共购买了超过 4 万亿美元的问题资产、美国国债、抵押贷款支持证券等。其三，通过提供特别贷款等方式对出现问题的金融机构进行救助。2008 年 9 月，美联储联合美国十大银行成立了 700 亿美元的平准基金，为存在破产风险的金融机构提供资金保障；随后，美联储委员会又授权纽约联邦储备银行向濒临破产的美国国际集团提供了 850 亿美元的紧急贷款。

在财政政策的救助措施方面：在危机爆发初期，2008 年 2 月，美国总统布什就签署了总值为 1 680 亿美元的经济激励计划，希望通过增加退税拉动不断萎缩的消费和投资。同年 7 月，美国众议院通过了一项旨在帮助无力偿还房贷的购房者的住房援助法案，向他们提供总计 150 亿美元的购房退税。在奥巴马总统上台后，国会立即批准了奥巴马提议的总额为 7 870 亿美元的一揽子经济刺激计划，即《美国复兴和再投资法案》，用于税收减免、社保支出、基础设施建设等方面。在拯救房地产市场方面，奥巴马总统承诺实施约合 2 700 亿美元的救助计划，可最多为 900 万住房者削减抵押贷款还款额，帮助最多 500 万住房者再融资，并收购“两房”最多 2 000 亿美元的优先股。另外，美国在住房的贷款规范、金融系统的监管、产业政策的调整等方面也做了相应的努力，以协调、配合、增强救助措施的效果，使美国经济发展更加具有可持续性。

由于美国的金融危机演变成了全球性的金融危机，危机的应对需要世界主要国家之间的合作与协调。2008 年 10 月，美联储、英格兰银行、欧洲央行、中国人民银行等全球七大中央银行紧急协同降息。自 2007 年 12 月开始，美联储相继与欧盟、日本、英国、瑞士、巴西等国家的央行签署货币互换协议。除联手降息和货币互换以外，全球金融治理机

---

① 于同申．新自由主义经济思潮与全球性金融危机：华尔街金融危机的政治经济学解读．政治经济学评论，2009（1）：60－63.

② 张荔，罗春婵，孙颖．金融危机救助：理论与经验．北京：中国金融出版社，2011：143－158.

制进行了相应的变革以适应应对危机的需要。

（1）二十国集团（G20）成为国际经济合作的首要平台。金融危机爆发后，传统金融治理核心机制七国集团（G7）失灵，与此同时，发展中国家崛起，在解决金融危机中的重要性与日俱增。2008年9月，包含主要发展中国家的二十国集团从部长级会议升级为首脑级会议。2009年9月，二十国集团被正式制度化，成为全球金融治理的最重要机制。危机爆发后的十年间，二十国集团已经举行了15次峰会，各国在稳定国际金融秩序、加强金融监管、金融风险预警机制建立、世界经济再平衡、国际货币基金组织和世界银行改革等问题上彼此协调、密切合作。其中，华盛顿峰会正式拉开了全球共同应对金融危机的序幕，伦敦峰会呼吁改革美元霸权下的国际货币体系，匹兹堡峰会标志着危机后全球经济秩序转型的开始。在解决危机的过程中，二十国集团也逐渐从临时性的应对机制转变为长期金融治理机制，继续指引着世界经济的复苏。

（2）设立金融稳定理事会。2009年，二十国集团伦敦峰会宣布建立金融稳定理事会，代替金融稳定论坛承担金融稳定职能，成员相应扩充为所有二十国集团成员国，各国以理事会为基础构建国际金融稳定机制。2009年9月，金融稳定理事会向二十国集团提交了《增强金融监管》的报告，确定了完善金融体系秩序的措施。以报告为基础，金融稳定理事会在评估系统重要性机构和市场标准、降低道德风险、加强金融衍生品市场的稳健性等方面取得了成果。

（3）签署《巴塞尔协议Ⅲ》。2010年9月，巴塞尔银行监管委员会颁布了改革银行体系的方案，即《巴塞尔协议Ⅲ》。协议作为金融危机后全球银行业监管改革的标杆，确定了新的银行监管标准，通过提高资本充足率、引入资本留存缓冲和逆周期资本、新增全球流动性指标、确定杠杆比率等措施有效提高了银行抗风险能力，减少了经济周期波动带来的负面影响，削弱了金融风险向实体经济的外溢效应。

在国内外救助措施的综合作用下，美国的金融市场逐步恢复了平稳，美国经济缓慢复苏。但是，美国的救助政策却对其他国家产生了一定的负面效应，在其实施的量化宽松政策上表现尤为明显。在美国国内，四次量化宽松政策向市场注入大量资金，在低利率下刺激了投资和消费，同时引发美元贬值，刺激了商品出口。这导致原本在美国的资本大量外逃，流向了仍然保持较快经济增长的新兴经济体，增加了这些国家的流动性压力，催生了经济泡沫，并使通货膨胀和货币升值的压力增大。随着美国经济的复苏，2013年6月，美联储向市场发出了将逐步退出量化宽松货币政策的信号。美国经济政策的外溢效果再次对新兴国家造成冲击。严重依赖资本流入的新兴经济体出现资本外流，投资者对新兴市场货币的需求下降，导致了货币贬值、股市下跌、经济增长放缓等不利影响。由此看来，尽管全球经济已走上了复苏的道路，但由美国引发的国际金融危机的影响还未完全消退。这场危机带来的教训，让美国、欧洲等发达国家以及中国、印度等发展中国家都进一步意识到了加强金融风险管理、金融监管体制建设以及从宏观上加强全球经济治理的重要性。

二、国际债务危机的政治

国际债务，即外债，是一个国家公共部门和私人所欠非本国居民债务的总称。外债有广义外债和狭义外债之分。广义外债是指一国外资的净流入，从国际收支平衡角度进行分析，当一国发生经常项目逆差时，主要靠外国资金来弥补，而外资的净流入便导致了对外负债。狭义外债是指外国商业银行贷款和外国政府、国际组织的贷款。经济援助中的赠予部分，因为不需偿还，所以不构成债务。另外，外国直接投资也不属于外债，因为东道国对此不承担偿还责任。1984 年 3 月，国际货币基金组织、世界银行、国际清算银行为统一统计口径，在关于外债统计的国际审计员工作会议上对外债下了统一的定义：一切对非当地居民、以外币或当地货币为核算单位的存在制约性偿还责任的负债，其中不包括直接投资及企业股份。

就债权国与债务国在国际债务中的关系来看，它们既是对立的两方，又存在相互交织的利益。一般来说，债务国在经济上对债权国依赖性较强，处于弱势地位，有时不得不接受债权国限制性的经济条件甚至政治条件以获得贷款。债权国认为它们提出的条件有助于确保贷款的有效利用，帮助债务国“能够充分参与开放的、以市场为导向的国际经济”。从债务国的立场来看，尽管它们“优先考虑经济发展和政治独立”，但为了获得贷款也不得不服从债权国的安排①。如果债务国不能摆脱对外部资金的依赖，也就无法改变在这一国际金融关系中的被动地位。但是另一方面，债权国也将受到这一债务关系的牵制。当债务额较小时，债务国会担心无法还清债务而影响再次借贷；相反，由于可能的损失很小，债权国承担的风险较小。当债务额很大时，如果债务国无力偿还这笔债务，势必导致债权国遭受严重的损失，甚至影响其国内的金融秩序。债务国则可以利用债权国的这一弱点，迫使其继续提供新的贷款；债权国对债务国的经济困难不能坐视不管，不得不提供合作。从这一意义上讲，债权国也不是处于绝对主动地位的。

债务国为了在外债的使用中趋利避害，需要掌握借债的额度，即应使外债总额被控制在适度规模内。在实际运用中，偿债率是衡量某国外债规模及其偿债能力大小的一个重要指标，即该国当年还本付息额占出口总收入的比重。一般认为，该比率不应超过 20%，如果超过 30%则处于危险状态。若一国在国际借贷领域中大量负债，超过了该国自身的清偿能力，造成无力还债或必须延期还债，被迫要求债务重新安排和国际援助，这一现象被称为债务危机。当多国同时发生债务危机时，则演化为国际性的债务危机，可能危及国际金融体系的稳定。严格地说，债务危机只是金融危机的一种重要形式。战后以来典型的债务危机包括拉美债务危机与欧洲债务危机。

1. 拉美债务危机

20 世纪 70 年代，布雷顿森林体系崩溃以后，追逐高额贷款收益的西方银行在国际资本市场上的扩张更加不受监督。加之此时西方经济疲软，普遍采取低利率政策，西方银行不得不寻求新的投资场所。而谋求快速发展又缺乏资金的发展中国家无疑成为它们的最佳选择。1960 年，发展中国家的中长期债务不足 200 亿美元，1970 年增至 635 亿美元，1980 年达到 4 233 亿美元，1981 年为 5 550 亿美元，1982 年为 6 260 亿美元。大量国际资本的流入为发展中国家的经济和社会发展提供了充足的资金，促进了拉美地区 70 年代经济的快速增长和国际贸易的显著提升。但外债的激增直接加重了拉美国家的债务负担，导致这些国家对西方的依赖程度进一步加大。到了 70 年代末，欧美国家转而采取了紧缩性

① 罗伯特·吉尔平．国际关系政治经济学．上海：上海人民出版社，2006：287 - 288.

的货币政策——提高利率，且拉美国家出口放缓，这些因素导致拉美国家的偿债率提升，其中不少国家已开始动用大量国际储备来偿还债务。80年代初，拉美债务危机终于爆发。1982年8月，墨西哥政府向美国政府和国际货币基金组织宣布墨西哥几乎耗尽全部外汇储备，已无力偿还到期债务本息。此时，墨西哥外债近876亿美元，债务总额占GDP的53%，偿债率达75%。同年12月，当时第三世界最大的债务国巴西向国际货币基金组织等债权机构发出求救信号，阿根廷也提出与西方债权者进行重新安排债务的谈判。随后，债务危机在拉美地区迅速蔓延，除哥伦比亚和巴拉圭等国以外，其他拉美国家均相继要求延期偿还债务①。

从表面上看，此次债务危机是由于拉美国家外债总额的迅速增大和债务结构的恶化而造成的。拉美国家偿债率从1977年的32%增至1982年的51.6%。在债务结构中，利率较高的私人债务比例大幅提高，短期债务相比中长期债务比重上升，这使得负债国越来越难以承受。通过进一步分析可以看出，国际债务危机的爆发和上述情况的出现，还有着更深刻的原因②。

首先，从根源上看，此次拉美债务问题的实质是西方发达国家对落后的发展中国家进行的资本输出问题。发达的资本主义国家利用在国际金融市场中的垄断地位，向发展中国家提供大量贷款，从中谋取高额利润，加重了它们的债务负担，造成债务危机。并且，在旧的、不合理的、不公平的国际经济秩序中，发展中国家处于不利地位，经济上严重依附于发达国家，难以实现自主发展。这使发展中国家不仅经济长期落后、增长缓慢，而且负债累累。特别是在布雷顿森林体系和固定汇率体系废弃之后，国际金融纪律松弛，这直接导致私人债务、国家债务和国际债务激增③，并最终演化为严重的国际债务危机，发达国家对此应负有主要责任。

其次，从外因上看，由于石油价格上涨，导致了1974—1975年和1980—1982年在西方的两次经济危机，这直接将发展中国家推向债务危机的深渊。一方面，石油提价后形成的巨额“石油美元”大量注入国际金融市场，导致资金过剩，商业银行竭力扩大对发展中国家的贷款，为过剩资金寻找出路，促成了发展中国家债务总额的大幅增加。但另一方面，由于在经济危机期间发达国家市场萎缩，且贸易保护主义抬头，从发展中国家的进口数额减少。例如，1981—1982年，除石油输出国组织以外的发展中国家的出口收入减少了210亿美元。不仅如此，发达国家还打压原料和初级产品价格，提高工业品价格，使发展中国家的贸易条件进一步恶化，偿还债务的能力不断下降。而且从80年代初开始，西方国家实行高利率的紧缩性货币政策，从而带动了国际金融市场利率水平的上升。由于发展中国家大部分债务是按可变利率计息的，利率的提高使利息支付额大幅增加。据测算，80年代的贷款利率每提高一个百分点，发展中国家就要多支付30亿～50亿美元利息。加之西方国家经济援助和银行贷款同时缩减，再一次加重了发展中国家的债务负担。在债务激增和偿债能力下降的双重作用下，国际债务危机随即爆发。

---

① 甄炳禧．债务：第三世界的桎梏．北京：世界知识出版社，1991：36－58.

② 同①85－126.

③ 罗伯特·吉尔平．国际关系政治经济学．上海：上海人民出版社，2006：133.

最后，虽然每个国家的国情并不相同，但在这些国家内存在一些共同或主要的相似因素。第一，债务管理不当。一些国家将大量外汇资金用来进口非必需品、奢侈品、武器，使外债无法发挥弥补经济发展资金不足的作用，偿债能力没有增强，债务额却不断增大；缺乏对外债的宏观控制，债务结构中商业银行贷款和短期贷款比重偏高，很容易发生清偿危机。第二，经济政策失误。拉美国家的经济发展计划过于庞大，投资规模严重脱离本国财力，不得不大量举借外债；为推动经济增长，拉美国家普遍采取了膨胀性财政和货币政策，而为抑制通货膨胀，这些国家又实行了高估本币的汇率政策，鼓励了对外投资，使资金大量外流，不得不用外债来弥补；为实现社会公平，这些国家的政府制定了要求过高、速度过快的社会改革措施，导致财政支出迅速膨胀，加剧了对国外贷款的依赖。

拉美债务危机全面爆发以后，为拯救拉美国家的经济，特别是减轻对西方发达国家自身的破坏作用，国际社会为排解此次国际债务危机进行了不断的努力①。第一，危机爆发后的紧急救助。在危机爆发之初，以美国为代表的西方国家低估了拉美债务的严重性。里根政府反对增加对发展中国家的官方低息贷款，主张通过市场力量即商业银行贷款和私人直接投资解决发展中国家资金短缺、无力偿债的问题。当债务危机连续在多国爆发，西方国家和国际机构才意识到这不是偶然或短暂的危机，于是启动了对拉美主要债务国的抢救行动。美国政府率先对墨西哥、巴西等主要债务国进行抢救，不仅立即提供了数十亿美元的政府贷款，还支持和敦促国际金融机构和美国商业银行向发展中国家提供贷款。1983年初，西方主要经济体在巴黎召开会议，决定把贷款基金增加到190亿美元，以应对国际债务危机。随后，国际货币基金组织也把对成员的中短期贷款增加了300多亿美元。经过多方的紧急救助，拉美债务危机得到一定程度的缓和，没有演变成全球性的金融危机。但紧急救助措施治标不治本，并且以新债还旧债的方式进一步增加了拉美国家的债务负担。

第二，拉美债务的重新安排。债权国暂时和分散的抢救活动，难以平息国际债务危机。很快，发达国家便组建起了联合进行国际债务调整的机制，开展了以巴黎俱乐部(十国集团)、国际货币基金组织为核心的债务重新安排（债务重议）的协调活动。债务的重新安排主要包括：改变偿还债务的条件，如延长债务期限、重新筹款偿债。依赖官方提供或担保的政府债务的重议是在债权者俱乐部或主要援助国国际财团范围内，以多边形式进行。巴黎俱乐部在政府债务的重新安排中采用明确的规定和程序，在债务重议的谈判中也有详细的规则。当然，国际货币基金组织在官方债务重新安排中发挥着重要作用。该组织在分析债务国的形势上提供技术支持，债务国需要与其签署备用贷款协定，并且若要获得国际货币基金组织的支持，债务国必须制定并履行改革货币、财政政策和稳定经济的计划。而私人债务重议则是在特殊的银行咨询委员会（通常由来自金融中心的大银行的谈判代表组成）与债务国之间通过谈判进行的。这种形式旨在克服债权银行众多、债务国无法分别进行谈判的困难。同样，在债务重议中，债权银行坚持要求债务国必须先签署和实施国际货币基金组织要求的稳定经济计划的协定，才能获得私人债务重议资格。

第三，解决债务问题的新方案。国际货币基金组织紧缩方案以牺牲债务国的经济增长为代价换取债务问题的解决，实践证明存在严重的缺陷，也影响到它的实施效果。为了寻

---

① 甄炳禧．债务：第三世界的桎梏．北京：世界知识出版社，1991：61－71，141－157，225－250.

求更好的解决办法，发达国家和国际金融组织自80年代中期以后，开始制定新的债务战略和实施方案。其中影响较大的有“贝克计划”“布雷迪计划”等。“贝克计划”指美国财政部部长詹姆斯·贝克于1985年10月提出的“美国关于发展中国家持续增长的计划”。“贝克计划”只是把解决债务问题的责任推给了发展中国家、世界银行和国际商业银行，导致计划在实施过程中各方响应并不积极，提供的贷款也不足以解决问题。1989年3月，美国财政部部长尼古拉斯·布雷迪提出了一项减轻发展中国家债务负担的新计划，即“布雷迪计划”。“布雷迪计划”得到了欧、日、拉美一些国家政府的支持和美国大银行的欢迎，稍后也得到了国际货币基金组织和世界银行的肯定，国际货币基金组织和世界银行决定在3年内出资200亿美元用于减债担保，日本也承诺出资100亿美元支持减免债务。1989年7月，“布雷迪计划”首先在墨西哥实验并取得突破性成果。此后，菲律宾、哥斯达黎加等也先后与债权银行达成了债务协议。尽管以上的各种救助方案都是从债权国的立场上提出的，实质仍是维护债权者的利益，但这些计划在一定程度上缓和了拉美债务危机，使债务总额的增长被抑制住了。

危机后的拉美开始按照国际货币基金组织等国际机构的要求进行改革，调整市场结构，放松政府管制。与此同时，拉美从东亚经济奇迹中得到了新自由主义改革的启示，“一时间，新自由主义的舆论宣传在拉美地区甚嚣尘上，甚至把东亚国家的成功经验归结为对外开放与政府对经济不加管制”①。许多拉美国家的经济模式从内向型的进口替代转向外向型的出口导向模式，资源配置优化，生产效率提高，出口大幅增长，但是失业率居高不下、贫富差距加大等社会问题亦相伴而生。国际社会的帮助和拉美国家的改革并没有解决债务危机的根源，为之后的1994年墨西哥危机、1999年巴西危机和2001年阿根廷危机留下了隐患。

2. 欧洲债务危机

2008年国际金融危机爆发后，各国政府为避免经济衰退，纷纷采取了积极的财政政策和宽松的货币政策，以刺激经济快速复苏，但这也直接导致了各国公共债务不断上升。其中，欧洲的部分国家所受冲击最大。这些国家一方面经济下滑、税收减少，另一方面社会保障支付增加、政府财政赤字恶化，最终使欧洲长期积累的财政和债务问题演变为债务危机。2008年10月，冰岛三大银行由于资不抵债被政府接管，从而由银行债务危机演化为主权债务危机。截至2008年第二季度，冰岛的政府外债达10.4万亿冰岛克朗，相当于其2007年GDP的8倍，其中超过80%是金融机构所借外债。随后，长期实行“高外资、高外债”发展模式的中东欧国家也开始出现类似问题，在金融危机的冲击下资本外流、贸易赤字上升、银行债务负担加重。2009年初，穆迪调低了乌克兰的主权评级，并表示东欧的债务形势恶化，中东欧的债务危机逐渐显现。同年底，国际三大评级机构（标准普尔、惠誉和穆迪）先后调低了希腊的主权信用评级，此时其公共债务已占GDP的113%，希腊债务危机爆发。自2010年起，葡萄牙、西班牙、意大利、爱尔兰等国的主权信用评级也被调低或被提出警告，债务危机在欧洲蔓延，欧洲债务危机全面升级②。

---

① 李若谷．世界经济发展模式比较．北京：社会科学文献出版社，2009：164.

② 钟伟，郑英，张明．国家破产：主权债务重组机制研究．上海：上海财经大学出版社，2013：275－277.

从原因上看，引发此次欧洲债务危机最直接的原因就是国际信用评级机构对冰岛、希腊等国主权信用评级的下调，由此引发了全球债权人和投资者的恐慌，进而发生连锁反应，导致了债务危机的爆发。当然，由美国向全球扩展的金融危机对欧洲金融、贸易、投资等方面的负面影响，以及投资银行和对冲基金等国际市场中投机者的消极作用，都成为此次欧债危机爆发的外部因素。然而，真正从根本上引发并加剧此次债务危机的则是一些更深层次的、制度性的和政治性的原因。

第一，经济增长方式和经济结构不合理。在欧盟内部实际上存在着如法国、德国这样的经济发展水平较高的核心国家，以及像希腊、葡萄牙这样经济情况相对落后的边缘国家。边缘国家普遍以较低的利率和宽松的信贷刺激国内需求，拉动经济增长。在经济状况良好时，较高的财政支出可以靠高速的经济增长来维持；当金融危机爆发，融资出现困难，增长速度放缓时，财政赤字不断扩大。并且，在生产效率和全球竞争力上，核心国家明显优于边缘国家，且在外部冲击中较为稳定。例如德国和法国在汽车、机械制造、航空、电子等行业拥有世界领先的技术和稳定的市场，而希腊、爱尔兰等国长期依靠旅游、房地产等行业，当外部经济形势恶化时极易受到冲击。因此，欧洲的边缘国家由于其经济增长方式和经济结构的缺陷，爆发债务危机的可能性更大①。

第二，统一的货币政策和分散的财政政策相互矛盾。欧元区内部实行统一的货币政策，而在财政政策上又是由各成员国自主决定。但是，由于成员国的经济基础和经济周期各不相同，统一的货币政策难以与其各自的财政政策相匹配。在丧失发钞权后，为了弥补财政税收的不足，各国政府只能通过债务方式进行融资，并且统一的货币政策下融资成本更低。此外，在原来的财政体制下各国政府需要根据自身的承载能力，独自承担融资风险，而现在则可以将风险转嫁给超国家的货币当局，因而成员国都会倾向于扩大财政赤字。在这种情况下，欧元区成员国“货币政策的腿”被绑在了一起，而“财政政策的腿”却在自由行走，造成了“一条腿走路的困境”，且直接导致公共债务的激增，为债务危机的爆发埋下了定时炸弹②。

第三，欧盟内大国之间的利益博弈。德国和法国作为推动欧盟发展最重要的两个国家，分别被称作欧盟的“火车头”和“发动机”，它们在欧盟的发展上既存在共同利益，也有相互矛盾的各自利益。在欧债危机爆发以后，时任德国总理默克尔和法国总统萨科齐共同发表声明，承诺将为挽救深陷危机的欧元区国家做出努力，但在救助方案的具体实施上却存在分歧。作为欧洲最大的债券持有者，法国希望使用欧盟 4 400 亿欧元的欧洲金融稳定基金（EFSF）而非其本国资源，对出现危险的银行进行救助。但德国总理却认为要使用 EFSF 的资金，必须是在某个银行无法筹资，且其所属国不能管理并支撑本国的金融机构的时候。在总体的救助思路上，德国坚持认为，发生债务危机的国家若要接受救助，必须以承诺执行紧缩政府开支、降低财政赤字为前提条件，以改变它们在欧元区中“搭便车”的行为。而法国总统奥朗德则向德国的主张发出挑战，他建议重新谈判《财政契约》，并且反对过分紧缩政策而强调只有刺激经济增长才能摆脱欧债危机。法、德两国

① 周弘．欧洲发展报告（2011—2012）：欧债危机与欧洲经济治理．北京：社会科学文献出版社，2012：5.

② 张志前，喇绍华．欧债危机．北京：社会科学文献出版社，2012：126－130.

在危机救助中的利益冲突，在一定程度上延缓了实际的救助，使欧债危机长期处于胶着状态①。

除此之外，引发此次欧洲债务危机还有其他原因：欧元区内部缺乏完善的救助机制、退出机制、良好的金融监管措施；欧盟政治和法律架构过于复杂，拖延了救助时间；长期的高福利政策导致财政负担过大；等等。

在危机爆发后，为了挽救深陷危机的欧洲国家，也为了减轻欧债危机对整个欧盟经济的损害，保证欧洲一体化持续健康地发展，德国、法国等欧洲主要国家、欧盟以及国际货币基金组织等国际金融机构都参与到了此次债务危机不同层次的救援中，具体包括：

第一，针对不同国家的紧急救助。在冰岛面临破产威胁时，国际货币基金组织向冰岛提供了 21 亿美元贷款，挪威、瑞典、芬兰和丹麦为其提供了 25 亿美元的贷款和货币互换。当债务危机继续在中东欧发酵时，国际货币基金组织、世界银行、欧盟和欧洲复兴开发银行为其提供了约合 1 020 亿美元的贷款，中东欧局势从 2009 年开始有所恢复。由于之前的债务危机都是在非欧元区国家中爆发的，并没有给欧元区和欧盟带来较大的震荡。但随着希腊主权债务危机爆发并不断发酵，欧元区内也面临着债务危机的威胁，这给欧元区成员国带来了较大冲击，使得有关各方对救助问题更加审慎。2010 年，欧元区成员国承诺为希腊提供 300 亿欧元、利率为 5%的双边贷款，同时，国际货币基金组织再提供 150 亿欧元的补充贷款。经过各方反复商讨，欧元区成员国和国际货币基金组织承诺将在未来三年内共同出资 1 100 亿欧元对希腊实施第二轮救助，但要求希腊必须采取更加严格的财政紧缩政策并推进经济体制和财政体制改革②。

第二，从临时性的到永久性的救援机制。为了防止希腊主权债务危机蔓延，帮助可能陷入债务危机的其他欧元区国家，欧盟和国际货币基金组织在 2010 年 5 月建立了为期三年的临时救助机制，总的救助基金高达 7 500 亿欧元。其中，欧盟承担 5 000 亿欧元，由两部分组成：一部分为 4 400 亿欧元的 EFSF，以贷款担保的方式提供给陷入困境的欧元区国家；另一部分为 600 亿欧元的欧洲金融稳定机制（EFSM），从金融市场上筹集并用于扩大欧盟现有的国际收支援助基金。EFSF 曾先后向希腊提供了 1 100 亿欧元和1 300 亿欧元的救助贷款，向爱尔兰和葡萄牙分别提供了 850 亿欧元和 780 亿欧元的贷款；EFSM 曾决定向爱尔兰和葡萄牙分别提供 224 亿欧元和 260 亿欧元的贷款。2011 年 3 月，在欧盟首脑峰会上，决定建立永久性的救助机制，即欧洲稳定机制（ESM），以取代临时性的 EFSF 和 EFSM，为欧盟成员国提供金融救助。2012 年 10 月 8 日，欧元区财长会议在卢森堡举行。在此次会议上，拥有最高 5 000 亿欧元贷款额度的欧洲永久性援助基金欧洲稳定机制正式启动，以增强欧元区应对主权债务危机的防卫能力。从临时性的到永久性的救助机制，标志着欧元区在危机管理机制上做出了重大改革③。

第三，整体性的经济治理。为了从根本上解决导致债务危机的欧洲财政和经济结构问题，欧盟提出了一系列广泛的经济治理方案，主要包括：(1) 签订《欧元附加公约》(Eu-

---

① 张志前，喇绍华．欧债危机．北京：社会科学文献出版社，2012：130－133；伍贻康．欧元、欧债危机和欧洲的未来．中国社会科学院国际研究学部集刊，2013：247－249.

② 钟伟，郑英，张明．国家破产：主权债务重组机制研究．上海：上海财经大学出版社，2013：275－284.

③ 张利华，岩·瓦德哈斯特．欧债危机与中欧关系．北京：知识产权出版社，2013：157.

ro Plus Pact)。2011 年 3 月，在欧盟春季首脑会议上，该公约由所有欧元区成员国和 6 个非欧元区欧盟国家领导人共同签署，旨在通过高级政治的约束和承诺来达到提高竞争力、促进就业、增强公共财政的可持续性、促进金融稳定等四项目标。(2) 建立“欧洲学期”机制 (European Semester)。欧洲委员会于年初或年末提出《年度增长调查》，为未来一年欧盟与欧元区经济提出政策建议，并为各成员国制定本国经济发展计划提供指导，并将这些计划提交欧盟相关机构审定。该机制旨在加强欧盟经济政策的协调。(3) 签署和实施《财政契约》(Fiscal Compact) (即《欧洲经济与货币联盟的稳定、协调和治理条约》)。该契约规定签约国必须将政府财政收支平衡 (结构赤字不超过该国名义 GDP 的 0.5%) 或有盈余写入宪法或相当法律，若未能按期纠正过度赤字，欧洲法院有权做出有约束力的裁决，并处以罚金①。

除此之外，欧盟还提出了其他一些经济治理方案，在强化财政纪律、纠正宏观经济失衡、修复金融体系和加强危机管理等方面均取得了进展。自 2013 年底以来，欧洲重债国葡萄牙、意大利、爱尔兰、希腊、西班牙等经济情况不断好转，逐步退出了救援计划。随着信心回升以及欧债危机相关不确定性的下降，欧洲债务、赤字、外贸等指标有所好转。欧洲一体化的道路总是充满困难与挑战，此次欧洲债务危机也是如此。但危机在带来损失和痛苦的同时，也促进了欧盟内部的改革，而改革再一次推进了欧洲经济和政治一体化的进程。

① 张利华，岩·瓦德哈斯特．欧债危机与中欧关系．北京：知识产权出版社，2013：157-158.

对外直接投资的政治经济

在国际市场中，不仅存在大量商品、劳务和信息的国际交换，而且存在着频繁、巨额的国际资本流动。跨国公司与国际资本相伴而生、相互促进，已成为对外直接投资最主要的承担者。随着跨国公司的壮大与扩张，对外直接投资日益活跃，这不仅对世界经济和国际经济关系的发展具有积极的推动作用，而且对世界政治和国际政治关系的发展也具有重要的作用。

第一节　跨国公司的形成与发展

“跨国公司”（transnational company）在西方也曾称为“多国公司”（multinational company）、“环球公司”（global company）、“国际公司”（international company）、“宇宙公司”（universal company），等等。从历史上看，联合国跨国公司中心曾更为广泛地使用“多国公司”这一术语，但随着世界经济的发展，公司跨国经营的普遍展开，现在又大都使用“跨国公司”这一词汇了，从联合国跨国公司中心的出版物《跨国公司在世界发展中的作用》不同年代的报告中可以明显地感到这种用词上的变化。因此，1974 年联合国经济及社会理事会第 57 届会议决定统一地称为“跨国公司”。

一、跨国公司的定义及分类

跨国公司作为对外直接投资的主要承担者，已成为当今世界格局中重要的国际政治经济行为体。跨国公司一般都是由母公司（亦称总公司）和分布在世界各地的若干子公司组成。跨国公司的来源国称为母国，跨国公司的子公司所在国称为东道国，母公司是在本国政府登记注册的法人团体，子公司是根据东道国政府的法律而注册的法人团体。

1. 跨国公司的定义

跨国公司的定义有广义和狭义之分。经济学家一般倾向于广义的解释。联合国秘书处在 1973 年发表的题为《世界发展中的多国公司》的报告中指出，跨国公司是指“在两个或两个以上的国家拥有资产，包括工厂、矿山的生产、销售和其他营业机构的所有企业”①。认为只要在他国直接投资并进行经营活动的企业都可称为跨国公司。需要说明的是，联合国一直坚持这种广义的定义。罗伯特·吉尔平在其1975年出版的《跨国公司与美国霸权》一书中，将跨国公司这一术语指称“任何所有权、管理、生产以及市场营销横跨几个民族国家的商业公司”，并认定“一家跨国公司本质上是一家出于各种目的到其他国家或地区投资的公司”②。

应该说，虽然上述观点被认为是关于跨国公司最经典的定义，但它们仅仅指明了一个方面，即跨国公司就是跨国经营的企业组织。这只是注意了跨国公司的表面特征而忽视了跨国公司的实质，也没有揭示跨国公司产生的历史必然性，由此出现了以马克思主义经济学家为代表的狭义上的定义。

马克思主义的经济学家们依据列宁关于垄断资本主义的分析，一般都是将发达资本主义国家的跨国公司当作研究对象，认为跨国公司是有其特定内涵的。它是生产和资本国际化发展到一定阶段的产物，是国际垄断组织的一种新形式，是垄断资本对外直接投资的形式。它是以牟取高额垄断利润为目的，并向国外进行经济扩张的一种手段。从这种理解的基础出发，跨国公司被中国的传统经济学界定义为：跨国公司是指那些通过对外直接投资，在其他国家设立分支机构或控制子公司，为获取高额垄断利润而形成的一种国际垄断组织。然而，这一定义无法解释当今世界经济一体化潮流中出现的发展中国家和社会主义国家的跨国公司现象。

因此对于跨国公司的性质及其特征应当结合广义和狭义两个方面加以理解，它具体表现在以下四个方面：（1）跨国公司本质上是一种超出母国国界配置资源、追求利益最大化的企业组织。（2）跨国公司形式上由母公司和散布在世界其他国家和地区的若干子公司组成，尤其是由制造业子公司组成的企业集团，是企业跨国界运营的一种形式。（3）跨国公司是生产国际化和资本国际化发展到一定阶段的产物，推动其超越国界的因素多种多样，如降低经营成本、接近目标市场等。（4）许多大的跨国公司，由于资金、技术、产品等方面的既有优势，在某些领域或某些地区带有某种程度的垄断性。

2. 跨国公司的基本分类

跨国公司依据不同的分类标准可以有不同的分类。

（1）从产权的本身性质来分，跨国公司可以分为私有制企业、国有制企业和混合制企业。美国的跨国公司几乎全部属于私人所有，而其中多数又是股份公司或者有限责任公司。西欧经过20世纪80年代初到90年代初的私有化浪潮之后，还存在着部分国有或国私共有混合制的跨国公司，如著名的意大利碳氢化合物公司等。在新兴工业化国家一般都是以政府参股的形式和私人资本形成混合制企业。

（2）从经营结构的类型来分，跨国公司可以分为垂直型跨国公司、水平型跨国公司、混合型跨国公司。垂直型跨国公司实行母公司和子公司之间纵向一体化专业分工。大多是发达国家的跨国公司对发展中国家中与自己生产关联、衔接的行业进行投资，如在资源开

① 联合国秘书处．世界发展中的多国公司．北京：商务印书馆，1975：38.

② 罗伯特·吉尔平．跨国公司与美国霸权．北京：东方出版社，2011：5.

采、加工部门中进行跨国直接投资，将开采、精炼、加工、销售、回收的若干环节放在发展中国家，其他环节放在新兴工业化国家，另一些环节则放在发达国家，由母公司统一安排在各处经营，综合利用不同国家所具有的比较优势，达到公司本身利润的最大化。水平型跨国公司中母公司和子公司从事同一种产品的生产和经营活动。专业化分工较弱，主要通过就地生产与销售，以克服东道国的贸易壁垒，巩固和拓展市场。混合型跨国公司中母公司与子公司生产和经营互不关联的产品。为分散风险，其倾向于围绕加强核心业务或产品的竞争优势开展国际多样化经营活动。

（3）从资本构成国度来看，跨国公司可分为几国资本形成的多国公司和一国资本形成的跨国公司。一国资本的跨国公司占大多数。多国资本形成的公司有英荷壳牌石油公司，英、意合资的邓禄普皮雷利联合公司等，由于股权利益和各国税率不同，以及经营上的利害冲突，这类公司数量很少。不过近年来，随着企业直接融资的增多，公司股票的上市，跨国公司的股权更加分散，跨国公司在产权上所涉及的国家又有变成多个的趋势。

这里顺便要指出的是，在当代经济学中，跨国公司和多国公司的含义已经不完全重合。联合国最初多使用多国公司，后统一为跨国公司。它们之间的差别主要是在所有权的归属上。多国公司为多国资本，跨国公司为一国资本，或用西方的惯用语即公司是具有民族性还是全球性。人们一提到百事可乐公司、福特公司、IBM 公司、微软公司、雪铁龙公司、本田公司，就会指出它们分别隶属于哪一个国家，这种公司具有明确的国家属性，但一提起壳牌石油公司，则英国人认为是英国公司，荷兰人认为是荷兰公司，其归属是多国的。因此，从所有权角度上可以区分为跨国公司和多国公司。但是，随着世界经济的发展，公司跨国运营的范围日渐相近，筹资来源日渐国际化，这使人们感到上述有关两类公司的区分虽然在学术上、在概念上较为重要，但在实际运营上并不十分重要，于是便出现了更为务实、注重运作的倾向，两种术语的使用便日益混同了。

跨国公司在战后，尤其自 20 世纪 70 年代以来，日益向综合性和多种业务经营方向发展，同时业务活动又在多个国家内开展，因而运行复杂多变。为了应付格外复杂的局面，跨国公司大多实行集权式的决策，但经营却是分散的，当然也有以地区事业部为公司分总部进行决策的情况，然而在很长时间内，跨国公司在生产、供销、人事、技术、财务等方面大多实行统筹管理，使公司成为相互配合与协作的整体。80 年代后，为适应国际市场和环境的变化，跨国公司在保持集权决策优点的同时，进行了一系列改革，不断地在集中管理和分开经营之间寻求平衡。

目前，欧美国家的跨国公司在国外子公司中的股权参与形式以全部或多数股权拥有为主，投资的重点是技术密集型、资本密集型产业，海外子公司的规模一般都比较大。这种拥有全部或多数股权的形式，一方面有利于对其子公司实行严密控制，从而把子公司彻底纳入其全球战略体系之中；另一方面又有利于保守技术秘密，以防别人染指。

二、跨国公司的形成与早期发展

按照西方学者的说法，从 17 世纪初建立的东印度公司就是跨国公司。但我们一般并不将其作为跨国公司的最早雏形，因为虽然东印度公司具有巨大的经济实力，同时具有现代跨国公司的某些特征，但是，由于东印度公司首先不是在生产国际化的大背景下出现的，其次也没有以对外直接投资进行资本输出作为最直接特征。跨国公司最初产生于19世纪末20世纪初自由资本主义过渡到垄断资本主义阶段。随着科学技术的进步和生产力的发展，自由资本主义发展为垄断资本主义，发达资本主义国家相继进入垄断时期，生产和资本不断集中和积聚、企业的规模不断扩大，导致国内有利可图的投资场所已经为数不多。本国资本的相对过剩使资本输出成为一种大规模的普遍现象，垄断由国内向国际方向发展，这时就出现了跨国公司，如德国的拜耳制药公司早在1865年就在美国纽约州开设了苯胺制造子公司，成为世界上最早的跨国公司之一。又如1887年美国胜家缝纫机机器公司在英国格拉斯哥建立了第一个海外工厂，并成为第一个在全世界许多国家同时生产和销售同一产品的公司。

第一次世界大战以前，还出现了像英国帝国化学公司、美国爱迪生电气公司、瑞士雀巢食品公司等那样的大型跨国公司，但主要资本主义国家的跨国公司经营的业务相对于整个经济活动来说比重是很小的，主要经济部门和市场仍然为本国的垄断资本所占有，对外投资以间接投资为主要方式。当时的跨国公司主要集中在制造业、采矿业和石油生产部门，跨国公司和海外分支机构的数量也是有限的。以美国为例，到1913年187家制造业大企业在海外的分支机构仅为116家，而且跨国公司的投资方向也主要集中在欧洲和北美范围内，尚未形成全球性跨国公司①。

第一次世界大战以后，美国经济力量的巨大增长和英国经济实力的削弱，使美国垄断企业在拉美、加拿大和其他英国势力范围同英国垄断企业展开激烈的争夺并逐渐取得优势。其后，德国和日本的经济、军事力量增长，它们的垄断企业同美国、英国的垄断企业在各个市场和投资场所发生了严重的冲突。在这种政治经济背景下，随着主要资本主义国家垄断资本的对外扩张，资本输出日益增加，跨国公司的数量和规模又有所发展。尤其是技术上先进的新兴工业，或者是生产那些有大规模消费需要的产品的企业，向海外的扩张更加迅速。以美国为例，前述187家制造业垄断组织在海外的分支机构已由1913年的116家增至1932年的715家，对外直接投资额也从1914年的27亿美元增至1927年的75亿美元。

在两次世界大战期间，跨国公司拥有广泛的全球性营业网的还是少数，多数的经营活动还是以局部地区为重点。通过卡特尔协议分割世界市场成为它们对外扩张、巩固已有市场的重要步骤。重要工业特别是那些集中程度高的工矿业，大都订立了国际性垄断协议，控制的范围和程度远远超过第一次世界大战以前，控制的内容已经从流通领域的成品市场、价格等方面发展到分割世界的原料产地和投资场所等方面。在此期间，跨国公司虽有相当的发展，但它们的业务经营多数还没有达到以全球为对象的地位。

由于1929—1933年的资本主义世界性经济危机，各国争夺市场的斗争异常激烈，对外国投资实行差别待遇甚至想方设法排斥，而且各国普遍废除金本位制，货币制度混乱，在相当长的一段时间内，资本输出几乎完全停滞，跨国公司的发展实际上处于一种停顿状

① 南开大学经济研究所．跨国公司剖析．北京：人民出版社，1978：32.

态。到 1941 年美国对外直接投资额不过 83.7 亿美元。因此，在两次世界大战之间这 30 余年内，跨国公司实际上处于一种缓慢发展状态。

三、二战后跨国公司的发展

二战后跨国公司进入快速发展阶段。20 世纪 50 年代末 60 年代初，首先是美国的跨国公司迅速发展，到 60 年代末 70 年代初，西欧和日本的跨国公司也得到了迅速发展，80 年代后跨国公司达到了空前的规模和活动范围。跨国公司逐渐形成了成熟的运营模式、广泛的运营网络、积极的运营战略。首先，相对稳定的国际环境，加之科技进步，有力地推动了生产全球化、资本全球化在内的经济全球化，为形成成熟的跨国公司运营模式提供了外部条件。其次，为降低生产成本、抢占国际市场，跨国公司积极有效地运用各地资源禀赋发挥比较优势，追求最大利益，为形成广泛的跨国公司运营网络提供了主观动力。最后，战后有条件的国家出于经济复兴、体制竞争等多方面考虑，将促进跨国公司发展作为一项有助于提升综合国力、取得竞争优势的国家战略加以推行，为形成积极的跨国公司运营战略提供了国家支持。

1. 二战后跨国公司发展的基本特征

（1）跨国公司扩张与美国霸权密切相关。罗伯特·吉尔平认为，跨国公司与美元的国际地位、核优势一起构成了美国霸权的支柱。同时，美国霸权中政治和军事的超常实力又构成了美国跨国公司在世界经济中占主导地位的必要条件①。其一，跨国公司成就并维系着美国霸权。经济上，跨国公司为美国带来丰厚利润与资本积累。美国公司通过技术和垄断获得的海外收入，为美国的全球霸主地位融资。尤其在布雷顿森林体系崩溃之前，面对日益恶化的收支平衡境况，美国政府开始把跨国公司以及它们的海外收益当作维系美国霸权地位的手段②。政治上，尽管跨国公司与国家两者之间存在利益分歧，但总体而言，公司利益和被美国历届行政当局界定的“国家利益”相一致。美国跨国公司海外扩张在三个方面具有特别重要的政治含义：第一个方面是跨国公司在创造自由国际经济和政治秩序中的作用。跨国公司帮助建立了美国自由主义名义下的民主和多元的世界。第二个方面体现在国际石油公司的作用上。通过在中东和其他外国来源地的经营，跨国石油公司保证了非共产主义世界廉价能源的安全供应，加速了经济合作与相互依赖。第三个关键性政治影响是美国的收支平衡。公司从国外获得的收益对美国政府而言意义重大。这一项收入成了美国支付海外驻军费用和做出外交承诺的关键性因素③。文化上，跨国公司的生产全球化带动了美国的经济、政治乃至生活方式等价值观的广泛深入传播，一定程度上从认同层面增加了美国霸权的吸引力与合法性。其二，美国霸权鼓励并保障着跨国公司。首先，美国强大的硬实力为跨国公司对外直接投资提供了良好秩序及安全环境等公共物品。其次，美国还可运用其市场规模、经济实力等方面的优势与自身权力对他国产生影响，巩固贸易、金融和科技等领域的地位，为跨国公司的发展提供条件。最后，美国在政策上鼓励跨国公

---

① 罗伯特·吉尔平．跨国公司与美国霸权．北京：东方出版社，2011：112.

② 同①119，124.

③ 同①114－120.

司，并加强了对国际投资领域的制度设计，如通过投资协定等管控其投资风险，规范其投资待遇，为跨国公司的发展提供法律与制度保障。

(2) 跨国公司数量剧增，经济影响进一步扩大。根据联合国的统计，1969年，主要资本主义国家的跨国公司约有7 276家。到了20世纪80年代末，主要资本主义国家的跨国公司的母公司达到2万多家，分支机构达到约12万家，遍及150多个国家和地区。到了90年代中后期，全世界已有跨国公司母公司约4.4万家，子公司和分支机构已达28万多家①。到2002年，从事国际生产的跨国公司大约有6.5万家，这些跨国公司在国外拥有大约85万家分支机构②，其发展速度是十分惊人的。同时跨国公司的发展规模越来越大。就单个跨国公司的规模而论，许多巨型企业的销售额相当于一个中等国家的国内生产总值。2001年外国子公司占用大约5 400万员工，而在1990年是2 400万；它们的销售额达到将近19万亿美元，是2001年世界出口额的2倍以上，而在1990年这两个数字大致相等；外国子公司2001年约占世界国内生产总值的1/10，世界出口额的1/3。此外，如果考虑到全世界范围与非产权关系有关的跨国公司活动（如国际分包、特许经营、合同制造商等)，跨国公司在这些全球性的总额中所占的份额甚至还要更大③。

(3) 跨国公司推动国际生产持续稳步增长，且对发展中国家投资日益增多。跨国公司生产及销售的全球化促进了经济合作与相互依赖，提升了国际生产效率。尤其是2008年金融危机之后，2012年直接外资流入流出量再次探底之时，跨国公司的外国子公司的销售额、产值仍稳步增长。跨国公司的外国子公司创造了价值26万亿美元的销售额（其中7.5万亿美元为出口额)，较2011年增长了7.4%。外国子公司贡献的增加值达6.6万亿美元，增长了5.5%，与全球国内生产总值2.3%的增幅相比相当突出。外国子公司雇员总人数为7 200万，较2011年增加了5.7%④。就投资地区而言，二战前主要资本主义国家的跨国公司的直接投资主要集中于发展中国家，例如美国主要集中于拉丁美洲，英国、法国主要集中于前殖民地半殖民地国家；而二战后初期，除日本外，其他国家的对外直接投资主要集中到了发达资本主义国家。这一方面缘于发展中国家二战后初期投资环境不安定，风险大，另一方面基于发达工业国有较好的基础设施、掌握较高技术的熟练劳动力、高精尖产品的购销市场、先进的协作条件和完善的金融市场，因而资本容量大，可以大量投资。随着部分发展中国家国内政治逐渐稳定，基础设施逐渐完善，投资环境逐渐优化，其对跨国公司的吸引力进一步提升。2012—2014年跨国公司最具投资前景的10个东道经济体中，发展中经济体占据6席⑤。在2012年，发展中经济体吸纳的对外直接投资首次超

---

① 龙永图．关于经济全球化问题．太平洋学报，1999 (1)：1.

② UNCTAD, *World Investment Report*: *Transnational Corporations and Export Competitiveness*, New York and Geneva: United Nations, 2003, p. 14.

③ 联合国贸易与发展会议．2002世界投资报告：跨国公司与出口竞争力．北京：中国财政经济出版社，2003：概述xix.

④ UNCTAD, *World Investment Report*: *Global Value-Chains*: *Investment and Trade for Development*, New York and Geneva: United Nations, 2013, p. 23.

⑤ 前5位分别为：中国、美国、印度、印度尼西亚、巴西。参见：UNCTAD, *World Investment Report*: *Towards a New Generation of Investment Policies*, New York and Geneva: United Nations, 2012, p. 22.

过发达国家，占对外直接投资流动额的 52%[①]。

（4）跨国公司对全球价值链协调的参与度进一步提高。跨国公司协调的全球价值链约占全球贸易的 80%[②]，投入和产出的跨境贸易都在其子公司、合同伙伴以及正常供应商的网络中进行。跨国公司关于在哪里投资和与谁合伙的决定影响着全球价值链的布局。全球价值链可以为发展做出重大贡献，但参与其中不是没有风险。在发展中经济体，全球价值链增加值的很大一部分是由跨国公司的子公司创造的，这可能会导致“价值捕获”相对较低，例如，内部调拨定价或收入汇回本国等因素可造成这种状况[③]。

2. 当前跨国公司的发展趋势和新特点

（1）发展中国家的跨国公司日益活跃。2000 年时，第一次破纪录地有总部设在发展中经济体的 5 家公司，即和记黄埔（中国香港）、Petronas（马来西亚）、Cemex（墨西哥）、Petroleos（委内瑞拉）和 LG Electronics（韩国）进入当年最大的 100 家公司之列[④]。2012 年，100 家最大的跨国公司（多数来自发达经济体）的国际生产增长处于停滞状态。不过，设在发展中和转型期经济体的 100 家最大的跨国公司的外国资产增加了 22%，其国际生产网络的扩张仍在进行中。在经济前景难以预料的背景下，发达国家的跨国公司不得不对新投资持观望态度或撤回国外资产，而不是大幅扩展国际义务。2012 年，38 个发达国家中有 22 个国家的外向直接投资量下降，总体下降 23%[⑤]。由于发展中国家自身的经济实力和技术水平与发达国家相比仍有一定差距，其跨国公司投资目标多为相对落后地区，故最不发达经济体吸引的直接投资呈上升趋势。

（2）国有跨国公司具有重要影响。据联合国贸发会议估计，全球至少有 550 家国有跨国公司，它们拥有超过 1.5 万家海外子公司以及大约 2 万亿美元海外资产，其对外直接投资在 2013 年突破 1 600 亿美元。由此看来，尽管国有跨国公司仅占全球跨国公司总数的不到 1%，却构成了全球超过 11%的外资流动[⑥]。收购外国资产的国有企业多数来自发展中国家，所涉收购多数出于寻求战略资产（技术、知识产权、品牌）和自然资源的动机[⑦]。

（3）跨国公司日益介入国际政治经济关系。随着数量增加、规模扩大，跨国公司在国际政治关系中的影响也在不断增强。它们不再满足于充当单纯的经济角色，而是力求通过自己主要在经济领域的活动，影响国际政治的发展进程；同时也通过相关政治领域的活动，最终保障它们的经济利益。当今世界经济全球化和区域一体化持续发展，国际相互依存程度不断加深，世界经济与国际政治的相互影响和相互渗透作用日益增强。在这样的国

---

① UNCTAD, *World Investment Report: Global Value-Chains: Investment and Trade for Development*, New York and Geneva: United Nations, 2013, p. 2.

② Ibid., p. 135.

③ Ibid., p. 156.

④ UNCTAD, *World Investment Report: Transnational Corporations and Export Competitiveness*, New York and Geneva: United Nations, 2003, p. 92.

⑤ Ibid., pp. 23－24.

⑥ UNCTAD, *World Investment Report: Investing in the SDGs: An Action Plan*, New York and Geneva: United Nations, 2014, Overview xvii.

⑦ 同①12.

际环境下，跨国公司不仅在国际经济领域发挥重要的影响和作用，而且在国际政治中也具有特殊地位和作用。

四、跨国公司与民族国家之间的互动

跨国公司的资本所属国度一般称为母国或基地国，而资本输出或直接投资的对象国家则称为东道国或投资国。通过资本和商品的流动将母国和东道国联系在一起，跨国公司扮演了这样一种角色：它既是母国和东道国之间的桥梁，又是相对独立于母国和东道国之外的具有自身特殊利益的国际关系行为体。

作为经济组织，跨国公司对于母国和东道国的经济影响自不待言。随着世界经济一体化深入发展，跨国公司作为国际行为体的作用不仅表现在其对国际经济关系的影响方面，而且在国际政治关系中也发挥着日益强大的作用，跨国公司的经营活动经常导致母国和东道国之间相互关系的变迁，跨国公司已经成为国际政治的新角色。

1. 跨国公司与国家主权

主权是民族国家最为珍视的价值之一，然而随着民族国家对国际经济关系的依赖程度逐渐加深，民族国家在与相关跨国公司的经济合作中主权被削弱有时不可避免。

在国家认同上，跨国公司的发展与扩张突破或淡化了国家边界，在运行其各方面职能时强化了自身的特殊利益，从而在国际政治经济体系中成为日益重要的行为体，这冲击了长期以来民族国家是唯一行为体的国际关系思想。同时，跨国公司在实现其利益的过程中又进一步提升了其内部认同，客观上形成了一部分超越国籍和种族的“公司公民”，使公民对国家的忠诚发生了转移，从而对国家主权形成了冲击①。雷蒙·弗农较早提出跨国公司挑战国家主权的观点，并将其形容为“主权困境”②：随着经济日益相互依赖和通信交通领域的技术进步，民族国家已不合时宜。甚至用查尔斯·金德尔伯格的话说，“民族国家作为一个经济单元的时代已经过去了”③。

在经济主权上，跨国公司运用其相对优势限制和削弱了民族国家的政府职能，尤其是经济职能。一是由于经济实力的悬殊，在与跨国公司的谈判中资本相对缺乏的发展中国家常常处于劣势，跨国公司在讨价还价中的优势地位往往容易给主权国家的政府能力带来伤害；二是在市场经济中，跨国企业的行为和活动往往具有决定性影响，如果一国经济活动中的相当份额为跨国公司所掌握，将对该国政府调节整个国民经济的行动造成影响，甚至影响议程设置和政府决策；三是为了能长期稳定地获得高额收益，跨国公司投资大多集中于前景看好的部门和行业，跨国公司为增强其实力常常选择并购各行业中有影响的大公司，这些对一国经济竞争力有着重大影响的企业一旦落入跨国公司手中，就会对东道国政府保护其自身经济竞争力的努力构成威胁。

在司法主权上，跨国公司越来越多地要求在遭遇争端时寻求第三方仲裁，从而绕开当

---

① 朱鸿伟．跨国公司行为的政治经济分析．北京：经济科学出版社，2006：191.

② Raymond Vernon，*Sovereignty at Bay*：*The Multinational Spread of U.S. Enterprises*，New York：Basic Books，1971.

③ Charles Kindleberger，*American Business Abroad*：*Six Lectures on Direct Investment*，New York：Yale University Press，1969，p. 207.

地法院及政府救济。如在双边投资协定中，针对投资者和东道国之间的投资争端可设立如下条款：争议在 6 个月内未能协商解决，根据投资者的要求可提交国际投资争端解决中心（ICSID）。这一方面缘于跨国公司保护其自身利益的需要，另一方面也客观上限制了协定签订国的司法主权。

另外，跨国公司的扩散与发展对民族国家体系形成了一定的冲击，但诚如罗伯特·吉尔平所言，“在民族国家和跨国公司争权的斗争中，优势仍在民族国家那边”①。因为跨国公司终究必须在民族国家及其体系所设定的框架内依法依规行事，所以跨国公司对民族国家主权的冲击还是有限的。

一方面，经济全球化在加深各个行为体之间相互依赖的同时，也加剧了它们之间的激烈竞争。这种竞争不仅存在于民族国家之间，也存在于跨国公司之间。跨国公司也必须通过竞争才能更好地实现其利益最大化的目标。因此，跨国公司任何侵害东道国主权的行为，不仅受到东道国可能的抵制，其他竞争对手也会借此作为竞争优势取而代之。

另一方面，跨国公司从其本质而言是一种经济组织，其追求的首要目标应是最大限度地实现全球资源的优化配置，从而实现全球范围内的利益最大化。尽管在实现这一目标的过程中，跨国公司不时表现出以政治方式行事，但政治行为是建立在其经济职能基础上的，由此并不大可能从根本上对国家经济主权乃至国家安全构成威胁。需要注意的是，跨国公司的政治行为的选择往往受到东道国制度环境约束。因而从这个意义上说，跨国公司对民族国家的冲击程度，也同时取决于各国政府制定的有关对外直接投资的政策法规。

2. 跨国公司对母国政治经济的影响

跨国公司对母国政治经济的发展具有重要的作用。因此，跨国公司为维护自身利益而采取的对内和对外行为对母国政府的决策甚至对外政策制定都具有重要的影响。跨国公司同母国政府既有利益一致的方面，也有利益冲突的方面。

在很长一段时间里，跨国公司被认为是母国实现自身利益的工具，从而与母国有着极其一致的利益诉求。尽管这种观点已被超越，但其中反映的跨国公司对母国国家利益的促进路径仍然存在。第一，跨国公司的海外投资对母国的经济发展起着推动作用。跨国公司设在世界各地的子公司，会把在国外获得的大量利润转回母国，从而有利于扩大国内资本积累的规模。多数国家都相信，跨国公司的海外经营活动是为国家的重大利益服务，它们能获得原材料和国际市场，有利于本国收支平衡②。第二，跨国公司的海外投资对母国国内产业调整和升级起着推动作用。跨国公司通过在全球进行产业布局和产业链分工，有效发挥各地比较优势，使母国在节约生产资源与制造成本的同时，既有利于占据产业链的有利位置，又便于保护核心技术，并为更集中地研发新科技、开发新产业创造条件。第三，跨国公司的海外投资能有效提升母国对东道国的政治影响力，充当有益的外交工具。随着很多国家将发展具备全球影响力的跨国公司纳入国家发展战略，加上相当一部分跨国公司含国有成分，跨国公司的发展壮大无疑将提升母国的国际竞争力。同时，由于跨国公司在资金、技术、产品等方面具有优势，较容易在东道国的某些领域、某些地区形成一定程度的

---

① 罗伯特·吉尔平．全球资本主义的挑战：21 世纪的世界经济．上海：上海人民出版社，2001：179.

② 詹姆斯·多尔蒂，小罗伯特·普法尔茨格拉夫．争论中的国际关系理论．北京：世界知识出版社，2003：506－507.

垄断优势，从而增加对东道国的政治影响力。

虽然在利益上跨国公司在很大程度上与母国政府是一致的，但两者之间的利益并不可能保持长期且完全的一致性。在两者利益不一致的情况下，当跨国公司追逐自己的利益时，就会对母国利益的实现产生消极作用。第一，随着跨国公司和世界经济一体化的同步发展，以各国政府经济决策和对外经济联系为主体的民族国家同以跨国公司生产在全球范围内的社会化过程为主要标志的跨国经济之间的矛盾和冲突日益明显。第二，跨国公司大规模地输出资本，大批企业迁移国外，使母国的经济变得更为脆弱，甚至造成母国经济的"空心化"。第三，跨国公司可通过制造舆论、政治游说等手段，发挥政治影响，施加政治压力，限制母国的对外政策自主性。

3. 跨国公司对东道国政治经济的影响

跨国公司要的是东道国的资源和市场，东道国要的是跨国公司的资金、技术和管理经验，双方可以通过平等协商，制订互利互惠的合作协议，从而达到相互补充、各取所需的双赢目的。然而，这并不是说追求利润与促进发展两者间就已不存在任何矛盾。对跨国公司来说，它们显然更关心前者，而对东道国来说则更关心后者，由此影响了它们之间的相互关系。跨国公司能够带来促进东道国经济发展的资金、技术和管理经验，但不能期待它们把这些都无条件地奉献给东道国。因此，跨国公司的活动对于东道国的政治经济有着双重影响。

跨国公司与东道国本着自愿原则形成契约、开展合作，双方优势互补，各有所需。跨国公司对东道国的发展贡献了积极力量。第一，跨国公司能在一定程度上为东道国带来资本形成，改善东道国的收支平衡。跨国公司的直接投资增加了东道国的资本存量，带来后续性的追加投资，并可能成为引发国内投资的催化剂，促进了东道国的经济发展。此外，跨国公司在东道国的经济活动增加了东道国的税收，促进了东道国的出口，资本流动改善了东道国的收支平衡。第二，跨国公司提升了东道国的技术水平，并客观上提高了东道国企业的竞争力。跨国公司通过技术转移使一部分技术得以扩散，同时在市场竞争优胜劣汰机制的激励下，东道国企业不得不通过降低生产成本、提高技术创新能力、改善管理考核等方式力求生存，因而客观上提高了东道国企业的竞争力。第三，跨国公司带动了东道国的就业，并在一定程度上提高了就业质量。跨国公司的直接投资增加了东道国的就业机会，同时带动了关联产业的就业需求。一般来说，跨国公司可以为东道国的就业质量提高做出贡献，如提供更好的工资待遇、工作条件和员工福利，以及提供获得新知识、接受培训、掌握技术的机会。

跨国公司到东道国投资是以获取高额利润为目标的，促进东道国发展并不是它们的最初本意，因此，跨国公司的活动也会给东道国的政治经济带来负面影响。第一，跨国公司日益介入东道国的经济生活，限制了东道国的宏观经济政策的实施和效果。为吸引跨国公司进行投资，东道国可能不得不对某些国内政策做出调整。第二，跨国公司对东道国的经济安全造成一定威胁。跨国公司为获得垄断超额利润，有动力利用其经济实力吞并、挤压东道国幼稚的民族企业。跨国公司内部贸易的发展也削弱了东道国政府对外贸易的管理和控制能力。这些往往会威胁到东道国的经济安全。第三，跨国公司对东道国的文化以及生态环境形成入侵。跨国公司进入东道国时，也会把其思想文化和价值观传播到东道国。还有一些跨国公司将一些高污染、高能耗产业转移到相应东道国，对东道国生态环境及经济可持续发展能力造成破坏。这也提醒东道国在面对跨国公司时需要仔细加以甄别。

跨国公司是一把双刃剑，我们不能因为跨国公司带来损害就将其视为恶魔，也不能因为跨国公司带来利益就将其视为天使。事实上，它既不是恶魔，也不是天使，而是一个赤裸裸的经济动物。一国能否通过跨国公司最大限度地增进本国的国家利益取决于其自身设定的制度环境，以及相对于各方的讨价还价能力，因此，只要国家坚持趋利避害的原则，努力完善制度，提升综合国力，就有可能最大限度地增加本国的国家利益。

第二节 对外直接投资的国际协调机制

国际投资包括对外直接投资和对外间接投资两种主要类型，指的是资本在世界范围内的广泛运动或国际流动。其中，对外直接投资由于其对生产性过程的投资以及对企业经营权的控制，受到了国内和国际的较大关注。出于保护和促进外商投资的需要，对外直接投资的国际协调机制实属必要。然而，与国际贸易不同，调节国际投资的全球性协议至今并不存在。作为对多边机制的一种替代，双边投资协定便成为调节与规范对外直接投资的主要手段。同时，对区域性多边投资安排的有效尝试也让人们对全球性投资协调机制有了更多期望。

一、对外直接投资的格局与特点

对外直接投资（foreign direct investment，FDI）是指一国投资者将资本投入另一国的生产部门，即投入另一国家工厂、矿山、种植园或其他生产性单位的行为和过程。对外直接投资是相对于对外间接投资而言的，后者指投资主体（政府、国际经济组织以及私人）所引进的各种贷款和在有价证券（债券、股票）等方面进行的投资。

对外直接投资有若干种具体形式，它可以通过跨国投资兴办新企业，建立新的股权资本，也可以通过已有投资利润的再投资，扩大总投资规模，或通过控制外国厂矿企业股权、跨国公司母公司及海外分支间长期贷款净额等方式形成。

创办国外新企业是一种重要的国际投资形式，它可以是独资创立，也可以是合资建设，其资金可以是一国新的资本输出，也可以是已有利润的再投资，甚至可以是从本地金融机构筹措的资金。但在确认国际直接投资时，其基本界限是对国外企业、厂商股权的所有权和对企业、厂商运作的控制权。国际货币基金组织对国际直接投资的界定是，一国投资者应对他国企业、矿山等生产单位拥有25%以上的股权。美国在国际直接投资的定义上与国际货币基金组织颇为不同，认为只要拥有外国企业、矿山等10%的股权，即可视为直接投资（在此百分比以下者则归入间接投资的范畴）。尽管各国、各个国际组织对于股权拥有的百分比界限看法不一，差异较大，但均承认国际直接投资应对国外厂矿企业具有实质性的所有权和经营权，这是国际直接投资与其他类型投资的根本区别。

在国际资本流动的发展过程中，国际直接投资的增长尤为引人注目，其在国际投资中的地位迅速提高，并呈现出一些新特点。

1. 国际直接投资流出量的变化

20世纪70年代，世界年均对外直接投资流出量达239.7亿美元，80年代初因全球经济衰退，国际直接投资流出量下降，80 年代中期逐步恢复，到 1989 年国际直接投资流出量高达 1 983.6 亿美元，90 年代初西方国家相继陷入经济危机后，资本市场仍呈活跃状态，从 1990 年 2 000 亿美元出头，到 1999 年时突破 1 万亿美元。21 世纪以来，受部分事件和金融危机影响，国际直接投资流出量出现频繁波动，但全球资本流动总体仍保持着相当的规模。2007 年达到了 2 万亿美元的峰值。但 2008 年国际金融危机后，全球资本流动规模急剧缩减，据统计，2013 年全球国际直接投资流出额为 1.45 万亿美元①。

2. 国际直接投资流向的变化

以发达国家和新兴工业化国家（地区）为直接投资目标，是二战后尤其是 20 世纪 70 年代中期后国际直接投资的一个重要特点。美国在 50 年代是世界上最大的直接投资输出者，那时它对外直接投资额的近 50%流向发展中国家（最主要的是拉丁美洲国家）。日本直到 70 年代，主要直接投资流向仍然是发展中国家（包括东亚新兴工业化国家和地区）。70 年代，平均每年 74.9%的对外直接投资流入发达国家。发达国家凭借其较好的基础设施与制度环境，在吸引投资方面占据优势。随着新兴工业化国家和地区的进一步发展，投资条件逐步优化，特别是 2008 年国际金融危机之后，国际直接投资开始越来越多地转向发展中经济体寻找机会。2012 年，发展中经济体吸纳的对外直接投资首次超过发达国家，占对外直接投资流动额的 54.8%②。

3. 国际直接投资供应者格局的变化

二战后美国取代了英国成为世界上最大的直接投资大国，它的对外直接投资额在相当长的一个时期内一直保持在占世界直接投资额的 40%左右。20 世纪 70 年代中后期以后，美国的对外直接投资地位相对下降，日本、联邦德国、法国等国的地位却在不断上升，80 年代中期后，一些新兴工业化国家（地区）也加入了国际直接投资供给者的行列。1984—1987 年，美国仍是世界第一大国际直接投资国，英国排名第二（美英分别占世界直接投资流出额的 19.3%和 19%），1988 年后日本超过了美英，成为居第一位的直接投资输出国，使世界直接投资来源形成了三足鼎立的局面。90 年代以来，由于美国经济的强劲发展势头和日本泡沫经济的弊端开始显露，国际直接投资供应者的格局又出现新的变化，即美国重新恢复了它在国际直接投资领域的强势地位，日本则让位于英国和德国。1995 年，美国对外直接投资 950 亿美元，英国为 403 亿美元，德国为 349 亿美元，日本只有 227 亿美元，这四个主要发达资本主义国家分别占全球国际直接投资总额的 30%、12.7%、10.9%、7.15%③。21 世纪以来，发达国家在资本输出上仍占据主导地位，但近年来一些发展中国家和地区的直接投资流出额也在增加。如中国和俄罗斯在世界最大对外投资国中的排名由 2010 年的第 6 和第 8 名上升至 2013 年的第 3 和第 4 名。中国 2013 年对外投资数额超过 1 000 亿美元，为 1990 年的 121 倍④。

---

①② UNCTAD. Foreign Direct Investment Database. UNCTAD Stat 2013.

③ 参见联合国贸发会议《1996 年世界投资报告》。

④ UNCTAD，*World Investment Report*：*Investing in the SDGs*：*An Action Plan*，New York and Geneva：United Nations，2014，Overview xv；UNCTAD，*World Investment Report*：*Non-equity Modes of International Production and Development*，New York and Geneva：United Nations，2011，p. 9；商务部，国家统计局，国家外汇管理局 . 2013 年度中国对外直接投资统计公报 . 北京：中国统计出版社，2014.

二、对外直接投资的双边协调机制

双边投资协定多在发达国家与发展中国家之间签订，随着新兴经济体的对外投资日益增多，发展中国家之间共同签署的双边投资协定越来越多，这些年来，双边投资协定的法律条文不断细化，保障逐渐完善，有力地促进和保护了资本的国际流动及相关方的权益。

1. 双边投资协定的定义

双边投资协定（bilateral investment treaties，BITs）是两国之间签订的国际法意义上的书面协定，其目的在于促进和保护签约国彼此之间的投资活动①。学术界所指的双边投资协定主要是资本输出国与资本输入国之间签订的包括国民待遇、最惠国待遇、公平与公正待遇、争端解决机制等问题在内的一系列与投资双方密切相关的协定。

与国际贸易不同，调节国际投资的全球性协议至今并不存在。经合组织在20世纪90年代曾经试图协商拟定多边投资协定（MAI），但终因各国分歧较大，未达成一致而搁浅。全球性国际投资协调机制的构建落入低潮。作为对多边机制的一种替代，双边投资协定谈判成本较低，相比多边机制更容易达成一致性意见，于是成为调节与规范对外直接投资的主要手段。

2. 双边投资协定的发展与特点

双边投资协定的雏形起源于第二次世界大战之后。第二次世界大战结束，刚刚获得独立的发展中国家由于更加珍惜新获得的自主权，往往对国家主权议题的敏感度很高，对外资持怀疑和抵制态度。欧美发达国家作为主要的资本输出国，如何管控跨国公司在对外直接投资中的风险并尽可能地增加投资收益成为当务之急，由此最早产生了美国式的双边保险制度。

20世纪50年代末，随着国际直接投资日益成为重要的国际经济关系，发达国家为保护与促进投资所制定的双边协定也变得更为全面和详尽。1959年11月25日，联邦德国与巴基斯坦签订了世界上最早的双边投资协定。随后，瑞士、英国、法国、荷兰、比利时等欧洲国家也相继与发展中国家签订了类似的双边投资协定。这种双边投资协定既包含了早前的友好通商航海条约的某些条款，又包含了美式投资保证协定的部分内容，同时其对市场准入、外汇转移、履行要求以及国有化和征收等方面的要求较之前的美式投资保证协定更为具体和详尽，被普遍认为是一种较早的成形的双边投资协定。由于欧洲国家与许多发展中国家存在着长期的经济援助关系，到1977年，欧洲已经与发展中国家签署了约130个此类双边投资协定②。

与欧式的双边投资协定相比，美国范本的双边投资协定自由化程度更高，且更为严格。但由于美国在战后的经济实力和霸权地位，其范本对之后签订的双边投资协定产生了深远影响。第一个美式双边投资协定于1982年在美国与巴拿马之间签订。与欧式双边投资协定相比，美式双边投资协定提倡高度的准入自由化，要求更为苛刻的外资保护，例如，将国民待遇和最惠国待遇推广到准入阶段，规定了绝对待遇标准，实行完全自由的外汇转移等③。

---

① 卢进勇，余劲松，齐春生．国际投资条约与协定新论．北京：人民出版社，2007：99.

②③ 同①101.

20世纪最后20年，双边投资协定签订数量迅猛增长，由1979年末的165份增长到1989年末的385份，增长了133.3%；90年代更是较80年代增长了382.3%，于1999年末达到1 857份[①]。这一方面是由于发展中国家看到了外国投资带来的经济发展收益，对外资变得更加开放，从而促进了发达国家与发展中国家之间双边投资协定的签署；另一方面，随着发展中国家内部经济发展程度的差异逐渐显现，一些发展中国家日益具备了向他国，尤其是最不发达国家，进行直接投资的能力，进而大大加速了发展中国家之间双边投资协定的签署。

21世纪以来，尽管双边投资协定的发展速度较之前有所放缓，但仍保持着平均每年70项以上的缔约速度。与此同时，随着旧协定的过期与更新，以及大型经济体之间新协定谈判更具复杂性，加之美国于2004年、2012年分别出台了新的美式双边投资协定范本，对之前的1994年范本进行了修改和规范，这些均使国际直接投资的双边投资协定这一制度体系保持着活力。

总体来看，自第一份双边投资协定于1959年在联邦德国与巴基斯坦之间签订以来，双边投资协定在世界上的扩散与日俱增，20世纪90年代以来，平均每年有超过100份新双边投资协定签署。目前该双边网络已覆盖181个国家，总计达2 857份[②]，其中大约55%在资本缺乏的东道国与资本充裕的母国之间缔结[③]。随着双边投资协定的不断扩散，其发展也呈现出一些新特点。

(1) 就签订主体而言，发达国家与发展中国家之间的双边投资协定仍为主体，但发展中国家之间的双边投资协定数量将进一步增多。目前双边投资协定仍主要在发达国家与发展中国家之间签订，这缘于早期两类国家在传统的国际资本移动中所扮演的不同角色。发达国家多为资本输出国，故需与作为资本输入国的发展中国家签订专门的投资协定以保护其海外投资者利益。同时，发展中国家也需要用双边投资协定来向资本输入国做出可信的承诺，从而吸引更多外资投入经济建设。然而进入20世纪90年代后，一些发展中国家逐渐以资本输出国的身份活跃在国际舞台，如中国、印度、埃及等，它们的投资方向多为发展中国家，为对相应的投资行为进行协调，发展中国家之间双边投资协定迅速增加。有理由认为，由于发展中国家数量众多，新兴经济体经济进一步发展，发展中国家之间的双边投资协定可能在将来成为多数。

(2) 就签订内容而言，尽管大致存在欧式、美式两种类型，但具体而言并未有统一标准，协定间差异性大。一国在同一时段内和不同国家可能签订十分不同的双边投资协定。一般而言，发达国家之间的双边投资协定多采取更严格的美式双边投资协定范本，其自由化程度与保护标准也较高。发展中国家之间的双边投资协定多采取较宽松的欧式双边投资协定形式，灵活性较大。发达国家与发展中国家之间则往往视缔约方的妥协程度而采取不同的形式。从本质上看，双边投资协定中具体条文涉及权利让渡，是相关方讨价还价的结

---

① UNCTAD, *Bilateral Investment Treaties 1959—1999*, New York and Geneva: United Nations, 2000.

② UNCTAD, *World Investment Report: Global Value-Chains: Investment and Trade for Development*, New York and Geneva: United Nations, 2013；覆盖国家参见 UNCTAD Investment Instruments Online。

③ Helen V. Milner, "Introduction: The Global Economy, FDI, and the Regime for Investment", *World Politics*, Vol. 66, No. 1, 2014, pp. 1-11.

果。而由于各国国情、双边关系、谈判背景等存在差异，协定之间必然存在差异。

（3）就签订影响而言，双边投资协定进一步弱化了东道国的外资管辖权。双边投资协定的近期发展一方面表现出自由化和规范化的趋势，另一方面也有进一步弱化东道国外资管辖权的倾向。在国有化和征收问题上，绝大多数双边投资协定均对此进行了严格的规定及相应的补偿措施。尽管双边投资协定并没有否认东道国对外资国有化及征收的权利，但种种限制以及经济上并不划算的赔偿款项，事实上已经剥夺了东道国此种权利的享有。例如，双边投资协定一般都会要求东道国只有在“出于公共目的”“采取非歧视的方式”“依据正当法律程序和最低待遇标准进行”等情况下才能对投资进行国有化及征收。同时，长期以来一直遭到发展中国家抵制的“赫尔三原则”也频繁出现在双边投资协定的补偿条款中，即要求东道国需对投资者给予“迅速、及时和有效”的补偿①。这表明本属东道国对外资国有化及征收的国家主权已经在事实上丧失。在争端解决机制的形式选择上，有利于资本输出国的国际化解决方式趋于常见。目前双边投资中广泛适用的投资者-东道国争端解决机制越来越提倡投资者绕开东道国的当地救济方式而直接寻求国际仲裁的权利，这也被一些学者看作双边投资协定中最具革命性的方面②。这些变化对投资者极为有利而大大削弱了东道国对外资的管辖权。

3. 双边投资协定与国际投资协调

对资本输出国而言，双边投资协定的主要目的是控制其在投资国所面临的风险，并尽可能地创造有利的投资环境；而资本输入国则希望通过签署协定来做出可信的承诺，提高对外资的吸引力。同时，双边投资协定也可作为一种议题联系的手段，达到推动资本自由化等目的。

（1）双边投资协定与对外直接投资保护。双边投资协定的雏形及其最初目的是为海外投资者提供保护，尽可能使其免受国家权力滥用的侵害。保护投资是双边投资协定的第一宗旨。扎卡里·埃尔金斯、安德鲁·古兹曼和贝思·西蒙斯在他们的有关研究中提出，双边投资条约通过提高违约的事后成本，使政府容易对投资者做出可信的承诺③。首先，双边投资条约提供了广泛的法律框架来明确东道国的义务，减少东道国政府义务的模糊性。其次，作为主权国家之间的条约，双边投资条约使母国政府卷入进来。比起母国私人投资者与东道国政府之间的契约，母国政府会更有兴趣监督政府间条约的遵守情况。最后，双边投资条约一般包含争端解决条款，有利于促进条约的实施④。作为发出承诺的信号，双边投资条约不仅可以使母国投资者在东道国的管辖范围内得到更好的法律保护，更可以使东道国政府在吸引投资的国际竞争中获得比竞争对手更大的声誉优势。

大多数双边投资协定都对国民待遇、最惠国待遇、公平与公正待遇等做了同等承诺，

---

① 卢进勇，余劲松，齐春生．国际投资条约与协定新论．北京：人民出版社，2007：111.

② Todd Allee and Clint Peinhardt. “Evaluating Three Explanations for the Design of Bilateral Investment Treaties”, *World Politics*, Vol. 66, No. 1, 2014, pp. 47 - 87; Beth A. Simmons, “Bargaining over BITs, Arbitrating Awards: The Regime for Protection and Promotion of International Investment”, *World Politics*, Vol. 66, No. 1, 2014, pp. 12 - 46.

③ Zachary Elkins, Andrew T. Guzman, and Beth A. Simmons, “Competing for Capital: The Diffusion of Bilateral Investment Treaties, 1960—2000”, *International Organization*, Vol. 60, No. 4, 2006, pp. 811 - 846.

④ Ibid., pp. 823 - 824.

规定东道国必须遵守双边投资协定的条约义务。而作为表明这些承诺将如何被实现的程序性保障——争端解决机制，被视为这一切得以落实的关键。双边投资协定一般提供了两种途径解决此类纠纷问题：其一，缔约国之间争端解决机制。若缔约国双方对双边投资协定的解释和适用发生争端，双方可首先通过协商解决分歧，若谈判不能解决，则提交国际仲裁法庭。其二，投资者与东道国之间争端解决机制。赋予投资者通过包括第三方仲裁在内的可选择的法律手段对主权国家提出上诉的权利，这种机制可以说是双边投资协定中最具革命性的方面。在国际贸易领域，即使私人之间发生商务纠纷，最终也需要国家出面解决。而双边投资协定中规定，一旦投资者与东道国发生争端，投资者在协商解决未果、用尽当地救济后，可绕过东道国直接提请国际法庭仲裁。这就赋予了投资者相当大的权利，也使东道国更加慎重对待与投资者纠纷的问题。当然，对投资者与东道国的争端解决机制，不同国家订立的双边投资协定规定也不尽相同。

（2）双边投资协定与对外直接投资促进。双边投资协定究竟能否促进对外直接投资流入东道国，至今仍是学界争论的一个话题。从逻辑上看，双边投资协定作为国际性投资条约，可以为投资者减少不确定性，形成较为稳定透明的制度预期，并提供了发生争端时的有效解决机制，这无疑对投资者有较大的吸引力，进而促进外资流入。但在现实中，双边投资协定仅是投资者进行投资决策时考虑的诸多因素中的一个，仅凭双边投资协定的存在未必能取得吸引外资的显著效果。

从双边投资协定与对外直接投资流量和流向的关系来看，尽管绝大多数双边投资协定都声称缔结条约的目的在于促进对外直接投资的流动，但一些实证研究的结果却显示，双边投资协定对对外直接投资所发挥的积极作用，会因某些其他特定环境的不同而有所不同。彼得·艾格等研究了1981—2001年间经合组织国家之间及经合组织国家与转型经济体之间双边投资协定对对外直接投资的影响效应，证明了长期比短期更为积极[①]。埃里克·诺伊迈尔等也通过实证检验说明了双边投资协定对发展中国家吸引外资的积极作用[②]。但另外一些实证研究却并未找到签署双边投资协定能够有效促进并预测外商投资的证据。如凯文·加拉格尔等在对拉丁美洲及加勒比地区23年内对外直接投资数据进行回归分析的基础上指出，与美国签署双边投资协定并未能增加其投资[③]；埃尔金斯等则发现，其他宏观层面的决定因素，如成为东道国的潜力，对预测对外直接投资更为有效[④]。因此，东道国要达到显著吸引外资的目标，在积极商签双边投资协定的同时，还必须十分注重创造吸引投资的诸多其他环境。

（3）双边投资协定与对外直接投资自由化。第二次世界大战后相当长一段时间内，绝大多数发展中国家强烈抵制对外直接投资自由化，国家对外资的流入实施严格的控制。进

---

① Peter Egger and Michael Pfaffermayr. "The Impact of Bilateral Investment Treaties on Foreign Direct Investment", *Journal of Comparative Economics*, Vol. 32, No. 4, 2004, pp. 788 - 804.

② Eric Neumayer and Laura Spess, "Do Bilateral Investment Treaties Increase Foreign Direct Investment to Developing Countries?", *World Development*, Vol. 33, No. 10, 2005, pp. 1567 - 1585.

③ Kevin P. Gallagher and Melissa B. L. Birch. "Do Investment Agreements Attract Investment?: Evidence from Latin America", *Journal of World Investment and Trade*, Vol. 7, No. 6, 2006, pp. 961 - 974.

④ Zachary Elkins, Andrew T. Guzman, and Beth A. Simmons, "Competing for Capital: The Diffusion of Bilateral Investment Treaties, 1960—2000", *International Organization*, Vol. 60, No. 4, 2006, pp. 811 - 846.

入 20 世纪 80 年代中期，由于面临外汇短缺以及经济发展瓶颈问题，发展中国家开始考虑打开国门，逐步实现对外直接投资自由化[①]。出于对本国海外投资的保护，美国等发达国家在投资过程中寻求与他国签署双边投资协定，同时在谈判中运用自己的优势地位推行自由化的对外投资政策，力促东道国进行国内法律政策环境的改革。

时至今日，以往对外资准入严格的限制和管理已得到极大放松。2004 年，世界上有 102 个国家对 271 项关于对外直接投资的国内法规进行了调整，其中有 235 项调整是倾向于更加自由化的。事实上，自 1991 年至 2004 年，在关于对外直接投资国内法规的调整中，倾向于更加自由化的调整均在 86%以上，某些年份甚至超过 95%[②]。此外，双边投资协定的签订所产生的示范效应及相应国内法律政策环境改革，进一步鼓励了内外资竞争，从而间接推动了东道国对外直接投资自由化进程。双边投资协定本身所反映的自由化的经济思想，及其在实践上促使缔约方采取自由化经济政策的效果，使得双边投资协定促进对外直接投资自由化的功能得到了较好的实现。

三、对外直接投资的多边协调机制

随着国际直接投资和跨国公司影响的不断扩大，国际投资相关各方确需一套行之有效的国际规则。但国际投资领域至今还没有制定出与货物和服务贸易领域中《关税及贸易总协定》和《服务贸易总协定》类似的具有权威性的国际规则。现状告诉我们，与国际贸易领域相比，国际投资领域的国际协调机制发展相对滞后。但是我们必须看到，尽管尚未形成全球性、综合性、集中化的多边协调机制，但区域性的投资协定作为对外直接投资多边协调机制的一种形式已经起到了不可忽视的作用。区域性投资协定的发展与区域经济一体化密切相关，区域经济一体化的内涵中一般已包括区域内国家间生产、贸易和金融领域的互动，而这种互动必然伴随着大量的资本流动及相互投资，出于对投资活动进行协调和规范的需要，区域性投资协定应运而生。

1. 区域性投资协定与国际投资协调

区域性投资协定是指区域性国际经济组织旨在协调成员国之间的投资活动而签订的区域性多边条约，它的表现形式一种是专门的投资协定，另一种是贸易协定或经济合作协定中包含的投资条款[③]。面对国际投资协定在保护投资者权益、促进投资自由化等方面的重要作用，在全球性国际投资协调机制的构建落入低潮的情况下，区域性投资规则的发展成为除双边投资协定之外的另一引人注目的现象，尤其是进入 20 世纪 80 年代以后，区域性投资规则发展迅猛。目前全球存在着 70 多个不同的区域性投资规则，这些投资规则或专门涉及对外直接投资问题，或以区域性贸易协定中某个章节的形式出现[④]。

从区域性投资协定的签订主体来看，既可以以发达国家为主，也可以以发展中国家为主，还可以是发达国家与发展中国家共同签署。从区域性投资协定的签订内容来看，与双边投资协定相比尚未成形和系统化，缺乏约束力。如欧盟仅在《建立欧洲经济共同体条

---

① 卢进勇，余劲松，齐春生．国际投资条约与协定新论．北京：人民出版社，2007：115.

② UNCTAD，*World Investment Report*：*Transnational Corporations and the Internationalization of R&D*，New York and Geneva：United Nations，2005，p. 26.

③④ 同①119.

约》《欧洲联盟条约》等一系列文件中涉及直接投资问题，并未专门订立有关条约；亚太经合组织于 1994 年达成的《非约束性投资原则》只是一份不具有法律约束力的文件。从区域性投资协定的签订范围来看，其所涵盖的地理范围仍较为有限，但区域性投资规则作为对外直接投资的多边协调机制的有效尝试，使人们产生了更多的期待。

2. 建立多边投资协定的必要性

多边投资协定（multilateral agreement on investment，MAI）属于国际投资协定中的一类，有时也称多边投资规范或多边投资规则，世界贸易组织在开展多边投资谈判时，也将其称为多边投资框架（multilateral framework on investment，MFI）[①]。1995 年，世界贸易组织成员签署的《与贸易有关的投资措施协议》（TRIMs）成为乌拉圭回合谈判的最后成果之一，被视为世界贸易组织法律体系的有机组成部分。《与贸易有关的投资措施协议》旨在促进投资自由化，并禁止对待外商投资的歧视性政策，但其明确将此限制在与货物商品有关的投资措施上[②]，故鼓励和保护效果较为局限。亚太经合组织在 20 世纪 90 年代曾经试图协商拟定《多边投资协定》，但终因各国分歧较大，未达成一致而搁浅。部分发达国家想把《多边投资协定》的一些内容提交世界贸易组织进行讨论，但同样由于南北观点分歧，也未达成多边意见[③]。截至目前，国际上尚未形成一个各方认可、执行有效的多边协调机制。

但无论是从双边与区域国际投资规则的不足，现有各种多边国际投资规则的局限性，还是从国际投资活动相关各方的需要来看，尽早建立一个更加制度化的多边投资协定体系都是十分必要的。

（1）现有双边与区域投资规则的不足。现有的双边、区域性投资协定存在诸多不足，无法代替多边投资协定。主要体现在：第一，双边投资协定建立在逐份的讨价还价上，受国内政治和领导人偏好影响较大，且在国内执行中仍面临寻租等不少问题。第二，不同双边投资协定、区域性投资协定条文规定和制度化程度上差别较大，甚至相互重叠冲突，增加了执行条约所需要的协调成本。第三，尽管双边投资协定在争端解决机制中已引入第三方仲裁机制，但相较于国际贸易领域，投资协定中的争端解决机制往往约束力不强，且易受双边关系的影响。

（2）现有各种多边投资规则的局限性。目前多边投资规则存在明显缺陷：第一，约束力不强。除《与贸易有关的投资措施协议》外，其他已经实施的多边投资规则的约束力普遍不强。如《外国投资公正待遇国际法典》、《国际投资准则》和《外国直接投资待遇指南》等，这些规则确实得到了一定程度的实施，但多为自愿遵守，没有约束力。更有一些多边国际投资规则制定后没有付诸实施，如《跨国公司行为守则（草案）》、《国际技术转让行为守则（草案）》和亚太经合组织的《多边投资协定》等。第二，适用范围窄。目前签署的多边投资协定往往仅覆盖国际投资活动的某一方面，仅是就投资的某一方面达成了一些共识，远不是全面的投资协定。如《与贸易有关的投资措施协议》明确将此限制在与

① 卢进勇，余劲松，齐春生，国际投资条约与协定新论．北京：人民出版社，2007：215.

② World Trade Organization. "Agreement on Trade-Related Investment Measures", WTO legal texts, 1995.

③ Eric Neumayer, "Multilateral Agreement on Investment: lessons for the WTO from the Failed OECD-Negotiations", *Wirtschaftspolitische Blätter*, Vol. 46, No. 6, 1999, pp. 618 - 628.

货物商品有关的投资措施上。

（3）国际投资活动相关各方的需要。无论从具体投资者还是从东道国和母国的角度看，建立一套与多边贸易体制类似的透明、稳定、可预期的多边投资规则与规范将大大推动资本在全球的充分、有序流动，进而提高全球总体经济福利。从投资者的角度看，为实现全球投资的利润最大化，它们有动力通过推动多边投资协定的制定来降低投资风险；从东道国的角度看，为通过吸引外国投资实现自身的经济社会发展，它们有动力通过建立多边投资协定以减少"时间不一致性"，提供承诺的可信性。从母国的角度看，为保护和促进海外投资的开展，它们有动力通过多边投资协定为本国企业创造良好的国际环境，保障海外投资的安全。

3. 建立多边投资协定的困难与前景

多边投资协定之所以难以达成，与其在谈判主体的数量、议题的敏感性、议题范围等方面的特点都有很大的关系。

（1）谈判主体较多。由于在双边和区域层次上，一国可以通过逐次谈判，把其中意的合作伙伴包括进来，具有较大程度的灵活性，国家间缔约成本也相对较低。发达国家与发展中国家面对统一的多边投资协定时妥协的难度更大。牵涉的国家越多，需要达成一致就越困难，议价成本就越高。

（2）谈判议题较敏感且利益分歧较大。发达国家和发展中国家在投资领域的政策目标差异很大，资本输出国希望其投资者获得更大程度的保护，而这与资本输入国的主权原则之间存在直接的冲突，因此要达成一个统一、规范的多边投资协定困难重重。发展中国家由于经济水平较低、企业竞争能力较弱，在面对可能导致外资大量涌入的多边投资协定时往往反映激烈，有的甚至上升到国家经济安全的高度。议题的敏感及利益的分歧导致实质性谈判结果难以达成。

（3）谈判范围较庞杂。以非歧视原则为例，其主要体现在最惠国待遇和国民待遇原则上。在贸易领域的多边协定中，非歧视原则主要适用于减轻或取消关税、减少数量限制、减少国家间歧视性待遇、减少内外不平等待遇等方面，涉及的国内政策并不是很多。而投资领域的多边协定涉及的政策范围几乎涵盖了整个生产过程，涉及诸如市场准入限制、投资审查制度、产业与竞争政策、就业与税收政策等诸多国内经济政策，因此制定投资领域的多边规则过程更加复杂艰难①。

尽管面临诸多困难，但是随着经济全球化的深入发展、跨国投资活动的更加活跃、国际投资规模的进一步扩大以及其作用的进一步增强，在全球范围内制定统一的、内容全面的、有约束力的多边投资规则已成为各国的共识。2016 年，二十国集团杭州峰会通过了非约束性的《二十国集团全球投资指导原则》，是全球首个多边投资规则框架，填补了国际投资领域的空白。在未来谈判中要想取得实质性成果，必须增强谈判的透明性，尤其是对公众和企业的透明性；必须切实照顾各方利益，尤其是发展中国家的利益，重视谈判各方的权利、义务以及利益的平衡；必须加强谈判的灵活性，注意谈判各方合作与协调、折中与妥协，稳步推进而不可急于求成。

---

① 卢进勇，余劲松，齐春生．国际投资条约与协定新论．北京：人民出版社，2007：218.

第三节　国内政治与外商直接投资政策

外商直接投资是生产活动的重要组成部分。如果说罗纳德·罗戈夫斯基的《商业与联盟》是讨论国际贸易的国内政治的基础，那么雷蒙德·弗农（Raymond Vernon）的《主权困境》（*Sovereignty at Bay*）便是讨论外商直接投资的国内政治的基础[①]。由于时间不一致性的存在以及发展中国家中资本要素相对稀缺，投资者往往在谈判中处于优势地位。不过，作为主权者的国家在面对国际投资者时并不完全是被动的，而是会制定相应的外商直接投资政策来加以规制。

一、外商直接投资政策

外商直接投资政策可以从总体上分为鼓励外资和限制外资两类，这与贸易政策中的“开放-保护”二分法类似[②]。当然，这一标准是相对的，几乎不存在一国的外资政策是完全鼓励而不加任何限制的，也很少有国家的政策会试图完全限制外资的流入。同时还存在极少数中性政策，即对外资既不鼓励也不限制。对外资政策的讨论通常是从外商直接投资的需求侧进行分析，其与供给侧的分析一道构成对外直接投资的政治经济学研究的一体两面。供给侧和需求侧分析的不同在某种程度上取决于提出问题的方式。例如，讨论跨国公司对外直接投资的区位选择是从供给侧出发，而讨论哪种东道国更有可能鼓励跨国公司前来投资则是从需求侧发问。

1. 外商直接投资政策的发展历史

外商直接投资政策是政治化的产物。外资政策的出台意味着外商直接投资不再仅仅是一个国际经济问题。第二次世界大战结束之初，跨国投资主要发生在发达国家间，由于这些国家的经济结构和政治制度相对类似，故投资者和东道国之间的矛盾并不尖锐。随着跨国公司的国际生产走向发展中国家，目标国外商直接投资政策的调节作用便日益突出。

第一，东道国政府与外国投资者的关系从对抗走向妥协。20 世纪 60 年代中后期至 70 年代末，对外商直接投资的征收和国有化事件激增，背后的可能原因包括殖民主义、政治不稳定、军队支持、外资在国家经济中所扮演的角色及他国的示范效应[③]。到 20 世纪 80 年代，这类针对外资的征收事件迅速减少。更多的发展中国家开始将韩国、中国台湾、中国香港和新加坡等新兴工业化经济体的成功视为榜样，它们的经验表明，对外商直接投资采取监管和开放相结合的政策可能对东道国更为有利。这一转变是多方面因素作用的结果。一是随着东道国行政和管理能力的提高，它们对通过国有化之外的方式从外商直接投

---

① Beth A. Simmons, “Bargaining over BITs, Arbitrating Awards: The Regime for Protection and Promotion of International Investment”, *World Politics*, Vol. 66, No. 1, 2014, p. 40.

② 鼓励外资政策有时也被称为促进或自由化政策；限制外资政策有时也被称为监管政策。严格说来，限制（restriction）和监管（regulation）之间存在一定区别。“限制”是指限制设立外商投资的政策措施；“监管”是指对已建立的投资施加义务的政策措施。

③ Stephen J. Kobrin, “Foreign Enterprise and Forced Divestment in LDCs,” *International Organization*, Vol. 34, No. 1, 1980, pp. 65 - 88.

资中获益变得更加自信和老练。二是石油危机后国际市场上商品价格的下降和债务负担的加重对发展中国家造成了限制。三是殖民历史变得不那么敏感，前殖民地国家面对外商直接投资的态度变得更加务实。四是跨国公司自身也开始意识到，自己与东道国之间建立互惠关系而非在短期内从东道国中榨取最大利润，能够更好地实现其长期全球战略①。由此，东道国便不再粗糙地对外资采取对抗模式，而是越来越多地使用相关政策来调节其与外国投资者之间的关系，对使用征收和国有化手段更是非常谨慎。

第二，发展中国家之间对外商直接投资的竞争导致进一步自由化。逐利的资本总是去往回报率更高的地方进行投资。与发达国家相比，发展中国家的资本要素更为稀缺，这意味着资本在这些地区会拥有更高的边际收益率。但罗伯特·卢卡斯却发现，资本并不从富国流向穷国，这也被称为"卢卡斯悖论"②。对此主导性的解释是发展中国家的低制度质量。换言之，相比于发达国家，赴发展中国家投资将面临更大的风险，从而降低了跨国投资者的预期收益。然而外商直接投资对弥补发展中国家的资金不足具有重要意义。在许多年份里，外商直接投资的金额价值超过了所有其他形式跨境资本流动的总和③。甚至在一些落后经济体中，外国投资超过了国内投资，成为一国最大的资本来源。在此背景下，发展中国家会出台一些鼓励外商直接投资的政策，以更好地吸引外资④。在许多发展中国家看来，外资是有限的，因而它们必须与其他发展中国家竞争这些稀缺的资本。特别是在经济形势恶化时，这种竞争将变得更加激烈⑤。进入 21 世纪以来，鼓励性外商直接投资政策占据主导在很大程度上便是受此逻辑驱动。

第三，随着新兴经济体跨国公司的发展，加之全球经济的不确定性增大，发达经济体开始更为主动地采取限制政策。从联合国贸发会发布的数据来看，虽然整体以鼓励性外资政策为主，但其占总出台外资政策的比例从 2003 年的 90.4%下降到了 2018 年的 58.0%。而相应的，限制性外资政策的比例则从 9.6%上升为 27.7%，其中很重要的一部分限制性政策源于发达国家。以 2018 年为例，亚洲地区发展中国家采取了 32 项旨在促进外资的政策措施，只有两项是关于限制或监管的。相比之下，发达国家采取了 21 项旨在加强限制或监管的投资政策措施，只有 7 项政策为鼓励外商投资的⑥。这一新趋势背后体现的是世界经济结构的转变，以及金融危机之后全球经济的不确定性。来自新兴经济体，如来自中国的直接投资使发达国家内部发生了政治重组，导致其保护主义外资政策抬头。

2. 外商直接投资政策的内容和测量

不同国家不同时期的外商直接投资政策会存在差异和变化。这些政策法规都有一个共

---

① Charles R. Kennedy, Jr., "Relations Between Transnational Corporations and Governments of Host Countries: A Look to the Future", *Transnational Corporation*, Vol. 1, No. 1, 1992, pp. 67 - 91.

② Robert E. Lucas, "Why Doesn't Capital Flow from Rich to Poor Countries", *The American Economic Review*, Vol. 80, No. 2, 1990, pp. 92 - 96.

③ Sonal S. Pandya, "Political Economy of Foreign Direct Investment: Globalized Production in the Twenty-First Century", *Annual Review of Political Science*, Vol. 19, No. 1, 2016, p. 456.

④ 出于同样的原因，发展中国家也会通过签订双边投资协定来向外国投资者释放信号或提供承诺。

⑤ Beth A. Simmons, Frank Dobbin and Geoffrey Garrett, "Introduction: The International Diffusion of Liberalism," *International Organization*, Vol. 60, No. 4, 2006, pp. 781 - 810.

⑥ UNCTAD, *World Investment Report: Special Economic Zone*, New York and Geneva: United Nations, 2019, p. 85.

同目的：希望能更好地利用外资。在此过程中，政策制定者至少需要面对如下三个问题：其一，如何在不损害国内外汇储蓄和其他资源的情况下吸引外国投资；其二，如何对外国投资者的合法权益给予充分保护，同时将外国投资者的控制支配和负面影响降到最低；其三，如何设计自身的法律和税收制度，使其既能促进经济增长，又能吸引外国投资，同时还要筹集足够的收入来满足政府的预算要求[①]。因此，东道国关于投资的政策和法律可以被看作是国家干预经济事务的手段，以便在上述问题之间寻求平衡。

如前所述，外资政策可以被大致分为鼓励型和限制型两类。鼓励外商直接投资的政策包括：取消或降低外国投资者进入某些行业的限制，为特定行业或区域的投资提供财政激励，简化行政程序及相关工作和居留许可手续，为投资者提供更大程度的保护，等等。限制外商直接投资的政策包括：针对特定行业的所有权和持股比例限制，将满足某些条件作为外资进入的前提，基于国家战略和国家安全的投资审查，当地成分要求（local content requirements），等等。在鼓励政策中，提供保护、开放领域和财政激励都会影响跨国公司在进行区位选择时的收益曲线，很多国家亦通过综合使用多种鼓励政策来达到引进外资的目的。在限制政策中，最主要的是对外资进入采取规制。这些具体的外资进入限制可能重叠。例如，某国对具体部门的外国直接投资存在限制，但这并不妨碍它也有一套涉及这些部门的与国家安全相关的一般性审查制度。

那么在经验研究中，如何对一国的外资政策进行测量呢？目前大概有三种比较常用的测量方法：第一种是利用一国外商直接投资流量或存量，及其占国内生产总值的比例来测量该国的外资自由度。不过这种方法并没有真实触及外资政策。第二种是关于外资政策的指数化测量，如经济自由指数（index of economic freedom）中的投资自由数据和外商直接投资监管限制性指数（regulatory restrictiveness index）。经济自由指数是由美国传统基金会和《华尔街日报》于 1995 年开始共同编制的年度经济自由指数排名，目前覆盖了 180 个国家和地区[②]。由经合组织开发的外商直接投资监管限制性指数测量了 69 个国家的 22 个经济部门对外商直接投资的法律限制，其年份包括 1997 年、2003 年、2006 年以及 2010 年至今[③]。第三种是关于外资进入限制的测量。索纳·潘迪亚第一次构建了国家层面外国所有权限制范围的指标，即一个国家中外国所有权受到限制的所有制造业和服务业的百分比。该数据集涵盖了 1970—2000 年的 94 个国家[④]。此外，还可利用一国加入双边投资协定的数量以及是否发生外资征收和国有化事件等指标来反映外资政策。

二、国内社会分化与外商直接投资政策

同许多国际经济因素一样，外商直接投资会在东道国国内产生分配效应，即外资可能

① Sherif H. Seid, *Global Regulation of Foreign Direct Investment*, London: Routledge, 2017, pp. 33 - 34.

② Terry Miller, Anthony B. Kim, James M. Roberts and Patrick Tyrell, *2019 Index of Economic Freedom: 25th Anniversary Edition*, Washington D. C.: The Heritage Foundation, 2019.

③ Blanca Kalinova, Angel Palerm and Stephen Thomsen, "OECD's FDI Restrictiveness Index: 2010 Update", *OECD Working Papers on International Investment*, No. 2010/03, OECD Publishing, Paris, 2010.

④ Sonal S. Pandya, "Democratization and Foreign Direct Investment Liberalization, 1970—2000", *International Studies Quarterly*, Vol. 58, No. 3, 2014, pp. 475 - 488.

通过改变对不同生产要素的需求来影响东道国要素所有者的收入，这意味着有的群体会从外资流入中受益而另一些群体将从中受损。社会中的受益者和受损者将围绕外商直接投资产生分化，进而对外资政策形成不同偏好。对外资流入持积极态度的群体会支持更为开放的外资政策，而持消极态度的群体则会想办法限制外资流入。区别于外商间接投资，外商直接投资的一个重要特点便是跨国公司会在东道国开展生产和经营活动，这会对当地的劳工和资本造成直接影响。因此，了解东道国劳动力和资本所有者对外商直接投资的态度至关重要。

1. 外商直接投资与劳工收入

外商直接投资会如何影响东道国的劳动力市场，是增加还是减少劳工收入，从不同的理论可以推导出不同结果。在依附论者看来，跨国公司和外国投资者是恶劣的，因为它们唯一的动机便是剥削东道国，它们与国内资本和威权政府一起以牺牲工人为代价获取利润。这种劳工对外资的负面情绪是相互的，外国投资者也反感劳工力量强大的地方，如庇隆治下的阿根廷[①]。而在西方主流经济学看来，从事海外投资的公司拥有较高的生产效率，并且外商直接投资的流入会增加对劳工的需求，故外资将推动劳动力工资增加。

要分辨哪种理论更具解释力，需要求助于跨国经验研究。有大量证据显示外商直接投资增加了劳工收入。平均而言，外资企业比其国内同行开出的工资更高，这无论是在发达国家还是在发展中国家都获得了稳健的经验支持。大多数研究发现，非技术工人在外资所属的制造业企业中的工资溢价在10%～30%。此外，跨国公司进入后，当地企业支付的工资也会增加。布鲁斯·布劳尼根和戴维·菲格里奥研究了外资对美国南卡罗来纳州当地工资的影响，发现一家拥有约190名员工的平均规模的外资工厂的投产，将使该工厂所在行业和县的所有工人的实际工资提高2.3%[②]。他们认为，工资上涨反映了劳动力需求的总体增长。类似地，罗伯特·芬斯特拉和戈登·汉森识别出了20世纪90年代墨西哥的外资流入与工资增长的密切关系，外商投资金额最高的那些州工资增长也最高[③]。许多发展中国家在外资进入后，当地企业在生产率不变甚至下降的情况下却仍然支付着更高的工资[④]。这些经验发现都支持外商直接投资增加东道国劳工收入的判断，其核心机制是跨国公司提高了对劳动力的需求。

进一步地，劳动力中的熟练工人（skilled labor）相较于非熟练工人更有可能从外资流入中获益，其收入增长效应更为明显。同样有相当多的证据表明，外商直接投资的回报

---

① Theodore H. Moran，"Multinational Corporations and Dependency：A Dialogue for Dependentistas and Non-Dependentistas"，*International Organization*，Vol. 32，No. 1，1978，pp. 79－100.

② Bruce A. Blonigen and David M. Figlio，"Voting for Protection：Does Direct Foreign Investment Influence Legislator Behavior?"，*The American Economic Review*，Vol. 88，No. 4，1998，pp. 1002－1014.

③ Robert C. Feenstra and Gordon H. Hanson，"Foreign Direct Investment and Relative Wages：Evidence from Mexico's Maquiladoras"，*Journal of International Economics*，Vol. 42，No. 3－4，1997，pp. 371－393.

④ Holger Goörg and David Greenway，"Foreign Direct Investment and Intra-Industry Spillovers：A Review of the Literature"，Research Paper 2001/37，Globalisation and Labour Markets Programme，University of Nottingham，U. K.，2001.

随着劳动力技能水平的提高而增加。其原因在于，进行跨国投资的企业通常比同类国内企业具有更高的生产率和技术水平①，因而跨国公司比本地公司需要更多的高技能劳动力。据估计，外国投资者支付给熟练工人的工资要比当地企业高出50%～70%。蕾切尔·格里菲斯和海伦·辛普森直接比较了英国制造业中熟练工人和非熟练工人的工资，发现在跨国公司就业的熟练工人的工资溢价是非熟练工人的两倍②。芬斯特拉和汉森的结论是，外商直接投资是20世纪80年代墨西哥熟练工人工资增长的最大来源③。简言之，外资通过增加劳动力需求来增加劳工收入；由于跨国公司生产过程中相对较高的技术密集度，熟练工人的工资涨幅更高。根据上述逻辑可以推断，劳动力要素所有者将支持更为开放的外资政策，且这种支持将随着劳工技术水平的提高而增加。

通过考察1995年、1998年、2001年三轮拉丁美洲民主动态调查（Latinobarometer）中民众对外商直接投资的态度，潘迪亚为上述机制提供了一定的经验证据。她以受访者的教育程度作为技能水平的代理变量，发现受教育年限越长的样本对外资的态度也越积极④。不难看出，外资会增加劳工工资这一结论与一国整体的劳动力要素是充裕还是稀缺没有关系；即使在那些劳动力稀缺的国家，外资也同样会对劳工工资有提升作用。但是，更为充裕的劳动力会使得其对外资的偏好转化成最终政策的可能性增加。研究82个发展中国家在1995—2003年的外资政策发现，在资本-劳动比越小的国家中，政治民主化更有可能带来外资政策的自由化⑤。综上所述，学界目前的主流观点认为劳动力所有者将从外商直接投资中获益，故希望出台更多鼓励型的外资政策。

2. 外商直接投资与东道国资本的关系

跨国公司在影响劳动力市场的同时，无疑也会与东道国的资本和当地企业产生互动。较早讨论该问题的代表作是彼得·埃文斯的《依附式发展：跨国公司、国家政权与地方资本在巴西的联盟》，其中提出了一个"三角联盟"，认为东道国政府、国内企业和外国资本发生了合谋，并以此来剥削工人⑥。这种视角带有很明显的阶级冲突成分，即由于劳资之间不可调和的矛盾，国际和国内的资本家将联合起来共同压榨劳工阶级。由此产生的预测是，国内的企业主将会欢迎外商直接投资，劳工将会反对外商直接投资，而这种预测与很多经验不符。正如多明格斯在几乎同一时期所指出的，国内资本和外国资本的联盟是不稳

---

① Elhanan Helpman, Marc J. Melitz and Stephen R. Yeaple, "Export versus FDI with Heterogeneous Firms," *The American Economic Review*, Vol. 94, No. 1, 2004, pp. 300 - 316.

② Rachel Griffith and Helen Simpson, "Characteristics of Foreign-Owned Firms in British Manufacturing", in David Card, Richard Blundell and Richard B. Freeman, eds., *Seeking a Premier Economy: The Economic Effects of British Economic Reforms, 1980—2000*, Chicago: University of Chicago Press, 2014, pp. 147 - 180.

③ Robert C. Feenstra and Gordon H. Hanson, "Foreign Direct Investment and Relative Wages: Evidence from Mexico's Maquiladoras", *Journal of International Economics*, Vol. 45, No. 3 - 4, 1997, pp. 371 - 393.

④ Sonal S. Pandya, "Labor Markets and the Demand for Foreign Direct Investment", *International Organization*, Vol. 64, No. 3, 2010, pp. 389 - 409.

⑤ Jia Chen, "Liberalize or Not? Societal Conflict, Plural Political Competition, and the Political Economy of FDI Liberalization", *Fudan Journal of the Humanities and Social Sciences*, Vol. 9, No. 1, 2016, pp. 147 - 175.

⑥ Peter B. Evans, *Dependent Development: The Alliance of Multinational, State, and Local Capital in Brazil*, Princeton: Princeton University Press, 1979.

定且短命的[①]。一个来自国际商务领域的旁证是，对合同风险的敏感性增加了采用控制而非合资的进入模式的可能性[②]。与对外商直接投资的劳工收入效应的上述分析相一致，外国投资者与本地资本的关系可能比依附理论预计的更为紧张。也就是说，资本家并不是铁板一块的，他们彼此之间也存在竞争和冲突。

外商直接投资的流入会通过增加对劳工的需求而提供其工资，并且不管是出口导向型还是市场寻求型的外资都会对东道国工资提升起到类似的效果，而这至少会从两方面减少本地企业的福利。一方面是增加支出。由于劳动力具有流动性，外国投资者的出现会使得一部分劳动力转向为跨国公司工作，使得本地企业不得不同样提高工资以留住工人，进而增加了本地资本所有者的工资支出。另一方面是减少收入。外商直接投资会带来更为激烈的竞争。跨国公司所在的行业会在原有的基础上增加产品供给，由于外商生产率高于国内资本的平均水平，这会使产品的价格下降，使原先作为在位者的本地企业损失市场租金。概括说来，外商直接投资的流入相当于增加了一国国内的资本供给，使得东道国资本面临更大竞争，削弱了其在面对劳工时的谈判地位。因而在制定外资政策时，国内的资本所有者将更多地支持限制性政策。现实世界中，国内资本作为利益集团会更多地游说政府采取投资保护主义政策。有企业层面的研究发现，外商直接投资的流入降低了同一行业里国内企业的净生产率[③]。并且相比于出口导向型外资，发展中国家通常在市场导向型外资所在的行业设置了更多的所有权限制，因为其对当地企业造成的竞争压力较之出口导向型外资更大[④]。不过遗憾的是，目前对东道国企业层面外资态度的跨国研究还相对较少。

无论是劳动力所有者对鼓励型外资政策的支持，还是当地资本所有者对限制性外资政策的偏好，其背后的逻辑是统一的，即围绕外商直接投资政策的社会分化是一种阶级分化——劳工和资本间的针锋相对。阶级分化虽然十分突出，但这并不是该领域唯一的社会分化。例如，在考察个体对外资的态度时，女性相较于男性更加反对外资流入，并且结果在各个模型中都十分稳健[⑤]。这与贸易政策的文献中女性更加支持保护主义的发现不谋而合。此外，外资态度的分化还可能受社会文化因素的影响，如意识形态、民族主义等。而且劳动力和资本要素所有者内部还可以做进一步的细分，其中行业因素应是重要指标，在此基础上或许可以发展出外商直接投资政策的行业分化模型。至于偏好能否转化为最终政策，则离不开对国内政治制度的考察。

---

① Jorge I. Domínguez，"Business Nationalism：Latin American National Business Attitudes and Behavior toward Multinational Enterprises"，in Jorge I. Domínguez，ed.，*Economic Issues and Political Conflict：U. S. - Latin American Relations*，London：Butterworth Scientific，1982，pp. 16 - 68.

② Witold J. Henisz，"The Institutional Environment for Multinational Investment"，*Journal of Law，Economics，and Organization*，Vol. 16，No. 2，2000，pp. 334 - 364.

③ Ragnhild Balsvik and Stefanie A. Haller，"Foreign Firms and Host-Country Productivity：Does the Mode of Entry Matter?"，*Oxford Economic Papers*，Vol. 63，No. 1，2011，pp. 158 - 186.

④ Sonal S. Pandya，*Trading Spaces：Foreign Direct Investment Regulation，1970—2000*，Cambridge：Cambridge University Press，2014，pp. 109 - 127.

⑤ Ibid.，401.

三、国内政治制度与外商直接投资政策

东道国的制度环境不仅会影响外商直接投资的供给①，同时也会对外商直接投资的需求产生系统性影响。外资的分配性后果会在东道国产生社会分化，而政治制度则可在一定程度上整合或放大不同群体的偏好，并最终形成政策。

1. 政体类型与外商直接投资政策

发展中国家平均而言比发达国家拥有更多的投资限制政策，然而发展中国家的劳动力要素相较于资本要素更为充裕，按照社会分化的推论，这意味着这些国家的大众将从外资流入中获益。如果真是如此，那为什么这些国家对外国所有权的限制又是最严格的呢？一种回答的视角是透过政体类型（民主制或威权制），认为东道国的政体类型塑造了政治家在面对劳工和资本的不同政策偏好时的反应。

相较于威权统治，民主制由于存在自由而公正的竞争性选举，劳工阶级在政治舞台上的角色相对重要②。故民主化为外商直接投资自由化提供了动力，因为其使决策者更加看重从劳工中寻求政治支持。一方面，民主制使劳工更容易为自己所偏好的政策进行游说。丹尼·罗德里克（Dani Rodrik）发现民主化导致了制造业工资的提高，并将其归因于劳工政治权利和政治代表性的扩大③。民主制下的工会也对吸引外商直接投资更有兴趣。在威权国家中，由于缺少必要的政治权利，工会无法与跨国公司就雇佣条件展开有效谈判，而在民主化之后，工会的态度将发生转变。另一方面，民主制下的竞争性选举使领导人需要周期性地获得选民支持，民选的政策制定者更加看重整体的经济福利，或许会将鼓励型外资政策视为实现创造工作机会、鼓励技术转让、改善收支平衡等目标的手段。而采取限制性的外资政策将会阻止这些溢出效应的发生。通过构建 1970—2000 年的跨国原创数据集，潘迪亚对上述机制进行了检验，发现与非民主政体相比，民主国家对制造业和服务业的外商直接投资限制减少了 6%④。当政治家更加看重狭隘的精英利益而非更广泛选民的总体经济利益时，他们就会选择限制性的外资政策；民主化和民主程度的提高则会激励政治家制定有利于劳工的政策，促进了外资政策的自由化。

2. 党派政治与外商直接投资政策

东道国的党派政治也会影响到外商直接投资政策。现代政党的立场反映了它们一般的意识形态偏好及其选民的利益。对党派政治和宏观经济政策的研究发现，各政党之间存在着明显的左右分化。左翼政党通常以劳工为导向，以工人阶级为基础，其支持者主要包括低收入群体。右翼政党通常以商业为导向，以上中产阶级（upper-middle-class）为基础，

---

① Nathan M. Jensen，Glen Biglaiser，Quan Li，Edmund Malesky，Pablo M. Pinto，Santiago M. Pinto and Joseph L. Staats，*Politics and Foreign Direct Investment*，Ann Arbor：The University of Michigan Press，2012.

② Carles Boix，*Democracy and Redistribution*，Cambridge：Cambridge University Press，2003. Daron Acemoglu and James A. Robinson，*Economic Origins of Dictatorship and Democracy*，Cambridge：Cambridge University Press，2006.

③ Dani Rodrik，"Democracies Pay Higher Wages"，*Quarterly Journal of Economics*，Vol. 114，No. 3，1999，pp. 707－738.

④ Sonal S. Pandya，"Democratization and Foreign Direct Investment Liberalization，1970—2000"，*International Studies Quarterly*，Vol. 58，No. 3，2014，pp. 475－488.

其核心支持者主要由平日持有金融资本的更为富裕的群体组成。已有大量文献讨论了党派政治以及左翼/右翼与劳工/商业阶级之间的对应①。普山·杜特和德瓦旭希·米特拉便指出："在政治经济学文献中，在描述政党时将左翼（右翼）和亲劳工（亲资本）互换使用是相当标准的做法。"② 传统观点认为，亲资本的右翼政党将与外国资本更加意气相投，但巴勃罗·平托更为系统的理论和经验研究显示左翼党派治下的政府通常对外资更为开放③。

平托的理论基础同样是外商直接投资的国内分配效应：劳工欢迎对外资更加友好的政策而资本寻求更多的限制性政策。其构建的形式模型推测，无论是劳工集团成为统治联盟中的一部分，还是资本集团成为统治联盟中的一部分，东道国政府都可能会设定相应的政策以增进其支持者的福利。亲劳工的政府可能会降低税率，但亲资本的政府则倾向于增加税率以减少外国投资。因此，政府的党派性对外商直接投资政策起到了重要作用④。其基本发现是，劳工在政治上更有影响力的国家更有可能采取对外国投资者友好的政策，而在左翼政权中，由于劳工是政府获得政治支持的基本盘，故会采取对外资更为鼓励的举措。

有证据表明，不同党派的政府会吸引不同行业的外商直接投资。左翼政府的东道国中，外资将流向那些对劳动力需求较大的行业，如制造业；而在右翼政府执政时，外资将更多地选择对资本产生互补效应的行业⑤。这项研究实际放松了外商直接投资分配效应的假定，认为不同行业外资的流入对东道国劳工和资本的影响是不同的；但其内在逻辑依然是统一的，依然是强调党派政治对一国外资政策的影响。

除了政体类型和党派政治之外，其他国内政治制度也可能会影响东道国的外商直接投资政策，如否决者、选举制度、央地关系等。不过，对这些制度的既有讨论仍多从外商直接投资的供给方展开，其提出问题的方式是为了识别哪些制度特征对外国投资者更具吸引力，而不是研究其对外资政策的影响。不难看出，在分析一国的外资政策时，社会分化和政治制度的影响是紧密相关的。外商直接投资的分配效应使得劳工比资本更能从中获益，而民主政体和左翼政党则让劳动力所有者的偏好更容易成为政策结果。

---

① Qiang Zhou, "Endogenizing Labor Mobility: A Partisan Politics Explanation", *International Interactions*, Vol. 43, No. 4, 2017, pp. 688 - 715.

② Pushan Dutt and Devashish Mitra, "Political Ideology and Endogenous Trade Policy: An Empirical Investigation", *The Review of Economics and Statistics*, Vol. 87, No. 1, 2005, pp. 59 - 60.

③④ Pablo M. Pinto, *Partisan Investment in the Global Economy: Why the Left Loves Foreign Direct Investment and FDI Loves the Left*, Cambridge: Cambridge University Press, 2013.

⑤ Pablo M. Pinto and Santiago M. Pinto, "The Politics of Investment Partisanship: And the Sectoral Allocation of Foreign Direct Investment", *Economic & Politics*, Vol. 20, No. 2, 2008, pp. 216 - 254.

援助与制裁的政治经济

援助与制裁是一国对外政策的重要工具。由于经济援助和经济制裁在援助与制裁中分别处于中心地位，援助与制裁均集中体现了国际关系中政治与经济的相互作用。经济援助可以通过承诺或实际给予受援国经济利益的方式来实现援助国的政治目标，而经济制裁可以通过威胁或实际中断与被制裁国经济联系的方式来实现制裁发起国的政治目标。一国可以通过经济援助或经济制裁追求自己的政治目标，但是何种政治目标值得追求、通过何种方式更容易实现其目标，在学术研究和政策实践中都充满争议。

第一节　对外援助的政治经济

对外援助（foreign aid/foreign assistance）是二战后国际关系的重要内容。或者作为援助者，或者作为受援者，或者兼事援助与受援，几乎所有的主权国家均涉及对外援助。随着国际相互依赖的不断扩展和深化，对外援助像其他许多议题一样，模糊了国际关系领域“低政治”与“高政治”的分界线。自发生之日起，对外援助就不仅仅是个经济现象，而是包含了各种政治因素。因而对外援助不仅引起国际经济学家的关注，而且也成为国际政治经济学的一个重要领域。

一、对外援助的概念与类型

对外援助通常用来指一个国家以优惠或者无偿的形式向另一个国家提供资金、货物、项目或技术等方面的援助。这一概念从援助的提供者、接受者、内容和方式等四个维度，回答了谁援助、援助谁、援助什么、如何援助四个问题。首先，援助者（donor），即谁提供援助。严格意义上，对外援助的援助者仅限于国家，主要是美国、德国、英国、日本、法国等发达国家。一方面，这一界定意味着对外援助支出来源于政府的财政预算；另一方面，这一界定也把对外援助与国际援助区分开来。国际援助既包括主权国家提供的援助，也包括国际组织提供的援助。提供国际援助的多边机构主要包括欧盟、世界银行及其所属的国际开发协会（IDA）、国际货币基金组织、联合国开发计划署、联合国儿童基金，以及一些区域性发展银行。此外，一些国际非政府组织也提供人道援助，如国际援助行动

(Action Aid International)、基督教援助组织(Christian Aid)、乐施会(Oxfam)、拯救儿童组织(Save The Children)等。其次，受援者(recipient)，即援助对象，或向谁提供援助。受援者一般是低收入国家，但中高收入国家也可能成为受援者，如以色列长期以来一直接受美国的大量援助；甚至发达国家也可能因为自然灾害而成为人道主义援助对象。再次，援助内容，一般包括资金、货物、项目或技术等。最后，援助的方式，可分为优惠或无偿两种。所谓优惠，指相对于可以从国际资本市场获得的贷款或投资，援助的利率更低，宽限期更长。相对于前者需要援助国偿还，无偿则是无须偿还的赠予(grant)。此外，还有介于两者之间的无息贷款，到期只需偿还本金。应当指出的是，资金、货物和技术的援助，都可以以优惠方式提供，也可以是无偿的援助。

除了上面提及的国际援助外，与"对外援助"相近、有时被替代使用的概念还有官方发展援助、发展援助、发展合作等。(1)官方发展援助(ODA)是一个有严格界定的术语。根据经合组织(OECD)的定义，官方发展援助是指向发展中国家和地区提供的符合下列三项标准的无偿援助或贷款：由官方部门实施，以促进经济发展与福利为主要目标，具有金融上的优惠特征①。这一定义从受援者、援助实施者、援助目标和优惠条件四个方面把发展援助与商业贷款、贸易、直接投资以及其他形式的资源的国际转移区分开来。(2)发展援助一般指以促进受援国经济社会发展为目的的援助。其提供者不一定是官方，既可以是国家，也可以是非国家行为体。它与经济援助概念所指基本等同，只不过侧重点不同，常常被替代使用。(3)发展合作(development cooperation)是一个较为宽泛的概念。严格地说，它包含了比官方发展援助或发展援助更为丰富的含义，但在很多情况下，它只不过是后者的一个委婉的代名词。因为援助这个概念意味着一种不平等关系：发达的援助国和不发达的受援国；一方给予，另一方接受。而发展合作不仅明确表明了发展的目的，同时也表明援助-受援双方是平等的合作伙伴。它实际上表达了援助理念的变化，即援助行为应当尊重受援国自身的条件和传统，而不是援助国把自己的不适宜当地环境的援助理念强加给受援者②。

根据援助的直接目的，对外援助一般可以分为经济援助、军事援助、人道主义援助等类型。经济援助主要有工程援助、方案援助、技术援助以及债务减免等形式。工程援助主要包括援建特定的道路、桥梁、工厂、水坝、电站等工程。方案援助则不限于特定的工程，受援国有较大的自由裁量权。技术援助一般以促进受援国经济发展为其目标，所以一般也纳入经济援助范畴，其内容主要涉及医疗、农业、工业、教育等领域。近年来，电子、信息技术援助也被联合国列为缩小南北差距的重要内容。在形式上，技术援助主要包括派遣专家和顾问、提供人力资源培训和技术装备等。

军事援助是指为军事目的而进行的各种形式的援助，其基本形式包括：优惠或无偿向

---

① 直至2017年，OECD界定的ODA优惠标准是包含至少25%的赠予成分，用于对其成员ODA的统计；2018年开始启用新的统计标准，把受援对象区分为最不发达国家和其他低收入国家、中低收入国家、中高收入国家、多边机构四类，对它们的援助，赠予成分应分别不低于45%、15%、10%、10%，才能计入ODA。www.oecd.org/dac/stats/officialdevelopmentassistancedefinitionandcoverage.htm.

② Marijke Breuning, "Foreign Aid, Development Assistance, or Development Cooperation: What's in a Name?" *International Politics*, Vol. 39, 2002, p. 369.

受援国提供用于国防建设和购置武器装备及其他军用物资的资金；优惠或无偿提供武器装备、军事技术，以及军事信息和情报、卫星照片、军事地图、军事气象等咨询和服务；提供军事培训；派遣军队直接介入武装冲突或其他政治事件；等等①。对于援助国而言，军事援助中最重要的是出于战略和安全目的向盟国或其他国家提供的援助。军事援助是国家支持盟国或准盟国的一种传统方式，也是最古老的一种援助形式。汉斯·摩根索认为，17—18世纪是军事援助的典型时期。通过军事援助，国家尤其是大英帝国致力于增加其盟国的军事力量。当时的条约对于提供军队、装备、后勤保障、军饷和金钱等方面的规定都十分详尽。二战结束后，军事援助的对象不仅仅限于盟国（如美国对北约盟国、日、韩等国的军事援助，苏联对华约盟国的军事援助），而且扩大到不承担明确义务的非结盟国家（如美国对南联盟的军事援助，政治动机十分明显）②。

人道主义援助是指向遭受水旱、大规模疫病、地震等自然灾害或战乱、饥荒等其他人道主义危机的国家提供的各种援助。援助者主要是发达国家，也可以是发展中国家；受援者主要是发展中国家，也可以是发达国家。例如，2005年包括中国在内的许多发展中国家对遭遇飓风灾害的美国提供了援助，2011年对遭遇了地震和海啸灾害的日本也提供了援助。

还有一种常见的分类方法，是根据援助流（aid flows）的途径把对外援助分为双边援助和多边援助两种。对外援助通常是一个国家向其他国家直接提供，即双边援助（bilateral aid）；多边援助（multilateral aid）指的是多边机构向发展中国家或地区提供的援助。援助国一般都会基于一定的考虑把援助资源分配用于双边援助和多边援助。援助国可以通过向多边机构捐款和提供优惠或无息贷款等方式参与多边援助。相对于多边援助，双边援助更有利于援助国影响受援国的政策和行为，从而实现自己的国家利益。而多边援助一般不体现特定援助国的利益，因此，援助国贡献于多边机构的援助占其全部援助的比例，成为衡量其援助动机的一项重要指标。

此外，不同国家对对外援助有不同的分类。例如，美国政府根据援助支出的目的，把对外援助被分为经济发展、民主人权与治理、人道主义援助、健康、环境、和平与安全、教育与社会服务等类型。在2014年的《中国的对外援助》白皮书中，中国对外援助按援助方式被具体分为援建成套项目、提供一般物资、开展技术合作和人力资源开发合作、派遣援外医疗队和志愿者、提供紧急人道主义援助以及减免受援国债务等主要类型。

二、对外援助的起源和发展

对外援助现象在国际关系史上早已有之，比如在中国的春秋战国时期就有不少实例。齐宣公九年，宋国发生饥荒，齐将田肦主张援助宋国。他对齐王说："不如易余粮于宋，宋王必说，梁氏不敢过宋伐齐。齐固弱，是以余粮收宋也。齐国复强，虽复责之宋，可；不偿，因以为辞攻之，亦可。"可见当时的对外援助已充满了政治算计③。秦昭襄王十二

① 中国军事科学院军事百科研究部．中国军事百科全书（光盘版）．北京：北大方正电子出版社，1999："军事援助"条目．

② Hans Morgenthau, "A Political Theory of Foreign Aid", *The American Political Science Review*, Vol. 56, No. 2, 1962, p. 303.

③ 王星光．春秋战国时期国家间的灾害救助．史学月刊，2010（12）.

年（公元前295年），秦国给予楚国以经济援助："予楚粟五万石"，以此来改善与楚国的关系，避免楚国联魏、韩抗秦。但在20世纪之前，对外援助在国际关系中都是偶然的、零散的。直到二战结束后，对外援助才成为重要的国际现象。拉姆斯坦认为，现代福利国家的产生、福利国家中对于国内贫弱阶层的人道主义的、慈善的和宗教的关怀，以及劳工运动和社会民主运动的兴起为当代对外援助的兴起提供了历史和现实基础①。

就国际背景而言，西方国家的对外援助有两个源头：一是欧洲的帝国主义政治；二是美国的冷战需要。维系殖民统治的需要促使殖民帝国关注殖民地的发展问题。较早进行后来被称为发展援助的是老牌殖民主义国家英国。1929年，英国议会通过了《殖民地发展法案》，提出了殖民地的发展和发展援助问题；1940年，该法案被《殖民地发展与福利法案》取代；1945年，英国议会通过了一个新的《殖民地发展与福利法案》来重组其对殖民地的发展援助。1946年，法国也设立了"法兰西战后殖民地开发计划"项目，以维持其对海外领地的统治。但是这一时期英法的援助仅限于其殖民地国家和地区。二战后大规模对外援助始于冷战对峙时期的美国。1947年3月，杜鲁门呼吁对希腊和土耳其等国进行援助，以帮助这些国家抵御来自国内外的威胁；5月，援助希腊、土耳其的法案经美国参众两院通过，经杜鲁门签署而成为法律。1947年6月，国务卿乔治·马歇尔在哈佛大学发表演说，提出援助欧洲经济复兴的方案，即"马歇尔计划"。随着1948年4月3日美国国会通过《对外援助法案》，"马歇尔计划"正式执行。1951年底，美国宣布提前结束"马歇尔计划"，美国对欧洲拨款共达131.5亿美元，其中赠款占88%，其余为贷款。就在"马歇尔计划"执行期间，杜鲁门提出援助第三世界国家的"第四点计划"，旨在"执行一项利用美国先进的科学和发达的工业来改进和发展不发达地区的新的果敢的计划"。"马歇尔计划"和"第四点计划"不仅推动了冷战的形成，也标志着战后大规模双边对外援助的开始。

随着欧洲重建的顺利进展、非殖民化运动的兴起、新兴独立政治实体的不断出现，以及冷战在第三世界的扩展，美国开始把援助重点转移到社会主义阵营的前线国家和地区，如希腊、土耳其、缅甸、越南共和国、中国台湾和韩国。英法等国也在美国要求分担不断增长的负担的压力下，把援助扩展到非前殖民地国家。与此同时，苏联则通过向中国和东欧国家提供援助和建立经济互助委员会，构造了一个共产主义经济体系。对外援助成为东西方两大阵营相互抗衡的一个重要组成部分。

随着20世纪60年代非殖民化运动的高涨和大批发展中民族独立国家陆续登上国际政治舞台，发展援助的受援国主体也在这一时期形成。这些国家大都经济落后，面临着发展道路的选择问题。从1955年的"亚非会议"到20世纪60年代的"不结盟运动"和七十七国集团，发展中国家在国际舞台上发出了强劲的声音。南北关系很快成为与东西方关系并列的国际关系基本类型，并且与东西方关系相互交织，从而使第三世界国家和地区成为世界政治的重要行为体，对发展中国家的援助成为国际关系的重要内容。

---

① David H. Lumsdaine, *Moral Vision in International Politics: The Foreign Aid Regime, 1949—1989*, Princeton: Princeton University Press, 1993, pp. 182-190.

第三世界国家的崛起还促进了如今依然有效运转的国际援助机制在这一时期的形成和发展。一方面，主要的多边和双边援助机构在这一时期相继成立。1948 年，为了有效管理和利用“马歇尔计划”的援助资金，该计划的受援国成立欧洲经济合作组织（OEEC）。到了 20 世纪 60 年代初，该组织的成员国已经都成为援助国，而不再是受援国。为了协调援助政策，改进援助效果，1961 年 9 月，该组织被经济合作与发展组织（OECD）所取代，原欧洲经济合作组织成立的发展援助集团（DAG）也被发展援助委员会（DAC）所取代。发展援助委员会界定发展援助的参量，规定援助转移的质量标准，确立报告和监督发展援助流的指导方针，整理归并成员国的相关数据，从而成为发达国家对外提供发展援助的主要管理和协调机构。此外，1960 年和 1965 年，世界银行和联合国分别设立国际开发协会和开发计划署，专事发展援助事宜。主要的区域性发展银行也在这一时期相继成立，主要包括泛美开发银行（IDB，1959）、非洲开发银行（AfDB，1964）和亚洲开发银行（AsDB，1966）。1961 年，主要的援助国美国通过了经不断修正至今依然有效的《对外援助法案》，并成立了负责发展援助的国际开发署（USAID）；日本设立了海外经济协力基金（OECF）；法国设立了“合作部”负责对外援助事宜。

“官方发展援助”（ODA）的概念和发达国家应把国民生产总值（GNP）的 0.7%用于发展援助的目标也在这一时期确立下来。1958 年，世界基督教联合会（World Council of Churches）向联合国全体代表提出了 1%的目标，即富裕国家应至少把 1%的国民总收入（GNI）用于对发展中国家的援助；1960 年联合国宣布 60 年代为“第一个发展十年”，并呼吁发达国家拿出国民生产总值的 1%用于发展援助；1964 年，第一次联合国贸发会议的决议中重申了 1%的目标。1969 年，发展援助委员会采用“官方发展援助”这一概念；同年，由世界银行主席麦克纳马拉委任的皮尔逊委员会发表题为《发展的伙伴》（Partners in Development）的报告，倡议发达国家把国民生产总值的 0.7%用于 ODA；1970 年，联合国宣布了“第二个发展十年”，采纳了 0.7%的目标。1993 年，GNP 被 GNI 所取代，此后至今所称的 0.7%目标，指的就是 ODA 占 GNI 之比。这一比例至今仍然是衡量发达国家对外援助国际贡献的一个重要指标。例如，就 ODA 的绝对量而言，美国长期是第一援助大国；但美国 ODA 占 GNI 之比却长期处于 0.2%左右的低水平。实际上，真正达到这一比例目标的援助国并不多。根据 OECD 统计，2017 年，发展援助委员会成员国中达到或超过 0.7%目标的仅有挪威、瑞典、丹麦、卢森堡和英国 5 国。荷兰和芬兰曾实现这一目标，但后来又降至这一标准之下。

20 世纪 70 年代，南北关系尤其是建立国际经济新秩序（new international economic order，NIEO）的问题成为国际关系的中心问题；人的基本需求（basic human needs）成为多边机构倡导的援助重点，援助资金更加关注发展中国家中最贫困人口集中的农村地区。与此相呼应，1971 年，联合国引入“最不发达国家”（least developed countries）概念，来指称人的基本需求无法得到满足、急需国际援助的发展中国家。80 年代，由于在许多受援国家政府主导的经济和社会发展并未达到期望的水平，以及发展中国家的持续贫困和债务危机，国际货币基金组织和世界银行两个机构强调受援国家进行以培育市场机制的政策改革为主要内容的结构调整（structural adjustment），结构调整开始成为发达国家和多边机构提供援助的指导性原则。但是结果并不乐观。一方面，结构调整缩减了国家职能范围，使得国家在道路、公共卫生等基础设施方面的投资大大缩减；另一方面，发展中国家普遍存在国家能力不足的问题。因此，伴随着结构调整的不是经济发展的好转，而是经济发展的减弱①。

随着冷战的结束，发达国家对外援助的国际环境发生了变化，加上非洲、中南美洲各国的经济停滞，发达国家普遍减少了对外援助。官方发展援助的绝对数额出现了下滑，其占发展援助委员会成员国国民总收入的比重也降到了 0.3%以下，并一度数年维持在 0.22%的历史低点。这就是所谓“援助疲劳”现象。在此背景下，援助国开始用新的条件挑选受援国并制定其援助内容，重新评估国家在经济发展中所扮演的角色，受援国的人权、民主、治理能力等政治层面的改革成为援助国的关注重点，此即“良治”（good governance）论②。“良治”论认为，政治体制的开放和民主、个人权利的保障、经济制度的有效和公平运行，这些因素与贫困的持续减少之间有着至关重要的联系。为了推动受援国治理水平的提高，援助的受益对象更多转向与“良治”联系较密切的部门。援助不仅要在经济基础领域推动机会均等，还要促进发展中国家社会的成长，以及在上层建筑领域推动民主化发展，促进其政治经济治理能力的提高。

这一时期，在发达国家经济和世界经济持续增长的同时，南北经济差距呈进一步扩大的趋势，出现了所谓“丰裕中的贫困”现象。世界银行前行长詹姆斯·D. 沃尔芬森指出：“丰裕中的贫困是我们这个世界中最大的挑战。”③ 国际社会对发展和减贫问题更加关注。为了促进最不发达国家的经济增长，早在 1996 年秋，国际货币基金组织和世界银行就发起倡议，要求国际社会对“重债穷国”（heavily indebted poor countries，HIPC）实行债务减免；1999 年 9 月，它们又共同策划了“减贫战略文件”，推动减少贫困和促进经济增长。

2000 年 9 月，在联合国千年首脑会议上，世界各国领导人就消除贫穷、饥饿、疾病、文盲、环境恶化和对妇女的歧视等八个方面，商定了一套有时限（到 2015 年实现）也能够测量的目标和指标，统称为“千年发展目标”（MDGs）。“千年发展目标”成为全球发展援助的核心议程，在国际减贫和发展援助领域，第一次形成了一致的行动计划和具体目标。此后，有关减贫和发展的重要国际行为都围绕着实现这些目标展开。“千年发展目标”作为政策和倡议工具，其设定的目标和指标框架，不仅促进了此后 15 年世界的减贫和发展，而且为 2030 年可持续发展议程（2030 Agenda for Sustainable Development）目标的设置和实现提供了经验。2015 年 9 月 25 日，联合国可持续发展峰会正式通过了题为《改变我们的世界：2030 年可持续发展议程》的成果文件。该文件设立了 17 项可持续发展目标（SDGs）和 169 个具体目标。这些目标要实现的愿景被概括为三个方面：创建一个没有贫穷、饥饿、疾病、匮乏并适于万物生存的世界；一个普遍尊重人权和人的尊严、法治、公正、平等和不歧视，尊重种族、民族和文化多样性，尊重机会均等以充分发挥人的潜能和促进共同繁荣的世界；一个每个国家都实现持久、包容和可持续的经济增长和每个

---

① 福山讨论了国家职能、国家能力的区分及其与国家建构之间的关系，并据此对援助机构的结构调整政策进行了评估。参见：弗朗西斯·福山．国家建构：21 世纪的国家治理与世界秩序．北京：中国社会科学出版社，2007：5-19.

② 日本国际协力机构．援外的世界潮流．台北：桂冠图书股份有限公司，2004：112-115.

③ 彭刚．丰裕中的贫困．教学与研究，2005 (12)：30.

人都有体面工作的世界。总之，国际社会对于把减贫和发展作为国际援助的重要目标已经达成基本共识。这些目标不仅成为未来若干年多边机构发展援助的努力方向，也对发达国家的对外援助产生重要的导向作用。

三、对外援助的动机与目标

通过提供援助实现的政治功能比较宽泛，可能是直接的和现实的，也可能是长远的或潜在的。概而言之，援助被认为具有以下政治功能：打击和削弱对手或敌对国家和国家集团的势力和影响，建立或巩固联盟，扩大自己的势力范围和影响；影响、干涉或控制受援国国内政治经济政策及其对外政策，使其按照援助国的愿望和模式发展；对于新独立的发展中国家，援助则可以表达善意，借此可以接近该国的决策者，起着一种促进或者促成外交活动运转的润滑剂的作用；把国际组织视为竞争和较量场所的援助国，往往把获得受援国在联合国等国际组织中的投票及其他国际支持作为目标；当盟国或友好政府面临财政困难可能导致政权的更迭时，援助可以减少受援国政府对于国内社会资源的抽取，从而增强政府的能力，加强友好政府的地位；通过对相邻贫穷国家的援助避免或缓解贫穷国家的难民涌入；等等。扩大本国语言和文化的影响力，提升援助国形象与影响力，提高国际威望，也成为一些援助国的重要目标。此外，在发达的援助国中，一种流行的观点是，认为经济发展是自由与民主的前提条件，而发达国家的经济援助将促进这一结果。因此，通过援助推行西方民主、自由、人权和法治等制度和观念，影响受援国的政治进程，成为美国等发达国家对外援助的重要内容。

就经济功能而言，对外援助通常会给援助国带来各种经济上的好处，限制性或有条件的援助更是如此。援助国的经济收益主要包括三个方面：一是通过援助帮助受援国增加援助国所需原料的生产，以获取受援国廉价的原料资源，或者用援助直接换取受援国的原料供应。二是建立和维持与受援国的良好的经贸关系，扩大本国商品出口市场，加强援助国商品和资本的国际竞争力和市场份额。经济发达国家大都面临开拓国际市场销售过剩产品的问题，通过援助促进受援国的经济发展，有利于增加受援国的物品和服务需求及其购买力。此外，有些援助国要求援助项目所用设备和物资从援助国购买。这不仅带动了援助国国内某些部门的发展，也增加了援助国的就业机会。三是援助也可以用来改善受援国的投资环境，以达到直接投资的目标。例如，通过援助可以促使受援国政府推动贸易和投资的自由化，可以推动受援国经济基础的建设，可以改善投资的软环境。可见，援助国通过对外援助可以促进贸易和投资，进而与贸易和投资相互配合，构成较为完整的经济外交战略，为援助国对外政策目标服务。当然，上述这些以援助国利益为中心的政策目标常常掩盖在利他主义的宣示之下。

围绕对外援助的动机与目标，学者们提出了各种关于对外援助的国际政治经济理论，主要包括以下几种：以援助国利益为中心的现实主义、以受援国基本需求为中心的理想主义、视援助为依附关系制度化工具的结构主义，以及注重援助-受援关系互惠性的社会交换论。

1. 以援助国利益为中心的现实主义

国家是根据国家利益进行决策的理性行为体，这是现实主义理论的一个核心假定。由此出发，现实主义者把对外援助视为援助国的经济外交工具，强调援助国的利益驱动，援助国的利益包括战略和安全、政治、经济和文化等不同方面。

对外援助的现实主义理论构成了关于对外援助本质的最有影响的说明，许多现实主义理论家都有过相关论述。汉斯·摩根索将对外援助分为六种类型，即人道主义援助、用于生计的援助、贿赂式的援助、军事援助、用于经济发展的援助、为提高自身声望的援助。摩根索认为，除人道主义援助外，其余的都是政治性的，即带有政治动因或政治收益的。尽管人道主义援助本身是非政治的，但是当它在政治背景下操作时，即便是私人组织提供的国际人道主义援助，也能够履行政治功能①。布鲁诺·弗雷（Bruno S. Frey）指出，援助不是慈善事业，工业发达国家的政府给予欠发达国家经济援助，很少出于慈善之心或者人道主义的动机；它们是自私的，期望得到的是政治或经济上的利益②。吉尔平也认为，尽管人道主义考虑在对外援助中扮演重要角色，但是官方援助的首要动机是援助国的政治、军事和商业利益；援助国建立政治势力范围、保障军事安全或获取经济利益的愿望，影响着对外援助的特性与模式③。郝思悌（K. J. Holsti）通过对受援国家类型的比较，发现大部分援助流入了少数国家，甚至不是最需要经济援助的国家。因此，他认为对外援助即便有对于受援国经济发展和人道的关切，其主要动因仍在于政治上的考虑④。格里芬和伊诺斯也注意到，就援助国而言，一些经济不发达的国家也提供大量的对外援助；就受援国而言，得到援助的也并非如人们所想象的都是经济不发达国家。因此，经济援助只不过是权力政治的工具⑤。

作为对外政策工具，援助不仅可以作为一种积极的回报和酬赏，也可以作为一种制裁措施，即援助国可以通过暂停、终止、减少或者以上述行为相要挟，对受援国的某种行为实施影响，或者以此迫使受援国做其本不愿做的事情，即所谓“消极互惠”（negative reciprocity）或者“消极制裁”（negative sanction）⑥。

2. 以受援国基本需求为中心的理想主义

理想主义强调国际道义和伦理规范对于国家行为的重要影响，提供了关于对外援助动机的一种替代性解释。一方面，对外援助的理想主义范式反对把援助国政治经济利益作为对外援助的优先考虑因素或者唯一决定因素，认为援助国的国家利益应当最小化或者彻底从援助考量中消除。另一方面，理想主义者并不排斥援助对于援助国的利益，他们认为援助可以通过促进国际稳定给经济增长和繁荣带来更大的机会；但是，他们更多地强调受援国的基本需求、援助国的援助责任和利他主义，认为人道主义关切构成了对外援助的主要

---

① Hans Morgenthau，“A Political Theory of Foreign Aid”，*American Political Science Review*，Vol. 56，No. 2，1962，pp. 301 - 309.

② 布鲁诺·S. 弗雷．国际政治经济学．重庆：重庆出版社，1987：74.

③ 罗伯特·吉尔平．国际关系政治经济学．上海：上海人民出版社，2006：286.

④ 郝思悌．国际政治分析构架．台北：幼狮文化事业公司，1988：321 - 329.

⑤ K. B. Griffin，J. L. Enos，“Foreign Assistance：Objectives and Consequences”，*Economic Development and Cultural Change*，Vol. 18，No. 3，1970，pp. 314 - 315.

⑥ “消极互惠”指的是以惩罚回报惩罚的行为，有关讨论可以参考：Robert M. Jackson，“Patterns of Political Interaction：Reciprocity and Coercion”，*International Studies Quarterly*，Vol. 17，No. 4，1973. “消极制裁”可以参考：David A. Baldwin，*Economic Statecraft*，Princeton：Princeton University Press，1985，p. 41.

动因①。

对外援助的理想主义以人道义务（obligations of humanity）和正义义务（obligations of justice）作为富国援助穷国的道德基础，主张援助低收入国家是发达国家的国际义务。其中，人道义务论主张人的平等、尊严以及人的福利权（welfare rights），其实施主体和分析单位是个体的人，它依赖于对个人福利的关切，或者依赖于对作为道德行为体的个人的尊重，而不论他们是否亲近或同种同族。人道义务论主张，如果个人可以无须付出多少成本或牺牲道德上主要的事情就能减轻他人的苦难和不幸，那么他在道德上就有义务去做这样的事。与人道义务不同，正义义务的实施主体是主权国家及其政府，它主张纠正过去所犯过失，即矫正正义（corrective justice），或者根据需求或其他标准对全球资源进行公正的分配，即分配正义（distributive justice）②。根据矫正正义和分配正义，发达国家应当向发展中国家提供援助，主要有两点理由：一是补偿过去的过错；二是富国富裕，能够提供援助，贫国贫穷，它们需要援助。

正是基于上述的人道主义和国际正义观，对外援助的理想主义反对把援外作为实现援助国利益的工具，主张以满足不发达国家人民的基本需求和促进不发达国家的经济发展和社会进步为根本目标。为此，对外援助的理想主义主张：在对象上扩大对更需要援助的低收入国家的发展援助；在种类方面反对军事援助，提倡促进发展的经济技术援助；在援助途径上增加多边援助的比重，减少更可以受援助国利益驱动的双边援助；在援助的构成方面增加无偿援助的比重，减少贷款比重，改善援助的财政条件。

3. 视援助为依附关系制度化工具的结构主义

结构主义（或称为新马克思主义/激进主义）范式的理论基础可以追溯到马克思主义的一些基本假定，而其直接理论来源于依附论和世界体系论。这种理论传统关注国际经济的不平等，认为国际经济关系比军事力量对国际体系的塑造更具影响力，现代国家和国际体系不过是资本主义生产模式的制度和观念的产物；第三世界国家的欠发达状况是财富在国际上不成比例分配的结果，是资本主义世界市场结构的一部分，而不是国家政策选择的结果。结构主义理论认为经济财富增强了发达国家和发展中国家中精英的政治权力，维持或扩大了富国和贫国之间的经济差距③。

作为对理想主义和现实主义的回应和批判，结构主义范式认为对外援助是富国剥削贫困国家的工具，并通过援助行为使低收入国家对西方发达国家的依附制度化。就对外援助的动机而言，在结构主义者看来，发展援助首先是发达国家有意识使用的一种工具，其目的在于通过提供援助施加控制和影响，以确保欠发达国家的发展能够有益于发达国家的自身利益，维持其在国际劳动分工中的支配性地位，并借以维护其在欠发达国家的全面的统

---

① 对外援助的理想主义观点可见于：David H. Lumsdaine, *Moral Vision in International Politics: The Foreign Aid Regime, 1949—1989*, Princeton: Princeton University Press, 1993; Sarah J. Tisch and Michael B. Wallace, *Dilemmas of Development Assistance: The What, Why, and Who of Foreign Aid*, Boulder: Westview Press, 1994; Brian R. Opeskin, "The Moral Foundations of Foreign Aid", *World Development*, Vol. 24, No. 1, 1996, pp. 21 - 44.

② Brian R. Opeskin, "The Moral Foundations of Foreign Aid", *World Development*, Vol. 24, No. 1, 1996, pp. 21 - 44.

③ Sarah J. Tisch and Michael B. Wallace, *Dilemmas of Development Assistance: The What, Why, and Who of Foreign Aid*, Boulder: Westview Press, 1994, pp. 75 - 76.

治地位。就援助依赖的形成机制而言，结构主义者强调发达援助国之间协调相互政策，促使并维持受援国对援助国的结构性依附。结构主义者认为，援助增强了欠发达国家（外围国家）对援助国（中心国家）货币政策、消费模式和出口政策的依赖性，限制了受援国家的独立自主性，使受援国与援助国的不平等关系得以全面维持；而在受援国内部，精英阶层则借助外援巩固和增强了自己的政治经济权力。结构主义者常常把对外援助视为“新殖民主义”（neo-colonialism）的工具①。

因此，结构主义者得出结论，现行援助分配模式与国际发展是根本不相容的，应当予以废除。有的结构主义者也认为，可以通过多边国际组织来实施援助分配。结构主义强调发展中受援国在国际援助结构中的依附性地位，并不能够解释国际体系的戏剧性变迁，如新兴工业化国家和地区的出现，因而其对于对外援助动机的解释力也受到削弱。

4. 注重援助-受援关系互惠性的社会交换论

在 1998 年的《交换理论与国际关系》一文中，戴维·鲍德温明确地把社会交换理论用于分析对外援助行为②。对外援助的社会交换论认为，援助关系本质上是一种互惠关系，而不是任何单方面的受益。换言之，对外援助本质上是一种基于相互利益的交换行为，是一种以权力资源交换为基础的相互利益的实现。

社会交换理论假设援助者通过援助行为鼓励受援者的某种行为表现，而受援者常因其所表现出来的特定行为继续获得援助者的报偿。一方面，援助国为了实现表现为一定对外政策目标的国家利益，需要获得受援国的支持；援助国为了获得这种支持而提供对外援助。对于援助国而言，各种形式和方式的援助是为了获得受援国支持而付出的成本；提供援助的过程就是付出成本的过程，也是其对受援国运用权力资源的过程。另一方面，受援国国内资源难以满足社会经济发展、社会福利等方面的需求，对国际援助存在一定的期待。受援国为了获取这种国际援助而向援助国提供其所需要的政治、经济和军事等方面的支持。对于受援国而言，各种形式的支持是其获得援助而付出的成本；提供支持的过程就是付出成本的过程，也是其对援助国运用权力资源的过程。

正因为援助国对受援国的回报有所期待和依赖，所以就权力结构而言，尽管援助国通常在总体权力上具有优势，但在具体援助-受援关系中并非处于完全支配地位，甚至可能处于劣势；受援国并非总是处于受支配地位，甚至可能具有优势，尤其是两个以上援助者之间在该国形成援助竞争的时候。因此，当援助出于谋求政治影响时，就会出现援助国和受援国之间的相互制约。

四、援助国之间的竞争与协调

援助国往往要通过提供援助实现多重目标，因此，为了用有限的资源实现国家利益最

---

① 关于结构主义的援助观，参见：安德鲁·韦伯斯特．发展社会学．北京：华夏出版社，1987：40－63，109－125；Steven W. Hook，*National Interest and Foreign Aid*，Colorado：Lynne Rienner Publishers，Inc.，1995，pp. 38－39；Sarah J. Tisch and Michael B. Wallace，*Dilemmas of Development Assistance*：*The What*，*Why*，*and Who of Foreign Aid*，Boulder：Westview Press，1994，pp. 76－77.

② David A. Baldwin，“Exchange Theory and International Relations”，*International Negotiation*，Vol. 3，No. 2，1998，pp. 139－149.

大化，援助国必须根据一定的标准对援助资源进行分割，决定援助的多少和轻重缓急。因此就实际援助状况来看，尽管各个援助国都有数十个甚至100多个援助对象，但是出于利益考虑，援助国往往把少数国家和地区作为优先援助对象，尤其是战略和政治上优先援助对象。对于优先援助对象，援助国不仅给予比其他援助对象更多的援助，而且也愿意付出比其他援助国更多的成本，以维持其首要援助国地位。援助国的优先援助相对稳定，但是随着国际形势的变动和援助国对外政策的调整，援助国的优先援助也会发生变化。主要援助国在优先援助地区的偏好上也表现出差异性，美国出于战略考虑优先关注中东地区，日本经济外交的重点是东南亚地区，英国主要集中在撒哈拉以南非洲和南亚的印度、孟加拉等国，法国的前殖民地不仅大量分布在撒哈拉以南，而且集中于北非，这些地区分别成为各国的优先援助地区。

如果两个或多个援助国都以同一受援国为优先对象，而且利益不一致，就有可能出现援助竞争，援助国此时就会处于被动地位。为了维持首要援助国地位就要以高出“市场价格”很多的代价与其他援助国“竞标”。这种情况在发展援助委员会国家之间较为普遍，在冷战时期的美苏之间尤其明显。为摆脱这种被动局面，援助国面临三种选择：如果涉及根本利益，就可能增加筹码，直至其他援助国放弃“竞标”；如果不涉及根本利益，就可能承认其他援助国在该受援国的优先地位，自己退出竞争；与其他国家进行协调，分割“利益范围”，实现双赢。

根据国家利益在援助对象方面的协调，在西方援助大国之间已经基本上形成。这体现在它们各有其优先援助对象而互不竞争，从而使得它们可以把援助资源集中在自己的利益范围国家，各自保持在这些国家的首要援助国地位。以美、日、法三个援助大国为例。在20世纪80年代后期到90年代初，美国的最大受益国是以色列和埃及，它们得到的援助(常常每年都在5亿～10亿美元)超过与美国有特殊关系的其他国家，如印度、巴基斯坦、哥伦比亚、韩国(每年均超过1亿美元)。日本的受助对象接受日本的援助年平均为6 000万美元，但是日本对中国、菲律宾、印度尼西亚和泰国等亚洲其他国家的援助却在每年1亿～4亿美元。法国对它的受援国年均援助额只有2 400万美元，但是对于非洲前法属殖民地的援助仍然高于其他国家的平均水平，其中象牙海岸在20世纪90年代的年均受援额均不少于6 000万美元①。

2008年国际金融危机后，西方传统大国经济实力下降，而中国、印度和巴西等新兴经济体的实力日益增强，在对外援助领域也开始有所作为。彼得·克拉厄隆发现非西方的新兴援助国带来了新的援助竞争②。新兴援助国与传统援助国之间在援助对象的协调上远不及传统援助国之间的协调。进入21世纪后，随着经济的飞速发展和贫困的大幅缓解，中国成功地从受援国转变为援助国，其对外援助也逐渐遍及亚洲、非洲和拉丁美洲的发展中国家。尤其是自2000年“中非合作论坛”建立以来，中国已经成为传统援助国之外最大的对非新兴援助国。

---

① James H. Lebovic, “Donor Positioning: Development Assistance from the U. S., Japan, France, Germany, and Britain”, *Political Research Quarterly*, Vol. 58, No. 1, 2005, p. 126.

② Peter Kragelund, “The Return of Non-DAC Donors to Africa: New Prospects for African Development?”, *Development Policy Review*, Vol. 26, No. 5, 2008, p. 579.

为了保护自己的利益，避免相互竞争带来的资源浪费和被受援国利用的被动局面，包括双边和多边援助机构在内的各援助机构之间还确立了一种被称为“战略性不借款”（strategic nonlending）原则和“制度化非竞争”（institutionalized noncompetition）原则①。所谓战略性不借款原则，是一种协调官方机构和私人机构之间关系以及各援助机构间关系的原则。这一原则的基本内容是明确要求来自发展援助委员会国家以及多边机构的援助不与私人投资和借贷竞争，对于可以获取私人资本的工程，不提供公共基金的贷款。因此，不应把官方资源与私人资金流视为可以任意选择的相互分离和竞争的部分。制度化非竞争原则是协调不同援助机构之间关系的原则。当依据战略性不借款原则，寻求援助的国家没有获得私人借贷和投资时，制度化非竞争原则开始发生作用。寻求援助的国家此时在原则上只能从条件较苛刻的机构获取援助，如果不成功，条件较宽松的机构才向其提供援助。

第二节 国际制裁的政治经济

自20世纪中叶以来，以核武器为代表的各项先进军事技术和武器装备的相继问世，使战争活动的破坏力得到了前所未有的增强。面对着巨大的人力和物质成本，当今世界各国已无法像以往那样动辄发动战争以解决国际争端。在这种背景下，国际制裁（international sanction）已经成为美国、欧盟和联合国等各主要国际政治行为体最重视的外交工具之一。由于经济制裁（economic sanction）是国际制裁中最常见的形式，国际制裁往往涉及国际政治与经济的相互作用，因而也成为国际政治经济学的研究内容。

一、国际制裁的概念与类型

鉴于经济制裁在国际制裁中的核心地位，目前国内外学者围绕制裁问题进行的研究大多专注于经济制裁范畴，鲜有就国际制裁这一概念本身展开一般性探讨，但考虑到其他各种制裁形式的原理同经济制裁十分接近，按照学术界对于后者的普遍理解，可以做出如下定义：国际制裁是一种由国家或国际组织所发起，借助经济、军事、文化及外交等领域的一系列非暴力强制性措施，在较长的时期内向特定的国家或个人等制裁目标（target）施加压力，迫使其改变某些现行政策或做法，从而使发起者（sender）实现一定政治目标的行为。

从发起主体上看，国际制裁包括由单个国家所发起的“单边制裁”，由多个国家、国家集团或区域性国际组织所发起的“多边制裁”，以及由联合国（和曾经的国际联盟）这一全球性国际组织所发起的“普遍制裁”（亦称联合制裁）。相应地，早期的绝大部分制裁行动均以国家作为目标。同时为了保证制裁能发挥出预期的效力，与制裁目标维持贸易往来或向其提供援助的第三方也有可能被纳入制裁名单，从而形成所谓的“次级制裁”。另外，自冷战中后期开始，已经有越来越多的制裁行动将矛头指向各类自然人或法人等非国

---

① Robert E. Wood, “Foreign Aid and the Capitalist State in Underdeveloped Countries”, in John A. Hall, ed., *The State: Critical Concepts* (Vol. Ⅱ), London and New York: Routledge, 1994, pp. 294 - 297.

家行为体。

根据实施领域的不同，国际制裁可以划分为经济制裁、军事制裁、外交制裁和文化与交流制裁等类型。玛格丽特·多克西曾详细归纳了它们各自包含的具体措施（见表 7-1）。其中，无论就实施频率还是国际影响力而言，经济制裁均占据着最为关键的位置，但是学术界对这一概念的内涵还存在一定的分歧。戴维·鲍德温认为贸易战和其他各类报复性经济行为都应当被视作经济制裁的具体手段①，而大多数学者则强调严格意义上的经济制裁必须包含明确的政治动机。根据后一种观点，经济制裁的发起者为了获取某种政治利益，常常不惜承担经济上的相对损失；而贸易战、技术保护和反垄断等措施所肩负的使命则是获取经济上的绝对收益，例如缩减国际贸易逆差、提高国际议价能力或扶植国内产业发展等②。所以，后者在内涵上不应直接归入经济制裁。然而在现实中，政治因素往往与经济因素相互交织，因此对经济制裁和其他限制性经济行为进行明确的区分仍然可能面临较大的困难。

表 7-1　国际制裁的类型及具体措施（按实施领域分）

外交制裁		推迟或取消正式访问、会议及条约或协议谈判
		减少或限制外交代表机构的规模，包括降低外交级别、裁撤外交人员和领事机构
		断绝外交关系
		拒绝承认新成立的政府或国家
		投票反对或否决某国加入国际组织，拒绝、暂停或驱逐全权代表，将国际组织总部或区域办事机构迁出制裁目标国
文化与交流制裁		减少或取消文化交流、科学合作、教育交流、体育交流和旅游活动
		限制或撤销制裁目标国国民的签证
		限制或取消电话、电报和邮政联系
		限制、暂停或取消着陆和领空飞越权，船舶航行、停泊和港口使用权以及陆路过境权
经济制裁	金融制裁	减少、暂停或取消发展或援助
		减少、暂停或取消以优惠或市场利率提供信用便利
		冻结或没收被制裁国的政府或国有银行资产
		没收或征用制裁目标的其他资产
		冻结利息，其他转移支付
		拒绝再融资，债务（包括利息和本金）重新安排
		对国际组织提供的贷款、赠款、补贴及技术或其他援助资金项目投反对票
	贸易与技术制裁	进出口配额
		进出口限制性许可证
		进出口限制或全面禁运（注：武器禁运）
		歧视性关税政策，包括取消最惠国（most-favored-nation，MFN）地位和一般优惠关税（general preferential tariff，GPT）待遇

① David A. Baldwin，*Economic Statecraft*，Princeton：Princeton University Press，1985，p. 30，p. 36.

② 旨在通过经济手段摧毁目标国政权的经济战带有强烈的政治色彩，因此一般被看作一种经济制裁。

经济制裁	贸易与技术制裁	限制或取消捕鱼权
		暂停或取消联合项目
		暂停或取消贸易协定
		禁止技术出口
		将制裁目标的贸易伙伴列入“黑名单”
		削减、暂停或取消技术援助和培训项目
		禁止保险和其他金融服务
		对制裁目标的出口征税，以补偿受害者

注：不包括制裁发起国国内公众的抗议、批评和谴责行动。

资料来源：Margaret P. Doxey，*International Sanctions in Contemporary Perspective*，2nd ed.，New York：St. Martin's Press，1996，pp. 14 - 15.

需要指出，以上分类并未涉及军事制裁及其具体措施，这是因为多克西将这一概念等同于以暴力手段维护国际法或国际规则的行为，并将其排除在国际制裁的范围之外。但是也有部分学者认为，军事制裁主要包括针对武器、军备和军事技术的进出口限制措施（它们被多克西归入经济制裁之列），且与其他三类制裁共同构成了国际制裁的基本形式。不过即便采取后一类学者的分类方法，由于其实施过程与经贸活动高度相关，各类围绕军事制裁问题所展开的探讨通常见诸经济制裁领域的学术文献。

二、国际制裁的起源与发展

如同对外援助一样，国际制裁古来有之。一战结束后，随着国际联盟的成立，“制裁”一词开始正式应用于国际关系领域。二战结束后，国际制裁开始在国际关系中成为广泛运用的政策工具。

1. 国际制裁的起源

回溯历史，古希腊城邦以及古代中国等前现代政治行为体就曾在对外关系中采取具有国际制裁特征的限制性经济行为。公元前 432 年，雅典颁布了著名的《墨伽拉法令》，禁止墨伽拉使用雅典境内的港口和市场。此举名义上是对墨伽拉人在希腊奥加斯圣地进行耕种这一“渎神行为”的惩罚，实际上旨在配合军事行动迫使其归降。在此后的漫长岁月中，限制性经济行为一直被欧洲国家（或国家同盟）视为一种外交工具选项，但是其形式仅局限于贸易禁运等少数几类。在宋辽西夏等诸政权并立的时代，北宋面对西夏扰边，曾将禁断互市贸易作为制裁手段。宋仁宗嘉祐二年（1057 年），并州知州庞籍向朝廷献策：“西人侵耕屈野河地，本没藏讹龙之谋，若非禁绝市易，窃恐内侵不已。请权停陕西缘边和市，使其国归罪讹龙，则年岁间可与定议。”宋廷很快采纳了庞籍的建议。到宋仁宗嘉祐六年（1061 年），禁绝和市发挥效力，西夏被迫接受了北宋的划界方案①。

自 18 世纪后期起，国际法在欧美资产阶级革命浪潮的推动下得到了迅速的发展。根据当时的国际法精神，如果一国因他国的敌意行为而卷入争端，且无法通过和平方式加以解决，则允许其采取“反报”（retortion）、“报复”（reprisal）和“平时封锁”（pacific

---

① 李华瑞．宋夏关系史．北京：中国人民大学出版社，2010：256.

blockade)等三种强制性措施维护自身利益①,借此释放战争的压力。然而在此后一个多世纪的时间里,这些措施非但未能起到相应的作用,反而经常成为战争的导火索或助推器。赫夫鲍尔等人指出,正是"制裁"行动引发了两次美国独立战争,并改变了包括拿破仑战争、克里米亚战争、普法战争和美西战争在内的一系列重大军事事件的走向②。

列强之间难以调和的矛盾酿成了第一次世界大战的惨剧。作为战后集体安全思想的产物,国际联盟(以下简称国联)设计了一套详尽的国际纠纷仲裁程序,并规定对于任何无视仲裁并悍然发动战争的国家,各成员国必须立即终止与该国一切形式的财政、商业往来。然而,尽管国联曾在1925年成功地阻止了希腊和保加利亚的冲突,制裁机制最终还是未能如伍德罗·威尔逊所期待的那样"以彻底的孤立根除战争"③。究其根本,当时世界上的各个大国可以毫无顾忌地将自身利益凌驾于国联的意志之上。1935年10月3日,意大利军队入侵阿比西尼亚(埃塞俄比亚旧称)。经集体表决,国联决定对意大利实施全面制裁。但此时英法两大常任理事国均不愿与意大利交恶,于是在制裁正式生效后,法国仍然保持对意大利的石油供应,英国继续向其开放苏伊士运河。同时,另外两个主要大国——美国和德国均不是国联成员,制裁决议自然无法对其形成约束。最终,意大利在遭受严重贸易损失的情况下仍旧获得了进行侵略活动所必需的军事物资,并于1936年5月吞并了阿比西尼亚。不久之后,以制裁压力抑制战争的愿望随着二战的爆发而化为泡影。

2. 冷战时期的国际制裁

虽然此前没有发挥出预期的效力,但在二战结束后以联合国为中心的国际制度安排中,制裁机制仍然被确立为维系世界和平与稳定的重要途径之一。然而回顾冷战时期的历史,美苏两大常任理事国屡次动用一票否决权阻止对方提出的制裁议案获得通过,致使安理会无法正常履行制裁职能。结果,面对世界各地层出不穷的局部战争和地区冲突事件,联合国仅分别针对罗德西亚(1966年)和南非(1977年)实施过两次制裁行动。

与上述情况形成鲜明对比的是,美国自两极格局形成之初便开始积极借助制裁工具与苏联展开世界霸权的争夺。为了抑制社会主义阵营的发展,华盛顿当局围绕战略物资和技术采取了严格的出口管制,先后出台了出口许可证制度和出口管制清单,并于1949年颁布了战后国内相关领域的第一部正式法律——《出口管制法》。同年,美国又联合英、法、意、比、荷五国成立了巴黎统筹委员会,负责协调军事武器装备、尖端技术产品和战略产品的多边禁运事宜。为了确保禁运措施得到有效执行,两年后美国制定了《相互防卫援助统制法》(又称《巴特尔法》),要求巴统成员国严格依照美国开具的出口管制清单约束与苏东国家之间的商业活动,以此作为提供经济和军事援助的条件。同时,美国针对中国制定了一套"既打击又拉拢"的制裁策略,在施加经济压力的同时与中国保持一定的经贸联系,试图吸引中国在美苏之间逐渐投向前者。但随着朝鲜战争的爆发,美国迅速在巴统内

---

① Jeremy M. Farrall, *United Nations Sanctions and the Rule of Law*, New York: Cambridge University Press, 2007, p. 48.

② Gary C. Hufbauer et al., *Economic Sanctions Reconsidered*, 3rd ed., Washington DC: Peterson Institute for International Economics, 2007, pp. 39 - 41.

③ Jeremy M. Farrall, *United Nations Sanctions and the Rule of Law*, New York: Cambridge University Press, 2007, p. 53.

部成立了专门处理对华制裁问题的中国委员会，并设置了比对其他制裁对象更加严苛的禁运规定。

不过，这些措施不但没有收到令人满意的效果，还激起了西欧国家和日本的强烈不满，并且导致美国自身的经济利益遭受损失。于是自艾森豪威尔执政后，美国有限地恢复了与苏东国家的贸易往来。1969 年，美国国会颁布《出口管理法》以取代先前的《出口管制法》，将禁运范围限定在与军事用途直接相关的商品上，并大幅缩减了巴统清单外受美国单边管制的商品种类。随着冷战局势趋于缓和，加之国内外反对管制的声浪并未平息，这种相对宽松的制裁政策持续到了 20 世纪 70 年代末期。相比之下，美国在肯尼迪和约翰逊执政期间一直没有放松对华制裁，直到尼克松时期才逐渐将制裁标准降低到与其他社会主义国家相同的水平，以此作为恢复两国正常外交关系的敲门砖。

然而，1979 年，苏联入侵阿富汗的举动再次刺痛了西方社会的神经。美国立即决定恢复对苏制裁力度，接连将粮食和天然气管道设备纳入禁运清单，并联合巴统和由 30 多个资本主义国家及地区所组成的"类巴统"组织实施战略物资及高技术封锁。之后《巴特尔法》失效，美国随即在 1985 年的《出口管制法》修正案中面向欧洲和日本出台了实施高科技产品进口制裁的规定，严防各项先进技术经由后者流向苏联。从此直至冷战结束，西方阵营一直保持着对苏东国家的制裁高压，致使苏联在核心技术领域的短板愈发凸显。

除了从贸易上围堵社会主义国家外，国际制裁还被美国赋予了更加广泛的用途。一方面，制裁工具曾在制止区域冲突和防止核扩散等安全领域发挥了重要作用，其中一个颇具代表性的例子是，在苏伊士运河危机中，美国依靠其雄厚的金融实力对英镑施加贬值压力，迫使英法联军撤出埃及；后来美国又在加拿大的配合下成功阻止了韩国和中国台湾的核工业进程。另一方面，美国还多次将矛头指向拉丁美洲和非洲的发展中国家，惩罚后者在战后国有化运动中对美资企业的征收行为。此外，美国自冷战中期开始就对那些不符合其民主和人权标准的国家频繁地挥舞起制裁"大棒"，从而开辟了扩大自身意识形态影响力的新渠道。总之，美国占据了冷战期间国际制裁舞台的中心位置。据不完全统计，这一阶段全球超过七成的制裁行动是由美国单独或参与发起的。虽然包括苏联在内的其他若干国家也拥有实施制裁的记录，但是它们关注的议题范围非常狭小。例如，苏联的制裁目标局限于社会主义阵营内部与其发生嫌隙的南斯拉夫、阿尔巴尼亚及罗马尼亚等国，而促使加拿大数次发动制裁的原因则全部与核扩散有关。归根结底，这些国家均不具备将国际制裁作为常规外交手段的综合实力。

3. 冷战结束以来的国际制裁

冷战的终结是国际制裁演进过程中的又一道分水岭。纵观后冷战时期国际制裁的发展，可以归纳出如下特点：

第一，世界格局的深刻变化打破了超级大国对全球事务的支配，联合国和欧盟迅速跻身重要制裁发起者的行列。虽然美国仍然是发起制裁次数最多的国家，但是其单边行动的比重相较冷战时期已大幅降低；而苏联自戈尔巴乔夫时代开始已经在联合国制裁问题的态度上有所松动，继承其安理会常任理事国席位的俄罗斯则延续了这种相对开放的立场。因此，昔日阻碍安理会通过制裁决议的主要因素已不复存在。尽管此后联合国在对伊拉克、伊朗和朝鲜等国的制裁行动中更多地体现了西方国家利益，但也曾依靠制裁手段积极推动了非洲和巴尔干地区的和平与稳定。同时在这一阶段，欧盟实施国际制裁的权限也得到了大幅提升。此前，欧共体于20世纪80年代赋予了《罗马条约》中的“共同商业条款”有限的政治功能，据此向中国、苏联等八个国家施加了商品贸易制裁。随着《马斯特里赫特条约》的签署，欧盟获得了发起服务贸易、金融和交通制裁的权限；后来《里斯本条约》又为欧盟提供了将自然人、法人等非国家主体作为制裁目标的法律依据。在此基础上，近年来欧盟已迅速上升为仅次于美国的第二大国际制裁发起主体。出于建设共同外交与安全政策的需要，欧盟的制裁行动紧密围绕推进非洲国家的民主化和人权建设与维系周边地区秩序等主题展开。2014年，在克里米亚脱离乌克兰并加入俄罗斯后，欧盟连同美国开启了对俄经济制裁的进程，为接下来当地局势的变迁增添了新的变数。

第二，由于大国间战争爆发的概率大幅度降低，美国的制裁行动发生了政策重心上的根本转移。首先，苏联解体后以核技术为代表的多项敏感技术随着科研人员的流失扩散开来。为了遏止这一趋势，1994年，美国以《瓦森纳协定》替代了先前的巴统组织，将其纳入由国际原子能机构等一系列国际组织和条约所组成的防扩散多边管制体系之中，并通过国内立法强化了针对协助他国拥核行为的制裁机制。但是，上述举措未能阻止印度和巴基斯坦成为核俱乐部成员。进入21世纪以来，伊朗和朝鲜在核研发投入上的不断扩大引起了美国的高度警觉，小布什当局随即对其施加了系统性的制裁压力，并惩罚了多家为其提供技术、设备和原料的外国企业。直至目前，这一旷日持久的制裁进程仍在持续之中。其次，“9·11”事件发生后，打击恐怖主义迅速上升为美国最关注的制裁议题之一。从技术角度讲，铲除恐怖组织的关键在于切断其背后的资金和武器装备来源，因此美国一方面协同多个国际组织和机构加强了对跨国资金流动的监控，一方面针对伊朗、利比亚和叙利亚等美国认为向恐怖组织提供支持的国家展开了贸易和金融制裁。此外，虽然两极格局已经土崩瓦解，但美国并未淡化其对外政策的意识形态色彩，而是进一步以保护民主和人权的名义，先后向十余个国家发起了单边和多边制裁行动，并将重点打击区域从拉丁美洲转向了非洲。

第三，为了降低制裁措施对平民造成的伤害，旨在打击各种非国家行为体的“聪明制裁”(smart sanction)得到愈发普遍的运用。冷战结束初期，联合国曾对伊拉克、海地和南斯拉夫实施全面的贸易封锁。但是，这些国家的统治者将经济压力轻而易举地转嫁到了平民身上。结果，不仅制裁的效力大打折扣，而且受制裁国民众的生活水平也出现了严重的下滑。以伊拉克为例，制裁措施导致该国在1991—1995年约有576 000名儿童丧生①。此后，为了尽量避免类似的人道主义灾难再度发生，制裁发起者加大了武器禁运、旅行禁令和财产冻结等“聪明制裁”措施在制裁行动中的比重。其中，武器禁运的主要对象是战乱国家(大多是非洲国家)的政府或反对团体武装；旅行禁令和财产冻结则一般针对的是恐怖组织头目、国家的军政要员以及在人权领域拥有不良记录的官员。“聪明制裁”生效的重要前提是得到其他国家的广泛支持，使制裁对象处于孤立无援的境地。然而，这种条件在复杂的国际利益结构下很难得到满足。因此，就目前而言，“聪明制裁”并没有显著提高制裁行动的成功率。

---

① Barbara Crossette, “Iraq sanctions kill children, UN reports”, *New York Times*, December 1, 1995.

三、国际制裁的政治动因

作为达成自身政治目标的政策工具，国际制裁深刻地反映了发起者的政治利益。鉴于以联合国为代表的国际组织和国家这两种行为主体在政治属性上截然不同，它们发起国际制裁的动因也有很大的区别。

1. 联合国发起国际制裁的政治动因

从名义上讲，联合国发起制裁的出发点在于履行其维护世界和平的重要宗旨，这一做法延续了18世纪以来的国际法精神和自由主义思想传统。根据《联合国宪章》第7章第39条至第42条的规定，当安理会断定存在“任何和平之威胁、和平之破坏或侵略行为”时，应制定并责成其成员执行“包括经济关系、铁路、海运、航空、邮、电、无线电及其他交通工具之局部或全部停止，以及外交关系之断绝”在内的一系列非武力措施，“以维持或恢复国际和平及安全”。同时，《联合国宪章》中的另一些条款还对成员执行安理会制裁决议的相关义务进行了规范①。

可以看出，上述条文并未明确指出制裁的触发条件，这是为了确保安理会能够灵活地应对各种可能威胁或破坏国际安全的情形。从实践情况看，安理会认定的和平威胁主要有以下行为：国际层次上，包括寻求拥有大规模杀伤性武器、支持或参与恐怖主义、介入国际军事冲突和扶植他国武装叛乱势力等；国内层次上，包括侵犯民族自决权、实施种族隔离政策、参与内战、针对民主政府发起武装叛乱以及造成严重的人道主义危机等②。制裁目标一经确定，安理会将成立专门的制裁委员会负责制裁决议的具体执行，其自身则发挥监督职能，根据现实需要及时对制裁的范围和力度做出调整。

2. 国家发起国际制裁的政治动因

自二战结束后，国家行为体（以及欧盟等区域性国际组织）开始在国际关系领域中越来越多地将制裁作为对外政策的工具。究其本质，挥舞制裁“大棒”的最终目的是达成一国的对外政策目标，但是单就某项制裁行动而言，发起国往往会在具体动因上有所侧重。

首先，国际制裁可以用来限制敌国或战略竞争对手的经济和军事实力。例如，第二次世界大战期间，美国就曾对日本实施石油、废铁禁运和资产冻结，以此遏制日本在东亚地区的侵略行为。二战结束后，大国之间爆发军事冲突的可能性已微乎其微，但美国依然通过贸易封锁等手段长期对苏联、中国等国的高技术发展加以限制。总之，此类制裁的主要打击对象是那些对发起国的国际地位构成直接威胁的国家。值得一提的是，如果综合实力较弱的一方掌握着某种关键资源，那么它也将具备向强劲对手发起制裁的资本。在第四次中东战争中，石油输出国组织便成功地利用石油禁运迫使欧共体国家和日本放弃了对以色列的支持立场，从而在一定程度上扭转了战争的局势。

其次，制裁工具成为经常被运用于消除危害国家安全的外部因素。随着全球化进程的不断加速，各类非传统安全威胁迅速成为摆在西方发达国家面前亟待解决的问题。对此，

---

① 参见《联合国宪章》第2条第5款、第20条、第48条、第50条和第103条。

② Jeremy M. Farrall, *United Nations Sanctions and the Rule of Law*, New York: Cambridge University Press, 2007, pp. 86－102.

美国从 20 世纪 70 年代起围绕核扩散、恐怖主义和国际毒品犯罪等活动发起了大量制裁行动，并得到了其盟国的配合与效仿。但应当看到，美国在对待潜在制裁目标的态度上一贯采取双重标准。例如，美国曾以生产和输出毒品为由对哥伦比亚和委内瑞拉等拉美国家实施石油禁运，但却屡次对与其在政治上较为亲近的墨西哥网开一面。又如在拥核问题上，南非、印度和巴基斯坦无论从所受制裁的强度还是持续时间上均无法与伊朗、朝鲜及利比亚等国相提并论。归根结底，地缘政治因素左右了美国对于国家安全事务的评估，进而对其制裁政策的制定造成了显著的影响。

最后，发起制裁行动的另一个重要动机在于扩大本国的国际影响力。美苏两国在冷战前期均曾多次尝试通过制裁的方式颠覆各自阵营内部出现意识形态偏离倾向的政权，以防止本方的势力范围遭到蚕食。冷战中期以后，美国及其欧洲盟友敏锐地捕捉到了第三波民主化浪潮的历史机遇，立即将目光聚焦于亚非拉地区的广大发展中国家，敦促其国内执政者接纳反对群体、启动民主选举并提高人权保障水平，力求从根本上改变这些国家的政治体制。除了上述最常见的途径外，西方国家有时还会为制裁行动披上诸如“制止区域冲突或打击核扩散”等合法化外衣，并在其实施过程中设法瓦解目标国政府，从而以更加隐蔽的方式推动当地的政治局势朝着有利于自身的方向发展。

以上几点归纳旨在揭示国际制裁的外部动因。除此之外，发起国国内的政治权力和利益分配结构同样为制裁行动提供了重要的动力来源。自冷战结束后，国际制裁涵盖的议题领域不断扩大，其实施频率相较以往也有显著上升，于是越来越多的国内利益集团产生了对制裁决策施加影响的强烈需求。基于普遍的理解，国内行为体倾向于实施有利其收入最大化的政策，同时排斥对其福利造成损害的政策，例如：以保护知识产权为初衷的出口管制通常容易赢得技术密集型企业的支持，而遭遇出口导向型企业的反对；进口制裁很可能受到进口替代商的拥护，但会被广大消费者所抵制[①]。据此便可以对相关利益集团在制裁问题上的偏好进行判断。然而需要注意的是，大量存在的人权和环保组织并不以经济得失作为对制裁行动必要性的衡量依据。一旦断定其关注对象的某项政策或行为与自身所倡导的理念有所出入，它们便会成为制裁行动最积极的推动者。

海伦·米尔纳指出，利益集团主要依靠两类渠道左右政治行为体的政策偏好，一是为后者捐助竞选资金并动员选票，二是提供有关政策后果的详细信息[②]。根据议题的不同，总统和国会分别掌握了美国制裁政策的部分制定权，因此在选举目标的激励下，国内利益集团的诉求会在决策过程中得到重视。其中，不同利益集团之间角逐的结果将对决策者偏好结构的塑造形成可观的影响，从而推进或者阻碍制裁行动的实施。尽管有关内部动因究竟能在多大程度上推动各国实施国际制裁这一问题目前尚存争议，但是，鉴于利益集团曾多次在美国重大制裁决议的制定过程中发挥了重要作用，至少可以断定迎合国内群体的偏好对于解释制裁行动背后的逻辑仍是一个无法忽视的因素。美国于 1986 年针对南非所开展的全面制裁便是一个典型的案例。早在 20 世纪 60 年代，联合国便通过了以惩罚南非种

---

① 柳剑平，刘威．美国对外经济制裁问题研究：当代国际经济关系政治化的个案分析．北京：人民出版社，2009：177－181.

② 海伦·米尔纳．利益、制度与信息：国内政治与国际关系．上海：上海人民出版社，2015：57.

族隔离制度为目的的制裁决议，但未能得到西方国家的响应。随着时间的推移，南非黑人为争取民族平等所付出的种种努力逐渐引起了美国民众的广泛关注。自 20 世纪 80 年代中期开始，美国国内以学生、工会组织、反战团体和民权组织为核心的广大群体掀起了声势浩大的“撤资运动”，呼吁美国资本撤出南非。面对国内民众的强烈诉求，参众两院于 1986 年年中相继通过法案，决定中止面向南非的投资活动、严格限制两国的贸易范围，并取消了南非航空公司班机在美国境内的着陆权。但是，由于里根总统主张以温和的方式促进南非实现和平转型，外加强调与一贯反对制裁措施的英国保持外交上的协调，白宫迅速否决了上述法案。然而，此时南非问题已成为选民最为关切的议题之一，为了在当年的中期选举中赢得连任，参众两院议员在制裁问题上的立场呈现出了一边倒的态势，从而推翻了总统的否决。最终，针对南非的制裁行动得到了正式的实施。

四、国际制裁的效用

自 20 世纪 80 年代起，随着美国和西欧国家相继在一系列重大制裁行动中遭遇失败，学术界开始普遍将国际制裁视作一种无效的外交工具。但是纵览大部分学者的研究，其结论主要建立在围绕少数案例进行分析的基础之上。为了对国际制裁的效用做出一个宏观、清晰的描述，彼得森国际经济研究所的赫夫鲍尔等学者在《反思经济制裁》一书中选取了 1915—2000 年的 174 起重要经济制裁案例，分别就其中每一起案例的结果进行了审慎的评估①。鉴于制裁措施时常与军事打击或其他外交手段被一并采用，赫夫鲍尔等人将评估过程分成了两个环节：其一，考察发起者公开宣称的外交政策目标在多大程度上得到了实现；其二，判断制裁措施对于实现这一目标做出了何种程度的贡献。接下来，研究人员对各个案例在上述两个环节的表现进行评分（从低到高分为 1、2、3、4 四档），并将两项得分相乘。如果最终得分高于或等于 9 分，此次行动便被视作一次成功的制裁实践。根据核心政策目标的不同，全部案例被大致划分为五个类型，其成功率统计结果如表 7 - 2 所示。

表 7 - 2　　国际制裁成功率

政策目标	成功案例	失败案例	总计	成功率（%）
温和的政策改变	22	21	43	51
政权改变和民主化	25	55	80	31
打击军事活动	4	15	19	21
削弱军事潜力	9	20	29	31
其他主要政策改变	10	23	33	30
总计	70	134	204②	34

资料来源：Gary C. Hufbauer et al.，*Economic Sanctions Reconsidered*，3rd ed.，Washington DC：Peterson Institute for International Economics，2007，p. 173.

① 这些案例不包含以非国家行为体为目标的制裁行动，也没有统计部分发生在小国之间，或者以非公开形式实施的制裁行动。

② 赫夫鲍尔等人对某些案例进行了特殊的处理。例如，在一些持续周期较长的制裁行动中，政策目标随着时间的推移而发生了变化；又如，在另一些行动中，发起者关注的目标不止一个，且它们的重要性难分高下。针对上述情况，研究人员决定将这些行动拆分为多个案例并逐一进行评估。因此，最终的统计结果共包含 204 组记录。另外，发起者有时还会刻意隐瞒其真实目标，此时借助新闻报道等间接信息来源进行分析显得尤为必要。

根据统计，在整个20世纪，制裁行动的总体成功率大约为34%。表面上看，这一数字似乎印证了学术界的主流观点，即发起者很难借助制裁工具实现其外交政策目标。但是正如赫夫鲍尔等人所分析的那样，由于本项研究仅仅将目标国是否进行政策改变作为衡量发起者政策目标落实情况的依据，所以上述结果低估了制裁行动的真实效用。首先，国际制裁往往有着丰富的信号含义，发起者借此可以向目标国和其他国家表明自身在相关问题上的坚定立场，并对国内呼吁动用制裁武器的声音做出积极的回应；其次，虽然某些制裁行动未能迫使目标国立即对其政策进行调整，但却可以起到良好的威慑效果，从而防止对方在未来一段时间内重复或延续之前的做法；最后，当制裁措施作为一揽子行动的组成部分而得到采用时，其作用通常是军事打击或其他外交手段所无法替代的。一言以蔽之，尽管在很多情况下制裁行动的效果的确与发起者的期望存在差距，但这并不意味着国际制裁就此失去了其作为一项重要外交工具的价值。

另外，不同类型的制裁具有不同的效用。赫夫鲍尔通过对1914—2006年的204个经济制裁案例进行考察发现，在导致被制裁国改变政策的案例中，金融制裁占了41%，贸易制裁占了25%。这一数据说明金融制裁比贸易制裁在达成政治目标上更有效[①]。关于为什么金融制裁比传统的经济制裁更加有效，学者们论述了以下几个方面的原因：

第一，就金融制裁的本身特点而言，金融制裁比传统的经济制裁拥有更强的针对性，直接作用于被制裁政权的领导人和支持该政权的集团或个人，从而在改变被制裁国的政策当中更加有效。例如，冻结、没收某国政府和那些有政治影响力的精英的境外资产，限制某些与政府有密切关系的集团在国际上的金融交易，将会直接影响到某些重点工程的建设或社会精英的私人福利[②]。由于对制裁国的关键性领导人以及与其有重要利益关联的个人和集团进行金融制裁，直接的经济压力会更容易迫使他们屈服，满足制裁国提出的政治要求[③]。基于对金融制裁针对性的分析，有学者进一步提出了金融制裁对不同政权类型的影响。由于威权政体更加依赖于特殊的个体或利益集团，所以如果这些个体或利益集团在制裁中受到直接的威胁或伤害，就会主动对政权领导人进行游说，希望通过改变政策来减轻或消除制裁。因此，针对性强的金融制裁对威权政体更有效[④]。

第二，对被制裁国而言，市场的巨大影响会加强金融制裁的效力。除了制裁国政府会主动采取制裁措施以外，国际上的金融机构也会由于对自身声誉的考虑以及实际操作中难度的增加，而减少与被制裁国的金融交易[⑤]。由于风险增加，债权人和投资商也会离开受制裁国。因为金融制裁导致原先资金的获取渠道不畅通，所以在寻求新的资金来源时，被

---

① Gary C. Hufbauer and Barbara Oegg，"Targeted Sanctions：A Policy Alternative"，*Law and Policy in international Business*，Vol. 32，2000，pp. 11 - 20.

② Jaleh Dashti-Gibson et al.，"On the Determinants of the Success of Economic Sanctions：An Empirical Analysis"，*American Journal of Political Science*，Vol. 41，No. 2，1997，pp. 608 - 618.

③ 柳剑平，刘威．美国对外经济制裁问题研究：当代国际经济关系政治化的个案分析．北京：人民出版社，2009：213 - 214.

④ Risa A. Brooks，"Sanctions and Regime Type：What Works，and When?"，*Security Studies*，Vol. 11，No. 4，2002，pp. 1 - 50.

⑤ Peter D. Feaver and Eric B. Lorber，"Coercive Diplomacy and the New Financial Levers：Evaluating the Intended and Unintended Consequences of Financial Sanctions"，2 - 5 September 2010，http：//ssrn. com/abstract=1661963.

制裁国可能会被要求支付更高的代价[1]。市场的力量会为由于资产被冻结而出现资金短缺的被制裁国带来更大的损失，从而影响其贸易、投资等领域的发展。

第三，对发起制裁的国家而言，金融制裁需要付出的代价更小。与贸易制裁相比，金融制裁对制裁发起国国内造成的伤害会比较小[2]。因为在贸易制裁中，不论是发起出口或者进口限制，都会对本国特定的生产企业产生一定的不利影响。而资本的流动性比商品的流动性更强，制裁发起国找到替代性的投资场所比寻求替代性市场要更加容易。官方开放援助或信贷的减少，对制裁发起国几乎没有影响，还有可能减少其预算支出[3]。

第四，就制裁所带来的负外部性而言，金融制裁比贸易制裁更小。因为当被制裁国在应对各种贸易限制时，将会促进其进口替代型产业的发展，以及原本对外依赖型技术的进步。相对而言，金融制裁不会有这样明显的促进作用。据统计，在单独使用金融制裁的案例中，被制裁国制造业的平均增长率为34%，而在单独使用贸易制裁的案例中，这一平均增长率高达246%[4]。

第五，就实施制裁的具体操作而言，金融制裁会更加便利。在当前的国际金融中，主要的大国以及由它们组成的国际金融机构是全球资金的主要提供者和担保人。因此，高度信用化的金融市场极易受到大国政策的影响，由它们发起的金融制裁也就更加便捷[5]。

不过从总体上看，对国际制裁的效用进行全面、客观的评价仍非易事。于是在当前战争成本日趋高昂的时代背景下，一些学者逐渐将主要精力转移到了研究如何提高制裁行动的成功率这一更具现实意义的命题上。

赫夫鲍尔等人认为，制裁行动的成功必然遵循如下原则，即制裁目标因遭受制裁所付出的政治、经济成本必须高于因服从发起者的要求而产生的成本[6]。因此，如果能够确定上述两方面成本的大小分别受到了哪些因素的影响，便可以在一定程度上把握制裁行动成败的规律。按照这一思路，赫夫鲍尔等人选取了12项重要的政治、经济变量，并运用回归模型对这些变量与不同政策目标下制裁行动成功率之间的关系进行了检验[7]。在此基础上，赫夫鲍尔等人向制裁发起者提出了7条建议：第一，当制裁行动涉及削弱强大国家的军事潜力、打击军事冒险活动及政权改变等"高级政治"目标时，势必会招致目标国的激烈反抗，此时即便制裁措施能够对其国民经济造成重大打击，发起者也应适当降低对制裁

---

① 阮建平．战后美国对外经济制裁．武汉：武汉大学出版社，2009：62.

② David Lektzian and Mark Souva, "The Economic Peace between Democracies: Economic Sanctions and Domestic Institutions", *Journal of Peace Research*, Vol. 40, No. 6, 2003, pp. 641 - 660.

③ 同①62 - 63.

④ Zachary Selden, *Economic Sanctions as Instruments of American Foreign Policy*, Westport: Praeger Publishers, 1999.

⑤ 同①.

⑥ Gary C. Hufbauer et al., *Economic Sanctions Reconsidered*, 3rd ed., Washington DC: Peterson Institute for International Economics, 2007, pp. 50 - 52.

⑦ 这些变量包括：政治变量——制裁发起国或联盟使用的配套政策（包括秘密行动、准军事行动和常规军事行动等）、国际合作程度、国际组织的参与、对制裁目标国的国际援助、制裁行动前发起国和目标国的融洽程度和目标国的政体；经济变量——目标国的经济损失（分别以绝对值、占GNP的比例和人均值计）、制裁发起国和目标国的贸易规模（以双方的贸易额占目标国贸易总额的比例计）、发起国和目标国的相对经济规模（以GNP计）、目标国的经济健康和政治稳定情况、制裁措施类型和制裁发起国的经济损失。

效果的预期；第二，制裁行动往往可以更加有效地促使友好国家或者重要贸易伙伴做出政策改变，但是发起国必须把握好实现制裁目标与维护双方长期关系之间的平衡；第三，如果目标国是政治环境动荡的专制国家，则无论其经济状况稳健与否，发起者也很难通过制裁行动迫使该国服从本方的要求；第四，发起者应尽量寻求以快速、高效的方式在短时间内对目标国予以打击——一旦获得喘息之机，对方便有机会借助民族主义宣传等手段强化国内的反抗力量，或从发起者的对手手中争取援助或支持；第五，多边合作并不能有效地提高制裁行动的成功率，相反，组建成员数量过多的发起者联盟时常会产生巨大的协调成本，从而降低行动的效率，因此只有在确保其他国家或国际组织具备足够的合作意愿与能力的情况下，才应考虑发起多边制裁；第六，即便单纯依靠制裁行动很难实现各种“高级政治”目标，发起者也有必要在实施军事打击之前进行制裁尝试；第七，发起国必须确保制裁措施对国内选民造成的福利损失与它们的预期收益相匹配，否则很可能会使制裁行动迅速失去民众的支持。

应当承认，在自二战结束至今的逾半个世纪中，国际制裁曾在维护世界和平与秩序、化解各类非传统安全威胁及推动第三世界国家民主化等领域发挥过一定的积极作用。但与此同时，美国也一直在利用这一外交政策工具维护其在当今世界上唯一超级大国的地位。以巴统的成立为起点，美国长期保持着不同程度的对华贸易和技术禁运。自 2018 年 4 月美国政府决定将价值 500 亿美元的中国输美商品关税上调至 25%后，本轮全面制裁行动迅速升温，不仅加征关税所涉及的贸易数额不断上升，制裁措施的目标也逐渐扩大到了企业、政府官员和科研工作者等主体。面对这一挑战，中国应从多层面入手增强自身应对制裁行动的能力。

区域一体化的政治经济

区域一体化是某一区域内的主权国家在一定领域内聚合为新的行为体的过程、趋势或状态和结果。区域一体化至少有两层含义：第一，区域一体化是一个发展过程和趋势，即在某一区域内的国际行为体在一定领域内重新分化、组合、聚合为新的行为体的过程或发展趋势。厄恩斯特·哈斯（Ernst Hass）将一体化界定为“说服若干不同国家环境的政治领导人将其忠诚、期望和政治活动转向一个新中心的过程”①。第二，区域一体化是一种状态和结果，即国际行为体在区域范围内聚合成的新的行为体的状态和结果。比如卡尔·多伊奇认为：“实行一体化通常意味着由部分组成整体，即将原来相互分离的单位转变成为一个紧密系统的复合体。”② 因此，区域一体化既可以理解为一种过程和趋势，也可以理解为一种状态和结果。综合上述两层含义，欧洲、东亚以及拉美等地区在战后以来都出现了一体化，其中欧洲一体化当属最为成功的范例。

第一节　欧洲一体化的政治经济

欧洲一体化是国际政治经济学研究的重要内容。国际政治经济学形成时所立足的现实主要是欧洲一体化，正是欧洲一体化的现实经验推动了国际政治经济学的出现与发展③。在欧洲一体化的进程中，政治与经济的互动表现得淋漓尽致。欧洲一体化的发展并不是一种简单的经济一体化或政治一体化，而是政治经济一体化交织并进、相互作用的过程，经济一体化中包含政治一体化，政治一体化推动着经济一体化④。

二战后欧洲一体化的启动，政治动因是起主导作用的。从欧洲煤钢共同体到欧洲经济共同体和欧洲原子能共同体，再到欧洲共同体，最后到欧洲联盟，欧洲一体化的制度化和

① 詹姆斯·多尔蒂，小罗伯特·普法尔茨格拉夫．争论中的国际关系理论．北京：世界知识出版社，1987：448.

② 卡尔·多伊奇．国际关系分析．北京：世界知识出版社，1992：267.

③ 王正毅，迈尔斯·卡勒，高木诚一郎．亚洲区域合作的政治经济分析：制度建设、安全合作与经济增长．上海：上海人民出版社，2007：1.

④ 宋新宁．欧洲一体化研究方法论辨析//王正毅，迈尔斯·卡勒，高木诚一郎：亚洲区域合作的政治经济分析：制度建设、安全合作与经济增长．上海：上海人民出版社，2007：105.

法律化水平不断提高。政治因素是推进欧洲经济一体化进程的决定性因素，而经济一体化的发展则推动了一体化的超国家属性不断加深。

一、欧洲煤钢共同体的政治动因

欧洲一体化的发动机是法国和联邦德国，这在欧洲一体化起步时就已经明显地表现出来了，这就是法国人提出的，得到德国人支持，但遭到英国人反对的“舒曼计划”，以及由此而产生的欧洲煤钢共同体。在欧洲煤钢共同体建立的过程中，如何在战后处理德国问题的政治考量以及为欧洲联邦或欧洲联盟奠定制度框架是其中最主要的动因。

1. “舒曼计划”的提出

1950 年 5 月 9 日，法国外交部部长罗伯特·舒曼提出了“舒曼计划”，开始了欧洲一体化的正式进程。“舒曼计划”的提出既有其偶然性，也是战后欧洲政治经济发展的必然，让·莫内和康拉德·阿登纳对此发挥了重要的作用，其中莫内发挥了最具关键性的作用。

莫内一直是欧洲统一运动的积极倡导者。他对战后以来欧洲的统一运动不满意。早在 1948 年为接受美国的“马歇尔计划”援助而建立欧洲经济合作委员会时，莫内就在给当时的法国外交部部长乔治·皮杜尔的一封信中指出：“各国仅在现有国家范围内做些努力是很不够的。16 个主权国家进行合作的想法实际上只能是幻想。我认为，唯一的办法就是成立欧洲联邦，并应把英国包括在内。这才可能在适当的时机解决我们欧洲问题，从而最终制止战争。”① 但是，莫内的这一主张在 1948 年时还无法实行，因为时机尚不成熟，法国还没有摆脱严峻的经济困境，德国也还没有建立自己的政府。

1950 年 3 月，联邦德国总理兼外交部部长阿登纳在会见美国记者金斯伯里·史密斯时提出应在德国和法国之间建立一个完整的联盟，这一联盟将成为欧洲合众国的奠基石。“法国和德国之间的联盟将会赋予深患重病的欧洲新的生命和充沛的活力。它将具有巨大的心理上和物质上的影响，并发挥力量，必将拯救欧洲。……这是达到欧洲统一的唯一可能性。”同时，阿登纳也不反对英国、意大利、比利时、荷兰、卢森堡参加这个联盟②。关于如何实现法德联盟，阿登纳的主张是从关税和经济着手，使两国逐步结合。作为这样一种联盟的工具，可以成立一个共同的经济议会，它将从两国的立法机构产生。两国政府可以各自指定一个与经济议会共同负责的机构。经济议会和政府方面的代表机构的任务可以随着时间的推移而扩大，以便逐步实现两国的统一③。

阿登纳的建议提出后，莫内对其给予了充分肯定，但同时又认为，重要的是寻找一种真正的解决办法，使之成为现实。莫内认为：“只要我们大家能消除对德国工业统治的恐惧心理，对于欧洲联合的最大障碍也就消除了。唯一的办法是，在把德国的工业从战败国被歧视的地位解脱出来的同时，把法国的工业与德国工业都放在同一起点上。这样，才能为欧洲的谅解创造必要的经济和政治条件，才能对欧洲的统一起积极的促进作用。”④ 莫内进一步提出，法德双方共有的天然财富首先是煤和钢；法德两国各自占有的煤和钢的数

---

① 让·莫内．欧洲之父：莫内回忆录．北京：国际文化出版公司，1989：71.

② 康拉德·阿登纳．阿登纳回忆录（一）．上海：上海人民出版社，1976：354.

③ 同②357－358.

④ 同①97.

量并不相同，而是互为补充的；煤和钢的矿脉的天然走向呈三角形，在历史上两国的国界则是人为划定的，并且造成了双方激烈的冲突；煤和钢结合在一起又是增强经济实力和制造军火武器的关键问题。如果能够超越国界的局限，把两国的煤和钢合并在一起，既可以剥夺一方的特权地位，又可以为另一方消除战争瘟疫的威胁，使两国进入和平的时代①。正是基于上述政治的和战略的考虑，莫内于 1950 年 5 月 3 日向舒曼提交了其经过九次修改的“舒曼计划”报告草案。

1950 年 5 月 9 日，就在法国外交部部长罗伯特·舒曼宣布其“舒曼计划”的同一天，联邦德国政府召开内阁会议，讨论联邦德国是否加入欧洲委员会的问题。会议期间阿登纳收到舒曼送来的一封亲笔信和“舒曼计划”的副本。舒曼的设想完全符合阿登纳长久以来所主张的关于欧洲基础工业联营的设想，因此阿登纳立即通知舒曼，他由衷地赞同他的建议。阿登纳认为，“舒曼计划”是“法国及其外交部部长舒曼针对德国和欧洲问题所采取的一项宽宏大量的步骤”，“是德法关系的一个重大发展”，“为今后消除法德之间的一切争端创造了一个真正的前提”②。阿登纳还认为：“我们的目标必须是在联合起来的欧洲建立一个第三种力量，这种力量虽然远不如这两大强国那样强大，但是它在经济上和政治上却是如此有力，如果潜在的分歧发展成为严重的紧张局势，在面临这种威胁时，为了维护和平，它可以在天平上投入自己的砝码。我认为，这就是人们在执行欧洲政策时必须重视和追求的目标。”③

2. 欧洲煤钢共同体的成立

由莫内设计的“舒曼计划”的核心，是将法德两国整个煤、铁、钢的生产置于一个共同的高级机构的领导之下，而这个组织也对欧洲其他国家开放。“舒曼计划”的思路是，煤、铁、钢生产的合并，必然会通向欧洲国家联盟的初级阶段，能立即为扩大经济建设创造共同的基础，并给这些国家的发展带来转机。这个计划一旦实现，由于煤、铁、钢基础工业生产的合并以及建立一个共同的机构——它所做出的决定对法国、联邦德国以及所有参加这一机构的国家都具有约束力——就为创建一个对于维护和平所必不可少的欧洲联邦奠定了初步的、坚实的基础。

其他欧洲大陆国家，特别是比利时、荷兰、卢森堡、意大利都积极响应，并很快做出了参加讨论欧洲煤钢共同体条约的巴黎会议的决定。英国对“舒曼计划”的反应是消极的，英国首相艾德礼甚至将拟议中的超国家机构称为“不民主和不负责”的④。舒曼和莫内在 1950 年 5 月 10—12 日赴伦敦参加美、英、法三国外交部长会议期间，曾试图说服英国同意该计划，但是最终无功而返。尽管法国向英国发出了邀请，但英国还是在 6 月 2 日正式拒绝出席拟议中的讨论欧洲煤钢共同体的巴黎会议。

1950 年 6 月 20 日，法国、联邦德国、荷兰、比利时、卢森堡、意大利六国在巴黎开始了欧洲煤钢共同体条约的谈判。经过近一年的谈判，最终于 1951 年 4 月 18 日签订了《建立欧洲煤钢共同体条约》（《巴黎条约》），该条约经过各国国内立法程序批准，于 1952

---

① 让·莫内．欧洲之父：莫内回忆录．北京：国际文化出版公司，1989：98-99.

② 康拉德·阿登纳．阿登纳回忆录（一）．上海：上海人民出版社，1976：374，377-378.

③ 同②375-376.

④ 皮埃尔·热尔内．欧洲统一的历史与现实．北京：中国社会科学出版社，1989：110.

年8月10日正式生效。

《建立欧洲煤钢共同体条约》（以下简称《条约》）对其宗旨、目标、机构、政策领域等一系列问题进行了相当详尽的规定，为欧洲一体化搭建了基本法律框架。《条约》的前言包含了五个基本要点，其中的一些内容是过去任何欧洲国家间的条约都不曾包括的，例如，“深信一有组织的、有生气的欧洲对文明所能做出的贡献，系维护和平关系所必不可少”；“认识到只有通过率先开创真正团结的切实成就和通过建立有利于经济发展的共同基础，欧洲才能建设起来”；“决心以合并各国的根本利益，取代世世代代的对立；通过建立一经济共同体，为因流血冲突而长期分裂的各国人民间的一更为广阔与深刻的共同体打下基础；以及为引导今后共同命运的组织机构奠定基石”①。

在关于共同体机构的条款中，《条约》设置了欧洲煤钢共同体的四大基本机构，即高级机构、欧洲议会、部长理事会、欧洲法院。高级机构是共同体的执行机构，其成员应当为共同体的普遍利益完全独立地履行其职责，在此期间他们既不寻求也不接受来自任何政府或其他机构的指示；它通过对煤钢生产征税和通过筹借贷款，取得执行其任务所需的资金。欧洲议会主要履行监督职能。特别部长理事会由成员国部长级代表组成，是共同体的立法和决策机构。欧洲法院的职能是保证在解释和实施《条约》以及为执行《条约》而制定规则时，法律能够得以遵守，它可以应成员国或高级机构的申请，宣布欧洲议会或部长理事会的法令无效，也可以宣布高级机构的决定或建议无效。此外，参加共同体的各个利益集团的代表组成了一个由部长理事会任命的咨询委员会，配属于高级机构②。

3. 欧洲煤钢共同体对欧洲一体化的意义

欧洲煤钢共同体与之前的其他欧洲政治经济或军事合作组织有着很大的区别，它的建立对于欧洲一体化进程的意义是极其深远的，这主要表现在以下三个方面：

第一，欧洲煤钢共同体首先是一项政治安排，而较少经济上的考虑。

正如欧洲煤钢共同体的主要创始者莫内、舒曼和阿登纳所强调的那样，法国和联邦德国的政治家在谋求一种国家间共同体构架时，首先考虑的是政治，而不是经济。让·莫内建议首先在煤炭和钢铁领域建立一种超国家机构，目的并不在于它能够给法国和联邦德国带来多大的现实经济利益，而是因为煤钢是造成法德两国间冲突的重要根源，是增强经济实力和制造军火武器的关键问题，如果能够超越国界的局限，把两国的煤和钢合并在一起，就既可以剥夺一方的特权地位，又可以为另一方消除战争瘟疫的威胁，使两国进入和平的时代。

阿登纳在1950年3月提出德法联盟的构想，其政治动因是显而易见的。而且当时提出这个建议时的一个重要国际国内背景是德法之间围绕萨尔问题产生争议。法国与主张脱离联邦德国的萨尔州政府签订《萨尔协定》导致法德关系紧张，联邦德国国内情绪躁动，对法国的疑虑剧增。阿登纳担心这样下去会导致联邦德国国内民族主义重新冒头，并促使极端的民族主义分子求助于苏联人。“促使我提出这个建议的最主要原因之一，是紧张的

① 欧洲共同体条约集．上海：复旦大学出版社，1993：1.

② 同①4－25.

政治局势正在不断激化。总的政治局势引起了我严重的忧虑。”①

罗伯特·舒曼在1950年5月9日宣布“舒曼计划”的当天给阿登纳的信中已经明确地表明，他的计划并非出于经济的考虑，而是着眼于其重大、深远的政治意义。阿登纳在随后的记者招待会上也强调：“煤、铁、钢基础工业的联营为今后消除法德之间的一切争端创造了一个真正的前提。我认为这就是法国政府的决定所具有的极其重大的意义。”② “舒曼计划”提出后，阿登纳与莫内在进行会晤时都强调了该计划的重要政治意义。联邦德国参加巴黎会议的代表和以后的联邦德国外交部部长哈尔斯坦则说得更加直接：“德国政府重申，首先，舒曼计划具有重大的政治意义。在此前提指导下，经济问题尽管很多，仍居次要地位。因此，德国代表团……呼吁，要使经济利益服从于远大的政治目标。”③

第二，欧洲煤钢共同体是以功能主义方式实现欧洲联邦目标的尝试。

欧洲煤钢共同体作为欧洲一体化的起步，起始于表面上非常功能化的煤炭和钢铁领域。但是，一方面，这并不是一般的功能性领域，而是与国家间关系，同战争与和平紧密相关的；另一方面，在这样的领域开展合作并走向一体化，政治外溢效应从一开始就是存在的。甚至可以说，其政治性本质是与生俱来的。

法国的莫内、舒曼和联邦德国的阿登纳都是坚定的联邦主义者，确信建立欧洲联邦是解决欧洲统一问题的最终途径。莫内在为舒曼起草的计划草案中就曾强调：“欧洲应在联邦的基础上组织起来。德法联合是欧洲联邦的基本因素。”④ “舒曼计划”明确地宣布：“煤炭和钢铁生产的联营作为欧洲联邦的第一步……通过对基础工业实行联营，通过建构一个新的高级机构……本计划将为欧洲联邦的实现奠定初步的现实基础。”⑤ 阿登纳也曾多次强调，他所追求的就是“一个联邦性质的欧洲”⑥。

“舒曼计划”提出后，莫内与阿登纳就“舒曼计划”进行了认真讨论，涉及欧洲煤钢共同体的条约，以及进行条约谈判的一系列技术性细节。从中也可以看出这些政治家在建立煤钢共同体时的长远政治性考虑。

莫内在与阿登纳讨论如何进行建立共同体的谈判时指出：“如果由6个国家的技术专家坐在一起商讨，必然会感到技术困难和意见分歧过大，于是就要不厌其详地讨论，以致有使整个计划陷入空谈的危险。因此，所有参加国一律不派技术专家出席，而选派经济上眼光远大、站在欧洲立场之上和具有欧洲头脑的人物为代表，其中后一条是主要的。”⑦ 也就是说，相对于经济眼光而言，由那些坚持欧洲立场和具有欧洲头脑（意识）的人来进行共同体条约的谈判是至关重要的。

阿登纳在谈及草拟的共同体条约时也指出：“我们的意图不仅仅是想建立一个煤、铁和钢的共同体，而且还想给未来欧洲国际制度可能的进一步发展提供一个榜样。我深信，

---

① 康拉德·阿登纳．阿登纳回忆录（一）．上海：上海人民出版社，1976：355.

② 同①378.

③ 让·莫内．欧洲之父：莫内回忆录．北京：国际文化出版公司，1989：138.

④ 同③101.

⑤ Trevor Salmon and Sir William Nicoll，eds.，*Building European Union：A Documentary History and Analysis*，Manchester：Manchester University Press，1997，pp. 44 - 45.

⑥ 同①375.

⑦ 同①383.

一旦以煤钢共同体做出了开端，一旦6个欧洲国家在这一条约中自愿地而不是被迫地将它们的一部分主权转让给一个超国家的机构，那么就可以希望在其他方面做出同样的事情，而民族主义——欧洲的不治之症——必然会遭到致命的打击。”①

第三，欧洲煤钢共同体是欧洲一体化的真正开端。

所谓真正开端，指的是欧洲自欧洲煤钢共同体始，进入了真正意义上的一体化过程。莫内在设计欧洲一体化方案时关注的一个焦点问题就是主权的让渡，他在致麦克米伦的信中写道：“舒曼计划无论是革命的还是微不足道的，它的基本原则都是在有限的但具有决定意义的方面进行主权转移问题。依我看，如果不从这一原则出发，任何计划都不可能为解决使我们感到烦恼的那些重大问题做出有益的贡献。各国间的合作尽管非常重要，但若不实行主权转移，仍无力解决任何问题。”②

主权让渡的制度性安排是共同体超国家机构的设置和基本的制度构架。根据《建立欧洲煤钢共同体条约》的规定，煤钢共同体的高级机构的成员具有不容置疑的独立性，完全独立地履行职责，既不寻求也不接受政府或来自任何其他机构的指示③。这就使共同体带有了既不同于主权国家，又不完全相同于政府间国际组织的超国家机构的性质。

从共同体的机构设置来看，除高级机构作为其执行机构之外，还有作为立法机构的部长理事会、作为监督机构的欧洲议会和审计院，以及带有欧洲司法性质的欧洲法院。最初，让·莫内主要关注高级机构的独立性及其超国家性的职能，部长理事会是在荷兰、比利时、卢森堡三国的坚持下才确定的，目的是体现共同体内大小国家一律平等的原则。

二、欧洲经济共同体的政治效应

欧洲煤钢共同体的建立对欧洲一体化进程的意义是深远的，它标志着欧洲一体化进程的正式启动。此后欧洲一体化进程在共同体成员国的努力下不断发展，并且在20世纪50年代后期进入了一个新的阶段，这就是1958年正式成立的欧洲经济共同体和欧洲原子能共同体。

1.《罗马条约》与欧洲经济共同体的建立

1954年，欧洲防务共同体和欧洲政治共同体因法国国民议会的否决而流产后，欧洲煤钢共同体的其他国家呼吁开始新的合作方式以加快欧洲一体化的进程。荷兰首先提出了一个建立关税同盟的计划，比利时随后又提出了一个草案，并要求召开共同体外交部长会议。1955年6月1—2日，欧洲煤钢共同体外交部长在意大利的墨西拿举行会议，决定继续推进并加快欧洲的一体化，特别是经济一体化的进程。会议通过的决议指出：“与会国政府确信，在建设欧洲的道路上迈出新的一步的时刻已经到来。在它们看来，这一步伐首先应迈向经济领域。它们认为，下一步的发展必须是通过扩大共同机构，通过有步骤地合并各国的国民经济，通过建立一个共同市场和逐步协调它们的社会政策，来建立一个统一的欧洲。在它们看来，要想保持欧洲在世界上的地位，恢复欧洲在世界上的影响和不断提

① 康拉德·阿登纳．阿登纳回忆录（一）．上海：上海人民出版社，1976：487.

② 让·莫内．欧洲之父：莫内回忆录．北京：国际文化出版公司，1989：124-125.

③ 欧洲共同体条约集．上海：复旦大学出版社，1993：4-5.

高欧洲居民的生活水平，就必须实行这样的一种政策。”① 为此，会议决定委托当时的比利时外交部部长保罗-亨利·斯巴克组成一个专家委员会，负责起草欧洲一体化进一步发展所需的条约或安排。同时，决议还提出邀请英国参加委员会的工作。但是后来被英国拒绝。1956 年 5 月，斯巴克委员会向欧洲煤钢共同体部长理事会威尼斯会议提交了一份报告（即《斯巴克报告》），建议成立一个欧洲经济共同体和一个欧洲原子能共同体，并获得会议的批准。

1956—1957 年，欧洲煤钢共同体国家围绕欧洲经济共同体和欧洲原子能共同体的建立进行了艰苦的谈判。因为尽管各国在加速欧洲经济一体化的问题上立场和目标基本上是一致的，但是各个国家又因各自的特殊利益而对欧洲经济共同体表现出不同的态度。

联邦德国是共同体中实力最强大的国家，特别是经过 50 年代上半期的经济高速发展，联邦德国超过英国和法国而在欧洲居首位。到 1958 年时，联邦德国已经占共同体六国国民生产总值的 36.2%，工业产值的 47.3%，出口贸易的 39.3%②。但是，作为第二次世界大战的战败国，联邦德国的国际地位仍受到很大限制。因此，无论从经济上讲，还是从政治上讲，联邦德国都是进一步加快欧洲一体化步伐的最积极倡导者。

法国是欧洲煤钢共同体的发动机，是欧洲仅次于联邦德国的经济强国，1958 年，其国民生产总值占共同体六国的 32.6%，工业产值的 24.8%，出口贸易的 23%③。与联邦德国相比，法国缺乏的是产品的市场竞争力，在对外经济关系中一直采取较强的贸易保护主义政策。因此，它在建立经济共同体的问题上较联邦德国更消极，更强调在建立经济共同体的同时，建立农业共同市场和把海外殖民地包括在内。

意大利是共同体国家中经济比较落后的国家，1958 年的国民生产总值占共同体六国的 17.9%，工业产值的 16%，出口贸易的 11%④。它在对外经济政策上采取的是与法国类似的政策，在农业问题上也与法国有诸多共同性。

荷兰、比利时、卢森堡自 1944 年宣布建立关税同盟后，彼此间经济联系越来越紧密，1954 年和 1956 年三国又分别签订了有关资本和劳动力自由流动的条约，取消了关税和贸易限制，已经在实际上实现了经济共同体。在煤钢共同体基础上建立更大范围内的共同市场，显然是符合三国利益的。

经过艰苦的谈判，特别是法德之间的讨价还价，共同体六国在 1957 年 2 月通过了《斯巴克报告》，制定了建立欧洲经济共同体和欧洲原子能共同体的条约草案。1957 年 3 月 25 日，六国的政府首脑以及外交部长在罗马举行会议，正式签署了《建立欧洲经济共同体条约》和《建立欧洲原子能共同体条约》，即《罗马条约》。1957 年 7 月 19 日，联邦德国率先批准了《罗马条约》，到 12 月 4 日，六国全部结束国内立法机构的批准程序。《罗马条约》于 1958 年 1 月 1 日正式生效。《罗马条约》与一般国际条约的重要区别之一是其没有明确的期限规定，也没有规定退出程序，同时欢迎其他国家随时申请加入，这表明了

---

① Trevor Salmon and Sir William Nicoll，eds.，*Building European Union：A Documentary History and Analysis*，Manchester：Manchester University Press，1997，p. 59.

② 黄嘉敏，等. 欧共体的历程：区域经济一体化之路. 北京：对外贸易教育出版社，1993：17.

③ 同②18.

④ 同②19.

共同体成员国以此作为推进更广泛的欧洲一体化进程的期望。

2. 欧洲经济共同体对欧洲一体化的意义

欧洲经济共同体的建立是欧洲一体化迈上一个新台阶的重要体现，它所具有的政治效应主要表现在以下几个方面：

首先，欧洲经济共同体加快了欧洲一体化的步伐。《罗马条约》设定在 12 年内分三个阶段逐步消除成员国之间的关税和所有贸易壁垒，建立共同市场。为此，条约规定了一系列具体措施，并规定了在一定时期内建立共同体国家对第三方国家的共同关税率和共同贸易政策。与此同时，条约还第一次明确规定“共同市场应扩展至农业与农产品贸易”，“农产品共同市场的运行和发展必须相随，以在成员国间建立一项共同农业政策”①。建立关税同盟和共同农业政策，为欧洲一体化的顺利发展创造了必不可少的基本条件。

其次，欧洲经济共同体在制度建设上较欧洲煤钢共同体前进了一步。这主要表现在：(1) 机构设置的变化。其中最主要的是设立了欧洲经济共同体执行委员会，作为共同体的执行机构。与欧洲煤钢共同体的高级机构相比，欧洲经济共同体执行委员会拥有了更大的权力。《巴黎条约》对煤钢共同体高级机构职责的规定只有一句话，即“保证本条约所提出的目标得以按本条约的规定实现”②。而按照《罗马条约》的规定，欧洲经济共同体执行委员会的职责有四个方面，即“保证本条约的规定和各机构遵循本条约而采取的措施得到实施；如本条约有明确规定或委员会认为有此必要，就本条约所涉及的事务，形成建议或发表意见；按本条约规定的方式，拥有它自己的决定权并参与形成由理事会和欧洲议会采取的措施；为实施理事会制订的法规而行使理事会授予它的权力”③。(2) 对决策制度的规定。《罗马条约》对欧洲经济共同体主要机构的决策制度进行了规定。例如，部长理事会的三种表决方式：一致同意、简单多数和特定多数，执行委员会中的简单多数制度，等等。(3) 对各机构之间关系的规定。特别是对执行委员会与部长理事会、执行委员会与议会、议会与部长理事会之间的关系做了明确的规定，其中一个与《巴黎条约》相比有了重大变化的方面就是给予了欧洲法院以更大的权力来监督其他机构履行条约的情况，给予法院起诉共同体各机构、成员国和个人的权力，特别是针对议会、执行委员会和部长理事会的“对未采取行动的诉讼”的权力。

最后，欧洲经济共同体作为一个整体与外部世界打交道。《罗马条约》第一次明确规定了要实行“一项共同贸易政策”④，在成员国“与第三方国家的关系上采取一种共同的关税率”⑤，并“至迟在过渡期结束时全部付诸实施”⑥。关于共同贸易政策的实施，条约规定，“共同贸易政策应建立在统一的原则之上”，“在需要与一个或多个国家或国际组织

---

① 黄嘉敏，等．欧共体的历程：区域经济一体化之路．北京：对外贸易教育出版社，1993：147.

② 欧洲共同体条约集．上海：复旦大学出版社，1993：4.

③ 同②172.

④ 同②67.

⑤ 同②75.

⑥ 同②81.

谈判协定时，委员会应向理事会提出建议；理事会应授权委员会开始必要的谈判”①。对外贸易权力将逐步转移至欧洲经济共同体层面，这无疑是加快欧洲一体化的重要步骤。欧洲经济共同体使共同体第一次开始作为一个整体与共同体以外的国家打交道。其中除了共同的对外关税之外，还有其作为一个整体与其他国家就减让关税进行谈判和参加关贸总协定的多边贸易谈判。例如，自 1960 年 9 月开始的关贸总协定迪龙回合和自 1964 年 5 月开始的肯尼迪回合。根据共同体与美国于 1967 年 5 月达成的一揽子协议，共同体和美国分别平均削减关税 32%，英国平均削减关税 35%②。

3. 欧洲经济共同体向欧洲共同体的发展

1958 年 1 月 1 日《罗马条约》生效后，欧洲出现了三个彼此独立但又紧密联系在一起的组织，这就是欧洲经济共同体、欧洲原子能共同体和欧洲煤钢共同体。三个组织各有其独立的条约和执行机构，但是又共享欧洲议会和欧洲法院。《罗马条约》生效后共同体成员国在经济上，特别是在关税领域取得的进展，又一次激起人们争取早日实现政治共同体的渴望和追求。虽然经历了“伏歇计划”的失败和 1965—1966 年的“空椅子危机”，但欧洲一体化的发展仍旧在继续，而且也没有仅仅停留在经济一体化的层面上。共同体六国从 60 年代初期就开始了关于三个机构（欧洲煤钢共同体、欧洲经济共同体和欧洲原子能共同体）合并的谈判。1963 年 9 月，欧洲经济共同体部长理事会通过了机构合并的原则。经过艰苦的谈判，六国最后于 1965 年 4 月 8 日在布鲁塞尔签订了合并执行机构的条约，该条约于 1967 年 7 月 1 日正式生效，欧洲共同体宣告成立。

根据合并条约，三个共同体建立了统一的部长理事会和委员会，原来三个共同体的高级机构和委员会被取消。委员会成员由各国政府共同协议后任命。同时，建立了常设代表委员会，作为一个由各成员国驻共同体大使组成的共同体常设机构，“负责筹备理事会的工作，并执行理事会指派于它的任务”③。

原有的三个共同体的合并加快了欧洲政治一体化的进程。统一委员会的建立虽然在成员的任命程序上由原来《建立欧洲煤钢共同体条约》中规定的“自行遴选”改为“共同协议后任命”，似乎在超国家性上是个倒退④，但是由统一的委员会取代原有的三个执行机构，无疑大大提高了该机构的效率和与成员国政府进行协调的能力。此外，合并后的《欧洲共同体条约》也在第 155 条中对其特殊的功能和权限做了规定，即：（1）决策过程中的创议功能，理事会只能在委员会的建议下通过决议；（2）立法职能，委员会依此而拥有自己的决策权和签订国际条约的权力；（3）管理职能，即管理共同体的资金和执行共同体的预算计划；（4）监督职能，即监督共同体法律在成员国的运用⑤。常设代表委员会的设立，使共同体决策的准备和形成更加有效。三个共同体的合并，使自《罗马条约》以来就已经执行统一职能的欧洲议会和欧洲法院在履行职责的过程中更加具有合法性，并且在与一个单一机构（共同体委员会）而不是三个执行机构打交道的过程中更加具有效能。

---

① 欧洲共同体条约集．上海：复旦大学出版社，1993：140－141.

② 陈朝高．欧洲一体化与世界．北京：时事出版社，1999：28－29.

③ 同①172.

④ 皮埃尔·热尔内．欧洲统一的历史与现实．北京：中国社会科学出版社，1989：279.

⑤ 同①172.

三、欧洲经济与货币联盟的政治内涵

20 世纪 80 年代后期，随着欧洲货币体系的推进与欧洲单一市场计划的推行，建立欧洲经济与货币联盟的进程启动。1991 年 12 月，欧洲共同体马斯特里赫特首脑会议通过了《欧洲联盟条约》，即《马斯特里赫特条约》。《马斯特里赫特条约》对欧洲经济与货币联盟的主要目标和时间表都做出了规定。自 1999 年 1 月 1 日起，欧洲经济与货币联盟正式启动第三阶段，在 11 个国家（2001 年后是 12 个国家）实现单一货币。2002 年 1 月 1 日，欧元开始正式在市场流通。2002 年 7 月 1 日，欧元区国家的货币全部退出流通领域。可以说，欧洲经济与货币联盟的发展是欧洲一体化不断深化的体现。这种一体化并非仅仅是经济领域的，而是有其深刻的政治内涵。

1. 经济与货币联盟：政府间的政治讨价还价

欧洲经济与货币联盟的发展，可以说是自欧洲经济共同体建立时就开始了，其间经历了 50—60 年代的关税同盟和共同农业政策，60 年代末 70 年代初经济与货币联盟的初步尝试，70—80 年代的蛇形汇率机制和欧洲货币体系，80 年代后期的欧洲统一大市场，90 年代的经济与货币联盟第一、第二阶段，直至进入 90 年代末和 21 世纪初的经济与货币联盟第三阶段以及货币联盟在 2002 年的最终实现。

回顾欧洲经济与货币联盟的发展进程，我们可以看到与其基本上平行发展（尽管有时并不成功）的另外一个过程，那就是谋求政治一体化，即建立欧洲政治联盟的尝试和对建立欧洲共同体诸条约的不断修正。例如，60 年代初的“伏歇计划”、60 年代后期与《维尔纳报告》并行的谋求欧洲政治统一的《达维尼翁报告》。70 年代初，欧洲共同体一方面在货币领域（其中主要是汇率）进行合作，另一方面又启动了“欧洲政治合作机制”。欧洲货币体系的启动和欧洲议会的首次直接选举几乎是同时在 1979 年展开的。80 年代，推动统一的欧洲内部市场的建立和《单一欧洲法令》使人们常常误以为“单一”的含义就是“单一市场”，然而《单一欧洲法令》恰恰是推动欧洲共同体机构和政治改革的重要里程碑。《马斯特里赫特条约》将欧洲经济与货币联盟及其发展阶段正式以条约的方式确定下来，也正是《马斯特里赫特条约》将欧洲共同体更名为“欧洲联盟”，其政治意味是不言自明的。到 90 年代后期，《阿姆斯特丹条约》与实现欧洲经济与货币联盟的三个重要协议在同一个欧盟首脑会议上获得通过，这也绝不是偶然的。

从欧洲共同体/欧洲联盟的发展进程中我们还可以清楚地看到，一方面是欧洲经济一体化与政治一体化始终处在同步并行的发展轨迹上（但是两者的发展速度并不一致）；另一方面，欧洲经济与货币联盟的每一次重要进展，都有相应的法律和制度安排做保障，即对条约的不断修改。同时，这又始终是与政府间，特别是主要成员国政府间围绕条约所进行的谈判或讨价还价紧密相连的，这种谈判或讨价还价有经济和功能领域的，而在更多情况下和更大程度上是政治的。

在欧洲共同体/欧洲联盟政府间谈判和讨价还价的过程中，法德两国一直发挥着至关重要的作用，或者说，正是法德之间的政治讨价还价推动了欧洲一体化以及欧洲经济与货币联盟的发展。欧洲一体化的起步，主要就是法德之间相互关系的产物。没有法德之间在 40 年代末期的冲突和合作，就不会有欧洲煤钢共同体的出现。《罗马条约》生效后，欧洲共同体关税同盟和共同农业政策，特别是后者的进展，是法德合作的又一产物。正是在这个时期，两国于1963年1月正式签订了《法德友好合作条约》。欧洲经济与货币联盟设想提出后，欧洲存在着“经济学派”和“货币学派”之间的争论，其争论的焦点并不是围绕经济与货币联盟如何运行的技术层面展开，而主要集中在如何处理经济与货币联盟和成员国主权之间的关系问题，以及欧洲共同体内的大国间关系问题上，核心依旧是法德之间的关系问题。正是由于蓬皮杜和施密特的共同努力，欧洲经济与货币联盟才有可能持续下去，尽管这种持续在70年代采取的是一种不同于其倡导者最初设想的方式。同时，这种政治家的推动既与他们两个人的政治理念相关，又是两国国内政治的必然产物。

当然，围绕欧洲经济与货币联盟的政府间谈判并非仅仅是法德之间的讨价还价，其他国家也在其中发挥着重要作用。也正因为此，欧洲经济与货币联盟的发展进程表现为一个极其错综复杂的多边讨价还价过程。大国（如法、德、英）和中小国家（如荷兰、比利时、卢森堡）之间相互利益的交织和差异，使得欧洲共同体/欧洲联盟政府间会议成为其一体化进程中不可或缺的重要环节。

2. 欧洲中央银行体系的政治内涵

欧洲经济与货币联盟发展到今天，就其自身或仅从纯粹经济一体化的角度来看，欧洲中央银行和欧洲中央银行体系是这一联盟最直接的制度性安排。而恰恰是这种制度性和机构性安排，使我们看到了欧洲经济与货币联盟作为欧洲政治一体化有机组成部分的基本特征。

中央银行是一个国家经济和政治体制的重要组成部分之一。从世界范围内讲，大多数国家的中央银行都通过控制基础货币和发行货币、管理货币信贷供应及市场利率、对其他银行和金融机构进行监管、负责国家的外汇储备和外汇控制、管理全部或部分国家债务而起着发行银行（bank of issue）、银行的银行（bank of banker）、政府的银行（bank of government）等作用。传统的国家中央银行是国家主权的重要象征之一。

根据一般的中央银行作用理论，中央银行能否真正发挥其在国民经济中的作用，取决于其独立的程度。在相当长的一个时期，各国中央银行在实践中更像是一个政府财政部的部门。20世纪70年代以后，主要发达资本主义国家无论从理论上还是从实践上都将中央银行的独立性作为一个最重要的问题提了出来。衡量一个国家中央银行独立性的标准主要有三点：(1) 人事独立权，包括中央银行高级主管人员的任命、中央银行决策部门人员的构成，等等。(2) 独立功能，即中央银行是否有权依照自己的判断自行制定和执行货币政策、是否能够在追求最终目标（稳定物价）的过程中自主发挥自身的功能、中央银行的政策目标与政府经济发展政策间的相互关系等。(3) 财务独立，即如何对待政府财政预算赤字、中央银行购买政府公债方式、中央银行自身财政预算权力，等等。以上被认为是衡量中央银行独立性的恒定要素。此外，还有一些变量需要考虑，包括与中央银行行长的任命、日期和离职程序有关的变量（CEO变量），中央银行的政策与政府经济目标发生冲突时如何解决问题的变量（PF变量），涉及中央银行最终政策目标的变量（OBJ变量），关于限制中央银行向政府或公共部门提供融资的变量（LL变量），等等。①

---

① 申皓．欧洲中央银行研究．武汉：武汉大学出版社，2001：47－53.

欧洲共同体/欧洲联盟作为一个带有明显超国家性的政治经济体，其中央银行和中央银行体系有着独有的特性。《马斯特里赫特条约》赋予欧洲中央银行体系高度的独立性。欧洲中央银行体系享有发行欧元的专有权和独立制定货币政策的决策权。《马斯特里赫特条约》第2章第105条第1款规定："欧洲中央银行体系的首要政策目标是保持价格稳定。在不妨碍价格稳定目标的前提下，欧洲中央银行体系应支持共同体的总体经济政策。"①《马斯特里赫特条约》第105A条规定："欧洲中央银行拥有授权在共同体内发行纸币的专权……成员国可以发行铸币，但其发行需经欧洲中央银行批准。"②

欧洲中央银行作为一个独立机构，既独立于欧盟各个机构，又独立于欧盟各成员国政府。《马斯特里赫特条约》第106条第1～3款规定："欧洲中央银行体系由欧洲中央银行和各国中央银行组成。欧洲中央银行具有法人资格。欧洲中央银行体系由欧洲中央银行的决策机构——总裁理事会与执行委员会——管辖。"③ 第107条规定："在行使和执行本条约与《欧洲中央银行体系章程》赋予的权力和任务与职责时，欧洲中央银行、各国中央银行或其决策机构的任何成员，均不得寻求或接受来自共同体机构、来自一成员国的任何政府或来自任何其他机构的指示。共同体机构与成员国承诺尊重这一原则，并承诺不寻求影响欧洲中央银行或各国中央银行的决策机构成员履行其任务。"④ 第108条还规定："各成员国保证：至迟在欧洲中央银行体系建立之日，使本国的立法，包括本国中央银行的章程，与本条约及《欧洲中央银行体系章程》不相抵触。"⑤

欧洲中央银行的独立性还在于其独有的决策权。根据《马斯特里赫特条约》的规定，欧洲中央银行有权制定规则、做出决定、提出建议和发表意见，其中"规则具有普遍适用性。它具有完整的约束力，并在所有成员国中直接适用"，"建议和意见不具有约束力"。同时欧洲中央银行还"有权对不遵守其规则与决定义务的企业，课征罚金或定期罚款"⑥。

从以上的规定中我们可以看出，欧洲中央银行体系是比一般国家中央银行更具有独立性的中央银行体系。与一般国家中央银行体系相比，欧洲中央银行行长、副行长及主要成员的任期是最长的（8年），执行委员会成员任期安排的选择也是最长的。同时条约规定了执行委员会成员的任命程序，以及规定其成员"应从在货币或银行事务上具有公认地位与职业经验的人士中遴选"⑦。在功能和地位上，它完全独立于欧洲联盟的各个机构和各成员国政府，并且只是在"不妨碍自身最终目标"的前提下支持欧洲联盟的总体经济政策。在财务独立方面，《马斯特里赫特条约》第104条规定了禁止欧洲中央银行及其成员国中央银行向欧洲联盟机构、成员国中央、地区或地方政府以及公共企业提供任何透支或其他形式的贷款，同时也禁止欧洲中央银行及其成员国中央银行向这些机构、政府或企业购买债券⑧。

---

① 欧洲共同体条约集．上海：复旦大学出版社，1993：404.
② 同①405.
③④ 同①406.
⑤ 同①406-407.
⑥ 同①407.
⑦ 同①409.
⑧ 同①401.

因此，欧洲中央银行和欧洲中央银行体系的建立，使欧洲联盟向超国家方向大大迈进了一步，是欧洲政治一体化的一个重要组成部分。

3. 货币一体化与主权让渡

一体化的核心是主权的让渡。欧洲经济与货币联盟的建设和发展，特别是货币联盟、货币一体化，本身就是在不断地让渡成员国国家的主权。这种将国家主权向超国家机构的让渡在关税领域和对外贸易领域实现得最早。欧洲中央银行体系的建立是欧盟成员国向超国家机构让渡主权的另一个重要领域，但是这种让渡仍旧是有限的。欧元的启动，欧洲经济与货币联盟成员国货币从流通领域的退出，则是这种主权让渡在货币领域的最终实现。

货币是一个国家主权的最主要内容之一，欧洲单一货币的完成（主权国家货币退出流通）将意味着参加欧元区的欧洲联盟国家最终放弃了它们的货币主权，这对于欧洲一体化而言，乃至对国家间关系的基本形态而言，无疑都是一场巨大的变革。

单一货币的实现，标志着欧洲经济一体化的实现。作为一种若干主权实体融合为单一主权实体的过程，欧洲一体化本身自始至终是一个政治经济相互作用和制度建构不断发展的过程。在这个过程中，随着一体化的不断深入，欧洲共同体/欧洲联盟的制度安排日趋完善，作为成员国的主权国家的主权也在这个过程中逐步向新的超国家实体让渡。欧洲经济与货币联盟的发展和单一货币的实现，就是这个过程的一个必经阶段。这种货币一体化过程中主权让渡程度的不断加深，标志着欧洲一体化发展程度的不断深化。

四、欧债危机对欧洲一体化的影响

2009 年底希腊爆发了主权债务危机，2010 年起爱尔兰、西班牙、葡萄牙、意大利等国先后爆发了主权债务危机，引起欧元和国际金融市场的大幅震荡。在救援陷入债务危机的国家的过程中，欧洲金融稳定机制、欧洲稳定机制等救援机制相继出台，并且带来了具有严格约束力的《欧洲经济与货币联盟的稳定、协调与治理条约》，即所谓的《财政契约》，进一步推动欧元区国家在财政政策上的协调和一体化。同时欧债危机后欧盟也面临着更多的挑战，给欧洲一体化的进一步发展蒙上了一层阴影。

1. 欧洲主权债务危机的演变过程

欧债危机最早起源于非欧元区的冰岛。受美国次贷危机的影响，冰岛的三大银行于 2008 年底陆续出现了资不抵债的情况，冰岛政府通过对三大银行的强制接管成为“最后贷款人”，最终导致了政府债务不断攀升，主权信用评级被惠誉降为“垃圾级”。从 2009 年底希腊爆发债务危机到 2012 年底主要债务国家得到援助，欧债危机可以分为爆发、扩散和纾困三个阶段。

第一阶段，主权债务危机爆发（2009 年底—2010 年中）。2009 年 10 月，希腊政府宣布 2009 年政府财政赤字和公共债务占国内生产总值的比例预计将分别达到 12.7%和 113%，远超出《稳定与增长公约》规定的 3%和 60%的上限。到 12 月，惠誉、标准普尔和穆迪三大信用评级机构相继下调希腊主权信用评级，希腊主权债务危机正式爆发。危机爆发之初，欧盟及其他欧元区国家并没有对此表示重视，德国总理默克尔甚至公开表示，“不会救助希腊一分钱”，欧盟各国领导人也在峰会上达成一致声明，要求希腊遵守财政纪律，欧盟只能给予道义和政治上的支持。2010 年 4 月，希腊主权信用评级进一步下降，到

5月时欧元区和国际货币基金组织达成协议共同向希腊提供1 100亿欧元的三年期贷款援助，并对希腊附加了严格的财政紧缩条件，希腊得以喘息。

第二阶段，欧债危机扩散及恶化阶段（2010年中—2012年9月）。到了2010年上半年，评级机构陆续下调了葡萄牙和西班牙的长期主权评级，爱尔兰和意大利相继出现政府债务高企、主权债务违约风险加剧的问题，欧债危机蔓延到欧元区第三、第四大经济体，投资者的担忧开始从欧元区边缘国家蔓延到核心国家，这才引起了欧盟各国的关注。爱尔兰于2010年11月向欧盟和国际货币基金组织申请援助资金以稳定国内银行业和缓解到期债务，成为第二个深陷主权债务泥潭的欧元区国家；葡萄牙也于2011年4月被迫向“三驾马车”（指欧盟委员会、欧洲中央银行和国际货币基金组织）申请援助；2011年6月，希腊爆发第二波债务危机；同年下半年，由于持有大量希腊债券，加上自身累积的高额债务，三大评级机构相继多次下调意大利主权信用评级，意大利成为欧债危机的风暴中心；2012年6月，西班牙向欧盟申请援助，同时德国、法国、奥地利、荷兰、卢森堡等欧洲国家主权信用评级皆受到影响，政治风险进一步暴露，欧债危机已经全面席卷欧元区，而此时欧盟及国际货币基金组织提供的援助方案仍然是短期的、应急性质的欧洲金融稳定机制（EFSM）和欧洲金融稳定基金（EFSF），欧洲央行作为“临时救火员”显得力不从心。

第三阶段，达成长效纾困机制、危机平息阶段（2012年9月—2012年底）。随着欧债危机的持续升温，欧洲央行和欧盟领导人发现临时性的救援机制难以应付此起彼伏的债务危机。2012年9月，欧洲央行退出了无限量债务购置计划“直接货币交易”（OMT），承诺承担欧元区各国国债的最后贷款人，为阴霾许久的欧洲市场提振了信心；10月，规模达5 000亿欧元的永久性救援机制欧洲稳定机制（ESM）正式启动。上述两项长效纾困机制的达成，有效地缓解了市场信心不足对欧元区带来的下行压力，市场对成员国债务违约风险的担忧逐渐减弱，欧元区内各国国债收益率开始趋同，流动性危机也开始解除，标志着欧债危机基本平息。

2. 欧洲主权债务危机的制度根源

欧债危机的出现和美国次贷危机的传导机制有很大的关联。一方面，从表面上看，欧元区国家的债务危机是由美国房地产泡沫破灭、金融市场连锁反应造成的，这一点在希腊、西班牙等以房地产、旅游业作为国民经济支柱行业的欧元区国家表现得尤为明显；另一方面也是由于美欧金融市场的高度相互依赖，欧洲银行业大量持有美国国债和公司债，在过去几十年去监管环境下金融市场杠杆率高企、嵌套严重，发生危机后欧洲各国为了防止银行业崩溃而采取了托底政策，加之为了刺激经济大量发行国债，导致了欧债国家出现债务无法偿还的风险。而国际投机资本和信用评级机构在欧债危机的扩散中起了推波助澜的作用，不断推高债务国国债收益率及银行隔夜存款利率等金融指数，比如希腊和葡萄牙10年期国债收益率在2012年中分别到达过31.0%和18.3%的顶点[①]，市场信心的消解使单个国家的债务危机难以被快速化解。

但究其根本，欧债危机是由欧元区的“天生不足”导致的。首先从债务国自身来说，由于跨国公司在全球化推动下将低技术制造业转移到发展中国家，这些原来在欧盟内存在

① 张雨．欧洲主权债务危机研究．南京：南京大学出版社，2014：24.

劳动力优势的边缘国家优势不存在了，而在新技术革命中它们也没有像核心国家德国、英国一样抢占信息技术和现代化服务业的先机，国民经济体系中服务业比重高达七成，经济结构极度单一。另外，这些国家的高福利社保体制和生活方式不仅催生了一批“懒人”，更是不断加重了政府的财政负担，最终高赤字的财政模式无法维系，在外部刺激下这种虚假的繁荣被戳破，政府也再无力承担高筑的债务。

其次，欧元的使用使危机通过共同货币在整个欧元区进行传导，是欧债危机愈演愈烈的体系原因。其实早在危机之前，共同货币的引入，使欧元区中缺乏竞争力的国家得以获得以信用和稳定著称的德国的背书，国际金融市场大规模地购买了这些国家的国债，以至这些国家的赤字率和债务率早已超过了欧元区成立之初的承诺。当欧元正式进入流通领域，欧元区各国之间的汇率成本被抹平，生产力和购买力的差异导致了德国、法国等共同体内发达经济体以更低的成本向其他成员国输送国内工业制成品，进一步加剧了边缘区国家的贸易逆差，导致这些国家的经济抗风险能力不断下降。危机发生之后，由冰岛引起的主权债务危机引起了金融市场上对欧元的恐慌，欧元价格持续下跌，欧元国债收益率不断上涨，之前就背上沉重债务的欧元区国家因市场信心不足导致无力置换到期债务，国债违约风险不断上升，而由于欧元区国家金融机构普遍相互持有各国国债，各国的银行业相继陷入困境，由此主权债务危机的恐慌被传递到整个欧元区内。

最后，欧债危机的制度根源是欧元区仅是货币联盟而非财政联盟，缺乏超国家的财政协调机制。欧元区在 2001 年使用欧元以后，仅仅是达成了欧洲货币联盟中货币一体化的目标，各国财政政策依然各行其是、相互独立。“欧元之父”蒙代尔在开放经济模型中提出了三难困境，即资本自由流动、固定汇率制和货币政策自主性这三个目标无法同时实现，而当欧元投入使用之后，欧元区各国丧失了通过货币政策实现国家宏观经济调控的手段，因此只能通过财政政策进行调整。在民主政治环境下，希腊、意大利等国政党为了获取更多选票竞相推出高福利社会保障政策。在国内经济缺乏竞争力的情况下，只能依靠大规模发行国债来维持福利水平，而欧元区内极低的融资成本进一步刺激了这些国家的赤字政策，最终导致超出了《马斯特里赫特条约》和《稳定与增长公约》的双红线。在危机爆发之后，债务国无法利用货币贬值的手段遏制危机的蔓延，反而因国际信用评级机构的推波助澜不断推高再融资难度，使债务情况进一步恶化。而要应对高债务带来的危机，在欧盟层面缺少统一的财政转移制度对债务国进行救援，债务国也只能通过财政紧缩、削减福利的手段来降低国内债务水平，这必然引起习惯于高福利的人民的不满和反抗，从而使经济问题转化为社会政治风波。

3. 欧债救援与财政一体化

作为欧债危机救援的“三驾马车”——欧盟委员会、欧洲央行和国际货币基金组织在其中发挥了决定性的作用，而以欧洲经济“发动机”和“稳定器”著称的德国也凭借其在欧债救援过程中的领导作用将自身的财政理念推广到了整个欧元区，推动了欧元区财政一体化的进程。

整个债务救援的过程可以分为两个阶段。首先是面对单个国家危机的紧急救火：对第一个陷入主权债务危机的希腊，2010 年 5 月，欧元区成员国和国际货币基金组织共同出资 1 100 亿欧元的三年期援助贷款帮助其应对短期的兑付不足问题，2011 年 9 月达成价值 1 100 亿欧元的对希腊第二轮救助方案；2010 年 11 月，向爱尔兰提供 850 亿欧元的救助资金；2011 年 5 月，向葡萄牙提供 780 亿欧元的援助贷款等。这些援助资金主要来自由欧元区成员按比例担保募集的欧洲金融稳定基金和 IMF 提供的援助贷款，但究其根本，仍然是针对陷入主权债务危机的单个成员国的短期应急救援机制。

其次，通过了以《财政契约》和欧洲稳定机制为核心的财政纪律，这极大地促进了欧元区内财政一体化的进展。在 2011 年 12 月召开的欧盟峰会上，欧盟各国领导人就加强财政纪律达成一致，2012 年 3 月，除英国和捷克外欧盟 25 国签署了《财政契约》，其核心是通过严格的财政纪律和自动制裁机制，赋予欧盟相应机构以审查和监督成员国国内财政运行状况的权力：欧盟成员国需要将预算平衡纳入宪法，各国的财政预算在提交国内议会讨论前需要交由欧盟委员会审核，以及欧洲法院有权对结构性赤字超过国内生产总值 0.5%的国家进行罚款。而在 2012 年 10 月正式运行的、价值 5 000 亿欧元的永久性救援机制——欧洲稳定机制（ESM）——也与《财政契约》进行捆绑，只有在国内通过并且严格执行《财政契约》的国家才可在危机时得到来自 ESM 的援助。在这个过程中，欧盟最大出资国德国的总理默克尔多次在公开讲话中呼吁加强财政纪律、通过采取紧缩的财政政策来遏制不断上涨的赤字和公共债务，而时任法国总统萨科齐则明确反对财政紧缩。尽管欧元区两大巨头在这一问题上出现了纷争，但德国仍以强劲的经济实力占据优势，最终得以在欧盟范围内推广“秩序自由主义”的财政理念，进而实现各国财政权力向欧盟层面的部分让渡。

除了上述的财政措施之外，欧盟在其他领域也达成了一致：（1）搭建欧洲银行业联盟制度框架：欧盟财长于 2012 年 12 月达成共识，同意在 2014 年 3 月 1 日之前建立欧洲银行业单一监管机制（SSM），欧洲央行将对资产超过 300 亿欧元或者资产占到所属国 GDP 20%以上，或者至少在两个国家运营的大型银行实施直接监管，昭示着欧洲银行业联盟计划向前推进[①]；在 2013 年底，各国就单一清算机制（SRM）和共同存款担保机制（SDP）达成协议，进一步完善欧洲货币联盟内对银行业的监管。（2）2013 年欧委会提议在欧盟 11 国推出统一的金融交易税，一方面是以欧债危机为诫加强对金融市场的监管和对投机行为的抑制；另一方面也是为了防止在一国征收金融交易税后出现资本外逃、避税等情况，实现了参与国内部之间的金融协调。（3）欧盟领导人及专家学者对由欧洲央行统一发行欧元债券及欧元区中央预算计划的实施方案进行了深入的讨论，为未来欧元区财政一体化提出了更多可行性的构想。

《财政契约》的签订，意味着欧盟从货币联盟向财政联盟的迈进有了国际制度的保障，虽然从本质上来说《财政契约》只是《稳定与增长公约》在欧债危机背景下的修订，但可以看到欧盟成员国在财政政策的相互协调和让渡上已经取得了实质性的进展。

4. 欧债危机后欧洲一体化面临的主要挑战

欧债危机推动了欧盟治理体系的改革，但欧债危机后欧盟仍面临诸多挑战，这些挑战使欧洲一体化面临前所未有的不确定性。

第一，英国“脱欧”。2016 年 6 月，英国举行的“脱欧”公投中支持离开欧盟的选民以 51.9%比 48.9%的微弱优势战胜了留欧派，使英国成为《里斯本条约》中“选择性退

---

① 许凯．欧债真相：从危机看一体化经济的隐患与未来．杭州：浙江大学出版社，2015：104.

出”（opt-out）条款诞生以来首个宣布脱离欧盟的国家。自1958年欧洲经济共同体成立以来，欧洲一体化的进程虽然有过徘徊期，但总体上是向前发展的，英国“脱欧”这一“黑天鹅”事件给欧洲一体化未来进程带来了巨大的不确定因素，欧洲去一体化（European disintegration）这一概念成为欧洲研究的重要议程之一。一些政治家和学者认为英国“脱欧”使欧洲一体化出现重大退步，可能会在欧盟内产生“头羊效应”，瑞典外交大臣瓦尔斯特伦就在英国“脱欧”公投前夕发出警告：“一旦开创了成员国脱离欧盟的先例，那么欧盟其他成员国也会相继提出特别要求或选择退出欧盟。”① 作为欧盟内第二大经济体，英国的贡献占欧盟预算的十分之一，同时英国巨大的市场和金融体量更对欧盟内经贸关系有着举足轻重的影响，愈演愈烈的民粹主义是否会传导到其他欧盟国家，从而导致“退出”问题频发，成为欧盟领导人最关心的问题。

第二，难民问题。由“阿拉伯之春”引起的难民问题在2015年夏季爆发。大量来自叙利亚、阿富汗等中东、北非地区的难民通过地中海和巴尔干半岛进入欧洲寻求避难，难民接纳、安置及由此引发的政治、经济、宗教、民族等问题造成了欧盟国家之间强烈的分歧。这些问题如果能妥善处理必将使欧洲一体化向前推进一大步，但目前来看，大部分国家之间矛盾大于合作，在难民接纳问题上也体现出了欧盟层面协调不力、缺乏对成员国的硬约束。难民危机对欧洲一体化的冲击主要体现在政治和经济领域：在政治领域，难民的接纳问题与以《都柏林公约》为核心的共同避难政策和《申根协定》中共同外部边界问题直接相关，《都柏林公约》中设定了避难者只能向其入境欧盟的第一个国家申请避难，然而愿意接收难民的主要是以德国、瑞典为首的西欧和北欧国家，由于难民主要通过南欧和东欧的外部边境进入欧盟，因此这些欧盟的边境国放弃了对共同避难政策的遵守，同时启动了临时边境控制重新设置了欧盟内部边界，直接违反了欧盟层面的政治协定；在经济领域，数以百万计的难民给接纳国的财政带来了巨大的压力，尤其是希腊、意大利等边境国家刚从主权债务危机中得到喘息，大量接纳难民必将恶化其国内财政状况，进一步影响欧元区的团结和稳定。

第三，民粹主义政党的兴起。在欧债危机过程中，反对紧缩的意大利中右翼联盟党和五星运动党对民众的吸引力开始增强，支持紧缩的中左翼联盟和中间派联盟未能在2013年的大选中组成政治联盟；2013年德国大选中极右翼政党德国选择党也异军突起，险些进入联邦议会；在2014年的第八届欧洲议会选举中可以看到共有26个极右翼政党获得了135个议席，占总席位的18%②。以极右翼政党崛起为代表的民粹主义情绪在欧洲逐步蔓延。随着难民危机的爆发，民粹主义在欧洲进一步发酵，欧洲政治格局进一步极化。除了英国“脱欧”公投之外，被誉为“荷兰特朗普”的荷兰极右翼政党自由党主席维尔德斯在参加2017年竞选时也承诺一旦组阁将开启荷兰有计划地退出欧盟的主张；法国国民阵线领导人玛琳·勒庞打出了“法国优先、从欧盟收回主权”的竞选纲领；在意大利具有强烈民粹主义色彩和疑欧情绪的五星运动党和联盟党在2018年大选后组阁成功；等等。在2019年5月举行的第九届欧洲议会选举中，两大传统党团——中右翼的人民党党团和中左翼的社会民主党

① 程君秋．瑞典外长警告：英国脱欧将导致欧盟解体．环球时报，2016－06－12.

② 贾文华．“次等选举”的右倾化：欧洲议会选举中极右翼政党的崛起与影响．欧洲研究，2014（5）：58.

党团首次失去欧洲议会多数地位，左翼的绿党、中间派自由民主党党团联盟、极右翼党团的得票率则大幅上升，其中分布在三个议会党团中的右翼民粹主义者在欧洲议会中共占约150个席位。成员国国内政治的这些变化都给未来欧洲的一体化带来了不确定因素。

第二节　北美一体化的政治经济

20世纪80年代中期，欧洲经济一体化发展迅速，积极筹建统一大市场，而美国倡议的多边贸易体制——关贸总协定乌拉圭回合谈判徘徊不前，促使美国改变以多边谈判应对欧洲一体化挑战的战略，转向支持北美经济区域化。1989年1月1日生效的《美加自由贸易协定》拉开了北美区域经济一体化的序幕。1992年8月，美、加、墨三国经过14个月的谈判最终达成《北美自由贸易协定》(NAFTA)，并于1994年1月正式实施，北美成为全球最大自由贸易区。NAFTA运行24年之后，在美国强烈要求下三方重启谈判，并于2018年9月30日达成新的协定——《美国-墨西哥-加拿大协定》(USMCA)，北美经济一体化进入新阶段。北美经济一体化并不是复杂或深度的一体化，既不像欧盟高度的制度化，又不像非洲或拉美经历了长期的一体化过程①。尽管北美经济一体化的过程看似简化，但作为由发达国家和发展中国家组建的首个经济集团，其具有重要的研究价值，其发展过程一直伴随各方争论和学界广泛讨论。

一、《北美自由贸易协定》的政治动因

《北美自由贸易协定》诞生于20世纪80年代复杂多变的国际政治经济形势下，谈判期间适逢冷战结束，美国、加拿大经济陷入衰退。美、加、墨三国政府为谋求国内对《北美自由贸易协定》的支持，对其政治和经济影响都给予了高度积极的评价。事实上，《北美自由贸易协定》背后的政治考量才是推动三国政府积极推进区域经济一体化的主要因素。

1. 发起国墨西哥的改革诉求

1990年1月，墨西哥总统萨利纳斯访欧并出席世界经济论坛年会，其间与美国贸易代表卡拉·希尔斯会面，表达了希望与美国开展自由贸易协定谈判的意愿，得到美国政府的积极响应。这可被视为墨西哥对美政策的根本性转变。鉴于美墨之间长期存在的不平等关系，墨西哥对美国始终怀有戒心。早在20世纪80年代初，美国总统里根就提出美、墨、加三国建立“北美共同市场”的建议，但先后遭到波蒂略总统和德拉马德里总统的拒绝。随着国际国内形势的变化，尤其是1982年债务危机之后，墨西哥寻求转变发展模式，努力推进经济改革和贸易自由化，使墨西哥政府对美墨自贸协定的态度由反对转为支持。

1986年德拉马德里总统一改前任拒绝多边贸易体制的政策，推动墨西哥加入关贸总协定，使贸易自由化成为墨西哥经济发展战略的重要组成部分。尽管仍坚持反对墨美双边自由贸易协定的立场，但德拉马德里政府已经开始审视美国对推进墨西哥自由化改革和贸易开放的作用，并于1987与美国签订了《贸易与投资框架协议》，确定解决双方贸易争端

---

① Tanja A. Börzel and Thomas Risse, eds., *The Oxford Handbook of Comparative Regionalism*, Oxford: Oxford University Press, 2016.

的机制，以及未来双边贸易谈判的议题领域①。萨利纳斯在1988年刚就任总统时，也是寻求在多边机制下推进贸易自由化，特别是与美国的贸易关系。他说："鉴于美国和墨西哥的经济发展水平存在很大差距，我不赞成共同市场的计划，因为它不会对任何一方的发展有利。"② 随着客观环境的变化，萨利纳斯政府对美态度也在不断变化。先是于1989年10月与美国总统布什会晤时提出双方开展部门级别的贸易谈判，之后又于1990年初提议全面的自由贸易协定谈判。这种转变的政治动因正是墨西哥的改革诉求，希望对内"锁定"经济改革进程、稳定政治局势，对外吸引外资、参与全球化进程。

第一，《北美自由贸易协定》是墨西哥"锁定"经济改革进程的对外政策。在《北美自由贸易协定》谈判之前，由于1982年爆发的债务危机和经济危机的冲击，德拉马德里和萨利纳斯总统开启了墨西哥对外开放和经济自由化改革进程。通过实施贸易自由化、放松对外资的限制、国有企业私有化改革等举措，墨西哥基本实现了从进口替代工业化的内向型发展模式到以自由市场为导向的外向型模式的转变。墨西哥平均关税税率从1986年的22.6%降到1989年的13.1%，加权平均关税税率由13.1%降到9.7%，仅对101种进口商品征收关税，占进口商品总数的5%。墨西哥宏观经济形势明显好转，进出口大幅增加，经济走上恢复和增长之路。

基于国际制度对国家行为的结构性约束作用，国家行为体可以通过将国内政策与国际制度相联系的方式，使其政策承诺具有不可逆性和可信性③。为了抵御国内利益集团的贸易保护主义压力，进一步对外开放和推行自由化改革，墨西哥政府希望通过外部约束的力量，使国内改革进程不可逆转④。关贸总协定与《北美自由贸易协定》，被视为是墨西哥政府向国际社会做出的可信承诺，保证改革在政治上的可预见性，以"锁定"墨西哥经济改革。

第二，《北美自由贸易协定》是墨西哥执政党维系政权合法性的重要手段。20世纪80年代，长期的经济衰退、快速的经济改革进程以及社会贫困化加剧等问题，给执政近60年的革命制度党造成了政治危机。一方面，革命制度党在群众中的威信不断下降；另一方面，党内分歧严重，以技术专家型政治人物为代表的改革派与保守的元老派之间矛盾不断激化。革命制度党在1982—1983年的地方选举中失去了对5个州和6个中等城市的控制权。1988年大选更被视为革命制度党走向衰落的标志。由该党内持异议者和主要左翼政党组成的政治联盟"全国民主阵线"获得了工人和农民的广泛支持，在1988年大选中取得罕见的30%以上的选票，从而对革命制度党政权提出了真正的挑战。萨利纳斯仅以51%的微弱优势险胜，而此前该党在大选中的支持率基本在70%以上。因此，推进《北美自由贸易协定》谈判，尽快带领墨西哥经济走出困境，成为革命制度党赢得政治前途的重要手段。

---

① "Mexico-United States: Framework Understanding On Bilateral Trade and Investment", *International Legal Materials*, Vol. 27, No. 2, 1988, pp. 438 - 442.

② Maxwell A. Cameron and Brian W. Tomlin, *The Making of NAFTA: How the Deal Was Done*, New York: Cornell University Press, 2000, p. 59.

③ 田野．国家的选择：国际制度、国内政治与国家自主性．上海：上海人民出版社，2014：114 - 115.

④ 海伦·米尔纳．利益、制度与信息：国内政治与国际关系．上海：上海人民出版社，2010：204 - 205.

第三，《北美自由贸易协定》是墨西哥吸引外资、参与全球化进程的重要途径。墨西哥对《北美自由贸易协定》最直接的诉求是，希望其为墨西哥商品打开新的市场，并吸引更多外资投入墨西哥，以进一步深化对外开放和贸易自由化进程[①]。20世纪80年代，经济区域化、集团化日益成为一种国际潮流。萨利纳斯强调，为避免被排除在“世界新的一体化进程以及贸易和资金的巨大潮流之外”，墨西哥应同美国建立“新型的、更好的和经济上的明确关系”，推进北美区域经济一体化，积极参与全球化进程[②]。

2. 主导国美国的战略考量

对美国而言，《北美自由贸易协定》本质上是一项对外政策，而非经济议题。正如美国总统布什强调的：“不能狭隘地理解《北美自由贸易协定》，要在大的外交政策的图景中去理解它。”

第一，《北美自由贸易协定》是美国全球经济战略调整的关键举措。20世纪80年代，美、日、欧经济实力对比发生重大变化，美国在世界经济中的领先地位受到挑战。欧洲一体化进程加速，关贸总协定乌拉圭回合谈判进展缓慢，促使美国转向筹建自己的区域性贸易集团。美国为推动贸易谈判而利用《北美自由贸易协定》“曲线救国”，抗衡欧共体，促进乌拉圭回合谈判取得进展，避免欧洲和日本的贸易保护主义给美国造成更大的经济损失[③]。美国的战略目标是以《北美自由贸易协定》为基础，筹建涵盖美洲各国的统一市场，巩固美国在西半球的力量，以加强其在全球经济中的地位。1990年6月，美国总统布什在白宫向拉美国家使团发表讲话时，首次提出“美洲事业倡议”，以贸易、投资和削减债务为三大支柱，建立一个包括整个美洲（北美洲、中美洲和南美洲）在内的自由贸易体系。《北美自由贸易协定》为实现“美洲事业倡议”迈出了重要一步。1992年，布什在《北美自由贸易协定》签署仪式上表示：“我希望并相信，北美自由贸易区域将延伸至智利，以及南美洲、中美洲和加勒比地区有价值的合作伙伴，实现美洲自由贸易区这一设想的时机已经来临。”[④] 克林顿总统上任后积极推动国会批准《北美自由贸易协定》，面对国内不断涌现的贸易保护主义压力，多次强调《北美自由贸易协定》的战略作用，“在全球范围内，我们的竞争对手们实力在增强，同时在建立贸易集团。《北美自由贸易协定》在我们应对欧洲、亚洲长期挑战的能力上，居于关键地位”[⑤]。《北美自由贸易协定》以其具有创新性的安排与制度设计，不仅影响了随后成立的世界贸易组织，而且在很大程度上成为众多自由贸易协定（FTA）的参考。

第二，改革的、友好的墨西哥政府符合美国需要。对美国来说，《北美自由贸易协定》为其向南开拓出口市场提供了机会，也为解决美国与墨西哥双边关系提供了机会，成为拉拢墨西哥以获得稳定边境的对外政策。美国需要可靠的能源供应，需要较多的、廉价的移民劳动力，墨西哥恰恰可以提供这一切。移民问题一直是北美一体化进程中的核心议题，

---

① 徐世澄．墨西哥政治经济改革及模式转换．北京：世界知识出版社，2004：54.

② 陈芝云．北美自由贸易协定：南北经济一体化的尝试．北京：经济管理出版社，1996：57-58.

③ 李巍，张玉环．美国自贸区战略的逻辑：一种现实制度主义的解释．世界经济与政治，2015（8）.

④ Remarks on Signing the North American Free Trade Agreement. [2019-05-10]. https://bush41library.tamu.edu/archives/public-papers/5126.

⑤ Remarks at the Signing Ceremony for the Supplementary Agreements to the North American Free Trade Agreement. [2019-05-10]. https://www.presidency.ucsb.edu/documents/remarks-the-signing-ceremony-for-the-supplemental-agreements-the-north-american-free-trade.

美墨之间在这一问题上摩擦和争议不断。每年大量墨西哥无证件非法移民进入美国，成为美国政府的棘手问题。针对未来可能出现的墨西哥流向美国的移民潮，以及随之而来的劳工问题、人口问题、社会文化问题等，美国将劳工问题和环境问题纳入《北美自由贸易协定》谈判内容，通过经济力量解决移民问题，促进解决北美一体化中的环境、发展、边境等问题，更好地保护边界。

3. 追随国加拿大的“被动选择”

在墨西哥提议与美国开展双边贸易协定谈判之前，加拿大与美国已于1988年达成了《美加自由贸易协定》，这也被认为是北美经济一体化的开端。因此，1990年3月，加拿大总理马尔罗尼访问墨西哥时，在获悉墨美将开展自由贸易协定谈判后，并未表示出参与谈判的兴趣。加拿大起初对谈判并不热衷，一方面是因为加墨两国贸易联系较少，因此并无与墨开展自贸协定谈判的经济动因；另一方面，加拿大不想重启1988年大选期间因《美加自由贸易协定》导致的国内论战，给执政党带来巨大压力。随后，加拿大政府成立特别工作组，就《北美自由贸易协定》对国内相关行业和利益攸关者的潜在影响进行详细论证后，最终于1990年9月向美国提出加入谈判的请求。有分析称，加拿大花费6个月的时间说服自己加入《北美自由贸易协定》谈判，主要是基于抵消风险的“被动选择”①：(1)防止墨西哥得到比《美加自由贸易协定》更优惠的待遇和更有利的市场准入；(2)减少贸易、投资从加拿大向美国转移的影响②。为了保住其在《美加自由贸易协定》中取得的成果，同时就《美加自由贸易协定》中的相关条款与美国进一步讨价还价，完善包括原产地规则、政府采购、金融服务以及争端解决机制等内容，加拿大最终加入了《北美自由贸易协定》谈判。

二、《北美自由贸易协定》的制度设计

《北美自由贸易协定》的谈判过程可以分为两个阶段。第一阶段为1991年6月至1992年12月。主导国美国在这一阶段为布什政府时期，三国经过14个月的艰苦谈判在“快车道”授权到期之前成功签署了《北美自由贸易协定》。第二阶段为1993年3月至11月。这一阶段为三国谋求国内立法机关批准的阶段。1993年克林顿总统上台后，继续就劳工和环境的附加协议展开谈判，并最终于1993年9月达成协议，同年11月，美国国会最终批准《北美自由贸易协定》。关于议题领域，《北美自由贸易协定》谈判围绕6个领域进行讨价还价，包括市场准入、服务、投资、知识产权保护、争端解决机制，以及关于补贴、倾销和原产地的贸易规则。

1. 不对称依赖关系使美国主导《北美自由贸易协定》谈判进程

在体系层次上，拥有实力优势的美国在《北美自由贸易协定》谈判进程中占据主导地位。《北美自由贸易协定》作为一个由发展中国家与两个发达国家建立的自由贸易区，是一种典型的不对称相互依赖关系。《北美自由贸易协定》能快速达成的主要原因在于，三

---

① Maxwell A. Cameron and Brian W. Tomlin, *The Making of NAFTA: How the Deal Was Done*, New York: Cornell University Press, 2000, pp. 64-68.

② 如果美加、美墨两个双边自由贸易协定并存，就会形成一种“轮轴-辐条”模式，轮轴国美国处于中心地位，在贸易和吸引投资方面处于明显优势地位。在美投资可自由进入加拿大和墨西哥市场，将降低加拿大对外国投资的吸引力，导致贸易和投资从加拿大向轮轴国美国转移。

国的不对称关系或美国绝对的实力优势在事实上主导了《北美自由贸易协定》的谈判进程①。相互依赖的不对称性包括脆弱性和敏感性两个方面。其中，脆弱性是衡量不同行为体针对外部变化而进行政策调整所付出的代价②。在《北美自由贸易协定》谈判阶段，美墨相互依赖关系中的脆弱性更加明显。脆弱性小的美国占有主导权。美、加、墨三国的综合国力和市场成熟程度悬殊，却要实行同等程度的贸易、投资自由化。脆弱性更高的墨西哥承担更高的“调整成本”，同时要冒国内经济与市场结构受到外部冲击的风险。

基于《北美自由贸易协定》服务于美国推进多边贸易谈判的私心，《北美自由贸易协定》的条款在很多方面都是样板性的，而且非常全面，从知识产权到投资协议，从服务贸易到劳工和环境问题等，就像一个多边谈判的试验场。在议题设置方面，墨西哥相对于美国来说处于弱势地位。在谈判伊始，墨西哥坚持将石油议题列为不可谈判议题，但在美国的压力下，作为依赖性更强的一方，墨西哥不得不开放石油这一国家敏感部门，主动调整和适应北美自由贸易区的要求，通过妥协以推动谈判进程。《北美自由贸易协定》签署后，墨西哥成为美国最重要和最稳定的石油贸易伙伴国之一。

2. 国内压力使劳工和环境议题与自由贸易挂钩

在国内层次上，国内压力，包括行业集团的立场与国内批准的需要，共同确定国际谈判的内容，因此协定充满了妥协与让步③。希斯考克斯在对 20 世纪 90 年代美国贸易政策的投票结果分析后认为，美国政党内部分歧严重，行业集团在贸易政策制定上起到了强有力的影响作用④。这一观点适用美、墨、加三国，国际导向的商业部门是《北美自由贸易协定》的重要支持力量。对美国来说，国内压力主要来自汽车、服装和农业部门等处于进口压力下的国内产业。墨西哥则面临来自银行、能源以及特定农业部门等行业的压力。

在美国，除了特定行业集团的压力外，环保主义团体第一次干预国际贸易事务，而代表劳工的劳联-产联进行了全面的政治动员，有能力在民主党控制的国会中获得足够多的选票来反对这项贸易协定。为获得国内批准，美国政府围绕劳工和环境议题与墨西哥展开谈判。首先，谈判开始之前，为了获得由民主党控制的国会对“快车道”程序授权的批准，共和党的布什总统于 1991 年 5 月向国会提交了一份行动计划，国会同意就环境和劳工标准议题同墨西哥展开谈判。克林顿继任总统后，美国恢复单一政府即民主党同时控制立法和行政机构，增加了《北美自由贸易协定》获得国内批准的可能性。1993 年 9 月，美、墨、加三国政府签署了劳工和环保附加协议，即《北美环境合作协定》(NAAEC) 和《北美劳工合作协定》(NAALC) 。《北美自由贸易协定》由此开创了将自由贸易与劳工和环境议题挂钩的先河，打破了贸易政策的政治界限，将国内议题纳入调整范围。美国和墨西哥还加入了《北美自由贸易协定》有关边境环境合作的双边补充协定。最终，在《北美自由贸易协定》签署的 11 个月后，美国国会终于在 1993 年 11 月批准了《北美自由贸易协定》。

---

① 孔繁颖，李巍．美国的自由贸易区战略与区域制度霸权．当代亚太，2015 (2).

② 罗伯特·基欧汉，约瑟夫·奈．权力与相互依赖．4 版．北京：北京大学出版社，2012：13.

③ 海伦·米尔纳．利益、制度与信息：国内政治与国际关系．上海：上海人民出版社，2010：205－210.

④ 迈克尔·希斯考克斯．国际贸易与政治冲突：贸易、联盟与要素流动程度．北京：中国人民大学出版社，2005：113－115.

三、从《北美自由贸易协定》到《美国-墨西哥-加拿大协定》

《北美自由贸易协定》自1994年1月1日正式运行后，美、加、墨三国国内围绕《北美自由贸易协定》的争论从未休止。按照北美自由贸易协定最初的约定，2008年12月31日是协定15年修约期。美国在遭受金融危机重创之后，国内的就业再创历史新低，奥巴马竞选总统期间一直抨击《北美自由贸易协定》。特朗普上台后，将《北美自由贸易协定》重谈列为优先议程；2017年8月开启了谈判进程，9月30日，美国、墨西哥与加拿大就《美国-墨西哥-加拿大协定》达成一致，以取代此前实施了24年的《北美自由贸易协定》。新达成的协定被认为是目前内容涵盖最广的自由贸易协定，一定程度上反映了国际贸易与投资新规则发展的最新趋势，给未来的贸易谈判提供了模版。

1. "国家优先"与区域一体化

特朗普政府的对外贸易政策以"美国优先"为考量，"促进美国产业、保护美国工人和提高美国人的工资"。为了在贸易谈判中最大化实现美国利益，特朗普坚持"双边先行""以双边促多边"的贸易政策方略。事实上，加拿大、墨西哥同样坚持本国利益优先的谈判原则。谈判期间，加拿大总理特鲁多同样一再声称他的任务是维护加拿大的利益，如果新协议不能保障加拿大利益，宁可达不成协定。各方也主要从自身利益得失出发进行谈判，几乎没有一方把北美作为整体进行考虑。从新协定的名称"美国-墨西哥-加拿大协定"来看，这一协定被弱化为国家间协定而非区域协定，"国家优先"原则得到充分体现。

美国认为《北美自由贸易协定》让墨、加两国受益更多，有必要通过重谈改善本国贸易状况，保持并扩大美国农产品、制造业产品及服务的市场准入。美、墨之间不断扩大的贸易逆差是特朗普抨击《北美自由贸易协定》的重要原因。2017年，美国从加、墨两国进口商品总值为6 140亿美元，约为1993年的4.1倍，出口商品总值为5 250亿美元，为1993年的3.7倍，贸易逆差为890亿美元，为1993年的9.8倍。而值得注意的是，油气贸易额占美国对加、墨两国贸易总额的7.2%。因此，如果忽略油气贸易不计，美国对加、墨贸易逆差将大幅减少330亿美元。

2. 美国未来贸易谈判的模板

《北美自由贸易协定》生效20多年之后，经贸领域的一些变化无法在其中找到对应条款。在美国贸易代表办公室于2017年向美国国会提交的报告《北美自由贸易协定重谈目标》中，详细罗列了22个领域的具体谈判新要求，其中有些是全新领域，比如数字贸易和汇率条款，更多的是原有领域标准的提升，实现了超越原版《北美自由贸易协定》的高标准①。《美国-墨西哥-加拿大协定》的"公平性"与"高标准"特点突出，美国贸易代表莱特希泽更是将其称为美国未来贸易协议的模板，暗示了WTO改革的方向。比如在原产地规则方面，车企要想获得北美区内的零关税优惠，来自北美的零配件占整车的比例由62.5%提升至75%，至少七成汽车用钢材来源于美、墨、加三国。40%～45%的汽车部件由时薪不低于16美元的工人生产。美国在"日落条款"上做出妥协，协定生效6年后，

---

① Summary of Objectives for the NAFTA Renegotiation. [2019-05-15]. https://ustr.gov/sites/default/files/files/Press/Releases/NAFTAObjectives.pdf.

三国将会对其进行审查；若通过审查，协定的有效期将延长为 16 年，此后再视情况而定。在乳制品生产中，加拿大做出让步，同意取消“Class 7”的乳品定价协议，将向美国开放约 3.5%的乳品市场份额。

美国力将《美国-墨西哥-加拿大协定》打造为高标准的“21 世纪新贸易规则”。从文本来看，《美国-墨西哥-加拿大协定》共分为 34 个章节，对国民待遇与市场准入、原产地原则、海关管理与贸易便利化、贸易救济、投资、跨境贸易服务、数字贸易、知识产权、劳工标准、环境标准、监管实践、争端解决等多个领域的标准与实施做出了细致的规定。《美国-墨西哥-加拿大协定》在文本内容、价值导向、实施标准上均与《跨太平洋伙伴关系协定》(TPPA) 高度契合，重合章节多达 25 处。可以说，《美国-墨西哥-加拿大协定》继承了 TPPA 的衣钵，体现了特朗普政府在贸易战略上对奥巴马政府的高度延续，即以高标准自由贸易协定引领国际贸易规则发展方向的雄心。

3. 选举政治筹码

对于特朗普来说，《美国-墨西哥-加拿大协定》的政治意义大于经济意义：《北美自由贸易协定》重谈的优先目标是兑现竞选承诺、迎合选民诉求，帮助其在 2018 年中期选举中获得更有利的选情。美国贸易代表办公室于 2019 年 5 月 17 日发表声明，宣布取消对加拿大和墨西哥进口的钢铁和铝加征关税，加墨也将取消对美国商品征收报复性关税。舆论认为此举是三国为获得各自立法机构对《美国-墨西哥-加拿大协定》的批准扫清关键障碍。2019 年 6 月 19 日，墨西哥参议院以压倒性多数票批准了《美国-墨西哥-加拿大协定》，成为三个国家中首个获得立法批准的国家。就美国行政-立法分治的情况来看，2018 年中期选举后，民主党获得了众议院控制权，新协定的未来将面临更多不确定性。

第三节　东亚一体化的政治经济

东亚各国和地区之间在经济上的相互依赖已发展到了一定水平，高水平的区域内贸易和对外直接投资的流动越来越成为促进区域一体化的强大动力。尽管存在着政治、社会和经济制度上的重大差异，但东亚国家和地区实际上已经走上区域经济一体化的道路。尽管自发的市场力量在这几个阶段中都发挥了主导作用，但东亚的区域合作进程仍不可避免地受到政治因素的影响。

一、东亚区域合作的历史渊源

第二次世界大战之后，东北亚成为东西方冷战的重要场所。在塑造东北亚安全和贸易关系上，区域外的美国和苏联具有支配性的影响力。作为日本和韩国在冷战时期的主要盟友，美国是其国家安全的保护国和出口市场的提供者。这一时期，区域合作和一体化还没有被提上日程，旧金山体制足以服务于东北亚地区在冷战时期的制度需求，也避免了任何与经济和安全事务有关的地区性制度建设。在旧金山体制的网络辐射下，美国不仅是地区秩序的主要维持者，也是中国和日本之间有力的平衡者，同样也是朝韩之间以及中国大陆和台湾之间的平衡者。因而在冷战时期，东北亚地区的一体化进程基本上没有成果。

在东南亚地区，区域合作却取得了有实际意义的进展，从而开启了东亚次区域合作的进程。1967 年 8 月 8 日，印度尼西亚、泰国、新加坡、菲律宾四国外长和马来西亚副总理在曼谷举行会议，发表了《曼谷宣言》，正式宣告东南亚国家联盟（简称东盟）成立，以求在美苏东西方冲突之间保证自身安全①。东盟的建立主要有三个目标：（1）缓和东盟国家之间的紧张关系；（2）减少外部行为体在该地区的影响力；（3）提升成员国的社会经济发展水平。东盟在成立的最初 8 年当中，并没有什么实质性的组织创新。但到了 1975 年，越南南北方在共产党的领导下实现了统一，刺激了东盟成员国强化整个组织的努力。1976 年 2 月，第一次东盟首脑会议在印度尼西亚巴厘岛举行，会议签署了《东南亚友好合作条约》（Treaty of Amity and Cooperation in Southeast Asia），明确阐述了东盟缔约各方在处理相互间关系时应遵循的基本原则，即相互尊重独立、主权、平等、领土完整和各国的民族特性；任何国家都有免受外来干涉、颠覆和制裁，保持民族生存的权利；互不干涉内政；和平解决分歧或争端；反对诉诸武力或以武力相威胁；缔约各国之间进行有效合作。然而，1978 年 12 月 25 日，越南入侵柬埔寨，这一行动破坏了《东南亚友好合作条约》的基本原则，也使苏联这一越南的主要支持者有机会进入东南亚地区。以中国和美国为主要支持力量的东盟国家建立了反对越南入侵柬埔寨的联盟。从 1978 年到 1990 年，这一单一的议题成为东盟国家的主要关注点。正是在这样的政治背景下，东盟在建立时所表明的经济和社会目标上的合作进展相对缓慢，虽然 1974 年的外长会议同意开始进行经济一体化，但仍将促进地区和平放在首要位置。

亚太地区的经济合作也取得了一些成果。亚太地区经济联系合作机制的构想最早由日本经济学家提出，后不断有新的倡议被提出，推动了亚太地区合作的行动，推动了地区合作机制的建立，例如，太平洋盆地经济理事会（Pacific Basin Economic Council，PBEC）和太平洋经济合作理事会（Pacific Economic Cooperation Council，PECC）的建立。太平洋盆地经济理事会成立于 1967 年。作为亚太地区最早的独立性商业协会，太平洋盆地经济理事会为不同类型的工业、服务业提供了一个沟通和交流的平台。太平洋经济合作理事会成立于 1980 年，由 22 个委员会组成，这些委员会由致力于提升亚太地区合作的个人和机构组成。太平洋经济合作理事会将优秀的思想家和决策者从政府和商界聚集在一起，以非正式的方式对亚太地区面临的最具挑战性的问题进行讨论和规划，这也最终发展出 1989 年成立的亚太经济合作会议（1993 年更名为亚太经合组织）。这两个组织是私人部门推动区域经济合作的重要工具，也反映了美国政府当时明确提出的主张，即由私人部门而非政府推动区域经济计划的主张。

二、冷战结束后东亚区域经济合作的发展

与第二次世界大战结束后相比，冷战结束后的东亚地区更加和平与稳定。大多数的亚洲国家将它们的注意力都转到了经济发展上，亚洲地区在世界经济中的比重也明显上升，因而也更加致力于创建和维持一个稳定的地区环境。加之在 20 世纪 80 年代末，经济全球化、贸易投资自由化和区域集团化的趋势逐渐成为潮流，特别是欧盟和北美自由贸易区的成立使东

① 1984 年 1 月文莱成为第六个成员国，越南于 1995 年 7 月加入，老挝和缅甸于 1997 年 7 月加入，到 1999 年 4 月柬埔寨加入，东盟十国的联盟正式成形。

亚国家逐渐意识到，它们应该发展地区内的经济合作，以免落后于其他快速发展的地区。东亚经济地区主义最初缘起于超东亚范围的亚太经合组织的成立和东亚次区域——东盟自由贸易区（AFTA）的建设。

1989年1月，澳大利亚总理霍克呼吁在太平洋周边地区建立更加高效的经济合作，美国也赞同建立一个美国参与其中的泛亚太的经济合作机制。1989年11月，亚太经合组织首届部长级会议在澳大利亚首都堪培拉召开，有12个国家（澳大利亚、美国、加拿大、日本、韩国、新西兰和东盟6国）参加。中国、中国香港和中国台湾在1991年加入亚太经合组织。1993年，在美国西雅图举行的亚太经合组织第一次领导人非正式会议上确定了亚太经合组织的三大目标：（1）本地区的贸易和投资自由化；（2）贸易便利化；（3）经济技术合作。1994年，在印度尼西亚茂物举行的亚太经合组织领导人非正式会议上通过了《亚太经合组织经济领导人共同决心宣言》，即《茂物宣言》。《茂物宣言》以领导人共同承诺的方式确立了亚太经合组织在亚太地区实现贸易和投资自由化的目标和时间表，明确提出发达成员到2010年实现“开放与自由的贸易和投资”，发展中成员则到2020年实现此目标。除此之外，亚太经合组织于1995年大阪会议上提出了“部门自愿提前自由化”（EVSL）计划，以求在全面实现贸易投资自由化之前，在世界贸易的重要部门提前实现自由化。

在东盟的发展方面，冷战的结束将东南亚的政治和战略环境的复杂程度提升到了一个新的高度。虽然地区和平与稳定的特征凸显，但东南亚仍旧存在很大的不确定性，主要是因为强国对这一地区战略所持的模糊态度。美国在第二次世界大战后充当了这一地区的稳定力量，美国在这一地区的军事存在缓解了这一地区对日本再次崛起为军事强权国家的担忧。冷战的结束、美国从菲律宾的撤军都使东南亚国家开始质疑美国对该地区的安全责任是否会继续。东盟国家认为美国的退出会使东亚地区出现权力真空，日本和中国都会迫不及待地填补这一真空。日本作为地区强国的崛起使东盟国家开始忧虑。自20世纪70年代末期开始，美国开始让日本在亚太地区扮演一个更大的军事角色。日本当时的军事预算位居世界第三，而且军事装备精良。多数的亚洲国家，尤其是中国和韩国，都牢记日本在历史上的军事入侵行为。如果这些国家认为日本政府正在谋求更强大的军事实力，它们就会同样增强自己的军事实力，这也就造成了地区性的军事竞赛。如果经济和其他政治争端没有得到解决，这一问题会更加严重。此外，东盟国家也担心中国的崛起。中国经济实力不断提升，军事实力也在不断增强，而且与一些东盟国家在南海岛屿上存在争端。这使得东盟国家对中国的崛起心存疑虑。当然，东盟也意识到中国作为一个崛起国也需要与邻国开展更多的经济合作，需要更为友好的政治环境，中国给东盟国家提供了不可忽视的巨大经济发展机遇。另外，东盟国家也认识到亚太经合组织这个多边合作平台在协调成员国贸易政策时并未取得实质性成果，对亚太经合组织开始出现的消极看法使东盟国家之间开始寻求新的合作。

在诸多因素的影响下，东盟国家在经济领域开始寻求建立一个东盟自由贸易区，力争通过推进贸易自由化提高区域合作水平，推进东盟共同体和经济一体化建设，增强东盟的整体实力。1991年7月的东盟外长会议和10月举行的第二十三届东盟经济部长会议同意了泰国提出的在15年内建立东盟自由贸易区的倡议，并决定将它提交给第四次东盟首脑会议讨论。1992年1月27—28日在新加坡举行的第四次东盟首脑会议上，各国签署了《新加坡宣言》、《东盟加强经济合作的框架协定》和《共同有效优惠关税计划》（CETP）

三个重要文件，正式批准了部长会议关于建立东盟自由贸易区的建议，提出在此后的15年里，分批将商品贸易的关税降至0～5%，以实现建立东盟自由贸易区的目标。这是东盟国家在面对其他经济地区主义给东盟带来的挑战的情况下，整合区内要素、加速自身发展的重要举措。

从东亚区域合作整体进程来看，90年代以来，世界经济区域集团化趋势发展迅速，欧盟和北美自由贸易区相继成立，而东亚却少有作为。由于作为跨区域的亚太经合组织并没有能够取得实质性进展，致力于建立东亚地区内部合作的要求开始变得相对迫切。最早将东北亚和东南亚联系在一起的一体化理念是由时任马来西亚总理马哈蒂尔提出的。1990年，马哈蒂尔提出由东盟和中、日、韩三国组成东亚经济集团（East Asia Economic Grouping，EAEG）的构想。但美国对东亚经济集团这样的构想持反对态度，认为这一集团的建立将“成为太平洋东西岸之间即美欧地区和亚洲地区的阻隔，在太平洋上画一道线，也将导致日本和美国的分裂”。对东盟国家来说，虽然如马哈蒂尔这样的东亚经济集团倡导者对美国表示不满，但出于多方面的考虑，东盟各国在1991年10月召开的经济部长会议上转而呼吁召开比东亚经济集团更加温和的东亚经济核心论坛。但这一倡议同样遭到美国反对，美国仍担心这样一个将美国排除在外的组织会增强日本在东亚的领导权，破坏美日同盟。于是，这一合作倡议由于美国的反对而失败。

三、亚洲金融危机之后东亚区域经济合作的成形与发展

1997年爆发的亚洲金融危机对东亚一体化进程具有深远的影响，成为东亚区域合作的加速器。在危机中，美国没有迅速采取行动，而国际货币基金组织采取措施过少、行动过晚，并且设定了颇为苛刻的条件。东亚国家由此更加意识到建立区域合作机制的重要性，以摆脱对美国以及国际金融机构的过度依赖。同时，亚太经合组织也被证明并不是一个有能力去平衡各种矛盾的地区性解决方案。由于其论坛性质，亚太经合组织对亚洲金融危机反应迟缓、行动不力，无法为陷入危机中的国家提供实质性的援助。在1997年于温哥华召开的亚太经合组织峰会上，北美和东亚两个阵营就“部门自愿提前自由化”发生了争论。美国和加拿大希望引入“部门自愿提前自由化”机制，将林业、渔业、能源、电信等9个部门自愿提前实现自由化，但韩国、日本以及东盟国家强烈反对这一计划。尽管美国、加拿大、澳大利亚在现阶段并不强迫其他成员同意快速地进行制度建设，但它们仍喜欢传统的自由贸易协定模式，即通过严格的、强制的承诺进行基于自由化目标的谈判，而亚太经合组织中的亚洲成员强烈地反对正式制度和法定的约束性义务。由于无法有效地协调其成员之间的矛盾，贸易自由化的目标难以取得实质进展，亚太经合组织也逐渐失去了它在区域合作中的权威性和吸引力。在这样的背景下，东亚的一体化进程开始从亚太经合组织这样的跨区域合作机制转向地区内部的区域合作机制。

1997年9月，第二届东盟非正式首脑会议发表《东盟愿景2020》，提出建立东南亚国家共同体（Concert of Southeast Asian Nations）的设想。2003年10月，在印度尼西亚巴厘岛举行的第九届东盟首脑会议上，东盟正式宣布将于2020年建成基于三大支柱——政治安全共同体、经济共同体、社会文化共同体——的东盟共同体。在2006年8月的经济部长会议上，东盟制定了《东盟经济共同体蓝图》，以明确东盟经济共同体的具体特征、

构成、目标和建设时间表。2007年1月的东盟首脑会议决定成立工作组以起草《东盟宪章》。2007年11月签署并于2008年12月15日生效的《东盟宪章》为东盟共同体建设提供了法律保障。2009年2月27日，东盟经济共同体委员会成立，以《东盟经济共同体蓝图》和《东盟宪章》为依据推动东盟首脑会议各项经济决定的有效执行，并处理经济交叉领域需要集体解决的各项事务①。2015年，东盟宣布成立"东盟共同体"。无论是在成员国的扩展（从五国最终扩展到十国），抑或是功能的深化（从政治领域扩展到经济领域、社会与文化领域），还是组织结构逐渐趋向制度化（从《东南亚友好合作条约》到《东盟宪章》），东盟在推进东南亚区域一体化上都取得了显著的成就，而且努力以"东盟为中心"构建地区安全秩序和经济秩序②。

在1997年亚洲金融危机的驱动下诞生的东盟＋中日韩（10＋3）系列峰会机制无疑成为东亚地区合作机制中最具影响力的一个。虽然近年来"10＋3"领导人会议议题逐渐向政治、安全和文化领域拓展，但经济合作仍是重点议题。由于美国经济处于全面复兴时期，美国对东亚内部的经济地区主义不仅没有反对，反而持乐观态度。这使得在"10＋3"机制下的东亚经济合作，尤其在货币金融领域中的合作取得了一些重要的进展。"10＋3"金融合作最主要的成果体现在《清迈倡议》中。2000年5月，"10＋3"财长会议于泰国清迈举行，会上签署了建立区域性货币互换网络的协议。根据《清迈倡议》，东盟内部原有的货币互换机制扩展到中日韩三国，在"10＋3"范围内逐步建立双边货币互换网络，以便在有关国家出现短期资金困难时进行援助，防范金融危机的发生。此后在2008年国际金融危机的刺激下，《清迈倡议》经历了多边化的过程，即将原先松散的双边援助体系提升为较为紧密的多边资金救助机制。2010年3月，规模为1 200亿美元的东亚外汇储备库正式建立，这可以说是亚洲货币基金组织（AMF）的另一种存在形式。2011年4月，"10＋3"宏观经济研究办公室（AMRO）以有限责任公司的形式在新加坡成立，并在2012年2月正式投入运营。2016年2月，"10＋3"宏观经济研究办公室正式升格为国际组织，标志着"10＋3"金融合作的进一步制度化。与在货币金融领域的成就相比，"10＋3"在贸易领域中的合作成果有限。在"10＋3"框架下，于2001年由东亚展望小组建议的东亚自由贸易区的构想进展并不顺利，反而因日本提倡建立"10＋6"（又加入了印度、澳大利亚、新西兰）的"东亚全面经济伙伴关系"而被稀释。

进入21世纪，在"10＋3"框架下逐渐发展出了东亚峰会和中日韩首脑峰会。东亚峰会（East Asia Summit，EAS）成员并不限于东盟十国和中日韩三国。2005年底在马来西亚举行的首届峰会上，澳大利亚、新西兰和印度也正式加入了峰会，又称"10＋6"峰会。不仅如此，2010年美国和俄罗斯首次作为观察员与会，2011年两国作为正式成员加入东亚峰会，东亚峰会机制由此扩大到"10＋8"。东亚峰会实际上将东亚区域合作"非东亚化"了，在区域一体化的目标上可以说是一种倒退。面对东盟主导下的东亚经济合作的滞后，2008年12月13日，中日韩三国领导人首次在"10＋3"框架之外单独进行正式接触，

---

① 秦亚青．东亚地区合作：2009．北京：经济科学出版社，2010：4-15．

② 王正毅．东盟50年：走出边缘地带发展的困境了吗?：对"东盟方式"和"东盟为中心"的反思．世界政治研究，2018（1）．

建立中日韩首脑峰会，三国希望加强彼此合作，以加快区域经济合作步伐。但由于日本在历史问题和领土问题上与中国和韩国的争议愈演愈烈，中日韩峰会的吸引力趋于下降，中日韩自由贸易区也难以启动。尽管近年中日关系转暖为中日韩自由贸易区谈判带来了曙光，但 2019 年日韩贸易摩擦的突然爆发又为谈判蒙上了阴影。

在整个东亚合作进程中，“10＋1”（东盟分别与中、日、韩建立的合作关系）可以说是进展最快、最具实质性内容的合作机制。日本、韩国和中国分别于 1977 年、1991 年和 1997 年与东盟建立了全面对话伙伴关系，1997 年的金融危机在驱动“10＋3”建立的同时，也促进了“10＋1”的发展。“10＋1”的发展主要是以自贸区的建设为中心，同时在其他领域的合作也在不断扩大和深化。其中，中国-东盟自由贸易区进展最为迅速，于 2010 年如期建成，成为世界上由发展中国家组成的最大的自由贸易区。2015 年，中国与东盟签订中国-东盟自贸区的升级协议，该协议于 2018 年 7 月生效。随着中国与东盟关系的快速推进以及中国在东南亚影响力的增强，日本和韩国也在极力推进与东盟的自贸区谈判，并取得了显著成果。从某种意义上说，中日韩三个大国在东亚地区的相互竞争，加速了经贸联系日渐增强的东亚地区的经济合作进程。此外，近年来东盟发起并邀请中国、日本、韩国、澳大利亚、新西兰、印度共同参加创建区域全面经济伙伴关系（Regional Comprehensive Economic Partnership，RCEP）的谈判，以建立 16 国组成的自由贸易区。若区域全面经济伙伴关系谈成，将成为世界最大的自贸区。

四、东亚区域经济合作的政治基础

毫无疑问，自发的市场力量——东亚国家的经济增长所带来的要素跨国流动，推动着东亚国家和地区迈向区域经济合作之路。这一点与欧洲一体化形成了鲜明的对照。正如第一节所展示的，政治因素是二战后欧洲一体化的主要动力。彼得·卡赞斯坦就此指出：“亚洲地区主义通过民族性公司或公司集团构成的市场网络而产生，创造了富有活力、高增长和繁荣的地区经济。相反，欧洲地区主义是通过国家之间‘大量协商会议’来演变的，这些国家正在将欧洲政体转变成一个多层次治理体系。”① 但是，单独的市场力量不足以推动东亚一体化的顺利进行，经济一体化仍需要一定的政治基础。

1. “以经促政”的战略目标

东亚地区不仅是当今世界经济发展最具活力的地区之一，也是大国关系最为复杂的地区之一，美国、俄罗斯和印度等多个区外大国均与东亚有密切联系。东亚多个国家之间的领土问题尚未解决，朝核问题、台湾问题仍会不时牵动大国关系的神经。参与区域经济合作，将本国与地区内外其他国家置于一个制度框架内，有利于向对方传递和平和友好的信号，从而降低彼此的威胁性和恐惧感。此外，日本、韩国和东盟甚至中国这些区域内行为体都在某种程度上面临经济影响力大过政治影响力的现实，而通过东亚国家之间的区域经济合作可以将各国的呼声和力量放大，将经济实力转为政治影响力。如东盟建立之初虽然以促进经济发展为公开宣扬的目标，但实则出于保证地区安全的考虑，即对内缓解国家间的紧张关系，对外抵御来自美苏冷战的威胁。可以说，东亚国家参与区域经济合作是东亚

---

① 彼得·卡赞斯坦．地区构成的世界：美国帝权中的亚洲和欧洲．北京：北京大学出版社，2007：228.

实现地区安全合作的基础和纽带，而通过经济来促进和平，反过来也可以为经济发展营造良好的政治环境。

2. 对经济和金融安全的维护

经济和金融安全当属一国国家安全的重要组成部分。1997 年亚洲金融危机让东亚国家深深认识到，缺乏地区经济合作机制导致东亚缺乏抵御风险的能力，也正是由于金融危机这一契机，东亚国家都增强了推动区域经济合作机制的意识。这不仅可以避免再次发生经济危机，同时也可以为地区局势稳定提供重要保障。1997 年亚洲金融危机是东亚区域经济合作历史上的重要转折点。在危机爆发之前，除东盟之外，东亚地区没有其他经济一体化组织。而在危机爆发之初，东亚各国就开始积极加强在金融领域的功能性合作，以增强预防和处理危机的能力。以“10＋3”机制为契机，东亚区域经济合作制度不断出新和向前推进，使东亚地区成为全球区域经济一体化第三次浪潮的主角①。

3. 本地区国家间政治关系的缓和

自冷战结束后，东亚地区国家间虽偶有摩擦，但基本上没有战争，成为一个较为和平的地区，而地区内国家关系的缓和为经济一体化提供了稳定的保障。对东亚地区和平原因的解释学者各有所见。罗伯特·罗斯从地缘政治的角度解释东亚和平，认为中国、美国分别维持着东亚地区陆上和海上的和平，中美的地缘均势使得朝鲜半岛问题、台湾问题能够维持现状，没有爆发大的冲突②。阎学通则认为对东亚和平起主导作用的因素是大国之间非均势格局下的核威慑、东盟集体安全的扩展以及韩国作为美国盟友坚持和平统一的政策③。虽然学者们对东亚地区和平原因众说纷纭，但不可否认的是冷战后东亚地区和平稳定的现实对于东亚国家推进经济一体化具有重要意义。

4. 东盟的牵头作用

东盟在东亚区域经济合作中扮演了非常重要的角色，到目前为止，它牵头了区域经济合作的整个进程。东盟是东亚地区最早建立的地区合作机制，并不断提出东亚区域经济合作的设想。1997 年亚洲金融危机中，东南亚国家遭受了巨大的经济损失，使它们更愿意以东盟的合力来推进东亚区域经济合作。东盟国家在不断扩大自身力量、着力建立东盟经济共同体的同时，也以东盟为核心推动建立了“10＋1”“10＋3”机制。即便是中日韩三国合作机制，也是在“10＋3”的契机下得以建立的。尽管近年来东盟更加倾向于支持东亚峰会这样的跨区域组织，但其主要目的也是要发挥东盟在推动东亚区域经济合作中的核心作用。中国、日本、韩国乃至美国这样的区外大国，也都支持由东盟来主导东亚合作进程，而且东盟能够很好地利用大国之间的相互牵制来实现权力和利益平衡，从而有效地维护其在东亚区域经济合作中的核心地位。

5. 美国在提供开放市场与安全上的积极作用

美国虽非东亚国家，但却将东亚地区视为其全球战略的重要一环，在该地区有重要的地缘政治利益。东亚区域经济合作无法将美国因素排除在外。一方面，东亚地区国家多为

---

① 陆建人．亚太地区双边自由贸易协定及其影响．经济研究参考，2003 (14).

② Robert S. Ross, “The Geography of the Peace: East Asia in the Twenty-First Century”, *International Security*, Vol. 23, No. 4, 1999, pp. 81 - 118.

③ 阎学通．东亚和平的基础．世界经济与政治，2004 (3).

出口导向型的国家，尤其像日本、韩国、东盟某些成员国这样国内市场狭小的国家，更需要对外出口。美国作为东亚地区国家的主要贸易对象国，为该地区国家的经济增长和区域合作提供了充足的经济动力。另一方面，美国自第二次世界大战后就在东亚地区保有军事存在，通过同盟与非同盟关系主导东亚地区的政治和安全，一定程度上为区域经济发展和经济合作提供了较好的政治环境。以上两个方面充分体现了第二次世界大战后美国作为全球霸权为东亚地区提供开放市场和安全保护这类公共物品的积极作用。当然，即使在美国霸权有所衰落的情况下，美国也愿意支持东亚地区贸易与投资的自由化，极力倡导亚太经合组织的作用，同时也支持由东盟来主导东亚区域经济合作的进程，对“10＋3”和“10＋1”等采取默许态度，并极力推动东亚区域经济合作多边机制的建立。当然这些并非基于美国的仁义之心，而是符合美国在东亚的战略利益，但同时也在一定程度上推动了东亚区域经济合作的发展。

6. 中国在提出倡议上的领导作用

在东亚区域经济合作起步阶段，中国经济实力相对有限，参与多边合作的经验也相对有限，在东亚区域合作中以被动参与为主。21 世纪初，随着实力的增长和经验的积累，中国开始主动提出了自己的倡议，在东亚区域合作中发挥了领导作用。2000 年 11 月，中国总理朱镕基在中国-东盟领导人会议上首次提出了建立中国-东盟自由贸易区的设想。2003 年 10 月，中国总理温家宝在“10＋3”领导人会议上提议，将双边互换网络整合成多边资金救助机制。2006 年 5 月，“10＋3”财长会议决定成立由中国和泰国牵头的《清迈倡议》多边化工作小组，对《清迈倡议》多边化方案展开具体的研究。在东亚外汇储备库的具体制度设计上，中国和日本作为两大出资国各有 32%的份额。“10＋3”宏观经济研究办公室在 2012 年 2 月投入运营后，由中国人魏本华担任首任主任[①]。中国在制度建设上所提出的一系列倡议，提高了中国在东亚合作中的地位，也有力地推动了东亚区域经济合作的发展。

五、东亚区域经济合作的政治障碍

亚洲金融危机以后，东亚区域经济合作取得了长足的进展，但并没有通向欧洲联盟那样的区域一体化模式。在各种约束条件下，当前的东亚合作更多地具有区域合作而非区域一体化的特点。正如迈尔斯·卡勒所指出的：“地区制度在设计方面可能非常不同，而且取决于地区特殊的伙伴和特殊的问题。没有理由认为，像欧洲联盟和它集权制度那样的地区一体化模式是不可避免的或者是应该的进程。在这一点上，亚洲各国是正确的。”[②] 从政治视角上看，东亚区域经济合作的广度和深度受到以下政治因素的制约：

1. 大国对区域主导权的竞争

东亚区域经济合作的启动和发展很大程度上依赖于其所处的国际政治经济环境。冷

---

① 李巍，吴娜．东亚金融地区主义的制度升级：从“10＋3”对话到“AMRO”．世界政治研究，2019 (2).

② 迈尔斯·卡勒．从比较的角度看亚太的地区主义//王正毅，迈尔斯·卡勒，高木诚一郎．亚洲区域合作的政治经济分析：制度建设、安全合作与经济增长．上海：上海人民出版社，2007：91.

战时期的两极格局下，东亚区域经济合作并没有发展的动力。而在冷战结束后，美国积极倡导和推动贸易自由化，对亚太经合组织的创建起到了重要的作用。根据霸权稳定理论，开放、稳定的国际经济是同国际权力结构联系在一起的。如果存在一个霸权，既有能力又有意愿发挥领导作用，为创建和维持开放的地区经济体系提供集体物品，那么地区经济合作将变得容易和顺利。正如美国在北美自由贸易区（NAFTA）中的作用和德法特别是德国在欧洲一体化过程中的作用，区域内大国在区域合作中的主导权对区域一体化的进程具有重要意义。整个东亚地区至今没有彻底取消贸易壁垒，实现自贸区建设，很大程度上也是由于东亚缺少地区霸权。东亚内部几个重要的行为体——中、日、韩、东盟之间强烈的竞争意识一方面加速了东亚区域经济合作的制度建设和合作进程，另一方面却也会因各自不同的偏好而造成制度过剩、合力不足的局面[①]。作为区域合作发起国的东盟希望保持其在东亚区域经济合作中的主导地位，即使在东亚峰会的“10＋8”机制当中，也要发挥东盟的核心作用；中国则更偏向于能推动东亚国家内部合作进程的合作机制，如“10＋3”、“10＋1”及中日韩峰会，以深化东亚合作；而日本则由于中国在东亚地区实力和影响力不断增强，更倾向于建立囊括区外大国的机制，如东亚峰会，以制衡中国。而在东亚地区自由贸易区的建设上，中国、日本、韩国采取了“东盟优先、东北亚次之”的姿态，分别与东盟签订自由贸易协定，这种“迂回型地区主义”会在某种程度上延缓东亚整体的经济合作进程。同时，中日、日韩之间的领土争端和历史遗留问题也会成为三国在推动区域经济合作中的政治阻碍，东亚区域经济合作面临地区国家间诸多政治因素的影响。

2. 美国对东亚区域合作的牵制

虽然美国支持东亚地区的贸易和投资自由化，但美国对其在东亚区域经济合作中的参与度是很敏感的，美国不支持建立将其排除在外的区域合作机制。作为全球秩序的领导者，美国没有真正支持东亚乃至亚太的区域一体化。对于美国而言，作为国际体系中的霸主，其目标是主导全球秩序，而不是故步自封地建立几个排外性的地区集团，这对于实现其长期的全球利益反而不利[②]。东亚经济集团和亚洲货币基金组织的设想都是因美国反对而失败的。东盟是在美国的支持下建立起来的，而且相比之下，东盟也是美国在东亚地区合作进程中最好的伙伴选择，美国支持东盟成为地区合作的核心，以防止中国或日本等地区性大国主导或控制整个进程。近年来美国重返东亚，既是要确保自己不被排除在东亚合作之外，同时也是为了遏制在东亚地区经济影响日益增强的中国，因而也就不难理解美国希望加强东亚峰会的作用，从而使东亚合作进程涉及的国家增多以分散各大国的影响力的意图。美国还强调亚太经合组织在经贸合作上的作用，并极力推动跨太平洋伙伴关系（TPP）以及与该地区国家之间的双边自由贸易协定，以此来巩固自身在东亚的地位。此外，美国与东亚地区国家的双边关系也影响着区域经济合作的进程和走向，如日本就是受与美国同盟关系的影响，更强调亚太区域经济合作，推崇东亚峰会的作用。因而美国因素关系到东亚区域经济合作进程的速度和程度，如何平衡和处理与美国的关系是东亚区域经

① 李巍．东亚经济地区主义的终结?：制度过剩与经济整合的困境．当代亚太，2011 (4)：5-35.

② 宋伟．试论美国对亚太区域合作的战略目标和政策限度．当代亚太，2010 (5)：16.

济合作的一项重大任务。

3. 制度形式的非正式性和松散性

欧洲一体化的进程体现了制度化水平不断增强的切实成果。通过建立正式的制度和有效的约束性规则，使得制度更具有约束成员国行为的合法性，一体化的目标也更容易实现。但东亚各国更加强调国家主权的原则，东亚区域经济合作中的制度设计基本上都是非正式的，只保持有限的义务和较少的正式规则。如“东盟方式”就强调，坚持在决策中协商一致和不干涉成员国内政原则，以及适应不同经济发展水平的成员国需要。尽管1995年以来东盟的制度化水平有所提升，但仍没有建立类似欧盟那样的带有超国家特点的官僚体制。阿米塔·阿查亚注意到：“‘东盟方式’的支持者在提高对话者之间的‘舒适程度’并创造一种灵活的决策氛围的过程中仍然承认松散性和非正式性的本质。”① 由于东盟在东亚区域合作进程中起主导作用，这种“东盟方式”扩散到各种东亚合作机制中。正如迈尔斯·卡勒所分析的：“受到东盟的影响，东亚区域制度的特点大都遵从了一种相同的样式。即使这些组织的永久秘书处存在，政府也不情愿把权威过多地授予这些组织。”② 这种低制度化一方面保证了东亚区域合作的灵活性，降低国家间合作中对国家主权的敏感性，但另一方面却因制度约束力不足、合法性不够而使东亚区域经济合作呈现松散的状态。同时，与欧洲一体化在地理界限上的清晰严格相比，东亚地区合作呈现开放性的特点，区内区外互动特征明显，东亚峰会从“10＋3”演变成“10＋6”，后又发展成“10＋8”，便充分体现了这一特点。而这种开放性架构会使东亚区域经济合作变得更加复杂，行为体异质性更大，合作的挑战也更大。

第四节 拉美一体化的政治经济

拉丁美洲是区域一体化起步最早的地区。拉丁美洲的一体化思想可以上溯到19世纪初拉美独立战争领导者西蒙·玻利瓦尔提出的“美洲主义”思想。作为南美解放者，西蒙·玻利瓦尔号召建立一个从西班牙统治下独立的共和国联盟，并预见到地区的政治一体化将成为实现拉美和加勒比国家主权独立的唯一方式。但由于历史条件的限制，玻利瓦尔的一体化思想并未付诸实践。直到第二次世界大战后尤其是20世纪60年代到70年代，拉美的一体化首先在经济合作领域得到发展；之后受到70年代末到80年代末的全球经济危机和拉美债务危机的影响，拉美经济一体化进入了停滞和调整的阶段；自90年代起，拉美一体化再次进入一个新的发展时期。

一、拉美区域经济一体化的起步与挫折

第二次世界大战之后，拉美内部的工业资产阶级发展壮大，提出要以经济独立来巩固政治独立，摆脱对发达国家的依赖，确立了“进口替代”内向工业化发展战略。在这样的

① 阿米塔·阿查亚．建构安全共同体：东盟与地区秩序．上海：上海人民出版社，2004：92.

② Miles Kahler, “Weak Ties Don't Bind: Asia Needs Stronger Structures to Build Lasting Peace”, *Global Asia*, Vol. 6, No. 2, 2011, p. 20.

发展战略下，各国必须开辟更广阔的市场渠道和资源渠道，因而拉美地区的一体化问题就被提上了日程。这一时期拉美一体化的主要推动者是1948年成立的、由阿根廷经济学家劳尔·普雷维什领导的联合国拉丁美洲经济委员会。拉丁美洲经济委员会认为通过市场一体化来促进社会经济发展的途径可以解决拉美对外依赖的问题。

拉美次区域的一体化组织从20世纪50年代开始出现，并在60年代和70年代不断扩展。1951年成立的中美洲国家组织、1962年成立的中美洲共同市场、1968年成立的加勒比自由贸易协会（1973年改名为加勒比共同体和共同市场）、1969年成立的安第斯集团、拉普拉塔河流域组织以及亚马孙河条约组织都是这一时期小范围、次区域经济合作的代表性组织。当然，较大范围的区域性组织也有所发展，如拉美自由贸易协会、拉美及加勒比经济体系。1960年，阿根廷、巴西、智利、墨西哥、巴拉圭、秘鲁和乌拉圭签署了《蒙得维的亚条约》，主要以建立自由贸易区为目标的拉美自由贸易协会成立。此后，哥伦比亚、厄瓜多尔、委内瑞拉和玻利维亚四国又先后加入该组织，并于1980年签署了第二个《蒙得维的亚条约》，将拉美自由贸易协会改组为拉丁美洲一体化协会。而成立于1975年的拉美及加勒比经济体系主要为经济一体化提供咨询和协商。但与中美洲、加勒比和安第斯三个次区域经济一体化组织相比，这三个更大范围的区域性组织都没有一体化组织的实质性特点。

在经历了60年代和70年代的一体化高潮之后，受到全球经济危机和拉美债务危机的影响，拉美一体化进程在80年代出现了困难和停滞。1973年，资本主义世界出现能源危机，80年代危机波及拉美地区。石油价格上涨导致石油输出国组织以外的发展中国家石油进口费用猛增，贸易逆差进一步增大，举借外债额也相应增加。据统计，石油涨价使石油输出国组织以外的发展中国家在1974—1982年多支出了2 600亿美元，其中仅巴西一个国家就多支出了228亿美元。危机期间，拉美国家为解决国际收支赤字，将获得贸易顺差而非推动地区经济一体化作为政策的重点，更加注重短期利益以求自保，以双边主义和管理贸易来代替多边主义。为促进经济的复苏和稳定，拉美国家按照西方债权国的新自由主义思想进行改革，发展战略也由之前的进口替代发展模式向“出口导向”的外向发展模式转变。在这些因素的作用下，拉美区域一体化进程处于停滞状态。

二、拉美区域经济一体化的复苏与发展

债务危机给拉美经济带来了严重困难，发达国家的贸易保护主义和转嫁危机的做法更加重了拉美的经济困难。面对严峻的国内外经济形势，拉美国家再次将地区经济一体化作为发展的重点，重新将其视为各国发展战略中的重要一环。在拉丁美洲经济委员会和拉美及加勒比经济体系的支持下，拉美和加勒比国家于1984年召开拉美经济会议，通过了《基多声明》和《行动计划》，除了提出应对危机的措施之外，还提出了拉美一体化的新思路，即“开放地区主义”，即对内注重向其他拉美和加勒比国家开放，对外加强与其他经济体的联系。在这样的背景下，从20世纪80年代中期开始，拉美一体化组织开始进行调整。到了20世纪90年代以后，拉美地区经济一体化又重新复苏和发展起来，主要表现为原有的次区域一体化组织的重组和新兴的区域一体化组织的建立。

1. 原有的次区域组织的重组

中美洲国家组织和中美洲共同市场于1993年改组为中美洲一体化体系（SICA）。

1993 年 10 月，中美洲国家元首在危地马拉城签署了《中美洲经济一体化总条约》，内容涉及中美洲经济一体化进程的目标和任务，如自由贸易区、海关联合、金融货币的统一、各项经济政策协调等。中美洲一体化体系的职能是协调和推进一体化进程，促进中美洲地区的和平、民主与发展。该组织现有 7 个成员国：萨尔瓦多、洪都拉斯、尼加拉瓜、危地马拉、哥斯达黎加、巴拿马和伯里兹。

加勒比地区在 1994 年 7 月 24 日成立了加勒比国家联盟（ACS）。1995 年，加勒比国家联盟第一次首脑会议确立了联盟宗旨和目标，即以加勒比共同体为核心，加强各成员国在政治、经济、文化、科学和社会等各个领域的合作，促进经济和社会发展，维护本地区在国际经济贸易组织中的利益，实现地区经济一体化，最终建立一个自由贸易区。加勒比国家联盟的成立表明了该地区国家希望通过联合的方式应对全球化和区域化的竞争和挑战，并合力追求本地区的自立和平等，反对大国霸权主义。

与前两个重组的广泛的一体化组织相比，安第斯集团在经济一体化领域的成就更加具体。1989 年《孔塔多拉宣言》强调所有成员国尊重一体化的约束，1990 年 5 月，各成员国在马丘比丘会议上承诺在国家与区域经济政策与外债谈判上进一步合作，并计划建立共同市场与直选的安第斯议会。1991 年 12 月，安第斯集团成员国签署了《巴拉奥纳条约》，在 1994 年又达成了共同外部关税协定①。1996 年安第斯集团重组并改名为安第斯国家共同体。

2. 新的一体化组织的建立

除了原有的次区域组织进行了重组和调整之外，新兴的一体化组织也在拉美陆续出现。南方共同市场是拉美地区最大的经济一体化组织，也是世界上第一个完全由发展中国家组成的共同市场。在经济危机有所缓解后，巴西和阿根廷两国在《基多声明》和《行动计划》的鼓舞下，便已开始寻求积极的一体化合作，最终推动了南方共同市场的建立。1991 年 3 月 26 日，巴西、阿根廷、巴拉圭和乌拉圭四国签订了《亚松森条约》，宣布南方共同市场成立。《亚松森条约》包括六章内容：一、目标、原则与说明；二、组织结构；三、适用时期；四、进入；五、退出；六、总则。四国宣布，“我们相信，一体化进程是对国际趋势的合适反应”，“意识到本条约应该被看作逐步推动拉丁美洲一体化的一步”。南方共同市场的目标是对内取消关税和非关税壁垒，对外建立关税同盟。《亚松森条约》共有五个附件，依次为：一、贸易自由化计划；二、一般原产地规则；三、争端解决；四、保护性条款；五、共同市场小组的工作小组。作为附件一，贸易自由化计划具体制定了关税减让的额度和时间表。1995 年 1 月 1 日，南方共同市场正式运行。现成员国除了初始四国外②，委内瑞拉于 2012 年 8 月正式加入南方共同市场，智利、玻利维亚、秘鲁、哥伦比亚和厄瓜多尔③先后成为南方共同市场的“联系国”。

自 1994 年墨西哥比索危机发生后，南美大多数国家多次遭受金融危机的冲击。美国等发达国家一方面要求南美开放市场，另一方面拒绝南美国家提出的取消农产品补贴、扩大市场准入的要求。在这种背景下，南美国家通过一体化实现联合自强的愿望日趋强烈。

---

①　弗雷德里克·皮尔逊，西蒙·巴亚斯里安．国际政治经济学：全球体系中的冲突与合作．北京：北京大学出版社，2006：282.

②③　2013 年 6 月，厄瓜多尔正式向南方共同市场轮值主席国乌拉圭提交申请，启动加入南方共同市场的程序。

2004年12月8日，由安第斯国家共同体四国、南方共同市场五国，以及智利、圭亚那和苏里南组成的12个南美国家在秘鲁库斯科举行的第3届南美国家首脑会议上通过了《库斯科声明》，宣告成立南美洲国家共同体，巴拿马和墨西哥则成为观察员国。2007年4月，该组织改名为南美洲国家联盟。该一体化组织由主权国家组成，涵盖政治、经济、社会、文化、安全和防务等领域，在一体化领域取得了广泛的成就。

作为对美国倡导的美洲自由贸易区的抵制，委内瑞拉领导人查韦斯与古巴领导人卡斯特罗在2004年发表了创立"美洲玻利瓦尔替代计划"组织的联合声明。2009年6月，根据委内瑞拉的倡议，该组织更名为美洲玻利瓦尔联盟。美洲玻利瓦尔联盟现有成员国8个，观察员国4个。该组织以南美解放者玻利瓦尔的一体化思想为指导，通过"大国家"方案，加强地区政治、经济和社会合作，实现拉美及加勒比地区全面一体化，抵制并最终取代美洲自由贸易区。美洲玻利瓦尔联盟设立了美洲玻利瓦尔替代计划银行等地区融资机构，并于2010年1月在成员国范围内正式使用一种"虚拟货币"——苏克雷，一方面方便地区内贸易，另一方面减少本地区对美元的使用。

上述新兴一体化组织的成立和发展表明，拉美和加勒比国家为推动经济一体化建设不断进行新的探索和尝试。但是拉美的一体化仍处于分散和交叉的状态，直到拉美及加勒比国家共同体宣告成立才建成一个涵盖整个地区的政治经济一体化组织。2008年12月，首届拉美及加勒比国家首脑会议在巴西举行。这是200年来这一地区第一次举办没有美国、加拿大和欧洲国家参加的领导人会议。2010年2月23日，在墨西哥坎昆举行的里约集团和加勒比国家联盟首脑会议通过了《坎昆宣言》，决定成立一个由拉美及加勒比国家组成的国家集团，初步定名为拉美及加勒比国家共同体，成员国将包括该地区33个独立国家。2011年12月2日，在委内瑞拉举行的第三次拉美及加勒比国家首脑会议上，拉美及加勒比国家共同体宣告成立。根据《加拉加斯宣言》，各成员国承诺"在地区独立200周年之际，沿着解放者的足迹前进"。作为"没有华盛顿的美洲国家组织"，拉美及加勒比国家共同体旨在通过"一体化、团结、合作"的理念来加强拉美和加勒比国家的联合，促进政治、经济、社会和文化的一体化，以符合各国人民的需要并成功应对各种挑战。

2011年，由智利、哥伦比亚、墨西哥和秘鲁四国发起成立的又一个地区一体化组织"太平洋联盟"成立，这是拉美国家在21世纪推动经济一体化的新尝试。除了4个正式成员国外，该组织还有哥斯达黎加和巴拿马2个候选成员国以及50多个来自美洲、欧洲、大洋洲、非洲和亚洲的观察员国。2013年，中国成为太平洋联盟观察员国。太平洋联盟的发展已进入快速轨道，该联盟被视为拉美地区最具发展潜力的区域贸易组织，在拉美树立了贸易和投资自由化的新形象。成员国间92%的货物和服务贸易实现了零关税，并且剩余的8%将在2030年前完成；区内产值占拉美地区的36%，而贸易额和吸引外国直接投资额分别占整个地区的50%和41%。除了加强拉美地区的一体化外，该组织还将目光投向亚太，致力于把该组织打造成对亚洲最具吸引力的拉美次地区组织和亚洲国家进入拉美最便捷的平台。此外，该组织还积极加强与其他地区组织特别是南方共同市场的合作。2018年7月，太平洋联盟在墨西哥举行第13届峰会时，与南方共同市场就加强区域融合签署协定。两个组织合作推动拉美地区形成互利共赢区域一体化格局，将为拉美一体化提供真正的历史机遇。

三、拉美经济一体化的政治动因

经过半个多世纪的发展，拉美经济一体化已经取得了一系列实质性的成果，而且在其发展过程中也伴随着政治一体化的发展，两者基本呈现平衡前进的趋势。拉美的区域一体化进程中很明显地展现了政治因素与经济因素的互动。简单来说，拉美经济一体化具有如下五种政治动因，其中前三种属于国际层次的，后两种属于国内层次的。

1. 实现地区整体利益的需要

在不发达的发展中国家，地区经济合作往往被当作一种减少对发达国家经济依赖的手段，拉美即是如此。在取得了一个多世纪的政治独立后，拉美国家依旧处于不发达状态，美洲大陆的南北两端分化严重。拉美国家以出口原材料换取发达国家的工业品，在经济和技术上处于依附地位。普雷维什领导下的联合国拉丁美洲委员会注意到这种不发达的贸易结构，认为拉美国家应制定进口替代的发展战略，迅速实现工业化，减少对发达国家的依赖，巩固自身独立的地位。而拉美地区初期经济一体化形成的最主要原因就是服务于进口替代发展战略，整合和扩大国内市场，为进口替代战略提供资源和销售渠道。在经历了经济危机带来的“失去的十年”后，拉美国家更加认识到依靠集体力量发展经济的重要性。在拉美国家看来，只有积极推进区域一体化，加强区域内自我援助能力，才能克服困难求发展，同时增强它们在世界经济乃至政治中的地位和作用。比如，南方共同市场通过团结成员国在新的全球市场上展开竞争与合作，增强了与美国的议价能力，成为敢于对美国说“不”的区域集团；南美洲国家联盟也是面对美国的不平等的贸易行为而建立的寻求自立自强的一体化组织；而美洲玻利瓦尔联盟则是直接针对美国倡议的美洲自贸区而建立的，是由拉美国家自己主导一体化建设的重要实践。因此，贯穿拉美经济一体化始终的一个动力就是联合自强，这是拉美国家实现经济和政治的独立与发展，跻身世界主要经济体行列的“最后一个机会”。

2. 巴西等地区大国的积极推动

尽管拉美国家具有联合自强的愿望，但在采取联合行动时仍会面临集体行动的困境。区域一体化的实践表明，区域一体化的启动和深化都离不开核心大国的作用，比如德法之于欧盟、美国之于北美自由贸易区都体现了这一点。拉美经济一体化在 20 世纪 90 年代得到发展，很大程度上归功于拉美地区的经济大国，尤其是巴西和阿根廷两国的积极推动和务实合作。自 70 年代中期开始，巴西和阿根廷两国因对美国政策的一致态度而加强了相互合作，并呼吁拉美国家联合起来实现一体化以摆脱发达国家对发展中国家实行的不利的经济政策的桎梏。到了 80 年代，严重的经济危机加速了两国合作的步伐，使两国冰释前嫌，携手合作来推动南方共同市场的建设。此外，阿根廷、墨西哥等拉美经济较发达的国家还带头分别与拉美其他国家签订了多个双边或多边自贸区协议，带动了整个拉美地区自由贸易的开展，为拉美统一市场的确立打下了基础。

3. 美国的助推作用

拉美地区长期以来被看成是美国的“后院”，因此美国的态度对拉美区域一体化的发展至关重要。首先，美国主导下建立的北美自由贸易区为墨西哥等拉美国家带来了经济利益。1992 年 12 月，墨西哥在与美国、加拿大签署了自由贸易协定后，许多拉美国家看到了墨西哥分享到的经济好处，也纷纷向墨西哥靠拢并与其签订双边和多边自由贸易协定，甚至希望加入北美自由贸易区以求分享《北美自由贸易协定》的好处。以墨西哥为纽带建立的一系列双边和多边协定相互交叉，有力地促进了拉美地区贸易自由化的发展，也推动了拉美经济一体化的发展。其次，1990 年美国总统布什提出了"美洲事业倡议"，主张美国在债务、投资和贸易三大支柱下与拉美建立新的经济伙伴关系，最终建立一个美洲自由贸易区。由于 90 年代后拉美国家奉行开放的地区主义，它们也积极参与西半球的一体化进程。虽然这一倡议从根本上说是美国基于自身利益的考虑，但对于拉美发展中国家来说，与美国合作，发挥美国作为拉美出口市场的作用，并在债务和投资方面享受优惠，既有利于拉美国家摆脱贫困、实现经济发展，也有利于拉美区域一体化的深入发展。即使在多边谈判因分歧太大而进展缓慢时，美国也积极与拉美国家签订双边自由贸易协定，客观上推动了拉美国家对外经济开放。

4. 巩固国内的民主制度

新自由制度主义理论表明，将自身委托给一个国际制度，代理方就可以对委托方违背承诺的行为施加一定的监督和制约，从而提高委托方政策承诺的可信性。20 世纪 70 年代开始，第三波民主化浪潮席卷拉美。民主化之后的拉美国家领导人希望通过经济一体化来克服国内结构束缚和历史障碍以巩固民主制。一方面，经济一体化在消除军队对政权的干预上发挥了积极作用，有效地颠覆了外交政策中长期使用的地理战略原则，消除了政治精英使用武力干涉国内政治的借口。另一方面，区域一体化通过整个地区的贸易集团、对民主承诺的发展以及捍卫民主的机制，有效地促进了民主巩固①。比如，巴西和阿根廷之间的经济一体化在实行之初就是两个国家领导人的政治决定，即以经济一体化来结束两国长久以来的猜忌和敌对状态，实现并巩固国内政治民主化。正如巴西政府学术顾问阿尔塞德斯·科斯塔·瓦兹（Alcides Costa Vaz）指出的，巴西和阿根廷在 20 世纪 80 年代中期走向一体化的最初目标是政治性的，包括应对对方或其他国家对本国造成的军事威胁、在民主规则下实现国内政治和战略稳定的需要以及两国政府试图重建国际政治和经济可信性的需要②。巴西总统萨尔内及其继任者们都坚持通过经济一体化来巩固民主制和实现宏观经济稳定性，以此培育其政权的合法性并推进有利于经济复苏的项目。为了巩固国内民主制度，南方共同市场明确将民主规则嵌入条约中。成员国先后将民主规则写入了 1988 年和 1991 年的南方共同市场协定当中，并在 1996 年的《乌斯怀亚协定》中将其制度化，明确指出成员国加入南方共同市场的条件是实行民主制。基于其成员国都会恪守民主规则的假定，南方共同市场在很大程度上保证了政变不会在其成员国发生。

5. 锁定国内的经济自由化改革

除了巩固国内政治民主化的目标之外，经济一体化还可以为政治精英进行经济自由化和结构性调整提供国内支持。根据委托-代理理论，委托方做出一些不受欢迎的政治决策

---

① 陈尧．新兴民主国家的民主巩固．上海：上海人民出版社，2011：207.

② Karl Kaltenthaler and Frank O. Mora, "Explaining Latin American Economic Integration: The Case of Mercosur", *Review of International Political Economy*, Vol. 9, No. 1, 2002, pp. 72 - 97.

时，他们可以将代理者推向前台，使其承受由此产生的决策成本。20 世纪 80 年代债务危机之后，拉美国家普遍进行了经济自由化改革，虽然是被迫按照西方债权国新自由主义思想进行的，但它促使拉美国家由战后的进口替代模式转向开放的外向型发展模式。巴西和阿根廷等拉美国家在实行经济自由化时都遭到了一些强大的国内政治集团的反对，这些集团希望政府继续保护没有效率的进口替代部门。在这种情况下，这些国家的政治领导人将一体化作为一种实现不受欢迎的国内政策的手段。此外，自由化改革与经济一体化联系起来还可以改变国内自由主义集团和保护主义集团之间的政治力量对比。正如杰弗里·弗里登指出的："如同在发达国家一样，南方共同市场的成立也标志着把自己的前途寄希望于出口、在国外举债或与外国公司结成伙伴关系的那些经济利益集团取得了决定性胜利。"①

第五节　非洲一体化的政治经济

早在殖民地时期，泛非主义思想家们就呼吁非洲统一。作为实践的非洲一体化发端于 20 世纪 60 年代，经历了 70—80 年代的波折和停滞，到 90 年代中期又在新区域主义浪潮下复兴。随着新区域主义取得较明显的成果，非洲一体化日渐受到全球政策和理论界的关注。

一、非洲一体化的发展历程

1. 非洲一体化的早期根源

非洲一体化的早期根源，可以追溯至 19 世纪末 20 世纪初非洲作为欧洲殖民地时期的历史经验。

欧洲国家的殖民地建设，客观上为一体化提供了基础。1884 年柏林会议后，以英国、法国、比利时和德国为代表的欧洲国家开始"瓜分非洲"，非洲大部沦为殖民地。宗主国的殖民地政策具有区域性，较有代表性的是 1889 年英属好望角殖民地与奥兰治自由邦组建的关税联盟，1910 年扩展为南部非洲关税同盟（Southern African Customs Union，SACU）并延续至今，是世界现存最古老的关税联盟之一。此外，法属非洲殖民地于 1945 年组成非洲殖民地法郎区。一些殖民地机构延续到去殖民化后，为区域组织继承。

非洲一体化以"泛非主义"（Pan-Africanism）为思想根基。泛非主义形成于 19 世纪末 20 世纪初的美洲，是非洲知识分子对殖民主义的抗争性回应。泛非主义有多层含义，首先，它强调"非洲一体性"，即非洲和全世界黑人共同受殖民主义压迫和掠夺，要实现非洲和全球黑人的彻底解放。其次，它设想在统一非洲民族的基础上建立统一民族国家。最后，强调非洲人民具有独特的"非洲个性"，应以"非洲方式"处理自身事务②。泛非主义表明，独立前非洲已产生以一体化实现复兴的理想③。

---

① 杰弗里·弗里登．20 世纪全球资本主义的兴衰．上海：上海人民出版社，2009：354.

② 舒运国．泛非主义与非洲一体化．世界历史，2014（2）.

③ 刘鸿武，杨惠．非洲一体化历史进程之百年审视及其理论辨析．西亚非洲，2015（2）.

2. 第一次非洲一体化浪潮（20世纪60—70年代）

二战后，非洲开始去殖民化，截至1963年，非洲已有31个国家获得独立。但是，部分地区仍受殖民统治，独立后的非洲国家在国家建设中面临自身难以克服的困难，面对这些挑战和泛非主义的影响，非洲开始走向一体化。

1963年成立的非洲统一组织（Organization of African Unity，OAU，简称“非统”），是非洲一体化的正式开端。非统由包括北非在内的当时所有非洲独立国家组成，是成员最多的洲级政府间国际组织。它从法理上确定非洲各国主权与边界的合法性，对成员国内部事务坚持“非干涉”（non-interference）原则。非统成立之初，主要任务是推进非洲大陆整体独立，《非统宪章》将“从非洲根除一切形式的殖民主义”“彻底献身于完全解放尚未独立的非洲领土”作为最主要宗旨。为此，非统于1963年成立解放委员会，并建立特别援助基金。20世纪60—90年代，非统支援了安哥拉、津巴布韦和纳米比亚等的独立斗争。非统明确反对种族主义，在非统和成员国的斗争下，1994年，南非种族隔离宣告结束，解放委员会也正式解散。

非统支持经济一体化。有学者认为，非统扮演了非洲对外经济谈判的立场协调者的角色，提高了非洲在国际经济中的议价能力①。非统1980年通过《拉各斯行动计划》及《拉各斯最后行动方案》，初步规划了非洲大陆经济一体化。但是，总体上，非统关注政治议题更胜于经济议题。

非统更为关心政治议题，其他区域性组织则着手推动经济一体化。一方面，非洲开发银行（AfDB）于1964年开始运营。这是非洲第一个区域发展融资机构，非洲国家在其治理和资本结构中居于主导，主要为非洲经济发展和一体化提供融资支持。另一方面，次区域经济共同体开始建立。联合国非洲经济委员会（UNECA）将非洲划分为五个次区域，即西非、东非、北非、中非和南非（指南部非洲），规划次区域合作。20世纪60年代，非洲于1962年建立西非货币联盟（UMOA），1966年建立中非关税和经济联盟（UDEAC），于1967年组建东非共同体（EAC）②。70年代，西非国家经济共同体（ECOWAS）建立。继南部非洲发展协调会议（SADCC）于1980年建立后，东南非特惠贸易区（PTA）和东非政府间抗旱与发展组织（IGADD）等在80年代陆续建立③。这些组织为进口替代工业化提供资源和市场，以期推动结构转型。它们与非统共同形成一体化在大陆、次区域与国家层次同步展开的基本格局。

3. 非洲政治经济危机与一体化的衰退（20世纪80—90年代）

20世纪70年代中期，非洲经济出现衰退。据世界银行估计，1973—1980年，撒哈拉以南非洲国家GDP年均增长率降至2.5%，而1980—1987年则降至0.5%，人均GDP年增长率为－2.5%。同期非洲出口与进口额年均下降率分别为7.4%与4.2%，由于经济衰退，非洲出现债务危机，暴露出经济结构性缺陷。80年代成为非洲“失去

---

① 詹世明．非洲统一组织在非洲一体化中的历史作用．西亚非洲，2013（1）.

② 约瑟夫·奈曾对20世纪60年代的东非共同体的区域一体化进行了研究，参见：Joseph S. Nye，*Pan Africanism and East African Integration*，Cambridge：Harvard University Press，1965.

③ 黄梅波．当代非洲经济导论．杭州：浙江人民出版社，2016：366－369.

的10年”①。

非洲一体化也陷入停滞和衰退。1977年，因经济危机和地区冲突，一度取得进展的东非共同体解散，东非一体化中断。1980年非统的《拉各斯行动计划》等文件，由于面临政治经济困难，未能实行。在危机中非洲对来自外部援助的依赖加深，这表明非洲一体化尚未实现预期目标。

4. 新区域主义与非洲一体化的复兴（20世纪90年代以来）

冷战结束后，世界出现区域主义新浪潮。1994年，联合国世界发展经济学研究所发表报告《新区域主义：全球发展与国际安全的意涵》(The New Regionalism：Implications for Global Development and International Security)，提出以“新区域主义”应对冷战结束后的挑战。同时，非洲逐渐走出危机，一体化逐渐复兴。

20世纪90年代，非洲国家在稳定形势的同时调整一体化安排。1991年，非统签署了《非洲经济共同体条约》，提出建立非洲经济共同体（African Economic Community，AEC)，计划分阶段实现经济一体化。一些次区域组织开始转型，例如，1994年，西非货币联盟在调整汇率政策后改为西非经货联盟，东南非特惠贸易区也转为东南非共同市场(COMESA)。东非政府间抗旱与发展组织于1996年改为东非政府间发展组织（IGAD)，其职能由抗旱扩展为防止地区冲突和区域经济合作。英语东非国家重启合作，于2000年重建东非共同体。南部非洲发展协调会议于1992年改组为南部非洲发展共同体（SADC)，随着新南非的加入，该组织开始推动南部非洲经济一体化②。

21世纪初，非洲一体化进展明显。2002年，非统改组为非洲联盟（African Union，简称“非盟”)，这是非洲一体化的一个里程碑。非盟相比非统，强化了非洲统一观念，突出了“非洲问题非洲解决”的特点。经过90年代的动荡，非盟认识到，非洲的和平与发展是一体两面，需要综合治理。在安全方面，鉴于非洲国家内部冲突频发的情势，非盟调整“非干涉”原则，增加“非漠视”原则，建立非洲和平与安全框架（African Peace and Security Architecture)，支持区域与成员国内部的和平与稳定③。在经济方面，非盟加强对经济议题的关注，确立主要次区域组织的支柱地位，加强大陆与次区域的协调。非盟于2001年通过“非洲发展新伙伴计划”(NEPAD)。该计划是对非洲政治、经济和社会发展进行规划的第一个蓝图，旨在通过可持续增长和发展改变非洲在全球化中的边缘地位。该计划催生了一系列治理创新，富有代表性的是2002年启动的非洲相互审查机制（African Peer Review Mechanism)，该机制通过同行政策审议，督促成员国提高政策透明度，落实发展和改革政策④。

2010年后，非洲一体化加速发展。一方面，洲际贸易一体化启动。2012年，非盟第18届峰会提出非洲自贸区计划，计划建立洲际自由贸易区；2015年6月，东南非共同市场、东非共同体和南部非洲发展共同体三大区域组织发表《沙姆沙伊赫宣言》，决定组建

① 黄梅波．当代非洲经济导论．杭州：浙江人民出版社，2016：3.

② 张瑾．非洲区域经济一体化探索：南部非洲发展共同体30年．杭州：浙江人民出版社，2014.

③ 周玉渊．非洲世纪的到来?：非洲自主权与中非合作研究．北京：社会科学文献出版社，2017：116-134.

④ 梁益坚．非盟地区治理：非洲相互审查机制探微．西亚非洲，2017（6)；梁益坚．试析非洲国家相互审查机制．西亚非洲，2006（1).

三方自贸区；2018 年 3 月，44 个非洲国家在卢旺达首都基加利签署《非洲大陆自由贸易协定》（AfCFTA），启动建设覆盖 55 个国家、12 亿人口的巨型自贸区①。另一方面，继续完善泛非发展战略。2013 年，非盟通过非洲愿景 2063 年规划草案，包括 50 年远景规划和最近 10 年近期计划；2015 年，非盟《2063 年议程》正式通过，这是非洲社会经济转型的第一份长期战略框架②。

二、非洲一体化的动力与阻力

欧洲一体化理论为国际政治经济学的发展做出了贡献，但是，它们面临非欧洲区域主义的挑战。阿米塔·阿查亚认为，非欧洲的区域主义，遵循着与欧洲不同的理论逻辑③。

第一，非欧洲与欧洲区域主义的前提目标不同。欧洲围绕“一体化”（integration）展开，发展中国家和地区则侧重于“自主”（autonomy），即维护和建设主权国家。“泛非主义”就是这一论述的明显体现，催生非统和非盟等组织的重要原因，就是反对殖民主义和外来干涉，维护国家独立，促进各成员国经济发展。

第二，一体化的条件不同。非洲难以具备欧洲一体化由功能领域向高级政治“外溢”的条件，相反，发展中世界需要政治合作先行，推进功能合作。在一体化过程中，非洲国家间的经济相互依赖程度难以达到一体化水平，而政府决策才是区域合作的直接动力。这也说明，区域合作的领域可以全然不同，例如，非洲对和平与安全的需求催生了可对成员国内部进行干预的安全机制。

第三，区域主义面对不同的域外环境。非洲一体化受到域外的物质与观念双重影响。非统的目标之一，就是反对外部干涉。冷战结束后非洲一体化的成果，也离不开欧盟和国际金融机构等的援助。此外，非盟等组织的制度和政策设计，也受外部观念因素“扩散”的影响，例如，欧盟在区域制度设计上具有较大话语权，这对其他区域尤其是非洲，具有相当大的影响④。

缺乏政治意愿是非洲一体化的主要障碍。首先，非洲国家对主权让渡的迟疑制约着某些领域一体化的实施。例如，由于关税是政府主要收入来源，一些国家在一体化中行动缓慢⑤。其次，对合作中权力和利益分配不均的担心依然存在。例如，在西非国家经济共同体和南部非洲发展共同体中，较小的成员国对尼日利亚和南非的区域领导权存有疑虑。再次，国家意愿具有不确定性，这造成非洲次区域组织严重的制度重叠问题。最后，意愿可能存在扭曲，一些区域合作进程受寻租集团影响，可能偏离初始目标。

非洲国家综合实力的孱弱是制约一体化的结构性因素。综合实力的局限突出体现在为

---

① Kingsley Ighobor，“Africa Set for A Massive Free Trade Area”，*Africa Renewal*，August-November，2018.

② https：//au. int/agenda2063/about.

③ Amitav Acharya，“Regionalism Beyond EU-Centrism”，in Tanja A. Börzel and Thomas Risse，eds.，*The Oxford Handbook of Comparative Regionalism*，Oxford：Oxford University Press，2016，pp. 115－116.

④ Tobias Lenz，“Spurred Emulation：The EU and Regional Integration in Mercosur and SADC”，*West European Politics*，Vol. 35，No. 1，2012，pp. 155－173.

⑤ 同①

区域组织筹资问题上，很多学者指出，国际援助在非洲一体化组织资金中占较大比例，这削弱了非洲国家的自主权。2016 年以来，非盟将提高自主筹资能力作为改革的核心目标，更广泛的能力建设也逐渐得到关注①。

三、区域一体化对非洲治理的影响

1. 经济一体化与发展

进入 21 世纪后，非洲在经济一体化与经济发展方面都取得了进展。

非盟、非洲开发银行和联合国非洲经济委员会发布的《非洲区域一体化指数报告 2016》显示，贸易一体化平均指数是平均指数中最高的，贸易一体化指数高于平均数的非洲国家可达 35 个，东非共同体、南部非洲发展共同体和西非国家经济共同体的贸易一体化水平位居前三。

一方面，贸易一体化增进规模效应，促进工业化。研究显示，非洲内部贸易的产品中，较高附加值的制造业产品均超过 40%②，这与非洲对外出口以能源矿产品为主的结构形成对比。另一方面，贸易一体化繁荣商业与消费，改善民众生活水平。贸易一体化也是对“逆全球化”的回应。近年来，受外部需求冲击，非洲对外贸易持续衰退，因此，非洲需要实现增长引擎“由外转内”③，洲际自贸区是转型战略的重要步骤。

与贸易相反，金融与宏观经济一体化平均指数最低，这制约了其他领域的一体化。但即使平均指数处于最低，该指数高于平均水平的国家依然达到了 37 个，这意味着更多非洲国家正在促进金融与宏观经济一体化。

有学者认为，相比市场一体化，区域组织对经济发展发挥了更大作用。非盟和次区域组织将促进区域基础设施建设、政策协调和科学技术合作等作为优先事项。区域组织通过接收发展融资促进区域基础设施的建设。基础设施一体化指数是最接近一体化总体水平的指数。此外，区域组织还为区域发展政策协调与合作提供了合法化的空间和网络，有一些甚至没有区域组织机构的正式参与④。

2. 非洲国家综合治理能力提升

进入 21 世纪后，非洲推动“非洲问题非洲解决”，以区域主义改善国家治理，在区域、国家和社会三个层面上取得了进展。

非盟和一些次区域组织获得了独特的地区安全治理功能。非盟的非洲和平与安全框架（APSA）旨在结合冲突的预防、管理与解决，形成有利于可持续和平的安全环境。在非洲和平与安全框架下，非盟和次区域组织均有介入成员国内部冲突，执行维护和平与民主的任务。目前，非盟已在索马里内战、达尔富尔危机和打击“圣灵抵抗军”等事务上发挥了独立领导与核心参与作用，西非国家经济共同体参与了塞拉利昂的维和行动，东非政府间

---

① 第 11 届非盟特别峰会关注非盟改革．(2018－11－17)．http：//www.xinhuanet.com//world/2018－11/17/c_1123729078.htm.

② AU，AfDB，UNECA，*Assessing Regional Integration in Africa* Ⅷ：*Bringing the Continental Free Trade Area About*，Addis Ababa：ECA Printing and Publishing Unit，2017.

③ 智宇琛．非洲经济发展基本因素研究．北京：中国社会科学出版社，2018：11.

④ Christof Hartmann，“Sub-Saharan Africa”，in Tanja A. Börzel and Thomas Risse，eds.，*The Oxford Handbook of Comparative Regionalism*，Oxford：Oxford University Press，2016，pp. 283－284.

发展组织参与了南苏丹和索马里的和平支持行动①,非盟与东非共同体都参与了对布隆迪国内形势的调解与斡旋行动。

非洲一体化是对非洲国家的修复与补充。首先,区域组织提供非洲国家因规模过小、能力太弱而难以供给,但对发展起关键作用的公共产品②。例如,西非的次区域组织为成员国提供了更为稳定、更大规模的金融与宏观经济环境③。其次,区域组织以机制化形式督促成员国改善治理。例如,非洲相互审查机制关注成员国内部形势和政策质量,以区域同行审查督促实现善治④。此外,在非盟框架下,非洲国家在教育和科研等公共领域展开合作,泛非大学(Pan-Africa University)于2012年在亚的斯亚贝巴成立,这是第一所由非盟委员会出资建设的泛非教育与研究机构。

非洲一体化也对民间社会产生了影响。弗雷德里克·索德鲍姆(Fredrik Soderbaum)的研究发现,非洲区域跨国社会组织和网络已经出现。这些组织与官方主导的区域组织存在多种关系:合作伙伴(partner)、合法参与者(legitimator)、官方的操纵者(manipulator)或反霸权力量(Counter-Hegemonic Force)。索德鲍姆发现,在维多利亚湖区环保与发展政策上,来自东非的民间社会组织与东非共同体机构维持着伙伴关系,还参与并影响决策。在南部非洲发展共同体内,南部非洲工会协调委员会(SATUCC)参与南部非洲发展共同体的劳工政策制定。但是,索德鲍姆也指出,一些区域政策合法性遭到了民间社会的质疑,还有一些社会组织受到政府操纵⑤。

3. 增进非洲国际层面自主性

“自主性”是非洲国际关系的重要问题,它主要指非洲国家在国际发展与安全等领域的政策及组织所拥有的自主权与主动性,即非洲国家不是被动参与、适应与接受国际关系规则的客体,而是具备自主地参与和形塑国际关系的能力的主体。

非洲一体化作为非洲国家始终坚持的方针,体现了非洲国家对国际自主性的集体探索,也增进了它们的自主性。首先,进入21世纪以来,非洲区域组织的政策、制度与组织文化,从“非洲发展新伙伴计划”、非洲和平与安全框架到非盟《2063年议程》,“非洲问题非洲解决”色彩渐浓,自主的意愿逐步增加。其次,非洲区域组织是非洲国家联合面对域外力量和挑战的平台,非盟等在中非峰会、欧非峰会等区域间场合突出了集体立场,在G20、联合国和WTO回合谈判等多边场合则增加了在全球治理议程中的相关性。

但是,非洲争取国际层面自主性的努力依然面临考验。区域组织的资金来源问题正引起更多关注,这关系到非洲区域组织是否能够在组织运行中真正实现自主。目前,非盟已着手通过改革筹资方式增强其自主筹资能力,但改革的效果依然有待观察。

---

① 周玉渊.非洲世纪的到来?:非洲自主权与中非合作研究.北京:社会科学文献出版社,2017:156-158.

② 对非洲区域公共产品的论述,参见:保罗·科利尔.战争、枪炮与选票.南京:南京大学出版社,2018:178-185.

③ 赛斯·D.卡普兰.修复脆弱的国家:发展的新范例.北京:民主与建设出版社,2015:145-156.

④ Eddy Maloka, “Good Governance is the Solution to Africa’s Problems”, *Africa Renewal*, August-November, 2018.

⑤ Fredrik Soderbaum, *Rethinking Regionalism*, London: Palgrave Macmillan Press, 2016, pp. 132-144.

全球经济治理与国际经济秩序

经济全球化正在以前所未有的速度、深度和广度改变着世界，一方面为各国经济的发展提供了新的机遇，另一方面也使世界经济变得更加敏感和脆弱。正如罗伯特·吉尔平所指出的，尽管全球化带来了巨大的好处，但其既不是不可抗拒的，也不是不可逆转的。“像国内经济一样，稳定繁荣的国际经济也需要强有力和稳定的政治基础，以便建立起管理这个体系的组织机构和规则。”① 经济全球化需要对全球经济的有效治理，并在此基础上形成国际政治秩序与国际经济秩序的良性互动。

第一节　全球化、反全球化与逆全球化

无论对于拥护全球化的人士还是反对全球化的人士来说，全球化都是一个不争的事实。商品、资本、劳务、人员、信息、观念等的流动不仅跨越了民族国家的政治疆界，而且将不同的大洲联系起来，形成了全球性的网络。这种人类空间的扩展已经几乎遍及地球的每个角落，以至于托马斯·弗里德曼这样告诉人们：“世界是平的。”② 在全球化特别是经济全球化的拉动下，各国政治经济体系彼此相互连接，国际经济对国内政治产生了深刻的影响。随着全球化带来的各种问题日益显现，反全球化运动和逆全球化思潮开始涌动，甚至在某些国家和地区蔓延开来。

一、全球化的概念与类型

20 世纪 90 年代以来，“全球化”（globalization）成为世界各国政治、商业和学术精英竞相讨论的话题。但究竟什么是全球化，则众说纷纭，莫衷一是。概括起来，关于全球化的概念至少包含以下五种不尽相同的理解：第一，全球化古已有之，但是形式不同。例如，罗马帝国的军事征服、十字军东征、成吉思汗西征和近代资本主义的扩张，都是全球化的不同历史形态，这样，在历史上曾经有过军事的、宗教的和经济的全球化类型。第

① 罗伯特·吉尔平．全球资本主义的挑战：21 世纪的世界经济．上海：上海人民出版社，2001：7.

② 托马斯·弗里德曼．世界是平的：21 世纪简史．长沙：湖南科学技术出版社，2006.

二，全球化指近代（其象征性事件是法国大革命和英国工业革命）以来资本主义的世界性扩张，包括资本主义经济-政治-军事-文化的对外侵略和扩展。其在社会制度层面的种种后果中，特别需要引起重视的是民族国家作为最重要的社会组织形式被确立。第三，全球化专门指第二次世界大战以来的经济-科技-信息-文化的跨国化过程，尤其是冷战结束以来，跨国的资讯-金融-技术-商业文化，如何不断跨越民族国家疆界而形成某种与民族国家同步的所谓社会科学还无法妥善处理的新现象、新挑战。第四，全球化在本质上就是西方文明的世界化，也是一种西方民族主义的表现。西方文明是指那些在西方世界常用的、为大多数人接受的价值观念，包括对人和人性的重视、对市场经济的信任、对私有财产的认可、对民主政治的追求、对个人自由的尊重和保护以及对法治社会的崇尚等。第五，全球化是指市场经济的全球性自由扩张。全球化使新自由主义的经济观点扬眉吐气，同时也导致世界性的政治右倾化，贫富的两极化，第三世界赤贫国家的边缘化和孤立化，国际金融资本的急剧膨胀，国际主流媒体和发达国家商品文化的普遍渗透，民族、地方文化与利益的受损，民众思维的标准化和单向度化。

无论人们如何定义全球化，全球化都是一种尚未完结的过程。作为整个世界逐步从经济和政治上结合成为一个整体的过程，全球化至少从资本主义生产方式产生之日就已经开始。马克思和恩格斯早在 19 世纪中叶就对当时的全球化做了生动的描述："资产阶级，由于开拓了世界市场，使一切国家的生产和消费都成为世界性的了。使反动派大为惋惜的是，资产阶级挖掉了工业脚下的民族基础。古老的民族工业被消灭了，并且每天都还在被消灭。它们被新的工业排挤掉了，新的工业的建立已经成为一切文明民族的生命攸关的问题；这些工业所加工的，已经不是本地的原料，而是来自极其遥远的地区的原料；它们的产品不仅供本国消费，而且同时供世界各地消费。旧的、靠本国产品来满足的需要，被新的、要靠极其遥远的国家和地带的产品来满足的需要所代替了。过去那种地方的和民族的自给自足和闭关自守状态，被各民族的各方面的互相往来和各方面的互相依赖所代替了。物质的生产是如此，精神的生产也是如此。"① 凯恩斯则在 1919 年出版的《和约的经济后果》一书中更形象地描绘了 1914 年前的全球化："伦敦居民早上一边可以在床上喝早茶，一边用电话订购世界各地的商品，这些商品质量优异，并且会一大早就被送到顾客的家门口；同时，他们也可以用同样的方法来投资于世界各地的自然资源和新企业，不用费力甚至不用承担什么风险就可以获得预期的成果和收益；或者他一时高兴，或得到什么信息，就可以把他的财产托付给那个洲大都会的市民。如果他愿意，他可以立刻乘坐舒适又廉价的交通工具去任何国家或地区，并且不需要护照或其他手续。"②

但对于我们所生活的时代而言，全球化又是包括从全球金融市场到互联网在内的一系列新鲜事物的代名词。比如，金融体系自 20 世纪 70 年代起具有了真正的全球性，当时因 1973 年石油涨价而致富的沙特阿拉伯等石油输出国把大笔盈余资金投到欧洲美元市场上。到 20 世纪 90 年代末，外汇交易量大约每天 1.5 万亿美元，自 1986 年以来增加了 8 倍；2013 年日均交易额更是达到了 4 万亿美元之多。1997 年金融动荡从东亚开始，蔓延到世

---

① 马克思，恩格斯．马克思恩格斯选集：第 1 卷．3 版．北京：人民出版社，2012：404.

② 约翰·梅纳德·凯恩斯．和约的经济后果．北京：华夏出版社，2008：9.

界许多国家和地区；2008年的金融海啸从美国开始更是席卷全球。与以前局限于某些国家或地区的金融危机相比，今天国际资本的快速流动和巨大规模，以及信息的同样快速流动已经导致了这样的局势：只要一摁按钮，数十亿美元就能从一个国家转移到另一个国家，全球很快就会卷入金融崩溃之中①。再如，20世纪60年代晚期起，跨国公司的对外直接投资明显增加。由于跨国公司在生产和服务两个方面都已实现了国际化，跨国公司已经成为全球经济的主要特征。不仅对外直接投资的增长快于国际贸易的增长，而且公司内贸易占了国际贸易中的大部分。那么，我们如何看待全球化的"新"与"旧"、"变"与"不变"呢？

根据罗伯特·基欧汉和约瑟夫·奈的观点，对全球化的定义应该从"全球性"（globalism）开始。全球性是指世界的一种状态，它关涉各大洲之间存在的相互依赖网络，并通过资本、商品、信息、观念、人民、军队、与环境和生物相关的物质的流动和影响连接在一起。全球性是相互依赖的一种表现形式，具有以下两个特征：第一，全球性指的是连接网络，并不仅仅指单一联系。第二，如果一种关系被视为全球性的，则它必须包括洲际距离，而非简单的区域网络②。这样，全球化就意味着全球性的增加，去全球化（deglobalization）意味着全球性的减少。马克思、恩格斯和凯恩斯笔下的19世纪到20世纪初的"全球化"图景就是这一时期全球性增加的结果，而20世纪上半期两次世界大战之间全球性的减少则导致了这一时期的"去全球化"，战后金融和生产全球化的发展正是在金融和生产领域中全球性显著增强的过程。

基欧汉和约瑟夫·奈认为，全球性是一种多维度的现象。根据网络空间内发生流动和联络的形式，全球性包括以下类型：（1）经济全球性。它指的是商品、服务、资本及伴随市场交换的信息和观念的长距离流动，以及包括与这些流动进程相关的组织，如为美欧市场生产商品的亚洲低工资组织。（2）军事全球性。它指的是使用威胁或承诺使用武力的长距离相互依赖网络。冷战时期美苏之间的"平衡"是一个典型的范例。（3）环境全球性。它指的是物质在大气层或海洋中的长距离运送或者影响人类健康福祉的病原体或基因等生物实体的长距离运送。例如，化学物质导致的臭氧衰竭、人类活动导致的全球气候变化、20世纪70年代开始的艾滋病毒从非洲中部向全世界的扩散。（4）社会和文化全球性。它指的是观念、信息、意向和人员的流动，相关事例包括宗教运动和科学知识的传播。此外，全球性还有其他方面的表现。例如，政治全球性指的是关于权力和治理的观念和信息可以通过模仿效应、政府政策的传播或国际机制的扩展来衡量。法律全球性指法律实践和法律制度向各问题领域的传播③。

作为最有影响力的全球化研究者之一，戴维·赫尔德（David Held）进一步提出了描述和比较全球化历史形态的四种时空维度：（1）全球网络的广度；（2）全球联系程度的强度；（3）全球流动的速度；（4）全球相互联系的影响。这样，"全球化被看作一个体现了社会关系和交易的空间组织变革的过程——可以根据它们的广度、强度、速度以及影响来

---

① 罗伯特·吉尔平．全球资本主义的挑战：21世纪的世界经济．上海：上海人民出版社，2001：130-138.

② 罗伯特·基欧汉，约瑟夫·奈．权力与相互依赖．3版．北京：北京大学出版社，2002：275.

③ 同②277-279.

加以衡量——产生了跨大陆或区域间的流动和活动交往以及权力实施的网络。”① 根据上述框架，赫尔德提出了全球化的类型学。第一种类型为“密集的全球化”，即在从经济到文化的所有社会生活领域或层面上，全球网络不断扩展，而且具有高强度、高速度和高影响。19 世纪晚期西方列强瓜分世界后建立的帝国接近这种类型。第二种类型为具有高广度、高强度、高速度，但影响程度低的全球网络。由于其影响受到了大幅度的缓解和调解，这可以被称为“分散的全球化”。当代经济全球化的许多关键方面体现了这种状态。在第三种类型下，全球相互联系虽然具有低强度、低速度，但是有高广度和高影响，因为它的特征更体现在其扩展和影响上，可以把它称为“扩张的全球化”。现代早期西方帝国主义的扩张最接近这种类型。第四种类型为“稀疏的全球化”，因为全球化网络的高广度并没有伴随高强度、高速度或高影响，后三个维度依然处于低度状态。把欧洲与中国和东方联系在一起的早期丝绸和奢侈品贸易属于这种类型。这四种全球化类型的区分及范例如表 9-1 所示。

表 9-1　　全球化的类型

	密集的全球化	分散的全球化	扩张的全球化	稀疏的全球化
广度	高	高	高	高
强度	高	高	低	低
速度	高	高	低	低
影响	高	低	高	低
范例	19 世纪晚期的帝国	当代经济全球化	现代早期西方帝国主义的扩张	早期丝绸和奢侈品贸易

资料来源：戴维·赫尔德，等．全球大变革：全球化时代的政治、经济与文化．北京：社会科学文献出版社，2001：30-33.

二战后，经济全球化加速前行的同时，区域经济一体化进程也在世界范围内不断推进，尤其以欧盟的形成最具代表性。区域经济一体化与经济全球化既有联系又有区别。相似之处在于，它们都强调要打破国家边界的限制，让商品、服务、资金、人员等要素跨国界自由流动；它们的不同之处不仅体现在发生的范围大小不同，也体现在参与的主体和目的不同。推动经济全球化的主体是跨国公司，它们主要是为了寻求在全球范围内实现更低成本的资源配置，从而实现企业的利润最大化；而在区域经济一体化的推进中，尽管企业、社会组织、超国家机构也有一定的参与，但各国政府往往扮演着重要角色，尤其是在启动及关键阶段其作用不可或缺。不论是北美自由贸易区的启动、欧元区的形成还是东盟以及“10+3”机制的建立，都需要通过政府的谈判协商、签署协定形成。而从目的上看，相比于其他主体，政府更看重区域内大市场的形成对本国经济总体竞争力的提升。

区域经济一体化与经济全球化既相互促进，又相互制约。一方面，区域经济一体化与经济全球化相互促进，两者都是以经济自由化为目标，甚至区域经济一体化本身也是经济全球化的一种形式。由于各国意识到经济全球化过快的风险，因而先通过与数量较少、地域较近、经济文化水平相似的国家进行区域内合作，在经济区域一体化不断深化的基础上突破区域限制，推动经济全球化的发展。另一方面，区域经济一体化一定程度上阻碍了经

---

① 戴维·赫尔德，等．全球大变革：全球化时代的政治、经济与文化．北京：社会科学文献出版社，2001：22.

济全球化的发展。尽管区域经济一体化推动了区内的贸易分工与经济合作，加速了经济要素的流动，但对区域外的国家而言反而在形成经济壁垒，割裂了全球经济一体化的完整性。例如在贸易自由化领域，世界贸易组织关于多哈回合谈判的停滞不前使全球性的多边贸易机制难以发展，因而各国转向寻求区域自由贸易协定的签订，推动区域内的贸易自由化进程。一方面，自由贸易协定的签署是在世界贸易组织框架下进行的，符合世界贸易组织的相关原则，区域自由贸易的扩大将为全球性的贸易自由化奠定基础；但另一方面，不同的自由贸易协定有不同的规则和标准，尤其是对于优惠待遇和原产地规则具有不同的规定，可能导致所谓的“意大利面碗效应”（Spaghetti Bowl Phenomenon）①。随着参与自由贸易协定成员的增多和交往范围的扩大，各国可能会出现在相互重叠的自由贸易区中，使它们对自由贸易中应遵循的规则变得无所适从。

二、全球化的动力

全球化的类型学表明，不同形态的全球化具有不同的时空维度。随着全球性的增减，全球化也并非不可逆转的进程。正如杰弗里·弗兰克（Jeffrey Frankel）所言：“全球化既不是什么新现象，也远未完成，也并不是不可逆转的。”② 由于世界大战和经济危机，1914—1945年就曾发生了经济全球性的急剧缩减。但从资本主义生产方式诞生以来，特别是第二次世界大战结束以来，全球性总的变化趋势是增强。科学技术因素作为“一种在历史上起推动作用的、革命的力量”③，通过对人类社会的影响推动了全球化的发展。所谓科技革命，是指科学技术在自身发展过程中发生的根本性的质的突破和飞跃。它必然会引起生产力的变革，改变社会生产的形式和内容，推动人类社会生活各方面向前发展。科技革命的深入发展，有力地推动了经济全球化的进程，同时也使得政治全球化的趋势日益加深，国际政治经济的相互作用更为明显，国际社会的相互依赖不断扩大。

第一次科技革命开始于18世纪的欧洲，它是以蒸汽机的发明和应用为标志的工业大革命。这场革命造成了纺织工业、冶金工业、机械工业、造船业以及航海交通的大发展，极大地推动了当时欧洲各国生产力的发展，它们纷纷完成了从工场手工业向资本主义机器大工业的转变。随着生产力的发展，出现了商品过剩和市场狭小的矛盾。因此，单一民族经济的发展开始超出了国界的束缚，形成了最初意义上的国际分工和世界市场。所有这一切，最终使资本主义在欧洲政治经济中占据了统治地位，并建立了以欧洲为中心的世界经济体系。正如恩格斯当年所分析的，“单是大工业建立了世界市场这一点，就把全球各国人民，尤其是各文明国家的人民，彼此紧紧地联系起来，以致每一国家的人民都受到另一国家发生的事情的影响”④。现代意义的国际体系也由此而产生。

---

① 意大利面碗效应源于贾格迪什·巴格沃蒂（Bhagwati）在1995年出版的《美国贸易政策》（*U. S. Trade Policy*）一书，指在双边自由贸易协定和区域贸易协定，统称特惠贸易协定下，各个协定的不同的优惠待遇和原产地规则。原产地规则就像碗里的意大利面条，一根根地绞在一起，剪不断，理还乱。这种现象被贸易专家们称为意大利面碗现象或效应。

② 杰弗里·弗兰克．经济全球化//约瑟夫·奈，约翰·唐纳胡．全球化世界的治理．北京：世界知识出版社，2003：51.

③ 马克思，恩格斯．马克思恩格斯选集：第3卷．3版．北京：人民出版社，2012：1003.

④ 马克思，恩格斯．马克思恩格斯选集：第1卷．3版．北京：人民出版社，2012：306.

第二次科技革命开始于19世纪下半叶的欧洲和北美地区，以电力技术的推广与应用为标志。它引起了电灯、电报、电话和电动机的出现，以及钢铁工业、汽车工业、航空业和大陆铁路、公路交通的大发展。社会生产力的发展导致了资本主义垄断组织的出现，促使资本主义由自由竞争向垄断过渡。世界市场也随着资本主义生产的扩大而不断扩张。那些科技革命成果应用较早的少数国家实力迅速增强，并取得了对世界上其他地区和国家的优势地位，在国际事务中起主导作用。整个世界形成了以少数欧洲国家为中心的、对世界上绝大多数居民实行殖民压迫的完整的全球体系，并导致了强权政治、霸权主义以及帝国主义国家之间的战争、殖民地革命和无产阶级革命等一系列国际政治现象的出现。

第三次科技革命开始于第二次世界大战结束后的美国，并迅速波及世界各地。它以电子计算机、原子能和空间技术的发明与应用为标志。它紧密地与社会生活融为一体，比以往任何一次科技革命都更为强烈地推动了整个社会经济的巨大发展，也更为持久和深刻地推动了人类社会的发展。原子能和核能的利用带来的不仅是武器性质的变革和战争形式与规模的改变，而且也为社会经济生活的发展提供了新的能源与动力。人造卫星的发射和电子计算机的广泛应用，也引起了交通和通信的革命性发展。所有这些，都促使社会生产力以空前的速度获得了极大发展，同时也扩大了国际分工的规模，加剧了世界经济发展不平衡的现象。一方面，它为冷战奠定了物质基础；另一方面，它也促进了世界经济一体化的发展。

当前被人们称为第四次科技革命的浪潮开始于20世纪70年代，它以材料工程、能源工程、生物工程、信息工程和宇宙工程为标志。它改变了第一阶段科技革命成果主要和首先应用于军事领域的状况，为世界经济的发展带来了更为直接的推动力，并对整个人类社会生活的方方面面都产生了深刻的影响。它虽然首先在发达国家兴起，但迅速扩展到相当数量的发展中国家，以至整个世界都被卷入这场新技术革命的浪潮之中。它给世界政治和经济带来了一系列全球共同关心的问题。同时交通工具和通信手段的发展，使得世界在时间和空间上变得更加狭小和透明。整个人类的相互依赖程度不断加深和扩大，政治经济的全球化不断地向纵深发展。

纵观历次科技革命，犹如汹涌澎湃的海潮一般，一波接一波，一次比一次更为深刻和广泛地推动着人类社会的发展。它不仅推动了社会生产力的发展，改变了人类的经济生活和经济关系，而且也给人类的政治生活和政治关系带来了一系列新的内容，成为全球化的主要动力。

首先，科技革命推动了国际分工的发展，使得生产的国际化和国际分工迅速地扩大了。科技革命成果的应用，在世界各国总是不平衡的；即使在一个国家内，不同的经济部门和不同种类的产品生产也是不平衡的。因此，各国之间由于生产力发展水平和经济结构的差异，以及自然资源等条件的限制，总会出现生产的专业化以及某些商品的过剩和某些资源的不足等问题。这使得一些国家之间要求进行国际分工以获得重要的经济利益。而科技进步引起的交通运输和通信手段的变革也为国际分工的形成和发展提供了必要条件。第一次科技革命的直接结果之一，就是推动了国际分工的出现和世界市场的形成。随着科技革命的深入发展，国际分工的规模不断扩大，其程度也在不断加深。战后新科技革命的发展不仅推动了发达国家与发展中国家之间的垂直分工，而且也推动了发达国家之间在工业产品和零部件生产上的水平分工。国际分工的深入发展，推动了生产的全球化，加速了世界经济的一体化进程。

其次，科技革命的发展推动了国际贸易的大发展和世界贸易额的高速增长。科技革命直接推动了生产力的发展，而生产力的发展又推动了国际分工的形成和发展，国际分工的形成和发展又直接推动了世界市场的建立和国际贸易的大发展。战后随着新技术革命的深入发展，现代工业产品的结构和现代科技成果本身也更加复杂了，使得任何国家都不可能独自完成所有重大科研的全部工作，国际分工的规模因而不断扩大，世界商品的贸易量也因此急剧膨胀。其中高技术产品在世界贸易中所占的比例越来越大，而且国际贸易也由单纯的货物贸易拓展到服务贸易、技术贸易、知识产权贸易等领域，使各国在国际贸易领域的经济联系得到了空前加强。

最后，科技革命的发展推动了国际金融的发展。科技革命的发展加速了国际资本在世界范围内的大规模流动和国际投资的多样化，国际金融市场也因此形成并不断发展。科技革命在推动生产力发展的同时，加速了生产的集中和资本集聚的过程，使得某些国家出现了过剩资本，由商品输出走向资本输出。为了谋求最大的经济利益，它们总是将其资本投向最有利可图的地区，这就促使了国际资本的流动。因此，国际金融和国际投资是国际贸易发展到一定阶段的产物。除此之外，科技革命的发展也为加速国际资本的流动和全球性国际金融市场的形成和发展提供了技术条件。通信卫星和计算机全球网络等通信手段和信息处理技术的现代化，使得从纽约、伦敦、巴黎到东京和中国香港每天 24 小时营业的全球性国际金融市场得以实现。这一市场的形成大大促进了国际资本流动的规模和速度，同时也使得世界各国在国际金融领域的经济联系得到了加强。

由此可见，科技革命的发展加强了各国在国际分工、国际贸易和国际金融等领域的经济联系，加快了经济全球化的进程。科技革命的发展进一步加速了政治的全球化，并大大丰富了国际政治的新内容。一方面，科学技术的发展与应用，使经济全球化的趋势深入世界各个国家和各个领域，导致了各国之间政治经济联系的日益密切。科技发展还带来了交通工具和通信手段的变革，这种快速交通和高效通信的发展，使得世界各国的地理距离日益缩小。这种时空关系的相对变化，也使在任何遥远的角落里发生的任何事件都能迅速地影响整个世界。世界因此而变得更加透明和更加连为一体，各国之间的相互依赖程度也进一步加深了。这是导致政治全球化的基础。另一方面，科学技术的应用不仅推动了社会生产力的巨大发展和世界经济的繁荣，同时也开拓了人类社会活动的新领域和新空间，如海洋资源和宇宙资源的开发、核能的利用等。由此也产生了一系列经济及社会问题，如核武器的威胁、全球环境污染、生态平衡的破坏，以及资源衰竭、人口爆炸等。在相互依赖的世界里，所有这些问题已经直接威胁到全人类的生存利益，而且只有依靠各国的共同努力才能最终解决。因此，这些全球性的共同问题已被列入了国际政治的议事日程。

三、经济全球化对国内政治经济的影响

在全球化的多个维度中，经济全球化无疑是最为显著的一种。甚至在许多经济学家看来，今天的全球化主要就是经济全球化，其他领域的全球化不过是经济全球化的附带结果。这种观点虽然有失片面和狭隘，但的确反映了二战后经济全球化对世界秩序的塑造作

用。在过去的半个多世纪里，国际货物贸易和服务贸易对经济增长的重要性大大提高了，国际金融流动大大增强了，跨国公司也在全球经济中闪亮登场。在经济全球化的趋势下，国家经济对世界经济变得更加开放，国家政治也日益受到经济开放的压力，国内政治经济与国际政治经济的互动不断加深。

第二次世界大战结束以后，鉴于自发的市场经济已被揭示的重大缺陷，国家对市场经济的运行进行了广泛的干预。这种市场扩张和对市场的限制并举的社会现象被政治经济学家卡尔·波兰尼称为"双重运动"的结果："市场组织在真实商品方面的扩张伴随着它在虚拟商品方面受到的限制。一方面，市场扩展至全球各地，涉及其中的物品数量增加至让人难以置信的程度。另一方面，各种措施和政策所织成的网络与各种强有力的制度配合，目的是抑制与劳动力、土地和货币相关的市场行为。"① 为了保护社会免遭自发市场经济的吞噬，国家不仅制定了宏观经济政策来管理本国的经济，即通过货币政策对信用和流动性的供给进行管理，通过财政政策来稳定总需求，还建立了社会保障体系以减少生存的风险和补偿受损者的损失。这些制度创新大大提高了市场的效率和合法性，并反过来从市场繁荣所带来的物质进步中获得了力量。在工业化世界中建设的"福利国家"体现了这种市场扩张和社会保护相平衡的最大成就。正是在社会保障体系的帮助下，不少国家成功地融入全球经济中，或者重新融入全球经济中，例如西欧国家②。但随着全球化在贸易、金融和生产领域的高歌猛进，这种平衡在 20 世纪 80 年代开始出现了向市场一方的倾斜。

国际贸易的扩张和变革对国内政治经济的影响主要体现在以下几个方面：第一，贸易的发展影响了政府的宏观经济管理能力。贸易促进了全球市场的发展，使各国经济变得更加开放。国际状况对国内经济的影响日益加深，一国的宏观经济波动会波及其他国家。出口水平越高，外部状况对国内产出的影响就越大。日益增强的对外贸易依存度使国内经济对国际经济在需求和价格方面的波动更加敏感。第二，战后贸易的变革也改变了贸易政策的国内政治环境。自由贸易的支持者和反对者之间的力量消长是与贸易走向、产业内贸易这一转型联系在一起的。在产业内贸易中，收益和损失的分配在政治上变得越来越不明显。这就为自由贸易笼络了大批支持者。另外，对进口产品的需求、对开放的出口市场的依赖、生产的国际化大大抵消了贸易保护主义的压力。第三，贸易增长和贸易结构变化日益限制着发达资本主义国家在提供福利上的作用。虽然没有系统的证据来证明福利措施损害贸易成就，但雇主以全球竞争为借口而要求削减社会保障支出。特别是作为贸易结果的低技能工人失业给福利体制带来了巨大的压力。贸易模式的变化增加了社会保护的成本，削弱了其政治支持的基础。赫尔德就此指出："全球贸易具有相互矛盾的影响，它增加了对福利国家的要求，而削弱了支撑它的政治基础。"③

作为当代全球性程度最高的领域之一，金融全球化给各国政府施加了外部金融约束，推动了更加亲市场的国家的出现，并导致了国家与金融市场间权力平衡的转变。尽管不能

① 卡尔·波兰尼．大转型：我们时代的政治与经济起源．杭州：浙江人民出版社，2007：66.

② 丹尼·罗德里克．新全球经济与发展中国家．北京：世界知识出版社，2004：82.

③ 戴维·赫尔德，等．全球大变革：全球化时代的政治、经济与文化．北京：社会科学文献出版社，2001：257.

无限夸大全球金融市场的权力，但越来越多的证据表明，当代的金融全球化是市场驱动而非国家驱动。在这样的环境下，国家的经济自主性不断受到侵蚀。一方面，金融全球化使许多国家不得不追求一种紧缩的国内货币政策，因为最有可能实行国内“通胀”货币政策的国家要用借款弥补投资者遇到的通胀承担风险费用。在一个自由化的全球资本市场中，所有国家都被迫采取措施支持国内货币当局的信用度，如树立反通胀的形象、使中央银行独立于政府等。另一方面，金融全球化还逐渐削弱了国内货币政策的传统工具的作用。资本流动、解除管制、金融创新已经改变了政府和中央银行决定国内货币供应和通货膨胀水平的能力。国内短期利率虽然仍由政府和中央银行控制着，但长期利率基本上取决于全球市场，而各国对全球市场仅有间接和逐渐减少的影响①。

此外，跨国公司所构造的全球生产网络也可能以几种方式削弱国家经济政策的有效性，但最突出的方式是通过改变经济政策制定和政策选择的成本和收益来影响政府。比如，当国内利率居高不下时，跨国公司可以从国外筹资；反过来，跨国公司可以利用国内低利率来借款投资海外项目。这明显损害了国内货币政策的有效性。再如，当税率较高时，跨国公司会把投资转移到税率较低的国家。为了利用税收激励和让步来吸引外国直接投资，许多国家不得不降低公司税率②。

不过，对于经济全球化限制了国家干预市场的能力的看法，并非所有学者都表示赞同。他们强调：“全球化的经济条件并不一定限制或促进政府对自身政策目标的追求，全球市场的作用将受到国内机制的调节，这些机制将影响政府如何选择有效方式应对开放条件所带来的挑战。”③ 林达·维斯认为，直接暴露在全球市场面前的国家或地区增加了各种不稳定因素，因而使该国或地区的人民产生对维护社会公平的需求④。例如自由贸易的存在就会让一国或地区内具有比较优势的产业或群体获利，而不具比较优势的产业或贸易将因此而受损，从而造成财富分配的差距变大。因此在人民对维护社会公平的呼吁下，政府会采取强有力的措施增加国内补偿，调节收入分配，保持经济开放与社会公正之间的平衡。对此，彼得·卡赞斯坦也指出，由于欧洲小国非常依赖国际市场，因而它们在允许国际市场逼迫国内经济进行调整的同时，也选择了许多经济和社会政策以防止变迁成本带来政治冲突⑤。另外，全球市场的存在也促使国际竞争更为激烈，增加了企业对于技术创新、产业升级以及劳工技术提升等方面的忧虑，因而需要政府提供公共服务以获得在上述方面的支持。同时，这种激烈竞争也可能增加经济中某些关键领域的不稳定性，从而迫使政府对旧的体制进行改革并采用新的政策机制来应对挑战⑥。调节市场的旧机制失效并不代表着国家能力的衰落，国家在顺应经济全球化趋势下会采用更新、更隐性的手法实现对市场的调控。

---

① 戴维·赫尔德，等．全球大变革：全球化时代的政治、经济与文化．北京：社会科学文献出版社，2001：315－317.

② 同①382－384.

③ Linda Weiss，ed.，*States in the Global Economy*：*Bringing Domestic Institutions Back in*，Cambridge，Cambridge University Press，2003，p. 4.

④ Ibid.，p. 15.

⑤ 彼得·卡赞斯坦．世界市场中的小国家：欧洲的产业政策．长春：吉林出版集团有限责任公司，2009：11.

⑥ 同⑤17.

当然，针对上述“两分法”的争论，另有学者表示经济全球化对于国家能力不论是增强还是削弱的情形都有存在的可能性，具体情况还需结合议题领域、国家-社会关系等因素进行判断。对此，彼得·埃文斯等认为，日益增强的跨国流动与国家能力之间存在四种联系，而且每一种联系都有相应的学者和文献的支持：第一种是跨国流动对国家干预经济能力的削弱；第二种是跨国流动对国家干预经济能力的强化；第三种是跨国流动强化核心国家的同时也弱化了边缘国家；第四种是跨国流动强化了边缘国家在经济中所扮演的角色，抑制了核心国家的作用①。

四、反全球化与逆全球化

全球化的进程并非一帆风顺。随着经济全球化过程中各种问题的凸显，国际社会出现了反全球化（anti-globalization）运动。1999 年 11 月，世界贸易组织第三次部长级会议在美国西雅图市举行，在此期间来自全球范围内 700 多个非政府组织、50 000 多名群众在西雅图举行了声势浩大的示威游行活动。这些团体包括劳工、环保组织，也包括支持自由、平等的学生组织和宗教团体。由于局面失控，现场出现暴力行为，甚至将象征全球化现象的麦当劳餐厅捣毁。这场举世震惊的西雅图反全球化游行示威活动标志着世界范围内反全球化运动的开始，此后在多场关于推动经济全球化的国际会议的城市周边和会场外都会伴随反全球化的抗议游行活动。随着反全球化运动的发展，一些反全球化组织与精英人士开始意识到非理性的暴力行为只能表达不满，却无法解决问题，因此他们开始集合起来在发展中国家以召开国际论坛的形式来商讨反全球化的目标、方式以及全球化的替代方案，并逐渐使反全球化走向规范和有序。2002 年 1 月，反全球化的世界社会论坛在巴西与世界经济论坛同期召开，并以反对“由自由市场控制”的全球化和反对“不平等和不公正现象”为主题，与世界经济论坛进行远程抗辩。

从产生的原因上看，反全球化运动并非针对完整意义上的全球化或全球化的所有层面。经济全球化所带来的弊端是他们反对全球化的直接因素，例如贫富差距扩大、生态环境恶化、冲击当地经济金融秩序而增加社会不稳定性，等等。另外，一部分反全球化者所反对的是把“全球化”等同于“西方化”或“美国化”的行为。他们要求尊重文明多样性、保护少数族群、坚守传统习俗等，不希望全球化让世界变成统一的样貌。当然，反全球化同经济全球化一样，也是一把双刃剑，它在揭示经济全球化造成的问题和弊端、推动社会向公平正义发展的同时，也存在着对全球化认识片面、理论缺乏科学性、构成人员复杂、掺杂暴力行为等问题。而这些弊端的存在也影响着反全球化运动的进一步发展，甚至削弱了反全球化运动本身。

2008 年国际金融危机爆发后，经济全球化所带来的冲击更加严峻，世界各国和国家内部的利益分化使其变得更难调和，以 2016 年英国举行“脱欧”公投和特朗普赢得美国大选等“黑天鹅”事件为重要标志，一些群体的反全球化运动已经演变为影响政策和政治结果的逆全球化思潮。作为与全球化发展背道而驰的思潮，逆全球化（de-globalization）

---

① 彼得·埃文斯，迪特里希·鲁施迈耶，西达·斯考切波．找回国家．北京：生活·读书·新知三联书店，2009：263-264.

试图限制、阻碍甚至禁止商品、服务、资金、人员等生产要素的跨国流动，进而减少国家间的经济相互依赖和经济一体化。不同于社会运动层面的反全球化，逆全球化需要通过国家的行动来实现这一目标。因此，逆全球化思潮不仅仅是一种观念，更由于国家的介入而与国家的政策相联系。逆全球化思潮包括三个要素：(1) 社会群体关于减少产品和生产要素跨国流动的观念和行动；(2) 政党或者其他政治集团的代表人物关于减少产品和生产要素跨国流动的观念和行动；(3) 政府所制定和实施的减少产品和生产要素跨国流动的政策。即使全球化本身到目前为止并未发生逆转，这种国家政策层面的逆全球化思潮也对全球化的未来产生了重要影响。

2016 年 6 月，英国公投决定“脱欧”，成为欧洲一体化有史以来遭遇的最大挫折和倒退。2017 年 3 月，英国首相特雷莎·梅启动“脱欧”程序，与欧盟就“分手费”、公民权利和英国与爱尔兰边界等核心议题展开谈判。2019 年 1 月，英国议会下院以 202 票对 432 票否决了政府与欧盟达成的“脱欧”协议，使英国可能面临“无协议脱欧”的局面，对英国政治、经济构成灾难性打击。2019 年 12 月 12 日，英国举行了五年内的第三次议会下院选举。保守党领袖鲍里斯·约翰逊以“搞定脱欧”为竞选口号，率领保守党以很大优势赢得了选举。2017 年 1 月，特朗普就任总统后第三天便宣布美国退出奥巴马政府时期力推的《跨太平洋伙伴关系协定》，随后，特朗普又带领美国相继退出《巴黎气候协定》、联合国教科文组织、联合国人权理事会、万国邮政联盟等重要的多边组织与协定，使美国从当代经济全球化的主导者转变为逆全球化思潮的引领者和践行者。通过签署行政命令，特朗普下令在美国和墨西哥边境建造围墙，并禁止来自利比亚、伊朗、伊拉克、索马里、苏丹、叙利亚、也门等伊斯兰世界的公民入境美国，对人员的跨国流动设限。2018 年 3 月，特朗普宣布对钢和铝征收高关税来保护本国产业，并发起针对中国的“贸易战”，将美国的保护主义和民族主义推向高峰，给国际秩序、全球治理和大国关系都带来了深层次冲击。

逆全球化思潮还突出表现为欧洲国家民粹主义政党的崛起。2017 年法国总统选举期间，反经济全球化和欧洲一体化的极右民粹主义政党国民阵线（现更名为国民联盟）以 21.7%的支持率进入第二轮选举，虽然支持欧洲一体化的马克龙最终获得选举胜利，但 2018 年底为抗议马克龙政府上调燃油税而爆发的“黄马甲”运动凸显了法国社会的日益分裂。以抛弃欧元、重启马克为核心主张的德国选择党在 2017 年 9 月的联邦议会选举中获得了 13.1%的选票，成为二战后首个进入德国联邦议会的极右翼政党。面对经济发展疲态尽显、失业率居高不下等问题，意大利民粹主义政党五星运动党利用互联网动员“草根”民众开展政治活动，并在 2018 年 3 月大选中成为得票率最高的单一党派，与极右翼的北方联盟组建新政府上台执政。此外，奥地利自由党、希腊激进左翼联盟、西班牙“我们能”党、匈牙利尤比克党等民粹主义政党也迅速崛起，在全欧洲范围内敲响了民粹主义崛起的警钟。

从产生原因上看，逆全球化思潮根植于全球化所带来的经济冲击和认同危机。随着技术升级和产业结构的变化，传统意义上的劳工分化为非熟练/半熟练劳动力和人力资本要素所有者。由于非熟练/半熟练劳动力在发达国家为稀缺要素，伴随传统制造业的衰落和高端服务业与高新技术产业的兴起，发达国家的非熟练/半熟练劳动力在经济全球化推进过程中面临失业威胁，与物质和人力资本要素所有者之间的贫富差距也显著加大，外来移民涌入对本国居民就业机会和福利资源的挤占更是加剧了上述冲击。此外，许多逆全球化思潮的倡导者和支持者认为全球化带来了文化多元主义，削弱了民族性，模糊了国家主权，造成国内民众的身份认同危机。因而他们抵制全球化的扩张，要求维护自身文明的独特性。在他们看来，外国移民不仅对本国的社会安全、福利体系带来了挑战，而且对民族传承、宗教信仰、传统文化等都构成了“威胁”。在欧美，西方与非西方、基督教和伊斯兰教、本国人与外国人等不同形式的“自我”和“他者”之间的身份对立强化了对自我身份的认同，从而导致了民族主义情绪的蔓延。

逆全球化的快速蔓延引起了关于如何认识逆全球化的探讨。主流观点认为，经济发展具有周期性规律，当经济处于下行期时，增长与分配、资本与劳动、效率与公平之间的矛盾凸显，因此，今天的逆全球化本质上是全球化处于下行期的表现，是全球经济周期性波动的必经阶段。持这种观点的学者认为，当今世界是否能走出逆全球化的阴影，取决于技术进步能否继续作为全球化的动力推动世界经济复苏，提供全球公共物品的机制能否得到革命性创新，以及利益分配协调和全球治理新思路能否得到世界各国的一致认同。然而，世界体系理论的学者则认为逆全球化本质上是一场反体系运动。沃勒斯坦指出，作为一个整体的资本主义世界经济体系内部存在结构性矛盾，当内部矛盾积累到一定程度时该体系将必然走向崩溃，取而代之的是以新的政治经济秩序为核心的世界体系①。伴随着这一观点而来的问题是，新的世界体系将由谁来建构？将遵循何种原则与秩序？这一体系能否被世界大多数人所选择？

第二节　全球经济的治理

经济全球化的本质是市场经济在全球范围内的一体化。任何不受限制的市场经济都会使社会不得不付出高昂的代价。正如卡尔·波兰尼在《大转型：我们时代的政治与经济起源》中所言：“如果允许市场机制成为人的命运、人的自然环境乃至他的购买力的数量和用途的唯一主宰，那么它就会导致社会的毁灭。……除非人类的和自然的实体以及商业组织都能得到保护，能够与这个撒旦的磨坊相对抗。”② 1997 年亚洲金融危机和 2007 年美国次贷危机的发生和蔓延，就使世人初步认识到全球化一旦失控会带来的恶果。而 20 世纪末以来的反全球化运动也提醒世人关注经济全球化可能存在的弊端。如同国内经济需要政府必要的干预一样，全球经济也需要有效的治理，否则全球化本身将难以为继。

一、治理与全球治理

和“全球化”一样，“治理”(governance) 在 20 世纪 90 年代也成为国际社会科学界最为时髦的词汇之一。詹姆斯·罗西瑙在《没有政府的治理》一书中为“治理”提供了权威的定义。在他看来，治理与政府统治 (government) 并非同义词，尽管两者都涉及目的性行为、目标导向的活动和规则体系的含义。“政府统治意味着由正式权力和警察力量支持的活动，以保证其适时制定的政策能够得到执行。治理则是由共同的目标所支持的，这

① 伊曼纽尔·沃勒斯坦．世界体系的结构性危机：我们将何去何从?．国外理论动态，2011 (9)：24－28.

② 卡尔·波兰尼．大转型：我们时代的政治与经济起源．杭州：浙江人民出版社，2007：63.

个目标未必出自合法的以及正式规定的职责，而且它也并不一定依靠强制力量克服挑战而使别人服从。换句话说，与统治相比，治理……既包括政府机制，同时也包含非正式、非政府的机制。随着治理范围的扩大，各色人等和各类组织得以借助这些机制满足各自的需要，并实现各自的愿望。"①

根据罗西瑙的上述定义，治理是被多数人接受而生效的规则体系，并不必须由代表权威的政府排他性地加以实施。没有政府的治理（governance without government）是可能的。尽管民族国家仍然是国内与国际治理的首要工具，但其作用越来越多地为私人部门和第三部门的行为体所补充。各主权国家政府、政府间国际组织、跨国公司、国际非政府组织等共同参与对国际事务的治理，从而形成了全球治理的多主体结构。迈尔斯·卡勒将这种多主体的治理模式称为"网络化政治"（networked politics）②。表 9－2 反映了在世界舞台上治理活动发生的层次和部门。

表 9－2　　治理活动发生的层次与部门

	私人部门	政府部门	第三部门
超国家层次	跨国公司	政府间组织	非政府组织
国家层次	公司	中央	非营利组织
次国家层次	地方	地方	地方

资料来源：约瑟夫·奈，约翰·唐纳胡．全球化世界的治理．北京：世界知识出版社，2003：11.

全球化既给世界各国带来了发展的机遇，也带来了各种各样的风险和挑战。在缺乏一个"世界政府"的前提条件下，全球治理显得尤其必要。正如罗伯特·基欧汉所指出的："无论过去还是现在，全球化都有赖于有效的治理。有效的治理并非自然达成的。如果实现了有效的治理，它主要是通过国家间合作和跨国网络而非一个世界政府达成的。然而，即使民族国家仍然保留现有的诸多职能，局部的——和日益增强的——全球化世界中的有效治理需要更为广泛的国际制度。如果不想使全球化发生停滞或逆转，就需要发展促进合作并有助于解决冲突的治理安排。"③ 在基欧汉看来，这些治理安排至少必须履行以下五项关键职能：第一，限制大规模暴力的使用。所有全球治理的计划都始于《联合国宪章》宗旨中所表明的决心："欲免后世再遭今代人类两度身历惨不堪言之战祸。"第二，限制分权行为的负外部性。相互依赖为行为体提供将其行为成本转嫁给其他行为体的机会，如以邻为壑的货币政策、跨越国境的环境污染等。这些类似经典囚徒困境的情形被称为"协作型博弈"。诸多国家采取相互调整政策的形式来进行合作，以减少这些外部性或内部化的某些成本。第三，为"协调型博弈"提供焦点。在焦点清晰的情势中，没有行为体具有背叛的动机，但分配问题可能导致行为体难以达成协议。如果找到制度化解决方案，协议就会自我实施。第四，应对体系瓦解。由于全球网络越来越紧密和复杂，它们常常会造成意想不到的体系后果，其例证包括大萧条、全球气候变化、全球金融危机等。在未来，生物

① 詹姆斯·罗西瑙．没有政府的治理．南昌：江西人民出版社，2001：4－5.

② Miles Kahler, *Networked Politics: Agency, Power, and Governance*, Ithaca: Cornell University Press, 2009.

③ Robert Keohane, "Governance in a Partially Globalized World", *American Political Science Review*, Vol. 95, No. 1, 2001, p. 1.

技术、市场资本主义的发展在提供机遇的同时也带来整个体系的风险。第五，为对付最恶劣的伤害形式——特别是涉及暴力和剥夺——提供保障，使人们运用其能力实现建设性目标。全球化使有的国家变得极其富有，有的国家则变得更为贫穷。同时全球化导致各国国内的收入分配发生了巨大的变化，某些国家收入分配相对平等，而有的国家的收入分配变得更加不平等。改善这些状况、提高人类发展指数需要国内外共同努力①。

二、全球经济的政治三难困境

随着经济全球化的推进，各国市场日益联结和融合。尽管学者们在“今天经济全球化的程度到底如何”的问题上仍争论不休，但全球性市场至少已初现轮廓。然而为市场经济提供支持的制度在很大程度上仍是国家性的。这样，全球经济和民族国家体系之间的张力越来越明显地暴露出来。针对全球政治经济中的这一主要矛盾，丹尼·罗德里克提出一个“世界经济的政治三难困境”②，如图 9-1 所示。

这个困境的三个节点分别是国际经济一体化、民族国家和大众政治。所谓三难困境，就是在三种目标中我们至多能够实现其中两种目标。如果追求的是完全意义上的国际经济一体化，我们须放弃民族国家，或者放弃大众政治。如果想要高度参与性的政治体制，我们就必须在民族国家和国际经济一体化之间做出选择。如果想保留民族国家，我们就不得不在国际经济一体化和大众政治之间做出选择。

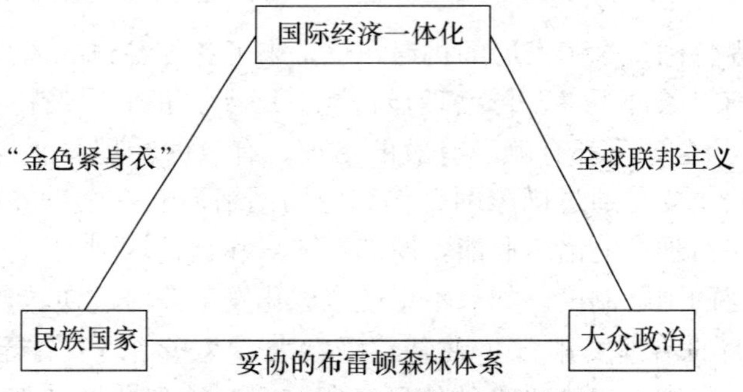

图 9-1　全球经济的政治三难困境

资料来源：丹尼·罗德里克．经济全球化的治理//约瑟夫·奈，约翰·唐纳胡．全球化世界的治理．北京：世界知识出版社，2003：296.

在这个三难困境的基础上，罗德里克探讨了达到其中任何两个目标的途径。第一，全球联邦主义，即同时追求国际经济一体化和大众政治，放弃民族国家。这一途径可以将政治与司法管辖的范围和市场范围统一起来，从而消除边界效应。在这种模式下，各国政府并不一定会消失，但是其权力将会被超国家的立法、行政和司法机构严重削弱。也就是说，世界市场将由一个世界政府来加以管理。在全球联邦主义体制下，政治参与和政治斗争不必要也不会收缩，只是从民族国家层次上重新调整到全球层次上。

---

① Robert Keohane, “Governance in a Partially Globalized World”, *American Political Science Review*, Vol. 95, No. 1, 2001, pp. 2-3.

② 丹尼·罗德里克．经济全球化的治理//约瑟夫·奈，约翰·唐纳胡．全球化世界的治理．北京：世界知识出版社，2003：295-299.

第二，“金色紧身衣”，即同时追求国际经济一体化和民族国家，而放弃大众政治。在这种模式下，民族国家在很大程度上还按现在的样子保留，但要确保各国的管辖以及彼此的差别不会成为经济交易的障碍。民族国家的首要目标是使自己对国际市场有吸引力。各国管辖的目标不是阻碍要素的跨国界流动，而是促进国际商务和资本的流动性。国内管制和税收政策或者与国际标准协调一致，或者按照对国际经济一体化阻碍最小的方式重建。但这种模式的代价是严重限制了大众参与对国家政策的影响。一国政府将根据国际经济一体化的需要而制定政治和经济政策，这就使其很难兼顾国内大众的要求并据此做出适当的政策反应。托马斯·弗里德曼将这种途径恰当地命名为“金色紧身衣”。弗里德曼指出：“当你的国家穿上金色紧身衣后，一般会发生两件事情：你的经济增长了，而你的政治萎缩了……金色紧身衣将掌权者的政治和经济政策选择限制在相对较严格的范围内。这就是为什么在那些穿上金色紧身衣的国家里，你很难找到执政党和反对党之间真正的差别，一旦你的国家穿上金色紧身衣，其政治选择就只剩下了百事或可口可乐——微小的口味差别，微小的政策差别，设计上的微小调整以容纳当地传统，可以在这儿或那儿有某些放松，但绝不会与核心的黄金规则有任何重大偏离。”①

第三，妥协的布雷顿森林体系。如果我们放弃完全国际经济一体化的目标，我们就可以选择妥协的布雷顿森林体系。布雷顿森林体系-关贸总协定体制的实质是，如果各国能消除对国际流动性的多数边界限制，并且在大体上不歧视其贸易伙伴，它们就可以自行其是。在全球金融领域，各国被允许保持对资本流动的限制。贸易领域的规则不赞成进行数量限制，但并不试图取消进口关税。尽管在以后达成了大量的贸易自由化措施，但还是有例外保留以供国内调整之需。农业和纺织业实际上未纳入关贸总协定的谈判范围。反倾销和保障条款使各国在其产业面临进口的激烈竞争时有权建立贸易壁垒。直到20世纪80年代，这些宽松的规则留下了足够的空间，使各国能遵循自己的发展道路。西欧决定在自身范围内实现一体化，并建立了广泛的社会保险系统。日本依靠其独特的资本主义模式，将富有活力的出口部门与庞大的缺乏效率的服务业和农业结合了起来。其他东亚国家和地区靠产业政策创造了一个又一个经济奇迹。到20世纪70年代末，拉美、中东和非洲的许多国家通过将其经济和世界经济隔离的进口替代政策实现了前所未有的经济增长。

20世纪80年代，由于下面几个原因，妥协的布雷顿森林体系被严重削弱乃至很大程度上被放弃了。首先，通信和运输技术的进步使全球化更容易，从而削弱了旧体制。其次，国际贸易协定的影响开始深入各国政治经济体系内部，比如，反垄断或健康和安全问题以前是由国内政治来解决的，现在则成为国际贸易的议题。最后，随着许多发展中国家开始相信开放政策更符合其利益，人们的态度转为支持开放。

罗德里克认为，随着妥协的布雷顿森林体系走向衰落，今天我们落在了图9-1中三个节点之间的某个地方。在这种情况下，全球联邦主义虽然可以考虑作为终极的解决方案，但这一理想的景象显然遥不可及。“金色紧身衣”不仅与当代世界的民主化潮流相背离，而且19世纪形成的金本位体系的瓦解已充分证明了这种途径的危险性。因此，就目

① 丹尼·罗德里克．经济全球化的治理//约瑟夫·奈，约翰·唐纳胡．全球化世界的治理．北京：世界知识出版社，2003：297.

前而言，只有对妥协的布雷顿森林体系进行再创造，继续接受民族国家处于中心的地位，从而将国际规则和标准与内置的退出机制结合起来。这就要求我们设计一系列的治理安排，使民族国家能够更有效地应对经济全球化的挑战。

三、全球经济中的治理模式与治理安排

经济全球化的发展提出了治理全球经济的需求。鉴于民族国家仍然是国际体系中的核心行为体，切入治理问题的最主要入口是观察国家如何回应其面对的问题与挑战。在许多情况下，国家设计国际制度来促进合作，以此来实现它们的目标。在全球层次上的国际制度大多是建立在多边主义之上的。根据约翰·鲁杰的经典定义，多边主义是在广义的行动原则基础上协调三个或者更多国家之间关系的制度形式。也就是说，这些原则在规定适当的行动时，并不考虑在任何特定事态下各方特殊的利益或者战略紧急情况①。最惠国待遇是多边主义在经济领域中的一个典型例子，它完全禁止成员国之间的待遇歧视现象。战后以来，从贸易政策（关贸总协定/世界贸易组织）到金融和发展政策（国际货币基金组织和世界银行）的各个领域都建立了多边制度。正如安-玛丽·伯利所指出的，战后国际制度的多边主义特征是美国设计的，是美国将其国内政治和经济构架推向世界的产物②。但 20 世纪 70 年代美国经济霸权的衰落和世界经济的动荡并没有从根本上削弱这些多边制度的基础，相反，对全球治理的更大需求进一步提高了这些多边制度的地位。

多边主义并非国家回应全球化的唯一方式。罗伯特·基欧汉和约瑟夫·奈提出，以下三种回应方式也很重要③。首先，单边回应。并非所有单边的回应都具有消除全球性的孤立主义和保护主义性质。实际上，某些单边行动可能会促进全球治理。一些国家所制定的标准为其他国家所接受，就是特别有趣的现象。单边接受共同标准可能是高度自愿的，例如，美国以外的国家和公司学会如何遵守美国所制定的技术标准，或者一些国家模仿其他国家的政治安排以解决它们认为相同的国内问题。采用共同标准也可能是部分自愿的，例如，国家采用普遍接受的会计原则，使它们的账目更加透明，或者模仿其他国家建立管理机构。在这种情况下，自愿的程度是有限的，因为如果不采取这样的行动，就无法获得外国投资和其他的好处。当然强制接受共同标准的情况也会发生。

其次，双边或“少边”回应。当广泛的一致难以达成或代价高昂时，国家可能寻求与若干观念和利益相近的伙伴建设双边或者“少边”机制。世界各国业已签订了数百个双边关税条约。近年来自由贸易协定的流行加强了这一趋势，比如美国近年来力推的《跨太平洋伙伴关系协定》就是一个例子。关于银行清偿的《巴塞尔协议》提供了另一个例子。这种战略的一个后果是改变了均衡点，使非参与者遭受损失，也许会迫使它们参加使其境遇比最初的均衡点变得更坏的安排。

最后，区域性的回应。国家发现如果它们形成一个区域集团，能更好地应对全球化的

---

① 约翰·鲁杰．对作为制度的多边主义的剖析//约翰·鲁杰．多边主义．杭州：浙江人民出版社，2003：12.

② 安-玛丽·伯利．对世界的管制：多边主义、国际法及新政管制国家的推广//约翰·鲁杰．多边主义．杭州：浙江人民出版社，2003：143.

③ 约瑟夫·奈，约翰·唐纳胡．全球化世界的治理．北京：世界知识出版社，2003：导论 18－19.

压力。即使没有更为广泛的法律一体化，区域内国家对彼此法律和政策的承认也可以促进合作。欧洲联盟的强化是这种区域主义的最佳范例。此外，北美自由贸易区和南方共同市场等也都是对全球化的区域性回应。

除了上述以国家为中心的治理模式外，一种以私人部门为主导的全球治理模式也在世界经济领域内浮现。这种治理模式在很大程度上反映了那些业务、生产网络以及商品链已经全球化了的跨国公司的需要。这些跨国公司及其建立的跨国组织创立了自己的治理标准和最佳作业准则，以规避主权国家及政府间组织对其商业活动的过多限制。例如，自1973年起，国际会计准则委员会成功地排挤了颁布会计标准的政府间努力，并在1998年以来得到西方七国集团、国际货币基金组织和世界银行对其核心作用的认可。又如，国际商会代表了来自130多个国家的私营公司和协会，并取得了同联合国及其专门机构平起平坐的咨询地位。除了制定管制跨国界交易行为的规则外，国际商会还提供国际商业仲裁。但总的来说，私人部门治理主要出现在那些实力强大的国家不愿进行管制的领域。国家往往在这些领域积极支持私人部门实体创建自己的体制，然后同这些体制密切合作。比如，国际域名和地址管理机构是一家承担互联网提供者地址分配、协议参数分派、域名系统管理和根服务器系统管理等功能的非营利公司。由于美国政府担心正式的政府间组织会在处理互联网治理的这些责任时变得笨拙、迟缓，就求助于这种非政府类型的治理形式①。

基于不同的治理模式，在全球经济中出现了形式多样的治理安排。马蒂亚斯·科尼格-阿尔基布吉试图为区分治理模式提供相对一致的标准②。在他看来，使治理安排彼此不同的以下三种维度尤为重要：(1) 公共性。公共性是指治理安排中积极参与者的特性。成为一个积极参与者意味着对确定一项规则或政策做出过贡献，或者成为治理施动者而非治理接受者。公共性维度涉及两个方面。第一个方面是参与者是政府、公司还是非政府组织。第二个方面是互动的特性，即“公共性”程度各异的实体在同样的安排中能够合作到什么程度？(2) 授权性。公共和私营治理安排两者的许多职能都可以由创建出来的特别组织来承担。授权性同样涉及两个方面。第一个方面是范围。哪些职能可以授权给组织，如规则和政策制定（立法授权）、政策执行（行政授权）和争议解决（司法授权）。第二个方面是独立性，即在其指定的有限范围内，这种机构可以获得多大程度的相对于其委托人的自主性和自由裁量权。(3) 包容性。在全球治理的某些领域，决策权可能为所有或大多数受到最终政策和规则影响的实体所分享，也可能被集中于少数实体之手。该维度也有两个方面，一是进入机会，即有多大比例地受到规则约束或直接受到规则影响的实体积极参与到决定其内容的行动当中；二是权重，即分配给积极参与者的影响力的平等性程度如何。根据上述三个维度，我们可以对当代世界中的治理安排分门别类，如表9-3所示。

---

① 恩盖尔·伍兹．全球治理与制度角色//戴维·赫尔德，等．治理全球化：权力、权威与全球治理．北京：社会科学文献出版社，2004：12-13.

② 马蒂亚斯·科尼格-阿尔基布吉．绘制全球治理//戴维·赫尔德，等．治理全球化：权力、权威与全球治理．北京：社会科学文献出版社，2004：43-45.

表 9-3　　全球治理安排的多样性

公共性	授权性	包容性	范例
高	低	高	万国邮政联盟
高	高	低	国际货币基金组织
高	高	高	世界贸易组织
高	低	低	八国集团
低	高	高	国际商会
低	低	低	钻石卡特尔
低	低	高	环球同业银行金融电讯协会
低	高	低	域名服务器体系

资料来源：马蒂亚斯·科尼格-阿尔基布吉．绘制全球治理//戴维·赫尔德，等．治理全球化：权力、权威与全球治理．北京：社会科学文献出版社，2004：47-55.

全球事务中的这些治理安排并非彼此孤立存在着。它们以复杂的方式相互交织、相互作用。奥兰·扬在《世界事务中的治理》中对四种类型的制度联系进行了区分，有助于我们认识这些治理安排之间的关系①。

第一，嵌入式（embedded regime）。应对具体问题的机制在很大程度上深深地嵌入整体的制度安排之中，因为它们通常并不明确承担一整套更加宽泛的原则和惯例的运作，而这些原则和惯例构成了国际社会整体的深层结构。例如，在世界贸易组织，每个成员国被授予平等的表决权。这种表决机制实际上是国际法上主权地位的一种具体体现。

第二，嵌套式（nested regime）。相比之下，制度的嵌套是一个连接的问题。在其中，那些功能规模、地理范畴或者其他相关标准有限的具体安排被置于更加广泛的制度框架中。这些框架涉及同一个更为宽泛的问题领域，但是在应用到具体问题上时没有这么详细。实际上，嵌套的成分带来领域范围大小相套的机制来解决具体的问题，而不是国际社会整体的构成性原则或规则。不少机构就被正式嵌套在联合国体系中作为专门机构，比如联合国粮农组织、国际劳工组织、国际货币基金组织等。

第三，集束式（clustered regime）。当把几个机制安排结合成一揽子制度时，特别是当这样做并不是基于把个体成分嵌套进共同框架的强迫性的功能需求时，制度的集束就会出现。比如巴塞尔银行监管委员会、国际证监会组织和国际保险监督者协会共同创立了金融集团联合论坛。

第四，交叠式（overlapping regime）。在其中，单个机制成立的目的不同，并且在很大程度上彼此无关，但它们事实上互有交叉，从而对彼此产生了巨大的影响。比如国际贸易机制和国际环境机制起源完全不同，但由于环境保护日益成为新贸易议程中的主要问题，两类机制都不得不处理贸易与环境的关系，比如以保护环境为理由的贸易保护主义和世界贸易组织的自由贸易原则可能发生抵触。

---

① 奥兰·扬．世界事务中的治理．上海：上海世纪出版集团，2007：156-161.

第三节 国际经济秩序的变革

国际秩序指的是国际社会中存在的一种稳定的状态或序列。国际社会的最主要特点之一是其无政府状态，即不存在一个超越主权国家之上的权威或权力机构。尽管如此，国家在国际舞台上的政治、经济行为并不是随心所欲的，要受到各种因素的制约。这些制约因素包括时代的发展、力量对比关系、国际行为准则。国际社会虽然是无政府状态的，但是有一种无形的力量将整个国际社会的所有成员紧密地联系在一起，这种力量就是人类共同的经济生活。经济活动使世界成为一个有机的整体，并在此基础上形成共同的政治活动和政治关系。共同的经济生活、制约国家行为的种种因素的存在，就使国际体系既是无政府的，又是按一定的规则有秩序地向前发展的。

一、国际政治秩序与国际经济秩序的互动

国际社会的基本特征是其无政府状态，主权国家之间各自独立、彼此平等、不容侵犯，没有什么力量能够对主权国家构成强制性约束。尽管如此，国家在国际社会中的行为仍然受到某种制约，形成这种制约的基础就在于共同的经济生活。在资本主义条件下，资本主义在世界范围内的扩张和发展，“把世界各国人民互相联系起来，把所有地方性的小市场联合成为一个世界市场，到处为文明和进步做好了准备，使各文明国家里发生的一切必然影响到其余各国”①。现代国际社会的一个突出特点就如马克思在《哥达纲领批判》一文中所指出的那样，民族国家“例如德意志帝国，本身又在经济上‘处在世界市场的范围内’，在政治上‘处在国家体系的范围内’”②。这种政治上的无政府状态和经济上的相互联系乃至相互依赖就使得国际政治秩序与国际经济秩序之间存在着紧密的联系。

一般而言，国际经济秩序决定着国际政治秩序的基本样式。长期以来，国际政治秩序的强权政治和集团对立特征，是由于资本主义最先进国家和发达国家在国际政治中总是处于强势地位。美国学者莫德尔斯基在讨论国际政治的长周期理论时所谈到的分别以荷兰、西班牙、英国和美国占主导地位的国际秩序，其基础就在于当时这些国家在世界经济中的优势地位。在他的长周期理论中，起决定作用的首先是霸权国家的经济强权。

二战后美国的霸主地位以及所谓的“美利坚统治下的和平”秩序之所以能够确立，重要的原因就是美国在资本主义世界工业生产、对外贸易和黄金外汇储备等方面占绝对优势。美国前总统尼克松于 1971 年在堪萨斯城的讲话中就曾说过：“经济力量是决定其他力量的关键。”美国在二战后凭借其超级经济实力和以这种实力为基础的布雷顿森林体系，确立了以美国为中心的霸权秩序。20 世纪 70 年代美国经济地位的相对衰落使世界出现多元化结构的新秩序雏形。但是，这种新结构的前景并没有从根本上动摇西方发达国家的垄断地位，因为它们仍旧掌握着世界财富的绝大部分。特别是美国抢占了信息革命的先机，从而形成了新的力量源泉（见表 9－4）。正是从这个意义上说，国际经济旧秩序的存在构

---

① 马克思，恩格斯．马克思恩格斯选集：第 1 卷．3 版．北京：人民出版社，2012：299.

② 马克思，恩格斯．马克思恩格斯选集：第 3 卷．3 版．北京：人民出版社，2012：368.

成了发达国家占主导地位的国际政治旧秩序的基础。

表 9-4　　1500—2000 年世界主要国家及其力量源泉

时期	国家	主要力量来源
16 世纪	西班牙	黄金、殖民贸易、雇佣军、王朝联系
17 世纪	荷兰	贸易、资本市场、海军
18 世纪	法国	人口、农业、公共管理、军队、文化（软权力）
19 世纪	英国	工业、政治凝聚力、金融和借贷、海军、自由主义规范（软权力）、岛国位置（易于防卫）
20 世纪	美国	经济规模、科学技术领导地位、位置、军事力量和结盟、全球化文化和自由主义国际制度（软权力）
21 世纪	美国	技术领导地位、军事和经济规模、软权力、跨国通信枢纽

资料来源：约瑟夫·奈．美国霸权的困惑．北京：世界知识出版社，2002：14.

从另一个角度看，国际政治秩序并非完全被动地受制于国际经济秩序。国际社会的无政府状态或“国际体系”特性使主权国家拥有自己独立的活动空间领域。一个国家的统治者或统治阶级在其主权国家范围内，拥有不受外部世界支配的绝对权威，拥有用以保障其主权、领土完整和国家安全的暴力工具。在此基础上形成的国际政治秩序有其相当的独立性。

二战后的苏联在相当长的一个时期里实际上是与整个世界经济体系相隔绝的。在作为其势力范围的苏东集团内部，苏联主要依靠的是其政治和军事的力量，而不是经济的力量来维系其霸权地位的。在西方国家内部的秩序结构中，当欧洲和日本与美国之间的经济实力地位逐渐走向均衡之后，美国的霸权和领导地位更多的是依靠其为欧洲、日本提供的军事保护，而不再是依靠经济扶植而继续维持着。美国的经济霸权随着布雷顿森林体系的瓦解而大大削弱了，但是美国仍旧能够因为苏联对西方所构成的安全威胁而保持着其在西方的领导地位。

然而在大多数情况下，国际政治经济秩序两者是相互交融在一起，相互作用、互为条件的。

首先，国际政治秩序和国际经济秩序在历史发展的各个时期基本上是趋向一致的。无论政治秩序抑或经济秩序，都是由特定的时代发展特征决定的。在前资本主义时代，政治秩序和经济秩序都表现为区域的而非国际的。各个区域内政治经济秩序的样式可以因各自不同的发展时期而表现出不同的特点，例如东亚秩序与欧洲秩序的差别是显而易见的。只是到了资本主义时代，才形成了真正意义上的国际秩序或世界秩序，因为资本主义在全球的发展使世界成为一个整体。

其次，国际政治经济秩序互为条件。国际政治秩序的存在总是建立在一定国际经济秩序基础之上的，前资本主义时期是这样，资本主义时期更是如此。国际经济秩序的维持和稳定，也是以一定的国际政治秩序为条件的。二战后初期布雷顿森林体系的确立，为战后美国在资本主义世界乃至全球的霸权地位奠定了基础。而布雷顿森林体系之所以能够确立，本身又是与美国在第二次世界大战中所建立起来的政治、经济和军事优势密切相关的。例如，围绕战后国际货币体系的安排，美国和英国自 1942 年 2 月就开始接触，英国曾一度表现出更大的积极性。然而美国的“怀特计划”后来居上，英国最终对美国的方案妥协。究其原因，最主要在于美英间实力对比的差距和英国在战后欧洲的政治和经济安排上对美国的依赖。

再次，国际政治经济秩序相互影响、相互作用。作为国家间政治经济力量对比和序列的一种国际性安排，国际政治经济秩序的变化、发展紧密相连，相互影响。国际秩序都要求具有一定的稳定性和延续性，秩序的变革是一个长期、缓慢的过程。其中经济秩序比政治秩序表现出更大的稳定性。尽管自资本主义世界秩序形成之后，全球经济秩序，即发达资本主义国家与发展中国家间的秩序结构没有发生根本的变动，但是发达国家间的秩序结构却几经变化。与之相适应，全球政治秩序结构，即发达国家在国际政治事务中的垄断地位依旧存在，但其变化的程度要更为明显。经济秩序结构（无论是全球还是区域或局部）的变化必然带来政治秩序的变革；同时，政治秩序的变革也对经济秩序产生了重大影响。战争，特别是世界大战造成的政治秩序变革和经济后果是有目共睹的。罗伯特·吉尔平指出："经济和政治的相互作用是国际政治变革进程的一个基本特征。一方面，力图在经济上得益的愿望是寻求变革国际体系的强大动力，因而群体间和国家间的权力分配，是经济活动的类型，尤其是行为者能从国内或国际分工中获得最大收益的那种经济活动类型的重要决定因素。另一方面，权力分配本身最终取决于经济基础。如果由于经济效率、工业场所或者贸易趋势的变化，财富的源泉基础也发生变化的话，必定会相应发生群体间和国家间权力的重新分配。为获得权力而进行斗争与力图在经济上获益的愿望最终会纠缠在一起。"①

最后，国际政治经济秩序所遵循的基本原则相辅相成。国际行为规范与原则是某种特定国际政治经济秩序得以存在和维持的前提。正如吉尔平所说："每一种关系人类互动的体系都必须有一套起码的规则和对权利的相互承认。人类对这种规则和权利的需要，是因人类缺乏物质资源的基本境况以及对人类事务的秩序和预见性的需要所致。为了最大限度地减少由短缺商品分配引起的冲突，促进个人之间的有效合作，每一种社会体系建立了调整行为的规则与法律，国际体系和国内政治体系均是如此。"② 国际政治行为规范与国际经济行为规范的内容和表现形式可能不同，但其基本准则是一致的、相辅相成的。国际政治秩序的基本行为规范和原则包括民族自决、主权平等、和平解决国际争端、和平共处等等。国际经济秩序所要求的也基本相同。20 世纪 70 年代以来发展中国家所要求的国际经济新秩序，正是基于对这些基本原则的追求。

二、当今国际经济秩序的变革

第二次世界大战后，随着国际形势的发展变化，人们越来越重视国际秩序问题，并从不同的角度探讨和研究这个问题。冷战结束后，建立国际新秩序又成为世界各主要国家的政治家和政府所关注的中心问题之一，改革国际旧秩序已经成为世界大多数国家和人民的共同愿望。

进入 21 世纪以来，随着世界经济力量对比的变化，国际经济秩序的演进呈现出多层次、多维度的复杂特点。2008 年国际金融危机爆发后，世界各国进一步意识到变革国际

① 罗伯特·吉尔平．世界政治中的战争与变革．北京：中国人民大学出版社，1994：67.

② 同①35.

经济秩序的重要性与必要性，新兴经济体成为经济全球化的重要参与者、发展中国家在全球经济治理机制中的影响力逐渐增加、区域内的国家间经济合作不断深化、世界经济治理规则日益让位于各类区域和双边协定成为这一时期国际经济秩序的显著特征。

1. 新兴经济体成为经济全球化的重要参与者

20 世纪 90 年代以来，新兴经济体在全球生产、贸易及金融等领域快速成长，成为拉动世界经济增长的强劲动力，同时也引发了全球经济重心的转移。国际货币基金组织数据显示，2017 年新兴经济体与发展中国家增长率为 4.6%，领先于全球经济总体增速（3.6%），是发达经济体增速（2.2%）的 2 倍多，新兴经济体对全球经济增长贡献率达到 75%。金砖国家由巴西、俄罗斯、印度、中国和南非组成，是新兴经济体的主要代表。20 世纪 90 年代以来，“金砖国家”凭借广阔的土地面积、丰富的自然资源、充裕的廉价劳动力等不同的比较优势，国民经济快速持续增长，成为新兴经济体中最受瞩目的国家，在世界经济中发挥着越来越大的影响力。金砖国家经济占全球经济的比重已经从 2007 年的 12%上升到 2017 年的 23%，金砖国家国际贸易占世界国际贸易的比重从 11%上升到 16%，对外投资的比重从 7%上升到 12%，吸引外资的比重 2016 年达到 16%。据国际货币基金组织统计，金砖国家对世界经济增长的贡献率从 1990 年的－0.6%上升到 2010 年的 60%。

金砖国家基于共同的身份认同，于 2009 年开始建立并逐步深化成员之间的合作机制，在气候问题、改革国际金融体系、提高新兴经济体在主要国际经济组织的代表权和发言权等问题上谋求合作。2013 年 3 月，金砖国家在第五届峰会期间发表了《德班宣言》，就建立 1 000 亿美元的应急储备安排（contingent reserve arrangement，CRA）达成一致。在应急储备安排中，中国出资 410 亿美元，俄罗斯、印度、巴西分别出资 180 亿美元，南非出资 50 亿美元。2014 年 7 月 15 日，出席第六次金砖国家峰会的金砖五国领导人共同签署协议，正式同意成立初始资本为 1 000 亿美元的金砖国家开发银行。应急储备安排和开发银行的功能有所不同。应急储备安排用以防范各国短期资金流动压力，加强全球金融稳定，并对现有的国际应急机制形成补充；金砖国家开发银行则将为金砖国家和其他发展中国家的基建和可持续发展提供资源支持。应急储备安排和开发银行的成立成为新兴经济体加强金融领域的相互合作、减少对西方发达国家主导的金融体系的依赖的重要标志。

2017 年 9 月 3 日至 5 日，金砖五国领导人齐聚厦门并签署了《厦门宣言》，宣布建立外长正式会晤机制和常驻联合国代表定期磋商机制，还推动建立了电子口岸示范网络、电子商务工作组、博物馆联盟、美术馆联盟、图书馆联盟等合作平台。厦门会晤期间，中国作为主席国按照“金砖＋”的模式，开创性地邀请墨西哥、埃及、几内亚、泰国和塔吉克斯坦等国领导人参加新兴市场国家与发展中国家对话会，推动新兴市场国家和发展中国家加强团结合作，为世界经济增长做出更大贡献。

2. 发展中国家在全球经济治理机制中的影响力逐渐增加

长期以来，国际货币基金组织、世界银行和世界贸易组织所构成的布雷顿森林体系成为世界经济运行的框架。随着新兴经济体和发展中国家经济力量的壮大，由主要发达国家把持的国际货币基金组织、世界银行等主要国际经济组织面临着代表性减弱和合法性降低的问题。在发展中国家的共同努力下，2010年世界银行通过投票权改革方案，将发展中国家在世界银行的投票权提高为47%，传统发达国家的投票权比重有所下降。根据2010年达成的国际货币基金组织改革一揽子方案，其份额将翻倍并向新兴经济体转移6%以上，欠发达的欧洲国家将向新兴经济体转移两个执董会席位。

然而，上述改革方案仍与世界经济结构的变化脱节，新兴经济体和发展中国家制度性话语权缺失的劣势并没有发生根本改变。为了更好地发挥新兴经济体在世界经济和全球金融治理中的作用，亚洲基础设施投资银行（简称“亚投行”）于2015年12月25日在北京成立。亚投行的主要宗旨是通过在基础设施及其他生产性领域的投资，促进亚洲经济可持续发展、创造财富并改善基础设施互联互通；与其他多边和双边开发机构紧密合作，推进区域合作和伙伴关系，应对发展挑战。中国财政部原副部长金立群当选亚投行首任行长。截至2019年7月13日，亚投行成员达到100个。

作为协调发达国家宏观经济政策、应对经济危机的国际机制，七国集团（G7）长期以来一直是全球经济治理的一个主要平台。2008年国际金融危机爆发后，将新兴经济体排除在外的七国集团已经无力担负起协调世界各国应对危机的责任，七国集团在应对危机时的治理能力明显不足，对管理国际金融事务也越来越力不从心。为共同应对金融危机、复苏经济、稳定国际金融体系，在美国等国的倡议下，二十国集团（G20）由部长级会议提升为首脑级会议，成为讨论全球经济议题、治理国际金融的核心平台。二十国集团将新兴经济体参与国际金融治理的地位制度化，使新兴经济体完全以平等的身份参与国际经济危机的治理，也加强了自身的合法性。二十国集团通过赋予新兴经济体更多的权力、提高国际行动能力、降低国际货币基金组织对发展中国家贷款的门槛、促进金融监管上的国际合作等一系列措施，为金融危机之后的经济复苏提供了基本的解决方案。二十国集团之所以能在短期内取得一系列成果，一方面因为它适应了国际权力结构的变迁，另一方面也因其松散的制度形式而拥有较低的制度建设成本和高效的行动能力。但也正是因为其制度化水平较低，二十国集团在今后的国际经济治理中也面临着决策执行上的难题。

3. 区域内的国家间经济合作不断深化

经济全球化的发展将世界各国经济紧密地联系在一起，为各国国内经济的发展提供了更多的机遇，同时也使其国内经济面临更大的脆弱性。为应对全球化的挑战，世界各地区纷纷创新区域经济协调发展机制，国家间经济合作不断加深。

20世纪90年代以来，欧洲统一市场的形成和北美自由贸易区的建立对东盟产生了积极影响，在1992年1月的第四届东盟国家首脑会议上，东盟各国决定加快建设东盟自由贸易区，并签署了《有效普惠关税协定》作为保障机制。2010年1月1日，中国-东盟自由贸易区正式启动，成为全球第三大自由贸易区，也是涵盖人口最多和由发展中国家组成的最大的自由贸易区。自贸区启动后，中国对东盟平均关税从9.8%降到0.1%，文莱、菲律宾、印度尼西亚、马来西亚、泰国、新加坡对中国的平均关税从12.8%降至0.6%，2015年，越南、老挝、柬埔寨、缅甸也实现了90%的产品零关税。目前，包含东盟十国、中日韩、澳大利亚、新西兰、印度在内的区域全面经济伙伴关系正在谈判中，该协定不仅着眼于消除贸易壁垒和创造自由的投资环境，还涉及知识产权保护、竞争政策等内容，达成后，将成为覆盖全球约一半人口、生产总值约占全球三分之一的更高水平的区域合作协议。

为促进亚太地区的贸易自由化，文莱、智利、新西兰和新加坡四国协议发起《跨太平洋战略经济伙伴关系协定》，并在美国宣布加入后加快了谈判进程。经过一系列涉及市场准入、原产地规则、投资、金融服务、知识产权、竞争政策等议题的谈判，包括美国和日本在内的12国于2016年2月正式签署了《跨太平洋伙伴关系协定》，成为亚太区域内高标准的自由贸易协定。2017年初，新任美国总统特朗普以该协定不符合美国的国家利益为由宣布退出。在日本的积极推动下，除美国之外的其余11国继续谈判进程，共同商讨协定的前进方向，并于2017年11月11日在亚太经合组织峰会上发表联合声明，宣布就货物贸易、原产地规则、贸易救济措施、卫生和植物卫生措施、技术性贸易壁垒、服务贸易、知识产权、政府采购和竞争政策等核心议题达成共识，并将原协定改名为《全面与进步跨太平洋伙伴关系协定》。

4. 全球经济治理规则日益让位于各类区域和双边协定

各类对内开放、对外封闭的区域和双边合作取得重要进展的同时，全球性经济治理规则的影响力却在不断下降。近年来，贸易保护主义和单边主义抬头，国际贸易摩擦特别是中美贸易摩擦不断升级，多边贸易体制遭到严重冲击。面对美国特朗普政府的施压和成员国利益诉求各异的挑战，世界贸易组织改革已经成为共识，并被主要经济体列入议事日程。着手推动世界贸易组织改革的同时，欧盟、日本、新加坡、越南等国家和地区也积极谋求双边自贸协定谈判和自贸区建设。美国则以双边取代多边，积极塑造符合美国利益的贸易秩序，使世界贸易组织有逐渐被边缘化的危险。

21世纪以来，投资增速加快，各国投资往来日益频繁，作为保护国际投资、解决投资争端的重要方式，全球性的多边投资规则却迟迟未能建立。在此背景下，以双边投资协定和特惠贸易与投资协定为代表的双边、区域投资协定蓬勃发展。目前，双边投资协定已超过4 000个。这些体系庞杂、规则各异的双边投资协定在内容更新、一致性确保等方面遭遇严峻的挑战，进一步加大了全球协调的成本。2016年9月，二十国集团发布《二十国集团全球投资指导原则》，向构建全球投资协定迈出坚实步伐，但它本质上是非约束性的指导原则，对各国投资的规范作用十分有限。

面对全球金融体系中的系统性风险和国际货币基金组织的缺陷，一系列区域性金融机制增强了地区应对风险的能力，弥补了全球金融治理体系的不足。亚洲金融危机后，东亚各国意识到加强区域合作对于防范金融危机的重要意义，2000年5月，东盟十国与中、日、韩三国在泰国清迈共同签署建立区域性货币互换网络的《清迈倡议》，以便在有关国家出现流动性困难时提供援助。2002年12月，上述国家共同提出亚洲债券市场发展倡议，旨在发展本地区债券市场，减少资本逆转带来的金融风险。为了建立应对欧债危机的长效机制，规模达5 000亿欧元的欧洲稳定机制（ESM）于2012年10月正式建立。拉丁美洲国家则积极借助美洲开发银行、中美洲经济一体化银行、拉丁美洲开发银行、加勒比开发银行、拉普拉塔河流域开发基金等区域性金融开发机构的作用。

三、中国对国际经济制度的参与和重构

中华人民共和国成立初期，在“一边倒”的外交方针下，中国主要与苏联、东欧等社

会主义国家开展经贸合作。以美国为首的西方国家，在外交上“不承认”新中国，在经济上对中国采取“禁运”政策。因此，第二次世界大战后由美国领导构建的国际经济体系把中国拒之门外。20世纪60年代，中苏关系破裂，中国开始与部分西方发达国家开展经济交往。进入70年代，中美关系出现缓和迹象。虽然1971年中国恢复了在联合国的合法席位，但是由于主客观方面的原因，中国并未完全走出闭关自守的经济发展模式。直到1978年中共十一届三中全会召开后，将全党的工作重心转移到以经济建设为中心，中国才真正开启了参与国际经济制度的进程。

1. 开始参与国际经济制度：1980—1990年

在刚刚加入国际经济体系的初期，中国将主要精力放在了解和适应国际经济组织的规则上。中国加入国际经济的相关机构后，都会遵守它们现有的规则，因为这些规则通常符合中国的经济利益①。中国开始尝试运用这些国际规则来支持国内经济的发展，享受作为成员的权利。

中国是国际货币基金组织和世界银行的创始国之一，但是新中国成立后，中国在这两个国际经济组织中的席位长期被台湾当局所占据。由于国际货币基金组织和世界银行均是联合国下属的专门机构，中国恢复在联合国的合法席位，就为恢复在这两个机构中的合法席位创造了条件。另外，改革开放政策的实施，为中国融入国际经济体系创造了有利的内部环境；1979年中美建交又为中国提供了良好的外部条件。1980年4月17日，国际货币基金组织执行董事会通过了由中华人民共和国政府代表中国的决议；同年5月15日，中国在世界银行及其所属的国际开发协会和国际金融公司中的合法席位得到恢复。

根据国际货币基金组织的宗旨，每个成员都有权从基金组织获取贷款来弥补国际收支逆差，支持经济结构调整。1980年，国际货币基金组织首次向中国提供了4.5亿特别提款权第一档信贷；1981年，中国又获得了3.05亿特别提款权的优惠信贷；1986年，国际货币基金组织再次向中国提供了约6亿特别提款权的信贷。在改革开放初期，这些资金帮助中国政府在调整国际收支、稳定经济发展上起到了重要的作用。这三笔贷款均在1991年底前全部偿还，反映了中国在参与国际经济体系中的良好信誉和履行成员义务上的积极态度。

1981年，世界银行向中国提供了第一笔金额为2亿美元的贷款，用于中国大学的发展项目。1982年，中国获得了国际开发协会的6 000万美元软贷款，用于支持中国华北平原的农业发展项目，这是中国与世界银行合作的第一个农业项目。从1987年起，国际金融公司也开始向中国的中外合资企业提供融资。到1989年，世界银行对中国的年贷款量已增至13.5亿美元，共支持了12个项目的建设，涉及基础设施的建设、文卫事业和扶贫事业的发展等各个方面。世界银行业务评价局认为，在世界银行的借款大国中，中国项目的绩效是最好的。

此外，中国于1982年获得了关贸总协定观察员身份。1986年，中国成为亚洲开发银行和太平洋经济合作会议成员。

---

① 江忆恩．中国对国际秩序的态度．国际政治科学，2005（2）：26－67.

2. 进一步参与国际经济制度：1991—2001 年

1989 年政治风波之后，中国遭到了以美国为首的西方国家的经济制裁，中国的国际经济环境极度恶化。中国希望通过参与国际经济机制的方式缓解与西方的紧张关系。在这一阶段中，中国更加积极地寻求加入国际经济体系，并且主动地学习、运用国际经济规则。

由于中国还游离在全球性的贸易组织之外，无法以国际货币基金组织成员的身份与其他国家开展贸易合作、解决贸易争端；在此背景下，中国加入亚太经合组织可以视作融入世界贸易体系的一种次优选择。同时，亚太经合组织成员包含了美国、加拿大、澳大利亚等西方发达国家，加入亚太经合组织可以缓和政治风波后中国与西方国家间的紧张关系。特别是，亚太经合组织能够为中美之间的政治互动和对话提供重要场所，有利于为中国的改革和发展营造稳定的外部环境。

1991 年，在亚太经合组织第三届部长级会议上，中国作为主权国家，中国台湾和中国香港以地区经济身份同时加入。随后，中国积极参与了亚太经合组织贸易、投资自由化的进程，并取得了显著进展。中国曾在 1996 年、1997 年和 2001 年三次大幅削减关税，平均关税水平从 1995 年的 35.9%降到了 2001 年的 15.3%①。在整个 90 年代，亚太经合组织成员对华投资是中国外资的最主要来源，而中国的对外投资也大多投向亚太经合组织成员。2001 年，亚太经合组织会议在中国上海举行，这是新中国成立以来中国所主办的级别最高的多边外交活动。中国在参与亚太经合组织的进程中，扩大了对外开放水平，积累了开展贸易谈判的宝贵经验，并且为加入其他国际经济组织获得了更多国家的支持。

然而，随着中国经济的快速发展，区域层次的经济合作还是难以完全满足中国的利益，中国必须寻求加入全球性贸易体系。1995 年，世界贸易组织成立后，中国争取“复关”的行动也随之转为争取“入世”的进程。同年 7 月，世界贸易组织总理事会会议决定接纳中国为世界贸易组织的观察员，但是中国为获得世界贸易组织正式成员的身份付出了漫长且艰苦的努力。1999 年 11 月，中美经过 6 天的艰难谈判就中国加入世界贸易组织的问题达成双边协议，为中国加入世界贸易组织排除了最重要的障碍。次年 5 月，中国与欧盟间的协议达成。自 1986 年申请重返关贸总协定以来，中国为“复关”和“入世”进行了长达 15 年的努力。2001 年 12 月 11 日，中国正式加入世界贸易组织，成为其第 143 个成员。

另外，1996 年 11 月，中国人民银行正式加入国际清算银行；1997 年东盟与中、日、韩（“10＋3”）领导人峰会机制初步形成，并在 1999 年启动了“10＋3”财经合作机制；2001 年 2 月，由 25 个亚洲国家和澳大利亚共同发起的博鳌亚洲论坛在中国海南正式成立。

3. 全面参与国际经济制度：2002—2008 年

在这一时期，中国的经济利益不断扩展，经济实力不断增强，也更加熟悉国际经济体系的运行规则和秩序。这使中国得以更加全面、深入地参与到国际经济体系中，并逐步在体系内发挥建设性的作用，承担应尽的国际责任。

加入世界贸易组织之后，中国认真行使各项权利，积极参与世界贸易组织的各项活动，不仅切实履行了“入世”承诺，还发挥着建设者的作用。中国履行“入世”时的郑重

---

① 中国历年 IAP. http：//www. apec-iap. org/.

承诺，主要体现在以下两个方面：一是逐步开放国内市场；二是遵守世界贸易组织的各项规则。到 2009 年，中国在“入世”8 年后已经履行了国内市场开放方面的所有承诺，建立起了符合规则要求的经济贸易体制，成为全球最开放的市场之一。在遵守国际规则方面，中国建立起了符合世界贸易组织要求的法律体系，对贸易体制和政策进行了全面的调整①。并且，在贸易争端中，中国较好地执行了世界贸易组织的裁决，维护了世界贸易组织的权威。同时，中国在世界贸易组织机制内推动贸易自由化，特别是在多哈回合谈判中发挥了一定的建设性作用。

除了全球层面外，在这一时期，中国也积极地参与了区域层面的国际经济秩序，所发挥的作用不断提升。2000 年 11 月，国务院总理朱镕基在第四次中国-东盟领导人会议上，首次提出建立中国-东盟自由贸易区的构想。2002 年 11 月，中国和东盟领导人共同签署了《中国与东盟全面经济合作框架协议》。随后，货物、服务贸易协议以及投资协议相继达成，2010 年，中国-东盟自由贸易区正式成立。此外，中国还积极参与“10＋3”机制下达成的《清迈倡议》。在 2008 年国际金融危机的背景下，东盟与中、日、韩三国建立了 800 亿美元的东亚共同外汇储备基金，标志着亚洲金融合作更加制度化、多边化。

作为上海合作组织的主导国，中国积极促进该组织内部的经济合作，并不断提高合作的制度化水平。2003 年 9 月 23 日，各成员国在北京举行的总理会晤上签署了《上海合作组织成员国多边经贸合作纲要》，标志着上海合作组织内的经贸合作正式启动。2004 年 1 月，上海合作组织秘书处在北京成立，专设一位负责区域经济合作事务的副秘书长，并内设经济合作组。次年 11 月，上海合作组织银行间联合体在莫斯科正式成立。

在这一时期，中国还参与了由东亚及太平洋中央银行行长会议组织发起的亚洲债券基金的建立，举办了 2005 年的亚欧财长会议。从 2007 年起，中国举办每年的夏季世界经济论坛（夏季达沃斯论坛）。

4. 重构国际经济制度：2009 年至今

2008 年国际金融危机爆发后，西方发达国家在国际经济体系中的传统地位遭到削弱。相比较而言，以中国为代表的新兴国家在金融危机中表现坚挺，为国际经济的复苏做出了突出贡献。2010 年，中国超过日本成为世界第二大经济体，在国际经济体系中的地位也随之显著提高。在这种情况下，“转制”、“改制”和“建制”成为中国与国际制度关系的新特点②。中国在参与和改造原有的国际经济制度的基础上，开始尝试构建新的国际经济制度。

第一，转变已有国际经济制度。进入 21 世纪，特别是 2008 年国际金融危机爆发之后，已有的国际经济秩序不能完全适应国际经济形势的发展。为了更好地应对金融危机，发挥国际经济机制在协调各国行动中的作用，在 2009 年的匹兹堡峰会上，二十国集团首脑峰会被正式制度化，新兴国家得以共同参与国际金融治理的政策制定。这标志着国际金融治理机制实现了从 G8 向 G20 的转变。对中国而言，二十国集团是中国首次以创设者和

---

① 中华人民共和国商务部．中国与世贸组织：回顾和展望．http：//www. mofcom. gov. cn/aarticle/ae/ai/201007/20100707037241. html.

② 苏长和．全球公共问题与国际合作：一种制度分析．上海：上海人民出版社，2009：238.

核心成员的身份参与到全球经济的治理机制中。中国在二十国集团中发挥了重要作用：其一，提供资金支持，例如在二十国集团伦敦峰会上，中国提出向国际货币基金组织增资500亿美元；其二，推进国际金融体系的改革，提倡加强金融监管；其三，关注发展中国家的利益，推动二十国集团反对贸易保护主义，加大对发展中国家的基础设施建设等。2016年9月，中国作为主席国首次承办G20领导人峰会。在中国的倡议下，杭州峰会创造了G20历史上的多个“第一次”：第一次聚焦全球增长中长期动力，各方就《二十国集团创新增长蓝图》达成共识；第一次通过结构性改革提高世界经济增长潜力，强调综合运用好财政、货币政策和结构性改革；第一次制定全球投资指导原则，开启了G20制定多边投资规则框架的新里程；第一次把发展问题置于全球宏观政策框架的突出位置，就落实联合国2030年可持续发展议程制定行动计划①。

第二，改造原有国际经济制度。除了转变既有的国际制度，改造不公平的国际制度也是克服既有国际制度弊端的方式之一。在国际金融危机的背景下，主要经济体希望提升国际货币基金组织在金融治理中的合法性和有效性。2010年11月，国际货币基金组织执行董事会就份额和投票权改革一揽子方案达成一致，该方案于2016年正式生效，中国的份额占比提升至6.39%，投票权将升至6.07%，排名从并列第六跃居第三。近年来，中国积极倡导人民币国际化以制衡美元霸权。2016年10月1日，人民币正式加入“特别提款权”（special drawing right，SDR），初始权重为10.92%，超越日元和英镑，成为仅次于美元和欧元的全球第三大货币。另外，2010年4月，世界银行发展委员会通过了世界银行新一阶段的投票权改革方案，中国的投票权从2.77%提高到4.42%，成为仅次于美国和日本的世界银行第三大股东国。

第三，建立国际经济新制度。尽管通过转变和改造的方式，中国在国际经济体系中的地位有所提高。但是作为后来者，中国对现有国际经济秩序的影响仍然是有限的，西方发达国家仍然掌握着这些机制的主导权。因此，中国需要建立新的国际制度，使国际经济体系格局向有利于中国的方向转变。基于在应对金融危机中的共同利益，2009年6月，金砖四国首脑在俄罗斯举行首次峰会，并发表共同声明，标志着金砖国家合作机制正式建立。作为该机制中的主导国，中国积极推动它在国际金融改革中的作用，并不断提升它的制度化水平。2011年4月，金砖国家达成了《三亚宣言》，在推动国际经济改革上达成广泛共识。2014年7月15日，在《福塔莱萨宣言》下金砖国家开发银行成立，初始资本为1 000亿美元，总部设在中国上海。2017年金砖国家厦门峰会期间，中国作为主席国按照“金砖＋”的模式举行了新兴市场国家与发展中国家对话会，让广大发展中国家甚至不发达国家都有机会通过“金砖＋”的模式反映自身诉求。

2013年9月和10月，中国国家主席习近平分别提出建设“丝绸之路经济带”和“21世纪海上丝绸之路”的合作倡议，这是中国致力于维护开放型世界经济，推动更深层次区域合作，打造政治互信、经济融合、文化包容的利益共同体、命运共同体和责任共同体的全新尝试。在中国的积极倡议下，在与亚洲各国广泛沟通的基础上，2014年10月24日，21个首批意向创始成员国的财长和授权代表在北京共同签署了《筹建亚洲基础设施投资

---

① 罗建波．G20杭州峰会给世界贡献了什么．光明日报，2016-09-15 (4).

银行备忘录》。2015 年 12 月 25 日，亚洲基础设施投资银行正式成立，将为亚洲区域基础设施建设提供资金支持，促进亚洲区域的建设互联互通化和经济一体化，并加强中国与其他亚洲国家和地区的合作。此外，在中国的积极推动下，2014 年 11 月举行的亚太经合组织北京峰会批准了亚太经合组织推动实现亚太自由贸易区路线图。亚太自贸区的建立，为亚太地区一体化奠定了坚实基础。在 2017 年 5 月的“一带一路”国际合作高峰论坛上，习近平主席明确提出“建设开放、包容、普惠、平衡、共赢的经济全球化”，进一步丰富了新型全球化的内涵，为解决当今世界所面临的全球性问题提供了中国方案。

图书在版编目（CIP）数据

国际政治经济学概论/宋新宁，田野著. —3版. —北京：中国人民大学出版社，2020.1
新编21世纪政治学系列教材
ISBN 978-7-300-27711-0

Ⅰ.①国… Ⅱ.①宋…②田… Ⅲ.①世界经济政治学-高等学校-教材 Ⅳ.①F11-0

中国版本图书馆CIP数据核字（2019）第264811号

普通高等教育“十一五”国家级规划教材
新编21世纪政治学系列教材
国际政治经济学概论（第三版）
宋新宁　田　野　著
Guoji Zhengzhi Jingjixue Gailun

出版发行	中国人民大学出版社		
社　　址	北京中关村大街31号	**邮政编码**	100080
电　　话	010－62511242（总编室）		010－62511770（质管部）
	010－82501766（邮购部）		010－62514148（门市部）
	010－62515195（发行公司）		010－62515275（盗版举报）
网　　址	http://www.crup.com.cn		
经　　销	新华书店		
印　　刷	北京七色印务有限公司	**版　　次**	1999年12月第1版
规　　格	185 mm×260 mm　16开本		2020年1月第3版
印　　张	20	**印　　次**	2021年5月第2次印刷
字　　数	464 000	**定　　价**	48.00元

教学支持说明

（教学课件）

中国人民大学出版社政治与公共管理出版分社秉承“出教材学术精品，育人文社科英才”的出版宗旨，多年来，出版了大批高质量的公共管理、教育学、政治学、政治理论公共课教材和学术著作。

我们为本教材制作了相应的 PPT 教学课件，任何一位采用本书作为授课教材的教师均可免费获得该课件。为了确保该课件仅为授课教师获得，烦请您请写如下材料，并将相关信息通过 E-mail 发送给我们，我们将在收到相关信息后通过 E-mail 给您发送该课件。欢迎您加入我们的 QQ 群（全国政管教师交流群，群号为 236159213），或登录我社官方网站（www. crup. com. cn），注册并认证成为教师会员，以获得更好的服务。

我们的联系方式：

地址：（100872）北京市中关村大街甲 59 号文化大厦 1202 室

中国人民大学出版社政治与公共管理出版分社

电话：（010）82502724　62514775（传真）

E-mail：ggglcbfs@vip. 163. com

QQ 群：236159213

兹证明__________大学/学院__________院/系__________专业__________学年第__________学期开设的__________课程，采用中国人民大学出版社出版的__________（书名、作者）作为本课程教材。授课教师为__________，授课班级共________个、学生________人。授课教师需要与本书配套的教学课件。

联 系 人：____________________

通信地址：____________________

邮　　编：____________________

电　　话：____________________

E-mail：____________________

系/院主任：__________（签字）

（系/院办公室章）

________年______月______日